CORRUPÇÃO E O ESCÂNDALO DA
LAVA JATO
NA AMÉRICA LATINA

Paul Lagunes
Fernanda Odilla
Jan Svejnar
(ORGANIZAÇÃO)

CORRUPÇÃO E O ESCÂNDALO DA LAVA JATO NA AMÉRICA LATINA

FGV EDITORA

COLUMBIA | SIPA
School of International and Public Affairs

COLUMBIA | SIPA
Center on Global Economic Governance

Título original: *Corruption and the Lava Jato Scandal in Latin America*. Tradução autorizada do original em língua inglesa publicado por Routledge, membro do grupo Taylor & Francis.
Todos os direitos reservados. *Authorized translation. Originally published in English by Routledge, member of the Taylor & Francis group. All rights reserved.*

Copyright do original © Paul Lagunes e Jan Svejnar, 2020

Copyright da edição brasileira © FGV Editora, 2021

Direitos desta edição reservados a
FGV EDITORA
Rua Jornalista Orlando Dantas, 9
22231-010 | Rio de Janeiro, RJ | Brasil
Tels.: 0800-021-7777 | 21-3799-4427
Fax: 21-3799-4430
editora@fgv.br | pedidoseditora@fgv.br
www.fgv.br/editora

Impresso no Brasil | *Printed in Brazil*

Todos os direitos reservados. A reprodução não autorizada desta publicação, no todo ou em parte, constitui violação do copyright (Lei nº 9.610/98).

Os conceitos emitidos neste livro são de inteira responsabilidade dos autores.

1ª edição – 2021

Tradução: Pedro Sette-Câmara
Preparação de originais: Ronald Polito
Projeto gráfico de miolo e diagramação: Abreu's System
Revisão: Michele Mitie Sudoh
Capa: Estúdio 513

Dados Internacionais de Catalogação na Publicação (CIP)
Ficha catalográfica elaborada pela Biblioteca Mario Henrique Simonsen/FGV

Corrupção e o escândalo da Lava Jato na América Latina / Organização Paul Lagunes, Fernanda Odilla, Jan Svejnar – Rio de Janeiro : Editora FGV, 2021.
376 p.

Inclui bibliografia.
ISBN: 978-65-5652-069-8

1. Corrupção. 2. Operação Lava Jato. 3. Corrupção na política – Brasil. I. Lagunes, Paul. II. Odilla, Fernanda. III. Svejnar, Jan. IV. Fundação Getulio Vargas.

CDD – 353.4

Elaborada por Rafaela Ramos de Moraes – CRB-7/6625

Sumário

Prefácio 7

PARTE 1
APRESENTANDO A LAVA JATO

1. Introdução 15
   Paul Lagunes, Fernanda Odilla e Jan Svejnar

2. A Lava Jato em perspectiva 65
   Albert Fishlow

3. Competindo para corromper: a dinâmica multinacional de propinas
   em licitações na América Latina 91
   Connor Wahrman

PARTE 2
A EXPERIÊNCIA BRASILEIRA

4. Legados de planejamento urbano e corrupção: evidências dos
   Jogos Olímpicos do Rio e da Lava Jato 113
   Márcia R. G. Sanzovo e Karla Y. Ganley

5. Mídia capturada? Um exame da cobertura brasileira da Lava Jato 134
   Daniela Campello, Anya Schiffrin, Karine Belarmino e Débora Thomé

6. O sol é o melhor desinfetante: o jornalismo investigativo na era da Lava Jato ... 153
   Beatriz Bulla e Cortney Newell

7. A Lava Jato e a rede brasileira de instituições de *accountability*: um ponto de virada para o controle da corrupção? 169
   Ana Luiza Aranha

8. Entrevista com Deltan Dallagnol 194
   Paul Lagunes

9. Entrevista com Sergio Moro 214
   Paul Lagunes

PARTE 3
A LAVA JATO ALÉM DO BRASIL

10. Comparando as respostas do Peru e do México ao escândalo de corrupção da Lava Jato 231
    Raquel de Mattos Pimenta e Catherine Greene

11. O combate à corrupção num ambiente hostil: a Equipe Especial de Procuradores da Lava Jato no Peru 263
    Denisse Rodriguez-Olivari

PARTE 4
CAMINHOS PARA O COMBATE À CORRUPÇÃO

12. Entrevista com Glenn Greenwald 289
    Karla Y. Ganley e Paul Lagunes

13. A corrupção no Brasil: além do direito penal 308
    Susan Rose-Ackerman e Raquel de Mattos Pimenta

14. Como a Lava Jato deveria terminar? 328
    Jessie W. Bullock e Matthew C. Stephenson

15. Conclusão: as lições, vazamentos e impactos duradouros da Lava Jato 347
    Karla Y. Ganley e Paul Lagunes

Agradecimentos 369
Sobre os autores 371

Prefácio

É um prazer apresentar aos leitores brasileiros este brilhante conjunto de artigos sobre as múltiplas dimensões do escândalo de corrupção da Lava Jato — seu contexto histórico, sua complexidade jurídica e política e seu legado incerto para o futuro da democracia no Brasil. Organizado de forma talentosa por Fernanda Odilla e dois dos meus colegas da Universidade Columbia, os professores Paul Lagunes e Jan Svejnar, este livro consiste em 15 capítulos de 19 autores advindos do próprio Brasil e de outros países. É a melhor análise contemporânea da Lava Jato disponível na língua inglesa hoje e, por isso, é com particular orgulho que o Columbia Global Center no Rio agora o disponibiliza para um público mais amplo no Brasil.

O livro é um testemunho do valor de trabalhos acadêmicos que lidam com as questões públicas mais urgentes de nosso tempo. Cada capítulo é uma análise que conta com evidências como base e distanciamento acadêmico dos acalorados debates políticos do momento. Ao mesmo tempo, os autores dos capítulos estão plenamente engajados com o mundo em que tais debates acontecem, cientes de que a corrupção revelada pelo escândalo da Lava Jato é uma das duras realidades dos nossos tempos no Brasil (e na América Latina) que exige uma análise mais cuidadosa e equilibrada. É isso que o volume oferece para nossa consideração.

Para ser claro, este é um livro que também exige dos leitores. Cada capítulo é escrito em linguagem clara e acessível. Somos desafiados a deixar de lado nossas inclinações políticas para olhar novamente para este doloroso episódio chamado Lava Jato. Os capítulos deste livro consideram a questão da corrupção de uma forma que vai muito além de uma exegese de procedimentos criminais e minúcias da aplicação da lei. É um chamado à luta, para que cidadãos preocupados exijam transparência e responsabilidade daqueles que nos governam com propósitos corruptos. Se não for controlada, a corrupção gera cinismo em relação a políticos e à política. Se todos eles são corruptos, o que importa quem é eleito para cargos públicos? Se os cidadãos são essencialmente impotentes para fazer qualquer coisa contra a corrupção, por que se preocupar em monitorar o que o governo está fazendo na escuridão?

No momento em que este livro é lançado em português, a estrutura institucional da Lava Jato no Brasil está perdendo força. O modelo de força-tarefa para a Lava Jato foi extinto por determinação da Procuradoria-Geral da República (PGR). As personalidades jurídicas mais conhecidas desde os primeiros dias em Curitiba, o juiz Sergio Moro e o promotor-chefe Deltan Dallagnol, deixaram a investigação. O tempo presente parece apropriado para dar um passo atrás e avaliar o real significado de tudo o que aconteceu. O livro contribui para o nosso entendimento ao separar as dimensões políticas do escândalo que abalou o Brasil das menos aparentes, porém mais importantes, "lições aprendidas" da Lava Jato sobre o combate à corrupção. Vamos considerar cada uma delas separadamente.

Polarização política e a Lava Jato

Sobre os aspectos políticos, o livro traça um quadro de clivagem profunda e talvez duradoura da sociedade brasileira. O Brasil foi dividido em campos de guerra, cada um com interpretações radicalmente diferentes do que era o escândalo da Lava Jato.

Para muitos da direita no Brasil, a Lava Jato é uma pura história de bem contra o mal, de promotores e juízes corajosos que usam instrumentos legais inovadores para exigir a responsabilização e, pela primeira vez na história do Brasil, impor duras penas de prisão a políticos e executivos corruptos. Evitando esforços repetidos para limitar ou encerrar totalmente as investigações, os promotores em Curitiba ofereceram quase 500 denúncias enquanto a Lava Jato contabilizava 73 fases ao longo de seis anos. Muitos brasileiros se maravilharam ao ver políticos que já foram todo-poderosos, como Eduardo Cunha, ex-presidente da Câmara dos Deputados, e poderosos líderes empresariais, como Marcelo Odebrecht, cumprindo pena na prisão.

Acima de tudo, para a direita política, a Lava Jato revelou o Partido dos Trabalhadores (PT) como uma organização criminosa corrupta com tentáculos espalhados pelos cofres públicos, a começar pela Petrobras, mas se estendendo por outras áreas de governo. O ponto alto dessa versão dos acontecimentos foi a queda dos dois líderes mais proeminentes do PT. O *impeachment* da presidente Dilma Rousseff em 2016 foi um destes momentos, embora as acusações contra ela fossem de natureza obscura e administrativa. A prisão do ex-presidente Luiz Inácio Lula da Silva em abril de 2018, poucos meses antes de uma eleição presidencial em que era o principal candidato nas pesquisas de opinião, foi a outra.

A esquerda no Brasil vê esses mesmos eventos sob uma luz radicalmente diferente e, portanto, temos o profundo abismo que existe na sociedade brasileira hoje. A esquerda sempre pode estar convencida de que todo o processo Lava Jato foi muito além de sua investigação inicial (e bem-vinda) de corrupção grave na estatal de petróleo. A investigação tornou-se uma forma de manipular a lei para lograr fins políticos (em inglês, *lawfare*), nada menos do que uma vingança, primeiro, para retirar o PT do poder e, segundo, para impedir o partido de retornar ao poder, eliminando as perspectivas eleitorais de Lula e manipulando uma mídia complacente para manchar a imagem pública do PT.

Os desdobramentos subsequentes, registrados após a prisão de Lula em 2018, pareceram fortalecer esta versão dos eventos que considera os próprios guardiões da lei e responsáveis pela fiscalização e controle agindo em busca de propósitos políticos corruptos. As revelações da "Vaza Jato" indicam uma cooperação antiética entre os promotores e uma perda de imparcialidade judicial. Mais seriamente, os investigadores da Lava Jato pavimentaram o caminho para a eleição em 2018 de Jair Bolsonaro, inaugurando uma agenda nacionalista e populista que, em suas raízes, é profundamente antidemocrática. Como que para enfatizar a perturbadora travessia de fronteiras, o juiz Moro aceitou um cargo no primeiro escalão do novo governo, agregando prestígio e legitimidade ao governo Bolsonaro e a sua agenda. O fato de Moro ter renunciado em 2020 em protesto contra a fraca postura de Bolsonaro em relação às medidas anticorrupção e à reforma criminal fez pouco para colocar a polarização da era Lava Jato sob uma luz mais branda.

Dimensões institucionais

Este livro nos desafia a responder as principais questões institucionais sobre a Lava Jato. Era tudo uma questão de política, suscetível de esvanecer com o passar do tempo, tanto quanto o escândalo do Mensalão no início dos anos 2000 parece ter se dissipado da memória pública? Ou a Lava Jato, por toda a polêmica política que gerou, também contribuiu para os movimentos anticorrupção no Brasil e na América Latina?

Nesse sentido, vários capítulos deste livro oferecem algum otimismo. O escândalo Lava Jato jogou luz na máquina anticorrupção do governo federal, que vai muito além da base da investigação em Curitiba. Um grande número de agências federais brasileiras trabalhou de uma maneira coordenada de forma que, realmente, não tem precedentes recentes. Entre eles, a Polícia Federal, a Advocacia-Geral da União (AGU), a Controladoria-Geral da União (CGU), o Ministério Público Federal, o Tribunal de Contas da União (TCU), bem como o sistema judiciário da primeira instância federal até o Supremo Tribunal Federal (STF). Pode-se ter esperança de que a experiência da Lava Jato fortalecerá esse tipo de aprendizado entre instituições e o compartilhamento de informações no futuro, conforme novas investigações contra casos de corrupção se desdobram.

A Lava Jato também chamou a atenção para uma série de mudanças nos processos penais no Brasil e inovações nos instrumentos legais, mas só o tempo dirá quão permanentes serão. Os procedimentos judiciais resultaram no cumprimento de significativas penas de prisão para políticos e líderes empresariais que não conseguiram reverter as decisões iniciais com recursos na segunda instância do Judiciário. Essa mudança, depois revertida pelo STF, deve-se dizer, pôs fim à tradição latino-americana de autoridades e empresários corruptos escaparem de duras sentenças por meio de intermináveis recursos. Por um tempo, essa inovação pareceu desafiar a noção de que no Brasil apenas os pobres vão para a cadeia.

O instrumento legal mais inovador a evoluir a partir do escândalo é o uso pesado de negociação de pena ("delação premiada") para extrair informações incriminatórias de cúmplices sobre o envolvimento criminoso de funcionários de alto escalão, políticos e líderes empresariais. Esse procedimento é naturalmente controverso pois cria incentivos para falsas acusações e campanhas de difamação à medida que indivíduos de escalões inferiores procuram desesperadamente evitar a prisão. O tempo dirá se as salvaguardas estabelecidas no sistema de justiça brasileiro para proteger os direitos dos acusados realmente funcionam como desejado. Algum ceticismo nesse ponto certamente é válido, já que acordos de barganha não comprovados geram danos à reputação do acusado.

Por fim, o escândalo da Lava Jato ocorrido nos tribunais representou um grande avanço, se comparado a práticas anteriores, em termos de transparência e abertura. Câmeras filmaram depoimentos que foram prontamente informados à imprensa e amplamente divulgados na grande mídia. Os próprios tribunais aceleraram esse processo de divulgação pública por meio também de vazamentos de materiais seletivos. É provavelmente justo dizer que as deliberações judiciais ocorreram em público no Brasil de uma forma muito mais aberta do que em qualquer procedimento desse nível já conduzido antes.

Lições para a sociedade civil

Pode-se encarar este conjunto de artigos como um apelo à ação da sociedade civil. Na verdade, as próprias origens da investigação Lava Jato vieram da sociedade civil. Em uma visão geral magistral, por exemplo, Albert Fishlow explica como o crescimento econômico lento, a crescente demanda por melhores serviços sociais, as queixas da elite e os erros na política econômica criaram na sociedade civil um clima favorável à análise severa dos funcionários públicos corruptos.

A lição para a sociedade civil é evitar a conclusão prematura de que a Lava Jato realmente virou uma página. Márcia R. G. Sanzovo e Karla Y. Ganley lembram que a Lava Jato foi apenas um episódio de um longo processo de combate à corrupção. Suas análises das evidências dos Jogos Olímpicos do Rio em 2016 mostram que a corrupção e o suborno continuarão a ocorrer onde quer que governos e empresas possam manter o processo de compras públicas fora dos holofotes. Desdobramentos mais recentes no Brasil em 2020 incluem casos verdadeiramente horríveis de corrupção descarada e cinismo oficial em licitações públicas relacionadas com o estado de calamidade na saúde causado pela Covid-19.

Uma imprensa livre deve ser parte fundamental de uma sociedade civil saudável. Seu papel no escândalo da Lava Jato é debatido neste livro a partir de vários pontos de vista. Daniella Campello e suas coautoras encontram evidências de um viés antiesquerdista na cobertura da mídia, que demonizou um partido político inteiro. A entrevista de Paul Lagunes e Karla Y. Ganley com o jornalista Glenn Greenwald aumenta nosso entendimento do papel e da importância de uma imprensa livre, mesmo quando Greenwald critica a manipulação da mídia pelos promotores. Mas o papel da imprensa na Lava Jato pode e deve ser analisado de forma mais ampla. Beatriz Bulla e Cortney Newell fazem exatamente isso ao fornecer evidências que contestam o viés sistêmico da mídia na cobertura de Lava Jato. Em vez disso, elas chamam a atenção para o trabalho rápido de jornalistas profissionais dedicados à simples proposição de que "a luz do sol é o melhor desinfetante".

Deixo para o leitor descobrir as muitas outras lições para a sociedade civil no Brasil contidas nos capítulos deste volume único. Inspirando-nos no excelente texto de Susan Rose-Ackerman e Raquel de Mattos Pimenta, podemos concordar que o combate à corrupção é muito mais do que uma questão de aplicação da lei. No caso do Brasil, uma vasta agenda de reformas políticas aguarda o apoio popular e a aprovação legislativa. Os legisladores no Brasil devem se aproximar de seus eleitores. O número de partidos políticos é muito grande, criando um ambiente propício para o tráfico de influência. A falta de transparência em tantas esferas de governo cria um terreno fértil para subornos e corrupção. O financiamento das campanhas precisa ser reformulado para conter a influência do dinheiro na política. A lista continua. A questão é que em qualquer democracia tudo depende da determinação dos cidadãos em exigir reformas.

O escândalo Lava Jato será lembrado e analisado por muito tempo. Quando, em algum momento no futuro, chegar a hora de avaliar as contribuições dos estudiosos para o nosso entendimento, este livro assumirá seu lugar como um dos melhores esforços iniciais para iluminar as questões mais importantes.

É um grande privilégio apresentar esta obra aos leitores brasileiros.

Thomas J. Trebat
Columbia Global Centers | Rio de Janeiro
22 de novembro de 2020

PARTE 1
APRESENTANDO A LAVA JATO

1
Introdução

Paul Lagunes
Fernanda Odilla
Jan Svejnar

Jair Messias Bolsonaro, ex-capitão do Exército e deputado federal por sete mandatos consecutivos, elegeu-se presidente do Brasil em 2018 investindo pesado na retórica da moralização da política.[1] Prometeu demitir acusados de corrupção e anunciou que não aceitaria nomeações de indicados de partidos para cargos no governo federal nem outras formas de barganha e cessão de poder (Couto, 2020:95; Lagunes et al., 2020). Práticas que, nas palavras de Bolsonaro, fazem parte da "velha política" e estão, necessariamente, atreladas à corrupção (Chagas-Bastos, 2019). Além de Bolsonaro, centenas de candidatos a governadores, senadores, deputados federais e estaduais de diferentes partidos e correntes ideológicas também venceram as eleições de 2018 defendendo a renovação política e usando a bandeira anticorrupção.

O discurso contra a corrupção é tema candente na história do debate político e, no Brasil, há registros desde pelo menos a década de 1880 (Carvalho, 2008; Sá Motta, 2008; Dos Santos, 2017; Sadek, 2019). Mas é difícil

---

[1] "Propomos um governo decente, diferente de tudo aquilo que nos jogou em uma crise ética, moral e fiscal. Um governo sem toma lá dá cá, sem acordos espúrios. Um governo formado por pessoas que tenham compromisso com o Brasil e com os brasileiros. Que atenda aos anseios dos cidadãos e trabalhe pelo que realmente faz a diferença na vida de todos." Plano de governo, divulgado durante a campanha. Disponível em: https://flaviobolsonaro.com/PLANO_DE_GOVERNO_JAIR_BOLSONARO_2018.pdf. Acesso em: 28 jun. 2020.

"Aproveito este momento solene e convoco, cada um dos congressistas, para me ajudarem na missão de restaurar e de reerguer nossa pátria, libertando-a, definitivamente, do jugo da corrupção, da criminalidade, da irresponsabilidade econômica e da submissão ideológica." Declaração no discurso de posse, na Câmara dos Deputados, em 1º de janeiro de 2019 (UOL, 2019).

dissociar o uso mais recente da retórica anticorrupção, que pautou o discurso político-eleitoral em 2016 e 2018 no Brasil, das investigações e condenações promovidas pela Lava Jato — operação judicial que teve a primeira de 80 fases deflagrada em 2014 e que, seis anos depois, passou a enfrentar revezes, muitos deles promovidos por novas intepretações do Supremo Tribunal Federal (STF) e por tentativas de desmobilização inclusive dentro do próprio Ministério Público Federal. Ironicamente, reversões de decisões judiciais e mudanças no modelo da investigação, com a dissolução das forças-tarefas da Lava Jato no Brasil, foram anunciadas justamente durante a presidência de Bolsonaro, um dos políticos que mais se beneficiou com os primeiros resultados da Operação e com o discurso anticorrupção (Rocha de Barros, 2020).

Fruto de uma investigação que começou muito antes, ainda em 2006 (Lopes e Segalla, 2016), a Lava Jato inicialmente mirou em doleiros brasileiros suspeitos de fraude fiscal — um deles, supostamente, usava um posto de combustíveis e um lava a jato para lavar dinheiro e, daí, a origem do nome que consagrou a operação. Mas as investigações não se limitaram aos doleiros e avançaram, atingindo políticos, funcionários públicos e empresários, com repercussões que vão muito além dos tribunais.

Primeiro, a Lava Jato descortinou um esquema de corrupção na Petrobras, a maior das estatais brasileiras, jogando luz no que Gordon Adams (1982) chamou de "triângulos de ferro", arranjos secretos que ligam políticos, burocratas e empresas que dependem de contratos e licenças do governo em ações que resultam em vantagens para os próprios em detrimento do interesse coletivo.[2] As investigações revelaram que indicados políticos para postos-chave na estatal superfaturavam contratos e fraudavam licitações para beneficiar empresas, principalmente as maiores construtoras do país que também eram grandes financiadoras de campanhas eleitorais, que, por sua vez, retribuíam pagando políticos, partidos e funcionários da Petrobras (Odilla, 2016; Parreira, 2016; Santos, 2018; Rotberg, 2019).

Mas a Lava Jato não se restringiu a apurar denúncias da chamada "grande corrupção" e do que conhecemos como "captura do Estado" na Petrobras.[3] A

---

[2] O professor e pesquisador americano Gordon Adams identificou essas relações informais e secretas ao pesquisar empresas prestadoras de serviço na área de defesa, o Pentágono, que é a sede do Departamento de Defesa dos EUA, e o Congresso norte-americano.

[3] *Grande corrupção* (*grand corruption*) é o fenômeno descrito como o abuso de altos níveis de poder para beneficiar poucos, causando danos profundos e disseminados a indivíduos e à sociedade, e que, geralmente, fica impune (Rose-Ackerman, 2002; Angélico, 2019). Por sua vez, *captura de*

investigação se expandiu e outras estatais e órgãos públicos também passaram a ser alvos da investigação (MPF, 2020). Políticos de mais de uma dezena de partidos em diferentes posições do espectro ideológico, entre eles do Partido dos Trabalhadores (PT), Movimento Democrático Brasileiro (ex-PMDB, atual MDB) e Partido da Social Democracia Brasileira (PSDB), que já foram as maiores legendas políticas do Brasil (Samuels, 2008), tiveram seus nomes implicados nos esquemas de corrupção revelados pela Operação Lava Jato (Fernandes e Souza, 2020). Além disso, grandes empreiteiras brasileiras viram seus diretores e presidentes serem investigados, processados, denunciados, condenados e presos em decorrência dos atos de corrupção que cometeram.

A Odebrecht, uma das empresas mais atingidas pelas investigações, movimentou, entre 2004 e 2014, cerca de 35 bilhões de reais em negócios somente com a Petrobras e mantinha projetos em 24 estados das 27 unidades da federação e em mais de 70 países (Estadão, s.d.). Apesar de não ser a única investigada pela Lava Jato, o caso da Odebrecht chama atenção pelo volume, organização e operacionalização dos pagamentos ilícitos.[4]

Foram justamente as delações de executivos da Odebrecht que fizeram com que a Lava Jato deixasse, rapidamente, de ser uma investigação exclusivamente brasileira. No acordo tornado público pelo Departamento de Justiça dos Estados Unidos, em 2016, a empresa admitiu ter pagado a soma de 788 milhões de dólares em propina a funcionários de governos, representantes desses funcionários e partidos políticos do Brasil e de outros 11 países entre 2001 e 2016 (DOJ, 2016). Dois deles na África — Angola e Moçambique — e os demais na América Latina. Estão na lista Argentina, Colômbia, Equador, Peru, Venezuela, Guatemala, México, Panamá e República Dominicana, onde as investigações estão em estágios muito distintos (Angélico, 2019; Gonzalez-Ocantos e Hidalgo, 2019).

Estado, ou em inglês *state capture*, é uma forma de grande corrupção e definida como esforços de empresas e grupos de interesse para moldar e/ou criar leis, políticas e regulamentos de acordo com seus próprios interesses de forma a se beneficiarem que incluem pagamento de vantagem indevida a políticos e funcionários públicos (Hellman et al., 2000).

[4] Além da Odebrecht, a SBM Offshore, OAS, Nova Participações SA, UTC, Camargo Corrêa, MullenLowe Brasil, FCB Brasil, Andrade Gutierrez, Braskem, Technip Brasil e Flexibras assinaram acordos de leniência com o Executivo federal brasileiro para obter mitigação de certas sanções a serem aplicadas por terem participado em esquemas de corrupção apurados no âmbito da Lava Jato (CGU, 2020). Em 2017, a Rolls Royce e o Ministério Público Federal (MPF) também assinaram um acordo de leniência relacionado com suborno e corrupção envolvendo seus intermediários no Brasil (MPF, 2017).

A Lava Jato podia ter sido apenas mais uma das muitas operações anticorrupção protagonizadas por uma força-tarefa com policiais e procuradores federais brasileiros na linha de frente. Contudo, uma sequência de acasos associados ao uso de novas leis, como a lei de combate ao crime organizado e a lei anticorrupção, e uma efetiva cruzada judicial contra a corrupção sistêmica (Limongi, 2020) — também chamada de "crime institucionalizado" por investigadores como Pontes e Anselmo (2019) —, levaram a operação a atingir resultados únicos. Ao completar seis anos, a operação contabilizava um total de 184 denúncias apresentadas, 181 ações penais e mais de 2 mil mandados de prisão e busca e apreensão expedidos na primeira instância em Curitiba, Rio de Janeiro e São Paulo (MPF, 2020). Números inéditos para uma única operação, em especial em um país marcado pela impunidade de empresários e políticos corruptos (Praça, 2018).

Mas a Lava Jato não pode ser vista tão somente como uma ofensiva incomum contra a impunidade. A política doméstica na América Latina também foi impactada, direta ou indiretamente, pelas investigações da operação (Arellano-Gault, 2020). No Brasil, dois ex-presidentes foram presos depois de investigações da Lava Jato e congressistas, entre eles alvos da operação, votaram pelo impeachment da então presidente Dilma Rousseff (Fabrini e Matais, 2016; Konchinsky, 2016). O Peru, onde quatro ex-presidentes são suspeitos de terem recebido propina da Odebrecht — um deles se suicidou e outro renunciou ao mandato —, é outro forte exemplo do efeito demolidor que revelações como as da Lava Jato podem provocar na política (Ponce de León e García Ayala, 2019).

A Operação Lava Jato também colocou à prova a independência, autonomia e capacidade das agências e agentes de controle latino-americanos. E, exatamente por isso, tem sido vista com entusiasmo, esperança ou desalento. A operação escancarou virtudes e vícios dos órgãos de controle (Praça, 2018), em especial o deficiente controle interno de instituições como o Poder Judiciário e o Ministério Público, levantando dúvidas sobre a classe política, mas também sobre "quem vigia os vigias" nos países onde a Odebrecht admitiu ter pagado propina para ganhar e manter negócios.[5]

---

[5] No Brasil, em 2004, foram criados o Conselho Nacional de Justiça (CNJ) e o Conselho Nacional do Ministério Público (CNMP) com a missão de atuar em prol do cidadão executando a fiscalização administrativa, financeira e disciplinar do Poder Judiciário e do Ministério Público, respectivamente, e de seus membros. Ainda que cada um dos dois conselhos conte com representantes de setores diversos, entre eles dois advogados indicados pela Ordem dos Advogados do

"Lava Jato" se consolidou como uma marca, que atrai avaliações contraditórias e gera muito debate. Há quem a veja como símbolo de amadurecimento e coordenação institucional, agilidade e competência no combate à corrupção, mesmo diante do risco de excessos por parte das organizações de controle (Pereira, 2019; Taylor, 2017). No Brasil, a operação mostrou uma sinergia única de representantes do tripé de órgãos com funções independentes que compõe o sistema de justiça criminal: a polícia que investiga, o Ministério Público que investiga, acusa e processa, e o Poder Judiciário que condena ou absolve (Arantes, 2002, 2011, 2019). Para nomes como o ministro do Supremo Tribunal Federal (STF) Luís Roberto Barroso, a investigação tornou público um "modo natural de fazer política" (Barroso, 2019). Por causa da Lava Jato, também foi possível saber detalhes de como a Odebrecht operava (Gaspar, 2020).

Para outros, o impulso inicial de combater a impunidade se transformou em instrumento de perseguição de políticos, em especial os do PT no caso do Brasil (Avritzer e Marona, 2017; Avritzer, 2018). A Lava Jato é encarada pelos mais críticos como sinônimo de ativismo judicial a qualquer custo, com efeitos colaterais sérios como ameaças a direitos fundamentais, a negação de práticas e garantias democráticas e a criminalização da política (Santos, 2016; Kerche e Feres Jr., 2018; Dornelles e Graziano Sobrinho, 2018; Avritzer, 2020).[6] Ao fixar alvo prévio, declarando o sistema político como inimigo a ser combatido, transformou-se em cruzada judicial com objetivos políticos (Limongi, 2020) que, em muitas ocasiões, sinaliza ter optado por resultados rápidos ao devido processo legal (Arantes, 2019).

Apesar de acumular críticas e de não gerar tantas manchetes nem atrair a mesma atenção de seus anos iniciais, a Lava Jato mantinha no final de 2020 investigações em curso em Curitiba, São Paulo, Rio de Janeiro e Brasília, com

---

Brasil (OAB) e dois cidadãos de notável saber jurídico indicados um pela Câmara dos Deputados e outro pelo Senado Federal, seus integrantes são majoritariamente da carreira. Portanto, não se trata de uma *accountability* vertical exercida de forma plena por atores externos (para conceitos e tipologias *accountability*: Bovens, Goodin e Schillemans, 2014; Da Ros, 2019).

[6] "Criminalização da política" é um conceito que ainda necessita de uma definição consolidada, capaz de abarcar seu significado de forma completa, em especial no caso brasileiro. Nesta introdução, é compreendido como a associação da ação política ao espaço dos vícios e malfeitos. Ou seja, trata-se de uma generalizada reação condenatória, que não se limita à esfera judicial, de ações e atos legítimos do exercício da política, como nomeações para cargos públicos, liberação de emendas orçamentárias e alianças político-partidárias, provocada, em grande medida, pelo desvirtuamento dos mesmos com reiterados abusos e comportamentos ilícitos passíveis de punição.

novas fases sendo deflagradas (MPF, 2020; Corrêa, 2020). Também contabilizava processos pendentes de julgamento em todas as instâncias do Poder Judiciário brasileiro e acordos de colaboração internacional com dezenas de países (MPF, 2020; Arantes, 2019). No início de 2020, a Lava Jato ainda demonstrava alguma resiliência institucional e organizacional (Pereira, 2019; Arantes, 2019). Mas, logo depois de completar seis anos, ficou evidenciada a crescente tensão entre procuradores diretamente envolvidos com as investigações e a Procuradoria-Geral da República, que passou a se posicionar abertamente contra o modelo de força-tarefa para grandes e duradouras investigações (Talento e Herdy, 2020).

Em fevereiro de 2021, por determinação do procurador-geral, as forças-tarefas mais atuantes da Lava Jato — que funcionavam no Rio de Janeiro e em Curitiba sob o comando do Ministério Público Federal — deixaram de existir como núcleo isolado após quase sete anos de atividade. Tanto no Rio quanto no Paraná, passou a vigorar uma nova estrutura, na qual os casos da Lava Jato foram transferidos para o Grupo de Atuação Especial de Combate ao Crime Organizado (Gaeco). Na prática, as equipes que se dedicavam exclusivamente à Lava Jato foram desmanteladas. Difícil arriscar um palpite sobre o que acontecerá com as investigações e processos ainda em curso no Brasil — se vão se arrastar percorrendo o moroso caminho até uma possível prescrição dos crimes apurados ou se serão conduzidos com o mesmo vigor de antes.

É preciso ressaltar, ainda, que a Lava Jato dificilmente pode ser interpretada como um corpo homogêneo. Não se trata de uma operação que desvendou um esquema de corrupção único, coeso e uniforme. Tampouco as investigações são todas conduzidas pelas mesmas pessoas ou seguem no mesmo ritmo com prioridades similares. As revelações tornadas públicas até o momento, bem como os desdobramentos do trabalho iniciado em Curitiba (PR), variam significativamente dentro e fora do Brasil.

Por exemplo, as investigações da Lava Jato no Rio de Janeiro avançaram rapidamente sobre negócios firmados pelo governo do estado, além de atividades de lavagem de dinheiro e evasão de divisas coordenadas por doleiros, resultando em condenações, inclusive do ex-governador Sergio Cabral cuja pena total soma mais de 100 anos de prisão (Corrêa, 2018). Já em São Paulo, onde as apurações são conduzidas mais lentamente se comparadas com às do Rio, divergências dentro da força-tarefa paulista acabaram resultando na renúncia coletiva de procuradores depois que dois ex-governadores do estado foram denunciados em 2020 (Schmitt, 2020). No exterior, México e Peru são exemplos de países onde o estágio das investigações criminais são praticamente opostos, como mostra o capítulo 10 deste livro.

Não é, portanto, exagero afirmar que existem várias "Lava Jato", com diferenças significativas em relação a como o esquema de corrupção operava e aos resultados das muitas investigações a depender de onde elas estão sendo conduzidas. Ainda assim, à luz de tudo o que já foi descoberto, é difícil negar a relevância das revelações feitas até o momento bem como da operação que identificou uma rede de políticos e de empresários que usava cargos e contratos públicos em benefício próprio e, como já mencionado, resultou em números superlativos de condenações em primeira e segunda instâncias de representantes da elite política e empresarial não só do Brasil.

Também não se pode deixar de analisar atos e repercussões da Lava Jato com olhar crítico e de refletir como uma operação judicial pode, direta ou indiretamente, ir além da aplicação da lei e do combate à corrupção. Mais. É necessário questionar o futuro da Lava Jato, que segue sujeita a novos desdobramentos, inclusive com investidas de advogados de defesa para anular condenações já proferidas, tentativas de reestruturar a atuação dos procuradores por parte da Procuradoria-Geral da República e de movimentos interpretados por muitos como intimidação contra juízes, procuradores e policiais, em especial por parte do Congresso (Oyama, 2020; Talento e Herdy, 2020; Magalhães e Moraes, 2020).

De tal modo, este livro não se propõe, e nem poderia, fazer uma análise definitiva sobre a Lava Jato. Mas esta publicação usa o tempo a seu favor para oferecer uma visão crítica e abordar diferentes perspectivas de uma operação que não é unânime na sociedade, mas cuja relevância não pode ser ignorada. É com esse propósito que o livro combina artigos de jovens acadêmicos, analistas e jornalistas com artigos de professores experientes, que têm se dedicado a estudar o Brasil e a corrupção em geral.

O livro traz ainda entrevistas com três dos principais personagens da operação que entrou para a história do Brasil e de outros países. São eles: o ex-juiz e ex-ministro da Justiça do governo de Jair Bolsonaro, Sergio Moro, principal responsável pelo julgamento e condenação de acusados da Lava Jato, entre eles o ex-presidente Luiz Inácio Lula da Silva; o procurador federal Deltan Dallagnol, que chefiou a força-tarefa da Lava Jato até agosto de 2020; e o advogado e jornalista norte-americano Glenn Greenwald, residente no Brasil e cofundador do *The Intercept Brasil*, site que revelou as mensagens que levaram muita gente a questionar a imparcialidade de Moro e o tipo de contato e de troca de informações entre integrantes da força-tarefa e o então juiz. Vale destacar que essas mensagens serviram como evidência para a segunda turma do Supremo Tribunal Federal declarar a suspeição de Moro no julgamento que resultou na condenação do ex-presidente Lula e, assim, escrever mais um capítulo da história da Lava Jato.

O leitor vai encontrar distintos pontos de vista que ajudam a compreender o momento que vivenciamos hoje e a forma como a corrupção é enfrentada no Brasil e em outros países da América Latina a partir de discussões e reflexões sobre a Lava Jato. A começar por esta introdução, que oferece contexto e informações que consideramos úteis tanto para iniciados quanto para iniciantes em estudos sobre corrupção e interessados nos escândalos e na operação.

A seguir, apresentamos conceitos relacionados com os estudos de combate à corrupção e com a definição do fenômeno necessários para balizar este livro. Depois, revisitamos, ainda que de forma breve, a história do uso da corrupção como bandeira política e de escândalos, em particular os experimentados pelo Brasil, ao longo dos anos. Os escândalos em série sugerem que as revelações da Lava Jato em relação a como a corrupção era operacionalizada não são, necessariamente, uma novidade para uma região como a América Latina que, desde o período colonial, coleciona muitos casos de corrupção e pouca punição. Mas olhar para o passado nos ajuda a entender em que contexto a Lava Jato surgiu, em especial no que diz respeito aos avanços dos mecanismos de *accountability* no Brasil. Este capítulo introdutório também apresentará ao leitor as principais mudanças no arcabouço legal e reações provocadas pela Lava Jato, que servem de alerta para possíveis retrocessos no combate à corrupção no Brasil. Por fim, a estrutura do livro, com uma breve descrição de cada um dos capítulos, é detalhada.

Abordagens para o combate à corrupção

Antes de considerarmos abordagens acadêmicas que tratam como enfrentar o problema, é fundamental refletir sobre o conceito de corrupção, central para esta obra. Naturalmente, é difícil encapsular numa única frase um fenômeno tão complexo, multiforme e multifacetado. Arellano-Gault (2020) oferece uma compilação de 20 definições de corrupção, mostrando como o conceito, há décadas, tem sido objeto de muito debate (Mungiu-Pippidi e Fazekas, 2020; Johnston, 2011; Anechiarico e Jacobs, 1996; Gardiner, 2002; Heidenheimer,

1974; Scott, 1972). Independentemente dos dissensos, é preciso reforçar a ideia de que a corrupção está ligada a abusos de poder e de confiança para benefício privado.

Portanto, vale salientar que corrupção é um fenômeno que não se limita ao setor público. Há corrupção também no mundo corporativo, nas organizações religiosas e sem fins lucrativos. A corrupção tampouco é viabilizada exclusivamente com pagamento de dinheiro — pode vir sob a forma de presentes ou favores, por exemplo. Também não serve somente para suprir interesses individuais, uma vez que pode atender a parentes, amigos e grupos de interesse próximos. É assim, de uma forma ampla e que vai além da restrita interpretação do Código Penal brasileiro que tipifica apenas as formas passiva e ativa da vantagem indevida, que este livro trata o conceito de corrupção.

Dada a complexidade do fenômeno, uma pergunta legítima a ser feita é qual a melhor forma de enfrentar a corrupção, principalmente quando ela dá sinais de ser sistêmica e institucionalizada. Não faltam soluções de "tamanho único", com recomendações autoexplicativas, como mais auditores independentes e tribunais mais eficientes, mas que tendem a ser apresentadas sob a forma de respostas únicas para contextos distintos e sem muita orientação e teorização de como implementá-las (Taylor, 2019:1312).

Conforme nos lembra Robert Klitgaard (2008, 1988), é possível reduzir a corrupção, mas não a eliminar porque é muito difícil mudar estruturas institucionais, políticas e culturais a curto prazo. Klitgaard faz parte de um grupo de acadêmicos defensores de uma abordagem holística para o problema, com a adoção gradual de medidas para aprimorar de forma incremental instituições e sistemas políticos e o estado de direito e, assim, criar uma cultura pró-integridade nas esferas públicas e corporativas (Klitgaard, 1988, 2008; Johnston, 2011; Rose-Ackerman e Palifka, 2016).

Há outra abordagem teórica que diz ser necessário promover um *big bang* contra a corrupção (Rothstein, 2011a, 2011; Uslaner e Rothstein, 2016). Com base nas experiências de países como Suécia, Hong Kong, Cingapura, Japão e Finlândia, defensores desse enfoque sugerem economizar recursos, normalmente escassos, até que seja possível aplicar medidas substanciais e simultâneas sem priorizar nenhuma instituição ou setor. As medidas devem incluir ações diretas e indiretas como o fortalecimento do serviço público de forma mais geral (Rothstein, 2011a). Apesar de reconhecerem que se trata de uma abordagem altamente dependente da vontade de líderes políticos fortes e engajados, defensores do *big bang* assumem que esse modelo de choque para promover mudanças institucionais profundas de uma só vez num curto período de tempo pode ser mais bem-sucedido se aplicado após profundas crises, guerras históricas e/ou ameaças externas (Uslaner e Rothstein, 2016; Rothstein, 2011a).

Porém, sabemos que certas crises são capazes de reforçar ainda mais certas estruturas desequilibradas de poder e tornar ainda mais tênue a linha entre o público e o privado. E, ainda, que o simples acúmulo de medidas anticorrupção ao longo do tempo nem sempre resulta em mais integridade, controle e punição. Como defende Taylor (2019:1.313), experiências bem-sucedidas do passado nos permitem melhor visualizar avanços relacionados com sanção, fiscalização e transparência que, cumulativamente, tendem a provocar mudanças no equilíbrio geral da corrupção.

Por isso, nas próximas duas seções trazemos um breve histórico de escândalos, muitas vezes precedidos de promessas para combater a corrupção. Revisitar a história nos ajuda a entender o contexto no qual a Operação Lava Jato emerge, com o desenvolvimento lento e gradual do sistema de *accountability*, em especial a partir da redemocratização no Brasil nos anos 1980, alcançado em resposta a uma série de escândalos e pressões por mais controle e responsabilização.

Corrupção, uma breve abordagem histórica

Há muito tempo a corrupção na América Latina é encarada com preocupação (Arellano-Gault, 2020:7; Morris e Blake, 2009:2). Uma abordagem histórica das práticas de dilapidação do bem público para benefício privado sugere que a Lava Jato não revelou nada muito novo.

Um dos primeiros registros oficiais de esquemas similares aos apontados pela Lava Jato data do século XVIII (Juan e Ulloa, 2011 [1749]), em colônias espanholas. Eles mostram, por exemplo, como autoridades coloniais vendiam cargos públicos e ainda como membros do Poder Judiciário leiloavam sentenças (McFarlane, 1996:42-43). No Brasil, prevaleceu uma espécie de "cumplicidade tácita" entre Coroa e recrutados para trabalhar nas colônias (Mello, 2008:219). Portugal fechava os olhos aos desvios desde que os agraciados com postos agissem com discrição e continuassem garantindo as receitas régias — de modo contrário, seria muito difícil indicar nomes da nobreza e da burocracia para as missões além-mar (Figueiredo, 2008; Mello, 2008).

Durante o Império Brasileiro (1822-89), por sua vez, há registro de poucas menções da palavra corrupção ou termo com significado semelhante (Schwarcz, 2008:227). Ainda que o termo tenha sido pouco usado, houve incidentes que podem ser vinculados à noção de corrupção e impunidades no período. Não por acaso, o jornal *The New York Times* publicou, em março de 1890, uma reportagem sobre o marechal Deodoro da Fonseca (1889-91), primeiro presidente do Brasil e uma das figuras centrais da Proclamação da República do país, dizendo que ele era "um homem absolutamente honesto e incorruptível. [...] Ele não poderia e não iria tolerar desonestidade" (NYT, 1890:10).

O historiador José Murilo de Carvalho atesta que "corrupção política, como tudo mais, é fenômeno histórico" (Carvalho, 2008:237). Por isso, salientamos nesta introdução algumas práticas do passado, mas não temos nenhuma intenção de transmitir a ideia de determinismo. Certamente, conceitos como corrupção e a separação entre público e privado tal qual os entendemos fazem menos sentido em monarquias absolutistas como as observadas no período colonial na América Latina e mesmo em monarquias constitucionais, como a do Brasil Império, abertamente patrimonialistas com súditos e funcionários a serviço da Coroa.

É possível afirmar que a corrupção como problema a ser combatido em nome do interesse público é percebida de forma cada vez mais clara a partir da estruturação do Estado e de sua modernização sob a lógica do raciocínio weberiano, na qual a presença de um corpo profissional, meritocrático e impessoal, que atua por meio de procedimentos padronizados, tem um papel importante para o Estado moderno (Bresser-Pereira, 2012:12). Por isso, não é de se estranhar que, a partir do fim do século XIX, se observa um crescente uso político da bandeira anticorrupção.

No Brasil, a retórica contra a corrupção passa, gradualmente, a ocupar a esfera pública justamente quando as primeiras burocracias começam a ser criadas no país e ganha força a partir do primeiro governo de Getúlio Vargas (1930-45), como fica explicitado na análise do discurso de posse dos presidentes do Brasil (Lagunes et al., 2020).[7] Apesar das promessas de mais "fiscalização" feitas por Floriano Peixoto (1889-91) e Prudente de Moraes (1894-98) e de "moralidade administrativa" anunciada por Venceslau Brás (1914-18), foi Vargas o primeiro a usar a palavra "corrupção" em discursos de posse (Biblioteca da Presidência, s.d; Bonfim, 2008). Entre as primeiras

---

[7] Como parte da pesquisa para o artigo "Unkept promises? Taking stock of president Jair Bolsonaro's actions on corruption control", Lagunes e colaboradores (2020) analisaram 27 discursos de posse de presidentes brasileiros (11 discursos não estão disponíveis) e identificaram que 15 deles fazem menção a mais fiscalização, uma administração proba e o combate à corrupção. Os autores usam como base de dados os discursos disponíveis no site da Biblioteca da Presidência e no livro de João Bosco Bezerra Bonfim (2008).

promessas de Vargas como chefe do governo provisório em novembro de 1930 estavam: "desmontar a máquina do filhotismo parasitário, com toda a sua descendência espúria" e acabar com o critério puramente político para dar empregos públicos (Biblioteca da Presidência, s.d.).

Anos depois, o presidente Getúlio Vargas, já em seu segundo mandato presidencial (1951-54), estava mergulhado em um "mar de lama" quando, em 1954, se matou com um tiro no coração (Skidmore e Smith, 2001:164; Soares, 1979:106-108; Carvalho, 2008). Em 1959, Jânio Quadros fez campanha à Presidência usando uma vassoura como símbolo e prometendo varrer a corrupção, mas logo depois de eleito acabou renunciando ao cargo em circunstâncias ainda pouco exploradas (Fried, 2011:13; Skidmore, 1988:8; Soares, 1979:105; Skidmore e Smith, 2001:166).

O golpe de 1964, que inaugurou a ditadura militar no Brasil, também foi dado em nome da luta contra a corrupção (e contra o comunismo) (Skidmore, 1988:18; Stepan, 1971:217-220; Santos, 2017). Durante a ditadura, militares investigaram a vida fiscal e patrimonial de líderes políticos, entre eles os ex--presidentes da República João Goulart e Juscelino Kubitschek, em busca de indícios de enriquecimento ilícito, relações perniciosas com empresas e mau uso do dinheiro público (Valente e Magalhães, 2012). É verdade que a maioria dos processos, que acabaram sendo arquivados, tinha como alvo adversários do regime militar e o ônus da prova, ao contrário do que ocorre hoje, cabia aos alvos das apurações (Valente e Magalhães, 2012). Ainda assim, documentos produzidos pelos militares revelam mais que meras investigações sumárias (Arquivo Nacional, s.d.).[8]

Em 1966, Juscelino Kubitschek, presidente entre 1956 e 1961 e responsável pela mudança da capital federal do Rio de Janeiro para o Planalto Central, com a construção de Brasília, foi investigado por ter recebido um lote na cidade, no setor de mansões do Distrito Federal, de um grupo de 10 empreiteiras. O responsável pelo pagamento do imóvel, segundo revelam depoimentos prestados à época, foi um dos donos da Construtora Camargo Corrêa que, em depoimento às autoridades, disse se tratar de um "presente de aniversário" (Arquivo Nacional, s.d.). A Camargo Corrêa é uma das construtoras investigadas pela Lava Jato que assinaram acordo de leniência com o governo federal (Vassallo e Macedo, 2019).

---

[8] Documentos relacionados com investigações conduzidas durante o regime militar contra Juscelino Kubitschek foram acessados por Fernanda Odilla, uma das editoras deste livro, junto ao acervo do Arquivo Nacional, em Brasília.

As empreiteiras brasileiras especializadas em obras de infraestrutura têm mantido relações íntimas com governos e elevada dependência de contratos públicos (Praça, 2018:45). Durante a ditadura não foi diferente (Geddes e Ribeiro Neto, 1992; Campos, 2013). O crescimento e a consolidação das relações entre as principais empresas do setor de construção pesada no Brasil e o regime militar se deram sem mecanismos de fiscalização e controle social (Campos, 2013). O silêncio, contudo, ainda marca a memória do Brasil em relação à corrupção nos anos da ditadura militar, apesar de ter havido escândalos e complexas relações de conivência entre militares e empresários (Luiz et al., 2005; Campos, 2013; Starling, 2015).

Ditadura derrotada, corrupção escancarada[9]

A ditadura acabou derrotada, enfraquecida pela crise econômica e chegando ao fim "sob acusações de corrupção, despotismo e desrespeito pela coisa pública" (Carvalho, 2008:237). Na redemocratização, por sua vez, todos os presidentes do Brasil contabilizaram escândalos de corrupção em suas administrações (Taylor e Buranelli, 2007; Power e Taylor, 2011; Moreno, 2015). A maioria desses escândalos veio a público com protagonismo ou participação ativa da imprensa. Não significa dizer que a cobertura midiática foi totalmente desprovida de seletividade ou mesmo viés em relação a casos de corrupção. Mas é preciso reconhecer que, em muitos escândalos que marcaram a história recente do Brasil, a imprensa não se limitou a cobrir investigações, mas também descobriu e revelou fatos novos, como será explorado a seguir.

Essa importante característica das democracias — imprensa livre e atuante — também contribuiu para criar a sensação, muito presente no senso comum dada a maior divulgação de escândalos, de que a corrupção surge com a democratização e não como herança de vícios antigos, observados em praticamente todo o processo de formação do Estado brasileiro, inclusive nos regimes autoritários (Avritzer e Filgueiras, 2011). Apesar de a corrupção ter permanecido como prática corriqueira e cotidiana na cena pública, não há em absoluto por que preferir o autoritarismo à democracia — e, obviamente, essa preferência não se dá porque ambos os modelos institucionais podem ser marcados por corrupção.

---

[9] Nota dos organizadores: essa seção consta, originalmente, no artigo *Unkept promises? Taking stock of president Jair Bolsonaro's actions on corruption control* (Lagunes et al., 2020).

Após a ditadura militar, o maranhense José Sarney (1985-90), da Frente Liberal, foi o primeiro civil a tomar posse como presidente, depois de uma eleição indireta feita por meio do Colégio Eleitoral, formado por parlamentares da Câmara, e de uma transição negociada com os militares (Meneguello, 1999; Gaspari, 2003). Sarney concorreu à vice-presidência, mas assumiu o cargo com a morte do presidente eleito antes da cerimônia de posse, o então deputado federal Tancredo Neves (PMDB) (Meneguello, 1999).

No meio do mandato, Sarney enfrentou um pedido de *impeachment* por suspeitas de corrupção (Fiori, 2006; *Folha de S.Paulo*, 1994b). Em 1988, foi instaurada uma Comissão Parlamentar de Inquérito, a "CPI da Corrupção", para apurar irregularidades no governo Sarney (1985-90) (*Folha de S.Paulo*, 1994b), depois que uma reportagem do jornal *Folha de S.Paulo* publicou uma lista com nomes e valores indicando a liberação de recursos públicos a fundo perdido por meio de interferência política (*Folha de S.Paulo*, 1994b). Um ano antes, o mesmo jornal já havia indicado fraude na concorrência pública para a construção da ferrovia Maranhão-Brasília (ou Norte-Sul) (Freitas, 1987), que teria entre as vencedoras a construtora Odebrecht (Gaspar, 2020). A licitação foi cancelada e uma outra CPI instaurada (Power e Taylor, 2011). Já o pedido de *impeachment* contra Sarney foi arquivado pelo então presidente da Câmara, Inocêncio Oliveira (PFL) (Fiori, 2006).

Em 1988, durante o governo Sarney, o Brasil ganhou uma nova Constituição, que estabeleceu as bases para a rede brasileira de instituições de *accountability* cujos principais atores e evolução são detalhados no capítulo 7 deste livro. Com um novo arcabouço institucional e escândalos fervilhando, o Brasil viu o discurso anticorrupção como uma das marcas das eleições de 1989.

Fernando Collor de Mello (1990-92), o primeiro presidente eleito pelo voto direto popular depois do regime militar, venceu a disputa daquele ano, depois de se projetar como o "caçador de marajás" (Figueiredo, 2010). Herdeiro de uma elite política, Collor tinha sido prefeito de Maceió (AL) e governador de Alagoas e defendia atacar os altos salários e regalias de detentores de cargos públicos (Schneider, 1991; Sadek, 2019). Depois de eleito, contudo, escândalos e reportagens publicadas pela imprensa foram se acumulando e minando a credibilidade de Collor (Conti, 2012).

No início do mandato, a primeira-dama Rosane Collor de Mello teve o nome envolvido em denúncias no comando da presidência da Legião Brasileira de Assistência (LBA) (Moreno, 2015). Em seguida, o irmão do presidente, Pedro Collor de Mello, apareceu na capa da revista *Veja* acusando-o de fazer parte de um esquema de corrupção, que também envolvia Paulo César Farias, empresário e ex-tesoureiro da campanha eleitoral, conhecido como PC Farias (Nascimento, 2010; Pereira, Power e Raile, 2011; Pérez-Liñán, 2007; Weyland, 1993). PC Farias foi acusado de cobrar propina em troca de tráfico de influência no governo, com o aval de Collor (*IstoÉ*, 2011).

Foi aí que o motorista da Presidência, Eriberto França, revelou à revista *IstoÉ* que era PC Farias quem pagava as despesas da família do presidente: na lista estavam a compra de um Fiat Elba para a primeira-dama e a reforma na Casa da Dinda, um imóvel particular dos Collor transformado em residência oficial em Brasília (Nascimento, 2010). As afirmações foram ratificadas pela "CPI do PC" no Congresso, que identificou uma conta fantasma usada pelo tesoureiro, que foi assassinado em 1996 (*IstoÉ*, 2011).

Collor terminou renunciando para tentar escapar do processo de *impeachment* — ainda assim, o Senado votou pela saída forçada do presidente, consolidando o desfecho para o Collorgate (Figueiredo, 2010; Power e Taylor, 2011). Collor passou oito anos inelegível, mas nunca foi punido criminalmente — o Supremo Tribunal Federal entendeu que faltavam provas para condená-lo e, 22 anos depois de deixar a Presidência, Collor se livrou do último processo que respondia por suspeita de corrupção no período em que comandava o Brasil (Aurélio, 2010; Motta, 2014). Anos depois, Collor também passou a ser alvo da Lava Jato.[10]

O vice de Collor, Itamar Franco (1992-95), assumiu a Presidência e viu respingar em sua gestão acusações da "CPI dos Anões do Orçamento", que apurava o desvio de verbas públicas para favorecer congressistas (Power e Taylor, 2011) e empreiteiras, entre elas a Odebrecht (Matais et al., 2016). O esquema envolvia desvio de dinheiro público para entidades fantasmas, controladas por parlamentares da comissão de orçamento do Congresso — a maioria deles congressistas de pouca expressão e influência nacional, o chamado "baixo clero", e de baixa estatura e, por isso, o apelido de "anões" (Filgueiras e Vale, 2002; Praça, 2011). No fim de 1993, Itamar Franco afastou o ministro-chefe da Casa Civil após denúncias de envolvimento nesse esquema, mas, como o

---

[10] Desde agosto de 2017, Fernando Collor de Mello é réu no Supremo Tribunal Federal pelos crimes de corrupção passiva, lavagem de dinheiro e pertencimento a organização criminosa, identificados no âmbito da Operação Lava Jato. Segundo a denúncia, apresentada em agosto de 2015, ele teria recebido mais de 29 milhões de reais por desvios em subsidiária da Petrobras. A Procuradoria também acusa Collor de ter comprado carros de luxo, entre eles uma Ferrari e uma Lamborghini, uma casa em Campos do Jordão, obras de arte e antiguidades para lavar o dinheiro fruto do esquema de propina. O senador nega as acusações e, em nota divulgada quando o STF aceitou a denúncia, declarou que, como no passado, terá oportunidade de comprovar sua inocência (Amorim, 2017).

relatório final da CPI do Orçamento considerou-as improcedentes, Henrique Hargreaves voltou ao cargo (*Folha de S.Paulo*, 1994a). A CPI recomendou a cassação de 18 dos 37 parlamentares investigados, mas apenas seis perderam o mandato (Fiori, 2006).

Sob escândalos, o governo Itamar Franco também avançou em pontos considerados importantes no fortalecimento das instituições e mecanismos de controle. A Receita Federal ganhou mais recursos e novas atribuições para o combate à sonegação e evasão de divisas, uma lei antitruste foi aprovada e mudanças no processo de licitação foram introduzidas, além de ter sido criado um código de ética profissional do servidor público (Fleischer 1997; Praça e Taylor, 2014). Outros importantes mecanismos de controle foram aprovados no governo seguinte, de Fernando Henrique Cardoso (FHC), do PSDB, que havia sido ministro de Itamar Franco. Durante uma investigação de lavagem de dinheiro — Banestado — que uniu os principais personagens da Lava Jato,[11] o governo passou uma lei em 1998 para prevenir o uso do sistema financeiro para prática de ilícitos e criar o Conselho de Controle de Atividades Financeira (Coaf) (Praça e Taylor, 2014). No ano seguinte, o governo FHC criou a Comissão de Ética Pública e, em 2001, a Corregedoria-Geral da União.

Essas medidas, contudo, podem ser encaradas como respostas a uma forte pressão por mais fiscalização e controle. FHC e seu governo também não escaparam de acusações e escândalos de corrupção. Dois escândalos vieram à tona por meio de reportagens do jornal *Folha de S.Paulo*: a compra de votos para aprovar a emenda que criou a reeleição para ocupantes de cargos no Executivo, beneficiando diretamente FHC (Rodrigues, 2014), e a divulgação de áudios sugerindo a interferência direta do governo federal no processo de privatização de empresas de telecomunicação (Rodrigues e Lobato, 1999).

Outras denúncias também motivaram pedidos de abertura de investigações parlamentares para apurar suspeitas no governo do PSDB (Odilla, 2020). Entre elas, denúncias de corrupção e tráfico de influência no contrato para a criação do Sistema de Vigilância da Amazônia (Sivam) e no Programa de

---

[11] Muitos dos integrantes da força-tarefa da Lava Jato se conheciam de operações passadas. Nomes como Moro, Dallagnol, o procurador Carlos Fernando do Santos Lima e o policial federal Márcio Anselmo, responsável pelo início da Lava Jato na Polícia Federal, haviam, de alguma forma, trabalhado juntos no caso Banestado e na operação Farol da Colina (Pontes e Anselmo, 2019). Ambas as investigações tinham mapeado a ação de doleiros, entre eles Alberto Youssef, na tentativa de chegar aos verdadeiros donos do dinheiro, mas acabaram colecionando finais decepcionantes por não terem resultado na condenação de importantes políticos e empresários supostamente beneficiados pelos esquemas (Pontes e Anselmo, 2019).

Estímulo à Reestruturação do Sistema Financeiro (Proer) (Carvalho, 2006). À época, o chefe do Ministério Público Federal indicado pelo presidente FHC era o procurador-geral da República Geraldo Brindeiro, que não levou adiante nenhuma investigação na esfera criminal e, por isso, ganhou o apelido de "engavetador-geral" (Freitas, 2003).

Em resposta a esse cenário onde a impunidade parecia prosperar, a campanha presidencial de Luiz Inácio Lula da Silva (PT) em 2002 apostou na mensagem de combate à corrupção e de compromisso com a ética (Goldfrank e Wampler, 2017). Durante o governo Lula (2003-10), o Brasil viu multiplicar operações policiais, auditorias e comissões parlamentares de inquérito para apurar irregularidades. Lula também inaugurou uma prática saudável de indicar para procurador-geral da República o mais votado de uma lista tríplice, elaborada por procuradores por meio de uma eleição organizada pela Associação Nacional de Procuradores da República (ANPR) (Lagunes et al., 2020).

A Polícia Federal, que por muitos anos priorizou o combate ao tráfico de drogas, passou, a partir de 2003, a atuar de forma mais efetiva, com mais efetivo e equipamentos, contra lavagem de dinheiro e crime de colarinho-branco, graças a reformas promovidas durante a gestão do presidente Lula (Pontes e Anselmo, 2019). Outros órgãos de controle também ganharam mais recursos (pessoal e orçamentário) e novas atribuições na gestão do PT — por exemplo, a Corregedoria-Geral da União foi transformada em Controladoria-Geral da União com funções de fiscalização e prevenção de corrupção (Odilla, 2020).

Mas graves escândalos de corrupção também proliferaram no governo Lula (Lagunes et al., 2020). Além de denúncias publicadas na imprensa e de centenas de investigações da Polícia Federal, muitas vezes coordenadas com a CGU, a Receita e o Ministério Público Federal e iniciadas a partir de informações fornecidas pelo Coaf (Arantes, 2011), o Congresso também protagonizou investigações anticorrupção que atingiram integrantes do governo e pessoas próximas a Lula: as CPIs dos Bingos, dos Correios, dos Sanguessugas, dos Cartões Corporativos, dos Grampos, das ONGs, da Petrobras são algumas das muitas ações conduzidas na Câmara e/ou no Senado para apurar denúncias de ilegalidades em diferentes setores, entre eles no governo federal (Senado, 2017; Câmara dos Deputados, 2020).

Denúncias, investigações e punições em pleno mandato

Como Michener e Pereira (2016:477) nos lembram, assim como nos mostra o histórico de casos de corrupção aqui listados, a explosão de um escândalo de corrupção por si só não é novidade. A novidade para um país como o Brasil, bem como para a maioria dos países na América Latina, está quando ricos e poderosos são investigados, denunciados, julgados e condenados. É ainda mais raro quando os punidos são integrantes do partido do presidente em pleno mandato e aliados da coalizão que apoia o chefe do Executivo no Congresso.

Por isso, um episódio-chave, que maculou de forma definitiva o governo Lula, foi o Mensalão, que também veio a público por meio de revelações trazidas pela imprensa. Em 2005, a revista *Veja* divulgou imagens de uma fita de VHS em que Maurício Marinho, o então chefe do departamento de contratação e administração de material dos Correios, aparecia recebendo 3 mil reais em dinheiro, como suposta propina de empresários interessados em ganhar licitações na estatal. Na gravação, Marinho se dizia representante do então deputado federal Roberto Jefferson, presidente do Partido Trabalhista Brasileiro (PTB), que comandava um grande esquema de corrupção no governo federal (*Veja*, 2009).

A reportagem motivou a abertura da "CPI dos Correios" no Congresso, mas, antes mesmo de a comissão iniciar oficialmente os trabalhos, novas denúncias vieram à tona. Em entrevista ao jornal *Folha de S.Paulo*, Roberto Jefferson confirmou a existência do esquema de corrupção no governo Lula, revelou que deputados recebiam pagamentos periódicos, que chamou de "mensalão" — daí o apelido dado às investigações e ao processo judicial —, para aprovar projetos de interesse do governo no Congresso. Jefferson acusou ainda o então ministro-chefe da Casa Civil, José Dirceu, de ter conhecimento do esquema de compra de votos de parlamentares e pagamento de dívida de campanha (Lo Prete, 2005). Dirceu, que era deputado federal pelo PT à época, deixou o cargo de ministro no dia em que a CPI foi instalada, voltando à Câmara dos Deputados — tanto Dirceu quanto Jefferson tiveram seus mandatos cassados (Recondo, 2005).

A Polícia Federal e o Ministério Público também entraram no caso e, por envolver deputados federais, coube ao STF julgar o Mensalão. As primeiras condenações foram proferidas somente em 2012 — 25 condenados e 12 absolvidos — e as prisões autorizadas no ano seguinte, depois de esgotadas todas as possibilidades de recurso (Downie, 2012). Enquanto o STF julgava o Mensalão, o PT ganhou outras duas eleições. Lula foi reeleito em 2006 e, em 2010, Dilma Rousseff venceu sua primeira disputa eleitoral. No Palácio do Planalto, Rousseff começou o mandato promovendo o que, na época, ficou conhecido como "faxina ética" (Krakovics, 2014; Limongi, 2017). Ainda em 2011, antes de a presidente completar um ano de governo, seis ministros deixaram os cargos por acusações de corrupção, e, no ano seguinte, mais um ministro deixou o governo também sob suspeita de ter cometido irregularidades (Alencastro e Braga, 2013).

Apesar da forma aparentemente enérgica com que a presidente parecia lidar com maus feitos, tempos depois ela cedeu à pressão da própria base de apoio no Congresso e grupos ligados aos políticos afastados acabaram voltando ao comando de algumas das pastas (Alencastro e Braga, 2013; Odilla e Nery, 2013). Em seu primeiro mandato, Rousseff também viu sua popularidade despencar em 2013, quando milhares foram às ruas numa série de protestos (Oliveira e Passarinho, 2013). Com uma pauta difusa, as manifestações tinham como foco central a insatisfação com a qualidade dos serviços públicos, especialmente transporte, saúde, educação e segurança pública (Gohn, 2014). Tudo associado a um descontentamento crescente com a política e com seus representantes (Gohn, 2014).

Mesmo com os protestos do ano anterior e com as primeiras revelações da Lava Jato tornadas públicas, a presidente foi reeleita em 2014 para um segundo mandato, com o mais apertado resultado nas urnas já visto no país (Amaral e Ribeiro, 2018). Logo depois do segundo turno do pleito de 2014, a Lava Jato colocou, ainda que preventivamente, os principais empreiteiros do país atrás das grades, numa fase batizada de "Juízo Final", e já avançava sobre um número cada vez maior de políticos, entre eles integrantes da coalizão petista que seguia no comando do governo federal (Ramos et al., 2014; Praça, 2018). Novos protestos tomaram as ruas do Brasil em 2015 e 2016, dessa vez com uma pauta menos dispersa: eram manifestações contra o governo de Rousseff e o PT e a favor da Lava Jato (Gohn, 2014).

Nesse período, o ex-presidente petista passou a ser o alvo central da Lava Jato, segundo indicavam as 14 setas da apresentação em PowerPoint, durante entrevista coletiva à imprensa, do então procurador-chefe da Lava Jato Deltan Dallagnol, em setembro de 2016 (Carazzai e Ferreira, 2016; Haidar, 2016). Na tela, o nome Lula aparece num círculo central cercado por palavras como "mensalão", "petrolão + proino-cracia (sic)", "enriquecimento ilícito", "governabilidade corrompida" e "perpetuação criminosa no poder". A imagem virou alvo de achincalhações nas redes sociais (Balloussier, 2017) não apenas por parte dos que achavam que o princípio da inocência fora ferido, mas por quem considerava o slide rudimentar. Em seu livro *A luta contra a corrupção — a Lava Jato e o futuro de um país marcado pela impunidade*, o procurador afirma que a repercussão negativa e imediata pegou a força-tarefa de surpresa (Dallagnol, 2017).

Não era a primeira vez que a operação era alvo de crítica. Em março de 2016, grampos telefônicos de conversas de Lula, entre eles um diálogo com a então presidente Dilma Rousseff, foram amplamente reproduzidos na íntegra por veículos de comunicação, levando milhares de pessoas às ruas para protestar contra os petistas (Castro, Nunes e Netto, 2016; Moniz e Benites, 2016;

Venturini, 2016). A conversa com a presidente foi gravada após o principal juiz do caso, Sergio Moro, ter determinado que a Polícia Federal interrompesse as escutas. Mas, ainda assim, o sigilo da gravação foi suspenso (Amorim e Costa, 2016). Pela legislação, a gravação jamais deveria ter sido tornada pública por um juiz de primeira instância, mas sim encaminhada diretamente ao STF (Amorim e Costa, 2016). Moro admitiu que pode ter "se equivocado em seu entendimento jurídico" ao dar publicidade ao material, pediu desculpas e disse que não teve por objetivo gerar fato político partidário, polêmicas ou conflitos (Bulla e Aguiar, 2016).

As críticas contra essa e muitas outras decisões de Moro, como a de divulgar trechos de uma delação às vésperas do primeiro turno das eleições presidenciais de 2018 (Reuters, 2018), foram feitas, em sua maioria, por juristas (Calgaro, 2016; Taylor, 2017) e acadêmicos (Avritzer, 2020; Avritzer e Marona, 2017; Kerche e Feres Jr., 2018; Kerche, 2018). Jornalistas e veículos de comunicação mais tradicionais, de um modo geral, questionaram muito pouco as ações dos primeiros anos da Lava Jato, que inaugurou uma nova forma de comunicação institucional e passou a oferecer mais acesso a documentos oficiais, como detalha o capítulo 6 neste livro.

Perdas e danos: impondo sanções contra ricos e poderosos

Não há dúvidas de que a corrupção hoje é mais visível ao público, mas, dificilmente, a corrupção que transparece é sempre punida (Filgueiras e Aranha, 2011). Nesse aspecto, a Lava Jato atraiu muita atenção por parecer um ponto fora da curva, apesar e poder ser encarada também como fruto de um longo processo de fortalecimento das instituições e mecanismos de controle. Taylor e Power (2011) já haviam observado que, no caso do Brasil, escândalos de corrupção com frequência oferecem um enredo melancólico: começam com revelações bombásticas, seguidas de um gélido tramitar nas cortes que, muitas vezes, anulam investigações e até condenações iniciais, contribuindo, assim, para a impunidade.

Punições céleres e adequadas a cada tipo de conduta ilícita, com penas privativas de liberdade para ricos e poderosos quando necessário, são remédios importantes, mas ainda são administradas de forma errática não apenas no Brasil mas, principalmente, nos demais países da América Latina (Angélico, 2019; Da Ros, 2019).[12] De acordo com o raciocínio, muito difundido tam-

---

[12] Por exemplo, o Índice Global de Impunidade 2019, publicado pelo Comitê para a Proteção de Jornalistas (CPJ), elencou México e Brasil entre os nove países do mundo com maior impunidade em

bém pela literatura anticorrupção, aumentar a probabilidade e a severidade das punições impostas conduz à redução na incidência de atos de corrupção (Becker, 1968; Becker e Stigler, 1974; Klitgaard, 1988; Rose-Ackerman, 1999).

Mas as estatísticas sobre crime de colarinho-branco (Sutherland, 1947) são, nas palavras do ministro do STF Luís Roberto Barroso (2019), constrangedoras: menos de 1% dos presos no sistema penitenciário lá estão por crimes de colarinho-branco. Por isso, como já abordado, os números das condenações impostas nos seis primeiros anos da Operação Lava Jato à primeira vista impressionam, ainda que não tenham sido esgotadas todas as possibilidades de recurso dos condenados.

Apesar de a Lava Jato ser encarada por muitos como uma ruptura em relação ao histórico de impunidade, ela não destruiu por completo a incapacidade de o Poder Judiciário lidar com a morosidade nem com a aparente imunidade de alguns, em especial de políticos e detentores de foro privilegiado. Reconhecemos o princípio da presunção da inocência como fundamental e, consequentemente, o fato de que nem todos investigados e denunciados são punidos. De qualquer forma, as punições contabilizadas nos primeiros anos da Lava Jato sugerem, ao menos, um descompasso entre as primeiras instâncias do Judiciário e o Supremo. Em março de 2020, o número de condenados em primeira e segunda instâncias era 210, ou 22,6% dos 928 denunciados (MPF, 2020). No STF, onde tramitam os processos de autoridades com foro privilegiado ou de casos associados a elas, três processos resultaram em condenações até março de 2020, apesar de haver centenas de pessoas denunciadas e mais de três dezenas de inquéritos em curso (Martins, 2020).[13]

Até dezembro de 2019, somente a Lava Jato em Curitiba conseguiu recuperar mais de 4 bilhões de reais em acordos de colaboração premiada e leniência,

---

relação a crimes contra jornalistas (CPJ, 2019). Em 2017, quase metade dos países latino-americanos examinados estava entre os países com as piores pontuações de impunidade no mundo com base no mesmo índice (Asmann, 2017).

[13] Até junho de 2020, apenas quatro ações penais tinham sido julgadas pela Segunda Turma do STF: três resultaram em condenação e uma em absolvição (Martins, 2020). O deputado federal pelo Paraná, Nelson Meurer (PP), em, maio de 2018, foi o primeiro político condenado pelo STF no âmbito da Lava Jato. Meurer foi preso em outubro de 2019 e morreu de Covid na prisão em julho de 2020. Os outros políticos condenados pelo STF foram o ex-deputado Aníbal Gomes (DEM-CE) e o ex-ministro Geddel Vieira Lima (MDB) (preso preventivamente em 2017 e, mesmo sem ter o início do cumprimento da pena determinado pelo STF, seguia no cárcere até meados de 2020 quando lhe foi concedida por questões de saúde o direito à prisão domiciliar). A deputada federal Gleisi Hoffman e o ex-ministro Paulo Bernardo, do PT, foram absolvidos.

termo de ajustamento de conduta e em renúncias voluntárias de réus ou condenados. Esse valor, contudo, é muito menor que o montante calculado pela força-tarefa a ser ressarcido aos cofres públicos. Em março de 2018, as dezenas de ações judiciais propostas por procuradores federais em Curitiba e no Rio de Janeiro pleiteavam a devolução de 44,4 bilhões de reais (Odilla, 2018).

A dificuldade de impor uma responsabilização substancial para corruptos e corruptores não é exclusividade do Brasil. Ao publicar um raio X das investigações em diferentes países para apurar as propinas pagas pela Odebrecht na América Latina, Angélico (2019) mostrou que, em 2017 e 2018, nove países da região enviaram um total de 118 pedidos de cooperação para autoridades brasileiras — porém mais da metade dos pedidos formulados, 68, foi enviada apenas pelo Peru.

Ainda assim, a Lava Jato atraiu tanta atenção que mais de duas dezenas de livros sobre a operação foram publicados, entre eles obras de "personagens" envolvidos nos processos escrevendo as próprias versões ou sendo perfilados em biografias.[14] A Lava Jato rendeu ainda um filme e uma série de 16 episódios sobre o escândalo.[15]

---

[14] Alguns dos livros lançados: *Lava Jato* (Netto, 2016); *A outra história da Lava Jato* — uma investigação necessária que se transformou numa operação contra a democracia (Leite, 2016); *Sergio Moro* — a história do homem por trás da operação que mudou o Brasil (Hasselmann, 2016); *Sergio Moro*: o homem, o juiz e o Brasil (Scarpino, 2016); *A luta contra a corrupção* — a Lava Jato e o futuro de um país marcado pela impunidade (Dallagnol, 2017); *Polícia Federal*: a lei é para todos (Graieb e Santos, 2017); *Mãos Limpas e Lava Jato* — a corrupção se olha no espelho (Chemim, 2017); *Delatores*: a ascensão e a queda dos investigados da Lava Jato (Hasselmann, 2017); *O príncipe — uma biografia*: uma biografia não autorizada de Marcelo Odebrecht (Cabral e Oliveira, 2017); *Guerra à corrupção*: lições da Lava Jato (Praça, 2018); *Operação Lava Jato e a democracia brasileira* (Kerche e Feres Jr., 2018); *O carcereiro*: o japonês da Federal e os presos da Lava Jato (Carrijo, 2018); *Lula na Lava Jato e outras histórias ainda mal contadas* (Ribeiro, 2018); *Sérgio Cabral*: o homem que queria ser rei (Corrêa, 2018); *Lava Jato e a elite na cadeia*: o dia a dia dos presos da Lava Jato (Nunes, 2019); *Corrupção*: Lava Jato e Mãos Limpas (Pinotti, 2019); *A Lava Jato*: o interesse público entre punitivismo e desgovernança (Nasser, 2019); *A imperatriz da Lava Jato*: a vida da doleira que originou a maior operação de combate à corrupção no Brasil (Kodama e Chiarioni, 2019); *Crime.gov* — quando corrupção e governo se misturam (Pontes e Anselmo, 2019); *Why not* — como os irmãos Joesley e Wesley, da JBS, transformaram um açougue em Goiás na maior empresa de carnes do mundo, corromperam centenas de políticos e quase saíram impunes (Landim, 2019b); *Nada menos que tudo*: bastidores da operação que colocou o sistema político em xeque (Janot e Carvalho, 2019); *A organização*: a Odebrecht e o esquema de corrupção que chocou o mundo (Gaspar, 2020); *Lava Jato*: aprendizado institucional e ação estratégica na justiça (Rodrigues, 2020).

[15] Tanto a série "O mecanismo" (2018-19), exibida na Netflix, quanto o filme *Polícia Federal — a lei é para todos* (2017) são inspirados na Lava Jato.

Quando deflagrada, porém, a operação tinha cara e nomes de filmes antigos. A primeira etapa da operação foi às ruas em 2014, em conjunto com outras três operações — todas elas com nomes de filmes — que investigavam organizações criminosas lideradas por doleiros (Netto, 2016). A investigação do grupo supostamente comandado por Nelma Kodama foi chamada operação Dolce Vita; a que apurou os negócios de Alberto Youssef foi nomeada operação Bidone; a que mirou o grupo de Raul Srour foi denominada operação Casa Blanca. A Operação Lava Jato era, inicialmente, apenas a que investigou o grupo supostamente chefiado por Carlos Habib Charter, dono do posto de combustível e do lava jato em Brasília usados para o branqueamento de capitais — mas o nome serviu de inspiração e foi usado, mais tarde, para se referir também a todos os demais casos e seus respectivos desdobramentos (BBC, 2018a).

Praticamente, todos os detidos na primeira fase já haviam sido investigados, denunciados ou condenados anteriormente por crimes como lavagem, evasão ou remessa ilegal de divisas (Odilla, 2014). Mas as apurações alcançaram nomes que nenhuma agência de controle havia tocado anteriormente de forma tão efetiva: políticos, entre eles presidentes e ex-presidentes, senadores e deputados, além de dirigentes de estatais. Na esfera empresarial, como já mencionado, as investigações atingiram as principais construtoras do país, entre elas a Odebrecht, que fez revelações que mudaram o patamar das investigações, levando-as a outros países.

Segundo afirmou em um artigo de opinião publicado no jornal *The New York Times* o professor e pesquisador Mathew M. Taylor (2016), da Universidade Americana em Washington (EUA), que tem se dedicado a estudar a corrupção, a Lava Jato já pode ser considerada a maior investigação contra corrupção já realizada, superando sua fonte de inspiração, a Mãos Limpas, investida contra a corrupção conduzida na Itália no início dos anos 1990.

Vale dizer que, em certa medida, a Lava Jato vem mimetizando a Mãos Limpas de diferentes formas. Repetiu a estratégia italiana ao aliar o combate judicial da corrupção ao apoio de uma parcela significativa da opinião pública e da imprensa, como pontuam Kerche e Feres Jr. (2018), e também ao apostar nas prisões provisórias e colaborações de suspeitos. No entanto, o legado da Mãos Limpas do ponto de vista do combate à corrupção é, no mínimo, desanimador. Uma análise feita por Alberto Vannucci (2009), especialista em estudos de corrupção que tem se dedicado a pesquisar a Mãos Limpas, serve de alerta ao Brasil e aos demais países onde as investigações da Lava Jato ainda avançam. A investida italiana, segundo Vannucci, não trouxe mais ética à vida pública e tampouco acabou com a corrupção. Ao contrário, atraiu tentativas de limitar ações de investigadores e acabou por gerar embates entre os poderes políticos e o Judiciário na Itália (Vannucci, 2009; BBC, 2018).

Ações e reações: principais mudanças motivadas pela Lava Jato

No Brasil, depois de dominar o noticiário por anos por colocar poderosos atrás das grades e detalhar mecanismos de captura do Estado, a operação voltou a ser notícia por causa das ações de seus protagonistas fora dos autos processuais. Em 2018, o juiz Sergio Moro aceitou o convite para comandar o Ministério da Justiça e Segurança Pública do governo de Jair Bolsonaro (Carvalho e Herdy, 2018), o que reforçou críticas sobre o viés político-ideológico da Lava Jato e contribuiu para o debate sobre a credibilidade da operação (Avritzer, 2020; Couto, 2020). Em 2019, mensagens trocadas por procuradores da força-tarefa entre si e com Moro, quando ele ainda era juiz, foram tornadas públicas, depois da ação de um *hacker* que explorou uma falha do aplicativo Telegram e coletou dados de telefones de autoridades (Congresso em Foco, 2020).[16]

Detalhes dessas conversas foram divulgados numa série de reportagens que ganharam o nome de "Vaza Jato" e, inicialmente, publicadas pelo *The Intercept Brasil* (Intercept, 2020). O site tem entre seus criadores Glenn Greenwald, o mesmo que anos antes havia revelado ao mundo um esquema de espionagem promovido pela NSA, a agência de segurança nacional americana, a partir de informações coletadas pelo ex-funcionário da agência e ativista Edward Snowden (Greenwald, MacAskill e Poitras, 2013). Os flagrados nas conversas, nas quais juiz e acusadores discutem, entre outros temas, estratégias processuais, negaram qualquer irregularidade (Costa, 2019; Dallagnol, 2019). A ausência absoluta de ilicitude nos atos revelados pela Vaza Jato não desfruta de consenso nem mesmo no Supremo Tribunal Federal. De qualquer forma, as revelações do *Intercept* (2020) ajudaram a intensificar as divisões entre apoiadores e críticos da operação e também balizaram a decisão da segunda turma do Supremo que, por 3 votos a 2, declarou que Sergio Moro atuou de forma parcial em um dos processos que resultou na condenação do ex-presidente Lula.

A saída de Moro do governo Bolsonaro, em abril de 2020, acirrou ainda mais as cisões em torno da operação e enfraqueceu a Lava Jato. Ele deixou

---

[16] Detalhes de como as mensagens foram acessadas por meio de um truque da versão web do Telegram constam no despacho do juiz Vallisney de Souza Oliveira, da 10ª Vara Federal Criminal do Distrito Federal, de 19 de julho de 2019 (Congresso em Foco, 2020).

o cargo de ministro em meio à pandemia do novo coronavírus alegando interferência política na Polícia Federal por parte do presidente da República para conseguir informações e também acusou Bolsonaro de não priorizar o combate à corrupção (Junior e Borges, 2020). Os apoiadores mais virulentos do presidente enquadraram Moro na categoria de traidor e, para muitos, ele deixou de ser o salvador cuja face estampou camisetas, faixas e cartazes de manifestações em 2015 e 2016, que tomaram as ruas contra o PT, o governo da então presidente Dilma Rousseff e também contra a corrupção.[17]

A Lava Jato e seus desdobramentos nos mostram avanços no combate à corrupção e, ao mesmo tempo, uma latente tensão entre o enfrentamento da impunidade e a manutenção do estado de direito. É impossível uma investigação desse porte não gerar impactos políticos e econômicos. Mas, como aconteceu com a Mãos Limpas (Vannucci, 2009), a Lava Jato pode nos deixar um legado controverso, trazendo à América Latina um novo conjunto de problemas. Entre eles a ascensão de presidentes como Jair Bolsonaro, que não se mostra tão comprometido com as próprias promessas de combate à corrupção feitas na campanha (France, 2019; Lagunes et al., 2020) e que, em julho de 2020, governava com 6.157 militares da ativa e da reserva ocupando cargos civis, número duas vezes maior que o registrado na gestão anterior, de Michel Temer (Lis, 2020).

Como destacam Karla Y. Ganley e Paul Lagunes na conclusão deste livro, "ao expor a corrupção do sistema democrático brasileiro, a Lava Jato contribuiu para uma cadeia de acontecimentos que torna a ameaça de autoritarismo maior hoje do que era antes de 2014". Isso não significa, segundo os autores, que, diante dos riscos políticos, a Operação Lava Jato deveria ter evitado o combate à corrupção. De fato, a operação desestabilizou o sistema político e contribuiu para alimentar a ilusão de que poderíamos prescindir dele bem como de certos mecanismos da democracia representativa para nos livrarmos de forma definitiva da corrupção.

Ainda é prematuro antecipar qualquer desfecho para a Lava Jato, mas é imperativo avaliar falhas, méritos e consequências já passíveis de observação. Impactos mais permanentes da operação podem ser observados principal-

---

[17] Pesquisa Datafolha questionou, em abril e em maio de 2020, entrevistados sobre quem fala mais a verdade, Sergio Moro ou Jair Bolsonaro, no episódio da interferência do presidente na Polícia Federal. Em ambas as pesquisas, Moro apareceu com maior credibilidade: 52% em abril e 54% em maio diziam que o ex-juiz e ex-ministro da Justiça falava mais a verdade, mas o número de pessoas que declarou acreditar mais no presidente aumentou de 20% para 27% (Datafolha, 2020).

mente na difusão do uso das Leis nº 12.846/2013 (Lei Anticorrupção) e nº 12.850/2013 (Lei de Combate ao Crime Organizado) — ambas foram aprovadas e sancionadas na onda dos protestos de 2013 e permitem acordos de delação de empresas e pessoas investigadas, respectivamente.[18] A Operação Lava Jato usou à exaustão esses acordos nas investigações, que foram tema de vários questionamentos e de muita resistência, não só, mas, principalmente, de advogados, acusando a operação de violar direitos e garantias fundamentais de suspeitos e de usar prisões para obter acordos (Calgaro, 2016; Taylor, 2017).

No entanto, com o tempo, os termos de colaboração nas esferas penal e administrativa passaram a ser usados como estratégia de defesa de muitos suspeitos e investigados não apenas no âmbito da Lava Jato (Azevedo, 2014; Bottino, 2016). O poder público também se viu obrigado a se adequar. Para tal, policiais, promotores, procuradores e magistrados precisaram ganhar *expertise* em negociar acordos. Além de empresas privadas, estatais como a Petrobras foram obrigadas a fortalecer e a criar mecanismos de controle (Santos, 2018) para aplicar a Lei Anticorrupção. A Controladoria-Geral da União (CGU), por exemplo, reestruturou-se de modo a criar um setor e procedimentos específicos para cuidar de processos administrativos de responsabilização de pessoas jurídicas (Odilla, 2020).

A Lava Jato impactou também a saúde financeira de gigantes da construção civil. Das 16 empreiteiras acusadas de cartel pela Lava Jato, nove entraram em recuperação judicial, ou seja, recorreram ao Poder Judiciário para não pagar dívidas (Landim, 2019a). Além disso, depois de serem objetos de investigação da operação, empresas do grupo Odebrecht mudaram de nome. A Construtora Odebrecht mudou seu nome e sua marca para "OEC", a Odebrecht Agroindustrial virou "Atvos", a Odebrecht Óleo e Gás é agora "Ocyan" e a antiga Odebrecht Realizações Imobiliárias é "OR" (Landim, 2019a).

---

[18] A delação premiada se dá na esfera penal e deve ser feita exclusivamente por pessoas físicas, que podem ser responsabilizadas criminalmente pelos seus atos ilícitos; o acordo de leniência se dá no âmbito administrativo, entre empresas ou pessoas físicas vinculadas a elas e órgãos administrativos de controle e fiscalização ligados ao Poder Executivo (Passarelli, 2019). Ambos os acordos tiveram regras claras criadas por leis aprovadas na onda das manifestações de 2013: a Lei nº 12.850/2013 trouxe alterações conceituais do crime organizado e instituiu de forma mais completa e organizada a colaboração de investigados e réus (Azevedo, 2014) e a Lei nº 12.846/2013 prevê punições administrativas e civis como multa administrativa — de até 20% do faturamento bruto da empresa — e o instrumento do acordo de leniência (Simão e Vianna, 2017).

A operação provocou ainda mudanças normativas e de interpretação do arcabouço legal promovidas pelo STF. No início da Lava Jato, a operação impulsionou os ministros da Corte a banirem doações empresariais para partidos e candidatos e também restringir o foro privilegiado desfrutado por deputados e senadores (Odilla, 2016). No entanto, o STF também tomou decisões que potencialmente podem dificultar as investigações, como a proibição da condução coercitiva de réus e investigados para depoimento previsto no Código Penal Brasileiro e a opção pela transferência de casos relacionados com caixa 2 de campanha para a Justiça Eleitoral, que tem menor estrutura e pouca *expertise* em investigações (France, 2019).

Além disso, em três anos, o STF mudou mais uma vez a jurisprudência em relação à possibilidade de prisão de condenados em segunda instância. Em 2019, a Corte voltou a proibir a prisão antes de esgotadas todas as possibilidades de recursos. A prisão antes do trânsito em julgado era permitida desde 2016 e esse entendimento foi usado, inclusive, para mandar o ex-presidente Lula para a prisão em abril de 2018. Também em 2019 os ministros do STF decidiram anular uma das condenações da Lava Jato por entender que juízes devem ouvir primeiro alegações de delatores e, depois, as dos demais réus (France, 2019).

Em março de 2021, ministros do STF não apenas decidiram contra o juiz Sergio Moro, como mencionado, mas também a favor de Lula. Na ocasião, o petista teve todas as condenações anuladas e recuperou os direitos políticos, mas não foi absolvido. Determinou-se que as acusações contra ele deveriam ser analisadas pela Justiça Federal do Distrito Federal e não a do Paraná (Falcão e Vivas, 2021; Moura, 2021). Enquanto esta introdução é escrita, o STF seguia revisando as próprias interpretações e tomando novas decisões, o que mostra como a história da Lava Jato está sujeita a reviravoltas.

No Congresso, as reações contra as investidas da Lava Jato começaram ainda em 2016 (Lagunes e Rose-Ackerman, 2016). A operação motivou políticos, muitos deles respondendo a inquéritos e processos no STF, a votarem pelo *impeachment* da presidente Dilma Rousseff na tentativa de "estancar a sangria" representada pela Lava Jato por meio de um "grande acordo nacional com o Supremo, com tudo" — palavras do então senador licenciado Romero Jucá (PMDB-RR), alvo da operação, ditas numa conversa gravada em áudio (Valente, 2016). Temer, que assumiu a presidência após o *impeachment* de Dilma Rousseff, em 2016, também foi alvo de investigação conduzida pelo então procurador-geral Rodrigo Janot, primeiro colocado da lista tríplice do MPF, no âmbito da Lava Jato (MPF, 2015; Benites, 2017). Temer escapou de responder a processo criminal no exercício do mandato porque conseguiu se blindar no Congresso que por duas vezes votou contra a abertura dos procedimentos no STF (Calegari, Abrantes e Bretas, 2017). Depois de deixar o cargo, Temer foi preso por duas vezes, mas acabou solto pelo Superior Tribunal de Justiça (Shalders, 2019).

Em 2019, congressistas brasileiros voltaram a reagir aprovando a Lei do Abuso de Autoridade (Lei nº 13.869/2019), que prevê sanções criminais para integrantes de órgãos de controle que abrirem investigações sem indícios fortes (Lagunes e Rose-Ackerman, 2016; France, 2019). Ainda que o controle mais efetivo de abusos de autoridades seja sempre necessário, o texto da nova lei é considerado vago e a forma apressada com que foi aprovado pode inibir a ação de investigadores (France, 2019). A aprovação dessa lei pode ser interpretada como reação ao ativismo de integrantes da Lava Jato quando, no auge da operação, decidiram recolher assinaturas para apresentar ao Congresso leis mais duras para combater o crime organizado e a corrupção, pacote batizado de 10 Medidas contra a Corrupção (Lagunes e Rose-Ackerman, 2016; Schreiber, 2019).

Coube a Jair Bolsonaro sancionar a Lei do Abuso de Autoridade (Brasil, 2019). No Executivo, também houve outras reações, em especial limitando a autonomia de órgãos de controle e alterando medidas de transparência ativa, o que pode ser considerado um retrocesso no arcabouço legal anticorrupção (France, 2019; Lagunes et al., 2020). Além disso, tanto Michel Temer quanto Jair Bolsonaro não mantiveram a tradição inaugurada com Lula de nomear como chefe do Ministério Público Federal o procurador mais votado da categoria (Barbosa e Amaral, 2017; Turollo Jr., Uribe e Della Coletta, 2020). É o chefe do MPF, o procurador-geral da República, ou simplesmente PGR, o responsável por oferecer denúncias e processar autoridades com foro, entre elas o presidente, ministros e congressistas, junto ao STF (Arantes, 2011, 2019; Falcão et al., 2017). Autoridade máxima do Ministério Público da União, o PGR tem ainda poderes para, por exemplo, designar membros do MPF para compor força-tarefa (Abreu, 2010, traz explicação completa sobre o Ministério Público).

O escolhido de Bolsonaro para o MPF, Augusto Aras, passou a protagonizar uma queda de braço com a força-tarefa da Lava Jato pelo acesso de dados e informações da investigação (Corrêa, 2020). Além de escolher um nome fora da lista tríplice para o comando do MPF, Bolsonaro também insistiu, como já explorado nesta introdução, na mudança do chefe da Polícia Federal, o que motivou a saída de Moro do governo (Souza, 2020). Bolsonaro promoveu ainda mudanças no comando da Receita Federal e alterou a estrutura do Conselho de Controle de Atividades Financeira (Coaf) permitindo indicações políticas no órgão (France, 2019; Lagunes et al., 2020). O governo Bolsonaro tornou mais restrito o acesso a documentos solicitados por meio da Lei de Acesso à Informação (LAI), passando a considerar sigilosos pareceres jurídicos emitidos por todos os ministérios que forem enviados para orientar a Presidência da República na sanção ou veto de projetos aprovados no Congresso (Leali, 2020; Lagunes et al., 2020).

Percebe-se que a Lava Jato promoveu mudanças e gerou reações. Muitas dessas reações ajudam a aumentar as incertezas quanto ao futuro das investigações e processos em curso não apenas no Brasil. Apesar de sua grandeza e importância, a Operação também não consolidou um paradigma de combate à corrupção, em que prevalecem celeridade e certeza de punição para os casos em que há evidências robustas. Pelo contrário, mostrou fragilidades da rede de *accountability*. Enquanto isso, o Brasil continua assistindo a uma série de escândalos, inclusive envolvendo familiares de Jair Bolsonaro. Este, contudo, não é um livro sobre Bolsonaro. É uma obra que pretende contribuir para o debate oferecendo uma maior compreensão sobre corrupção e combate à corrupção no Brasil e na América Latina.

Esta obra aborda facetas que consideramos relevantes como o contexto político e econômico em que a Lava Jato surgiu, o papel da mídia e o foco no punitivismo, no caso brasileiro, respostas distintas de países da América Latina às denúncias e, ainda, qual futuro esperar para a operação. Embora seja um livro cujos capítulos expressam uma grande pluralidade de visões e distintas abordagens teórico-metodológicas, não se trata de uma mera coletânea de artigos. É fruto de diálogo e, ao mesmo tempo, um convite à reflexão sobre como entender a corrupção e conter seu avanço a partir de erros, acertos e impactos da Lava Jato.

Estrutura do livro

Este livro foi publicado em inglês em julho de 2020, pela Routledge. A edição em português traz atualizações e adaptações, promovidas pelos editores e por alguns dos autores. Esta introdução, por exemplo, foi revisitada. Mas o livro segue sendo fiel ao original, inclusive mantendo a mesma estrutura. Está organizado em quatro partes e tem 15 capítulos, que refletem o que se sabia sobre a Lava Jato quando foram escritos.

Os capítulos 2 e 3 são uma extensão natural da introdução, oferecendo ainda mais contexto e detalhes da Operação. No capítulo 2, Albert Fishlow aborda as peculiaridades do momento econômico e político no qual a operação emergiu e avançou de uma forma como poucas podem fazê-lo. No capítulo 3, Connor Wahrman analisa contratos públicos na América Latina questionando se a Odebrecht escolheu para fazer negócios países percebidos como mais corruptíveis. Wahrman encontra evidência empírica de que a empresa evitou mercados onde pagar propina como estratégia de negócio tinha menos chance de prosperar. O achado desafia o argumento de que a Odebrecht não tinha outra opção para operar senão ceder ao sistema e sugere que a empresa explorou a variação regional da corrupção nos contratos públicos como parte de suas práticas empresariais

A parte 2 do livro foca na experiência brasileira. O capítulo 4 traz um cuidadoso estudo sobre as implicações da responsabilização do governo em nível local. O capítulo assinado por Márcia R. G. Sanzovo e Karla Y. Ganley explica que o Brasil gastou 7,5 bilhões de dólares em projetos de desenvolvimento urbano para a Olimpíada do Rio 2016.[19] No entanto, muitos desses projetos estouraram o orçamento e alguns deles permanecem incompletos. Essa situação pode ser associada à corrupção: investigações oficiais sobre os jogos no Rio revelaram propinas, compra de votos e suborno, além de má gestão de projetos de infraestrutura pública associados. As autoras finalizam o capítulo com uma discussão, se não um aviso, sobre como certos aspectos característicos de megaeventos esportivos podem servir como incentivo para corrupção.

Os capítulos 5 e 6 podem ser lidos de forma conjunta, pois travam um debate necessário sobre o papel da mídia na cobertura da Lava Jato. No capítulo 5, as pesquisadoras Daniela Campello, Anya Schiffrin, Karine Belarmino e Debora Thome apresentam dados relevantes indicando que a cobertura foi excessivamente focada no PT e particularmente leniente em relação a outras legendas e políticos de outros partidos envolvidos no escândalo. Por sua vez, no capítulo 6, Beatriz Bulla e Cortney Newell vão em direção contrária e discordam que a cobertura da imprensa tenha sido desequilibrada. Embora reconheçam um conjunto de preocupações em relação ao comportamento da mídia em casos como a Lava Jato, as autoras destacam o aprimoramento

---

[19] O equivalente a cerca de 24 bilhões de reais considerando uma média simples do câmbio em 2016.

da transparência e a prestação de contas no contexto da operação. Esses dois capítulos, juntos, expõem aos leitores uma variedade de reflexões imperativas.

Já no capítulo 7, Ana Luiza Aranha discute se a Lava Jato representa um novo nível de coordenação alcançado pelas instituições de *accountability* do Brasil no controle da corrupção. Aranha apresenta cada uma das instituições de fiscalização e controle na esfera federal e destaca o nível de coordenação acima da média observado durante a Lava Jato. A autora também analisa os acordos de leniência, uma importante inovação no arcabouço normativo que permitiu a operação avançar.

O capítulo 8 traz uma entrevista com Deltan Dallagnol, que foi procurador-chefe da força-tarefa por seis anos. A entrevista pode ser vista mais como uma tentativa de entender o que motiva pessoas como ele a combater corrupção do que uma abordagem sobre questões legais ligadas à investigação. O capítulo 9 traz uma entrevista com o juiz Sergio Moro, feita quando ele ainda ocupava o cargo de ministro da Justiça e da Segurança Pública do governo Bolsonaro. O principal objetivo foi buscar compreender a visão de Moro a respeito do megaescândalo de corrupção revelado pelas investigações da Lava Jato. Ambas as entrevistas foram feitas pelo coeditor deste livro, o professor Paul Lagunes, da Universidade Columbia (EUA).

A parte 3 começa com dois capítulos comparativos, com foco em países da América Latina. No capítulo 10, Raquel de Mattos Pimenta e Catherine Greene contrastam as formas distintas como o Peru e o México responderam aos escândalos da Lava Jato. Enquanto o México optou por punições administrativas sem condenações criminais, o Peru judicializou a Lava Jato e lançou reformas institucionais que conquistaram apoio popular expressivo. Tendo em vista que o Peru avançou mais que o México na luta contra a corrupção, o capítulo 11, de Denisse Rodriguez-Olivari, examina de forma detalhada a resposta da procuradoria peruana no âmbito da Lava Jato. A autora analisa criticamente ameaças internas e externas no caso, bem como oportunidades criadas e avanços registrados durante as investigações.

A parte 4 fecha o livro e é guiada pela pergunta: "E agora?". O capítulo 12 traz a entrevista com Glenn Greenwald, cujos textos sobre a Lava Jato nos fazem questionar a forma como a operação deve ser lembrada. A principal preocupação dele são as evidências que sugerem a estreita colaboração entre o principal juiz e os procuradores envolvidos no caso, como mostra a entrevista conduzida por Karla Y. Ganley e Paul Lagunes.

No capítulo 13, Susan Rose-Ackerman e Raquel de Mattos Pimenta também levantam uma preocupação pungente, embora de natureza diferente. As autoras pontuam a excessiva dependência de ações persecutórias, em especial as conduzidas pelo Ministério Público, na tentativa de conter a corrupção. Elas destacam a autonomia dos integrantes do órgão que desfrutam de poderes para controlar membros do Executivo e do Legislativo e discutem também relações do setor privado com o poder público. Apesar de defenderem que indivíduos têm que responder a processos caso haja suspeita de irregularidades, as autoras argumentam que focar em ações da justiça criminal para corrigir fraquezas institucionais da democracia brasileira não é suficiente.

Segundo elas escrevem: "É verdade que algumas pessoas não vão pagar ou aceitar propinas se as chances de serem flagradas e punidas forem altas o bastante, mas, se o problema for endêmico, os órgãos de controle não serão capazes de deter completamente a corrupção." Ao salientar a necessidade de reformas, Rose-Ackerman e Pimenta explicam como o sistema eleitoral brasileiro alimenta a existência de partidos políticos pequenos e sem agenda pragmática. As autoras levantam ainda questões relacionadas com o número de ocupantes de cargos no Legislativo que são desconhecidos dos eleitores, com uma excessiva dependência dos partidos a financiamento ilegal e com a importância de contratos públicos num sistema corrupto. Elas argumentam que empresas que buscam contratos governamentais, benefícios regulatórios e concessões fiscais fornecem recompensas a funcionários do Executivo em acordos lucrativos para ambas as partes. Essas recompensas são usadas também para apoiar coalizões legislativas, encher cofres dos partidos e enriquecer os indivíduos, tanto no Executivo quanto no Legislativo.

Reformas mais estruturais são importantes e, no capítulo 14, Jessie W. Bullock e Matthew C. Stephenson agregam à discussão reflexões sobre o que mais pode ser feito para se avançar na luta contra a corrupção. Os autores começam com uma pergunta provocativa: considerando que a Lava Jato necessariamente terminará um dia, como deve ser o desfecho da operação? Bullock e Stephenson destacam o que a Lava Jato precisa fazer antes de ser concluída e o que pode dar forma às discussões anticorrupção. Assim como fazem Rose--Ackerman e Pimenta no capítulo anterior, os autores também insistem na necessidade de atacar causas da corrupção e fraquezas institucionais. Além disso, Bullock e Stephenson abordam a ideia do "espírito da Lava Jato", como uma forma de gerar e preservar uma narrativa construtiva desse complicado episódio da história do Brasil e de outros países da América Latina.

O capítulo 15 fecha a coletânea de textos. Nele, Karla Y. Ganley e Paul Lagunes destacam as principais contribuições do livro e sugerem novas linhas de pesquisa sobre a Lava Jato e a corrupção na América Latina. Ao retomar a ideia de manter vivo o "Espírito da Lava Jato", os autores fazem uma reflexão estendida sobre a complexidade desse enorme escândalo de corrupção. De fato, este livro não é a última palavra sobre a Lava Jato. No entanto, arriscamos dizer que é uma contribuição robusta para auxiliar análises futuras e lançar novos olhares sobre uma questão que interessa ao mundo.

Referências

ABREU, Alzira Alves de. *O que é o Ministério Público*. Rio de Janeiro: Editora FGV, 2010.

ADAMS, Gordon. *The politics of defense contracting*: the iron triangle. Londres: Transaction Publishers, 1982.

ALENCASTRO, Catarina; BRAGA, Isabel. Ministros demitidos estão de volta da faxina ética de Dilma. *O Globo*, 2013. Disponível em: https://oglobo.globo.com/brasil/ministros-demitidos-estao-de-volta-da-faxina-etica-de-dilma-7794170.

AMARAL, Oswaldo E.; RIBEIRO, Pedro Floriano. Por que Dilma de novo? Uma análise exploratória do estudo eleitoral brasileiro de 2014. In: FIGUEIREDO, Argelina Cheibub; BORBA, Felipe (Org.). *25 anos de eleições presidenciais no Brasil*. Curitiba: Appris, 2018.

AMORIM, Felipe. STF aceita denúncia e Collor se torna réu na Lava Jato. *UOL*, 2017. Disponível em: https://noticias.uol.com.br/politica/ultimas-noticias/2017/08/22/stf-aceita-denuncia-e-collor-se-torna-reu-na-lava-jato.htm?cmpid=copiaecola.

_____; COSTA, Flávio. *PF gravou Dilma e Lula após Moro interromper interceptação telefônica*. 2016. Disponível em: https://noticias.uol.com.br/politica/ultimas-noticias/2016/03/16/gravacao-entre-dilma-e-lula-foi-feita-depois-de-moro-decidir-pela-interrupcao-do-sigilo.htm.

ANECHIARICO, F.; JACOBS, J. B. *The pursuit of absolute integrity*: how corruption control makes government ineffective. Chicago, Il.: The University of Chicago Press, 1996.

ANGÉLICO, Fabiano. Grande corrupção: dados inéditos apresentam raio X sobre atividade de órgãos de investigação da América Latina no caso Odebrecht. *Jota e Transparência Internacional*, 2019. Disponível em: www.

jota.info/especiais/grande-corrupcao-dados-ineditos-apresentam-raio-x--sobre-atividade-de-orgaos-de-investigacao-da-america-latina-no-caso--odebrecht-29052019.

ARANTES, Rogério Bastos. Como uma inédita triangulação na Justiça Criminal produziu a interceptada Lava Jato. *Época*, 13 jun. 2019.

ARANTES, Rogério Bastos. *Ministério Público e política no Brasil*. São Paulo: EDUC, 2002.

_____. Polícia Federal e construção institucional. In: AVRITZER, Leonardo; FILGUEIRAS, Fernando (Ed.) *Corrupção e sistema político no Brasil*. Rio de Janeiro: Civilização, 2011.

ARELLANO-GAULT, D. *Corruption in Latin America*. Nova York, NY: Routledge, 2020.

ARQUIVO NACIONAL. Comissão Geral de Investigações. *Processo 00127/68*. s.d.

ASMANN, Parker. Latin America scores poorly in new "global impunity index". insight crime. 2017. Disponível em: www.insightcrime.org/news/brief/latin-america-scores-poorly-in-new-global-impunity-index/.

AURÉLIO, Daniel Rodrigues. *A extraordinária história do Brasil* — Vol. 3. Os tempos atuais: Brasil República. São Paulo: Universo dos Livros, 2010.

AVRITZER, Leonardo. Operação Lava Jato, Judiciário e degradação institucional. In: KERCHE, Fábio; FERES JÚNIOR, João (Org.). *Operação Lava Jato e a democracia brasileira*. São Paulo: Contracorrente, 2018.

_____. *Política e antipolítica*: a crise do governo Bolsonaro. São Paulo: Todavia, 2020.

_____; FILGUEIRAS, Fernando. Corrupção e controles democráticos no Brasil. *Texto para Discussão*, n. 1.550, Instituto de Pesquisa Econômica Aplicada (Ipea), Brasília, 2011.

_____; MARONA, Marjorie. A tensão entre soberania e instituições de controle na democracia brasileira. *Dados*, v. 60, n. 2, p. 359-393, 2017.

AZEVEDO, David Teixeira. Delação premiada deve ser opção dentro das coordenadas da defesa. 2014. Disponível em: www.conjur.com.br/2014--dez-16/david-azevedo-delacao-premiada-opcao-estrategia-defesa.

BALLOUSSIER, Ana Virgínia. *Em livro, Deltan diz que repercussão de Power Point o "pegou de surpresa"*. 2017. Disponível em: www1.folha.uol.com.br/poder/2017/04/1878941-em-livro-deltan-diz-que-repercussao--de-power-point-o-pegou-de-surpresa.shtml.

BARBOSA, Bernardo; AMARAL, Luciana. Temer ignora mais votado da lista tríplice e escolhe Raquel Dodge como sucessora de Janot. *UOL*,

2017. Disponível em: https://noticias.uol.com.br/politica/ultimas-noticias/2017/06/28/temer-ignora-mais-votado-da-triplice-lista-e-escolhe-raquel-dodge-como-sucessora-de-janot.htm.

BARROSO, Luis Roberto. A naturalização das coisas erradas. In: PONTES, Jorge; ANSELMO, Marcio. *Crime.gov*: quando corrupção e governo se misturam. São Paulo: Companhia das Letras, 2019.

BBC. *Pesquisador italiano teme que Moro tenha destino de "herói" da Mãos Limpas que entrou para política*. 2 nov. 2018. Disponível em: www.bbc.com/portuguese/brasil-46059869. Acesso em: 10 jun. 2020.

BBC. *Quiz*: teste seus conhecimentos sobre a Lava Jato, que completa 4 anos. 2018a. Disponível em: www.bbc.com/portuguese/brasil-42477785.

BECKER, Gary S. Crime and punishment: an economic approach. *The Journal of Political Economy*, v. 76, n. 2, p. 169-217, mar./abr. 1968.

_____; STIGLER, G. J. Law enforcement, malfeasance, and the compensation of enforcers. *Journal of Legal Studies*, v. III, p. 1-19, 1974.

BENITES, Afonso. Rodrigo Janot apresenta segunda denúncia contra Temer. *El País*, 2017. Disponível em: https://brasil.elpais.com/brasil/2017/09/14/politica/1505409607_914172.html.

BETIM, Felipe. Lava Jato segue emperrada no STF quase três anos após primeira lista de Janot. *El País*, 2018. Disponível em: https://brasil.elpais.com/brasil/2018/02/02/politica/1517607449_177013.html.

BIBLIOTECA DA PRESIDÊNCIA. s.d. Disponível em: www.biblioteca.presidencia.gov.br/presidencia/ex-presidentes.

BONFIM, João Bosco Bezerra. *Palavra de presidente*: os discursos presidenciais de posse, de Deodoro a Lula. Brasília: LGE, 2008.

BOTTINO, Thiago. Colaboração premiada e incentivos à cooperação no processo penal: uma análise crítica dos acordos firmados na operação "Lava Jato". *Revista Brasileira de Ciências Criminais*, v. 122, p. 359-390, set./out. 2016.

BOVENS, Mark; GOODIN, Robert E.; SCHILLEMANS, Thomas. *Oxford handbook of public accountability*. Oxford: Oxford University Press, 2014.

BRASIL. *Lei nº 13.869, de 5 de setembro de 2019*. Disponível em: www.planalto.gov.br/ccivil_03/_ato2019-2022/2019/lei/L13869.htm.

BRESSER-PEREIRA, Luiz Carlos. Prefácio. In: LOUREIRO, Maria Rita; ABRUCIO, Fernando Luiz; PACHECO, Regina Silvia (Ed.). *Burocracia e política no Brasil*. Rio de Janeiro: FGV Editora, 2012.

BULLA, Beatriz; AGUIAR, Gustavo. Moro pede desculpas ao Supremo por divulgação de áudios de Lula e nega motivação política. *O Estado de S.*

Paulo, 2016. Disponível em: https://politica.estadao.com.br/blogs/fausto-macedo/moro-pede-desculpas-ao-supremo-por-divulgacao-de-audios-de-lula-e-nega-motivacao-politica/. Acesso em: 10 jun. 2020.

CABRAL, Marcelo; OLIVEIRA, Regiane. *O príncipe* — uma biografia não autorizada de Marcelo Odebrecht. Bauru, SP: Astral Cultural, 2017.

CALEGARI, Luiza; ABRANTES, Talita; BRETAS, Valéria Câmara livra Temer pela segunda vez; veja como foi a votação. *Exame*, 2017. Disponível em: https://exame.com/brasil/ao-vivo-camara-vota-hoje-2a-denuncia-contra-temer/.

CALGARO, Fernanda. Advogados publicam manifesto com críticas à Operação Lava Jato. *G1*, 2016. Disponível em: http://g1.globo.com/politica/operacao-lava-jato/noticia/2016/01/advogados-publicam-manifesto-com-criticas-operacao-lava-jato.html.

CÂMARA DOS DEPUTADOS. *Comissões Parlamentares de Inquérito*. 2020. Disponível em: www2.camara.leg.br/atividade-legislativa/comissoes/comissoes-temporarias/parlamentar-de-inquerito/53a-legislatura-encerradas.

CAMPOS, Pedro Henrique Pedereira. *Estranhas catedrais*: as empreiteiras brasileiras e a ditadura civil-militar, 1964-1988. Niterói: EdUFF, 2013.

CARAZZAI, Estelita Hass; FERREIRA, Flávio. Lula comandou esquema de corrupção na Petrobras, diz Lava Jato. 2016. Disponível em: www1.folha.uol.com.br/poder/2016/09/1813265-lula-e-denunciado-na-lava-jato-por-caso-do-triplex.shtml.

CARRIJO, Luís Humberto. *O carcereiro*: O japonês da Federal e os presos da Lava Jato. Rio de Janeiro: Rocco, 2018.

CARVALHO, Cleide; HERDY, Thiago. Moro aceita convite de Bolsonaro para assumir Ministério da Justiça e Segurança Pública. *O Globo*, 2018. Disponível em: https://oglobo.globo.com/brasil/moro-aceita-convite-de-bolsonaro-para-assumir-ministerio-da-justica-seguranca-publica-23204382.

CARVALHO, Fernanda Ferrario de. *A extinção da Sudene*: um marco das transformações na política de desenvolvimento regional no Brasil. Tese (doutorado) — Instituto de Economia, Universidade Estadual de Campinas, Campinas, 2006. Disponível em: www.repositorio.unicamp.br/handle/REPOSIP/285395. Acesso em: 28 jul. 2018.

CARVALHO, José Murilo. Passado, presente e futuro da corrupção brasileira. In: AVRITZER, Leonardo et al. (Org.). *Corrupção*: ensaios e críticas. Belo Horizonte: UFMG, 2008.

CASTRO, Fernando; NUNES, Samuel; NETTO, Valdimir. Moro derruba sigilo e divulga grampo de ligação entre Lula e Dilma; ouça. 2016. Disponível em: http://g1.globo.com/pr/parana/noticia/2016/03/pf-libera-documento-que-mostra-ligacao-entre-lula-e-dilma.html.

CGU. *Acordo de leniência* [Leniency agreement]. Agreements signed and the amount paid by June 2020. 2020. Disponível em: www.gov.br/cgu/pt-br/assuntos/responsabilizacao-de-empresas/lei-anticorrupcao/acordo-leniencia. Acesso em: 13 jul. 2020.

CHAGAS-BASTOS, Fabricio H. Political realignment in Brazil: Jair Bolsonaro and the right turn. *Revista de Estudios Sociales*, Bogotá, n. 69, jul./set. 2019.

CHEMIM, Rodrigo. *Mãos Limpas e Lava Jato*: A corrupção se olha no espelho. Porto Algre: Citadel, 2017.

CONDENADOS da Lava Jato. *G1*. Disponível em: https://especiais.g1.globo.com/politica/2015/lava-jato/condenados-da-lava-jato/. Acesso em: 21 nov. 2020.

CONGRESSO EM FOCO. 2020. Disponível em: https://static.congressoemfoco.uol.com.br/2019/07/DECIS%C3%83O-10a-Vara.pdf. Acesso em: 9 jun. 2020.

CONTI, Mario Sergio. *Notícias do Planalto*: a imprensa e o poder nos anos Collor. São Paulo: Companhia das Letras, 2012.

CORRÊA, Hudson. *Sérgio Cabral*: o homem que queria ser rei. Rio de Janeiro: Primeira Pessoa, 2018.

CORRÊA, Ricardo. O enfraquecimento da Operação Lava Jato. *O Tempo*, 2020. Disponível em: www.otempo.com.br/politica/ricardo-correa/o-enfraquecimento-da-operacao-lava-jato-1.2354485.

COSTA, Flávio. Moro nega ter orientado Dallagnol em mensagem vazada: "não há anormalidade". *UOL*, 2019. Disponível em: https://noticias.uol.com.br/politica/ultimas-noticias/2019/06/09/nao-se-vislumbra-qualquer-anormalidade-diz-moro-sobre-mensagens-a-deltan.htm.

COUTO, Cláudio G. La ultraderecha llega al poder: una evaluación del gobierno de Bolsonaro. In: CAETANO, Gerardo; MAYORGA, Fernando (Org.). *Giros políticos y desafíos democráticos en América Latina*: enfoques de casos nacionales y perspectivas de análisis. Ciudad Autónoma de Buenos Aires: Clacso, 2020.

CPJ. *Global impunity index 2019*. 2019. Disponível em: https://cpj.org/reports/2019/10/getting-away-with-murder-killed-justice/.

Da Ros, L. Accountability legal e corrupção. *Revista da CGU*, p. 1.251-1.275, 2019. Disponível em: https://doi.org/10.36428/revistacgu2595-668x112003.

DALLAGNOL, Deltan. *A luta contra a corrupção* — a Lava Jato e o futuro de um país marcado pela impunidade. Rio de Janeiro: Primeira Pessoa, 2017.

DALLAGNOL, Deltan. Esclarecimento | Ataques a Lava Jato. Facebook, 2019. Disponível em: www.facebook.com/deltandallagnol/videos/836083803429389.

DATAFOLHA. *Reunião ministerial*. 25 e 26 mai. 2020. Disponível em: http://media.folha.uol.com.br/datafolha/2020/05/27/2dcd72f1eb28a0dc5ccd10324aa92692rm.pdf.

DOJ. *Odebrecht and Braskem plead guilty and agree to pay at least $3.5 billion in global penalties to resolve largest foreign bribery case in history*. 2016. Disponível em: www.justice.gov/usao-edny/pr/odebrecht-and-braskem-plead-guilty-and-agree-pay-least-35-billion-global-criminal.

DORNELLES, João Ricardo W.; GRAZIANO SOBRINHO, Sergio F. C. Os três de Porto Alegre: o estado de exceção, o direito penal do inimigo e a criminalização da política. In: PRONER, Carol et al. (Org.). *Comentários a um Acórdão*: o Processo Lula no TRF4. p. 103-108, 2018.

DOWNIE, A. Brazil targets corruption in "trial of the century". *The Christian Science Monitor*, 15 ago. 2012. Disponível em: www.csmonitor.com/World/Americas/2012/0815/Brazil-targets-corruption-intrial-of-the-century.

ESTADÃO. *A maior delação da Lava Jato*. s.d. Disponível em: https://infograficos.estadao.com.br/politica/a-maior-delacao-da-lava-jato/.

FABRINI, Fábio; MATAIS, Andreza. "Bancada" da Lava Jato vota pelo *impeachment*. *O Estado de S. Paulo*, 2016. Disponível em: https://politica.estadao.com.br/blogs/fausto-macedo/bancada-da-lava-jato-vota-pelo-impeachment/.

FALCÃO, Joaquim et al. *V Relatório Supremo em números*: o foro privilegiado e o Supremo. Rio de Janeiro: Escola de Direito do Rio de Janeiro da Fundação Getulio Vargas, 2017. Disponível em: http://hdl.handle.net/10438/18097.

FALCÃO, M.; VIVAS, F. Fachin anula condenações de Lula relacionadas à Lava Jato; ex-presidente volta a ser elegível. G1. 8 mar 2021. Disponível em: https://g1.globo.com/politica/noticia/2021/03/08/fachin-anula-condenacoes-de-lula-relacionadas-a-operacao-lava-jato.ghtml.

FERNANDES, Augusto; SOUZA, Renato. *Procurador aponta os avanços e ameaças à Lava Jato em 2020*. 2020. Disponível em: www.correiobraziliense.com.br/app/noticia/politica/2020/03/15/interna_politica,834340/procurador-aponta-os-avancos-e-ameacas-a-lava-jato-em-2020.shtml.

FIGUEIREDO, Argelina Cheibub. The Collor impeachment and presidential government in Brazil. In: Llanos, M.; Marsteintredet, L. (Ed.). *Presidential breakdowns in Latin America*. Nova York: Palgrave Macmillan, 2010.

FIGUEIREDO, Luciano Raposo. A corrupção no Brasil Colônia. In: AVRITZER, Leonardo et al. (Org.). *Corrupção*: ensaios e críticas. Belo Horizonte: UFMG, 2008.

FILGUEIRAS, Fernando; ARANHA, Ana Luiza. Controle da corrupção e burocracia da linha de frente: regras, discricionariedade e reformas no Brasil. *Dados*, Rio de Janeiro, v. 54, n. 2, 2011.

FILGUEIRAS, Sônia; VALE, Antônia Márica. Mantidos os segredos dos anões. *IstoÉ*, 2002. Disponível em: https://istoe.com.br/25780_MANTIDOS+OS+SEGREDOS+DOS+ANOES/.

FIORI, Mylena. Saiba mais sobre as CPIs do Orçamento (1993) e da Corrupção (1988). 2006. Disponível em: http://memoria.ebc.com.br/agenciabrasil/noticia/2006-08-04/saiba-mais-sobre-cpis-do-orcamento-1993-e-da--corrupcao-1988.

FLEISCHER, D. Political corruption in Brazil: the delicate connection with campaign finance. *Crime, Law & Social Change*, v. 25, p. 297-321, 1997.

FRANCE, G. *Brazil*: setbacks in the legal and institutional anti-corruption frameworks. 2019. Disponível em: www.transparency.org/whatwedo/publication/brazil_setbacks_in_the_legal_and_institutional_anti_corruption_frameworks.

FREITAS, Jânio. Concorrência da ferrovia Norte-Sul foi uma farsa. *Folha de S.Paulo*, 1987. Disponível em: www1.folha.uol.com.br/folha/80anos/marcos_do_jornalismo-03.shtml.

FOLHA DE S.PAULO. *Hargreaves volta hoje à Casa Civil*. 1994a. Disponível em: www1.folha.uol.com.br/fsp/1994/2/08/brasil/12.html.

_____. *Denúncia motivou CPI em 1988*. 1994b. Disponível em: www1.folha.uol.com.br/fsp/1994/11/20/brasil/29.html.

FREITAS, Silvana de. "Engavetador" é apelido injusto, diz Brindeiro. *Folha de S.Paulo*, 2003. Disponível em: www1.folha.uol.com.br/fsp/brasil/fc0706200313.htm.

FRIED, B. *Unpublished dissertation manuscript*. Political science. New Haven, CT Yale University, 2011.

GARDINER, J. A. Defining corruption. In: HEIDENHEIMER, A. J.; JOHNSTON, M. (Ed.). *Political corruption*: concepts & contexts. 3. ed. New Brunswick, NJ: Transaction Publishers, p. 25-40, 2002.

GASPAR, Malu. *A organização*: a Odebrecht e o esquema de corrupção que chocou o mundo. São Paulo: Companhia das Letras, 2020.

GASPARI, Elio. *A ditadura derrotada*. São Paulo: Companhia das Letras, 2003.

GEDDES, B.; RIBEIRO NETO, A. Institutional sources of corruption in Brazil. *Third World Quarterly*, v. 13, n. 4, p. 641-661, 1992.

GOHN, Maria da Glória. A sociedade brasileira em movimento: vozes das ruas e seus ecos políticos e sociais. *Caderno CRH*, Salvador, v. 27, n. 71, p. 431-441, mai./ago. 2014.

GOLDFRANK, Benjamin; WAMPLER, Brian. Good government and politics as usual? The schizophrenic path of the Worker's Party. In: KINGSTON, Peter; TAYLOR, Power (Org.). *Democratic Brazil devided*. Pittsburgh, Pa: University of Pittsburgh Press, 2017.

GONZALEZ-OCANTOS, Ezequiel; HIDALGO, Viviana Baraybar (2019). Lava Jato beyond borders the uneven performance of anticorruption judicial efforts in Latin America. *Taiwan Journal of Democracy*, v. 15, n. 1, p. 63-89, jul. 2019.

GRAIEB, Carlos; SANTOS, Ana Maria. *Polícia Federal*: a lei é para todos. Rio de Janeiro: Record, 2017.

GREENWALD, Glenn; MACASKILL, Ewen; POITRAS, Laura. Edward Snowden: the whistleblower behind the NSA surveillance revelations. *The Guardian*, 2013. Disponível em: www.theguardian.com/world/2013/jun/09/edward-snowden-nsa-whistleblower-surveillance.

HAIDAR, Daniel. Lula era o comandante máximo da organização criminosa. *Revista Época*, 2016. Disponível em: https://epoca.globo.com/tempo/noticia/2016/09/lula-e-denunciado-pela-lava-jato.html.

HASSELMANN, Joice. *Delatores*: a ascensão e a queda dos investigados na Lava Jato. São Paulo: Universo dos Livros, 2017.

_____. *Sergio Moro* — a história do homem por trás da operação que mudou o Brasil. São Paulo: Universo dos Livros, 2016.

HELLMAN, Joel S. et al. Measuring governance, corruption, and state capture: how firms and bureaucrats shape the business environment in transition economies. *Policy Research Working*, 2000.

HEIDENHEIMER, A. J. Definitions, concepts and criteria. In: GARDINER, J. A.; OLSON, D. J. (Ed.). *Theft of the city*. Ontario, Canada: Indiana University Press, p. 16-23,1974.

INTERCEPT. *Leia todas as reportagens que o Intercept e parceiros produziram para a Vaza Jato*. 2020. Disponível em: https://theintercept.com/2020/01/20/linha-do-tempo-vaza-jato/.

ISTOÉ. Depoimento de motorista leva ao *impeachment* do presidente. 2011. Disponível em: https://istoe.com.br/161904_DEPOIMENTO+DE+MOTORISTA+LEVA+AO+IMPEACHMENT+DO+PRESIDENTE/.

JANOT, Rodrigo; CARVALHO, Jailton. *Nada menos que tudo*: bastidores da operação que colocou o sistema político em xeque. São Paulo: Planeta, 2019.

JOHNSTON, Michael. *Syndromes of corruption*: wealth, power and democracy. Cambridge: Cambridge University Press, 2011.

_____. From Thucydides to Mayor Daley: bad politics, and a culture of corruption. *P.S. Political Science and Politics*, v. 39, n. 4, p. 809-812, 2006.

JUAN, J.; ULLOA, A. de. *Notícias secretas de América*: Nabu Press, 2011 [1749].

JUNIOR, Policarpo; BORGES, Larissa. *Sergio Moro afirma que apresentará ao STF provas contra Bolsonaro*. 2020. Disponível em: https://veja.abril.com.br/politica/sergio-moro-afirma-que-apresentara-ao-stf-provas-contra-bolsonaro/.

KRAKOVICS, Fernanda. Primeiro mandato de Dilma começou com faxina ética e termina com escândalo na Petrobras. *O Globo*, 2014. Disponível em: https://oglobo.globo.com/brasil/primeiro-mandato-de-dilma-comecou-com-faxina-etica-termina-com-escandalo-na-petrobras-14940078.

KERCHE, Fábio. Ministério Público, Lava Jato e Mãos Limpas: uma abordagem institucional. *Lua Nova*, São Paulo, v. 105, p. 255-286, 2018.

_____; FERES JR., João (Org.). *Operação Lava Jato e democracia brasileira*. São Paulo: Contracorrente, 2018.

_____; NASSER, Thiago Gomide. Autonomy and discretionary power of the Public Prosecutor's Office in Brazil. *Dados*, v. 4, 2008.

KLITGAARD, R. *A holistic approach to the fight against corruption*. In: CONFERENCE OF STATE PARTIES TO THE UNITED NATIONS CONVENTION AGAINST ANTI-CORRUPTION, Second Session, Bali, Indonesia. 2008. Disponível em: www.cgu.edu/PDFFiles/Presidents%20Office/Holistic_Approach_1-08.pdf.

_____. *Controlling corruption*. Berkeley: University of California Press, 1988.

KODAMA, Nelma; CHIARIONI, Bruno. *A imperatriz da Lava Jato*: a vida da doleira que originou a maior operação de combate à corrupção no Brasil. São Paulo: Matrix, 2019.

KONCHINSKI, Vinicius. *Maioria dos senadores investigados na Lava Jato votam pelo* impeachment. *UOL*, 2016. Disponível em: https://noticias.uol.com.br/politica/ultimas-noticias/2016/05/12/8-a-3-senadores-investigados-na-lava-jato-votam-pelo-impeachment.htm.

_____. *Substituto de Moro reduz velocidade de julgamentos da Lava Jato no Paraná*. 2019. Disponível em: https://noticias.uol.com.br/politica/ultimas-noticias/2019/09/14/saida-de-moro-reduz-velocidade-de-julgamentos-da-lava-jato-no-pr.htm.

LAGUNES, Paul; ROSE-ACKERMAN, Susan. Why Brazil is winning its fight against corruption. *The Conversation*, 2. fev. 2016. Sec. Economy + Business.

_____ et al. Unkept promises? Taking stock of president Jair Bolsonaro's actions on corruption control. *Working Paper*, 2020.

LANDIM, Raquel. "Clube" investigado na Lava Jato pede proteção contra credores. *Folha de S.Paulo*, 2019. Disponível em: www1.folha.uol.com.br/mercado/2019/06/clube-investigado-na-java-jato-pede-protecao-contra-credores.shtml.

_____. *Why not* — como os irmãos Joesley e Wesley, da JBS, transformaram um açougue em Goiás na maior empresa de carnes do mundo, corromperam centenas de políticos e quase saíram impunes. Rio de Janeiro: Intrínseca, 2019b.

LEALI, Francisco. *Governo amplia sigilo de pareceres e muda regras de transparência*. 2020. Disponível em: https://oglobo.globo.com/brasil/governo-amplia-sigilo-de-pareceres-muda-regras-de-transparencia-1-24467779.

LEITE, Paulo Moreira. *A outra história da Lava Jato* — uma investigação necessária que se transformou numa operação contra a democracia. São Paulo: Geração Editorial, 2016.

LIMONGI, Fernando. Impedindo Dilma. *Novos Estudos*, São Paulo, p. 5-13, jun. 2017.

_____. The Car Wash Operation: a critical assessment. *Working Paper*, 2020.

LIS, Laís. Governo Bolsonaro mais que dobra número de militares em cargos civis, aponta TCU. *G1*, 2020. Disponível em: https://g1.globo.com/politica/noticia/2020/07/17/governo-bolsonaro-tem-6157-militares-em-cargos-civis-diz-tcu.ghtml.

LO PRETE, Renata. *Jefferson denuncia mesada paga pelo tesoureiro do PT*. 2005. Disponível em: www1.folha.uol.com.br/fsp/brasil/fc0606200502.htm.

LOPES, Pedro; SEGALLA, Vinicius. Documentos indicam grampo ilegal e abusos de Moro na origem da Lava Jato. *UOL*, 2016. Disponível em: https://

noticias.uol.com.br/politica/ultimas-noticias/2016/04/03/documentos-indicam-grampo-ilegal-e-abusos-de-poder-na-origem-da-lava-jato.htm. Acesso em: 10 jun. 2020.

LUIZ, Antero et al. *10 Reportagens que abalaram a ditadura*. São Paulo: Record, 2015.

MAGALHÃES, Vera; MORAES, Marcelo. *Críticas de Aras ressuscita pedidos por CPI da Lava Jato*. 2020. Disponível em: https://brpolitico.com.br/noticias/critica-de-aras-ressuscita-pedidos-por-cpi-da-lava-jato/.

MARTINS, Luísa. Deflagrada em 2014, Lava Jato só resultou em uma prisão pelo STF. *Valor*, 2020. Disponível em: https://valor.globo.com/politica/noticia/2020/06/18/deflagrada-em-2014-lava-jato-s-resultou-em-uma-priso-pelo-stf.ghtml.

MATAIS, Andreza et al. "Anões do orçamento" fizeram Odebrecht mudar estratégia no Congresso, diz delator. *O Estado de S. Paulo*, 2016. Disponível em: https://politica.estadao.com.br/blogs/fausto-macedo/anoes-do-orcamento-fizeram-odebrecht-mudar-estrategia-no-congresso-diz-delator/.

MATTOSO, Camila; BRAGON, Ranier. Ministro do Turismo é indiciado pela PF em investigação de esquema de laranjas do PSL. *Folha de S.Paulo*, 2019. Disponível em: www1.folha.uol.com.br/poder/2019/10/ministro-do-turismo-e-indiciado-pela-pf-em-investigacao-de-esquema-de-laranjas-do-psl.shtml.

MCFARLANE, A. Political corruption and reform in Bourbon Spanish America. In: LITTLE, W.; POSADA-CARBÓ, E. (Ed.). *Political corruption in Europe and Latin America*. Nova York, NY: St. Martin's Press, Inc, p. 41-63 1996.

MELLO, Evaldo Cabral de. Pernambuco no período colonial. In: AVRITZER, Leonardo et al. (Org.). *Corrupção*: ensaios e críticas. Belo Horizonte: UFMG, 2008.

MENEGUELLO, Raquel. Governo Sarney: dilemas e virtudes de uma transição negociada. *Secuencia*, v. 44, p. 37-72, mai./ago. 1999.

MICHENER, G.; PEREIRA, C. A Great Leap Forward for Democracy and the Rule of Law? Brazil's Mensalão trial. *Journal of Latin American Studies*, v. 48, n. 3, p. 477-507, 2016.

MONIZ, Gustavo; BENITES, Afonso. Áudio com diálogo de Lula e Dilma leva milhares de manifestantes às ruas. *El País*, 2016. Disponível em: https://brasil.elpais.com/brasil/2016/03/17/politica/1458179601_208300.html.

MORENO, Jorge Bastos. A incômoda companhia dos escândalos: casos de corrupção estouraram em todos os governos. *O Globo*, 2015. Disponível em: https://oglobo.globo.com/brasil/a-incomoda-companhia-dos-escandalos-casos-de-corrupcao-estouraram-em-todos-os-governos-15598762.

MORRIS, S. D.; BLAKE, C. H. Introduction: political and analytical challenges of corruption in Latin America. In: BLAKE, C. H.; MORRIS, S. D. (Ed.). *Corruption & democracy in Latin America*. Pittsburgh, PA: University of Pittsburgh Press, 2009. p. 1-22.

MPF. Ministério Público Federal. 2020. Disponível em: www.mpf.mp.br/grandes-casos/lava-jato.

MOTTA, A. e MAZIEIRO, G. Lula tem condenações anuladas por Fachin e é liberado para disputar eleição. UOL. 8 mar 2021. Disponível em: https://noticias.uol.com.br/politica/ultimas-noticias/2021/03/08/fachin-anula-todas-as-condenacoes-de-lula-relacionadas-a-lava-jato.htm

MOTTA, Severino. *STF absolve Collor de crime da época em que era presidente*. 2014. Disponível em: https://m.folha.uol.com.br/poder/2014/04/1445021-stf-absolve-collor-de-crime-da-epoca-em-que-era-presidente.shtml.

MOURA, R. M. Bastidores: Ao anular condenações de Lula, Fachin reduz danos, tira foco de Moro e tenta preservar Lava Jato. Estado de S.Paulo. 8 mar 2021. Disponível em: https://politica.estadao.com.br/blogs/fausto-macedo/bastidores-ao-anular-condenacoes-de-lula-fachin-reduz-danos-tira-foco-de-moro-e-tenta-preservar-lava-jato/.

MPF. *Indicação de Janot para recondução ao cargo de PGR é publicada no Diário Oficial*. 2015. Disponível em: www.mpf.mp.br/pgr/noticias-pgr/indicacao-de-janot-para-reconducao-ao-cargo-de-pgr-e-publicada-no-diario-oficial.

MPF. *MPF firma acordo de leniência com Rolls-Royce*. 2017. Disponível em: www.mpf.mp.br/pr/sala-de-imprensa/noticias-pr/mpf-firma-acordo-de-leniencia-com-rolls-royce.

MPU. s.d. Disponível em: www.mpu.mp.br/navegacao/institucional/historico.

MUNGIU-PIPPIDI, A. *The quest for good governance*. Cambridge, UK: Cambridge University Press, 2015.

_____; FAZEKAS, M. How to define and measure corruption. In: MUNGIU-PIPPIDI, Alina; HEYWOOD, Paul M. (Ed.). *A research agenda for studies of corruption*. Cheltenham: Edward Elgar: 2020. cap. 2.

NASCIMENTO, Solano. *Os novos escribas*: o fenômeno do jornalismo sobre investigações no Brasil. Porto Alegre: Arquipélago Editorial, 2010.

NASSER, Maria Virginia Nabuco do Amaral Mesquita. *Lava a Jato*: o interesse público entre punitivismo e desgovernança. Rio de Janeiro: Lumen, 2019.

NETTO, Vladimir. *Lava Jato*: o juiz Sergio Moro e os bastidores da operação que abalou o Brasil. Rio de Janeiro: Primeira Pessoa, 2016.

NUNES, Wálter. *A elite na cadeia*: o dia a dia dos presos da Lava Jato. São Paulo: Objetiva, 2019.

NYT. *United States of Brazil*. 30 mar. p. 10, 1980.

ODILLA, Fernanda. *Inside the Car Wash*: the narrative of a corruption scandal in Brazil. 2016. Disponível em: www.psa.ac.uk/sites/default/files/conference/papers/2016/Car%20Wash%20PSA%20final1_0.pdf.

_____. Lava Jato: MPF recupera R$ 11,9 bi com acordos, mas devolver todo dinheiro às vítimas pode levar décadas. *BBC Brasil*, 2018.

_____. Oversee and punish: understanding the fight against corruption involving government workers in Brazil. *Politics and Governance*, v. 8, n. 2, p. 140-152, 2020.

_____. Polícia Federal prende doleira com 200 mil euros na calcinha. *Folha de S.Paulo*, 2014. Disponível em: https://m.folha.uol.com.br/poder/2014/03/1427513-policia-federal-prende-doleira-com-200-mil-euros-na-calcinha.shtml. Acesso em: 10 jun. 2020.

_____; NERY, Natuza. *Excluído em "faxina ética", PR volta ao governo Dilma*. 2013. Disponível em: www1.folha.uol.com.br/fsp/poder/101681-excluido-em-faxina-etica-pr-volta-ao-governo-dilma.shtml.

OLIVEIRA, Mariana; PASSARINHO, Nathalia. Aprovação do governo Dilma cai de 55% para 31%, aponta Ibope. *G1*, 2013.

OYAMA, Thais. Gilmar deixa PT mais perto do sonho de ter Lula candidato em 2022. *UOL*, 2020. Disponível em: https://noticias.uol.com.br/colunas/thais-oyama/2020/08/05/gilmar-deixa-pt-mais-perto-do-sonho-de-ter-lula-candidato-em-2002.htm?cmpid=copiaecola.

PARREIRA, M. The "Car Wash" crisis. School of International & Public Affairs at Columbia University. 2016. Mimeografado.

PASSARELLI, Vinícius. *Qual é a diferença entre delação premiada e acordo de leniência*. 2019. Disponível em: https://politica.estadao.com.br/blogs/fausto-macedo/qual-e-a-diferenca-entre-delacao-premiada-e-acordo-de-leniencia/.

PEREIRA, Carlos. *Lava Jato 2.0*. 2019. Disponível em: https://politica.estadao.com.br/noticias/geral,lava-jato-20,70003039975. Acesso em: 10 jun. 2020.

PEREIRA, C.; POWER, T. J.; RAILE, E. D. Presidentialism, coalitions, and accountability. In: POWER, T. J.; TAYLOR, M. M. (Ed.). *Corruption & democracy in Brazil*: the struggle for accountability. Notre Dame, Indiana: University of Notre Dame, 2011.

PÉREZ-LIÑÁN, A. *Presidential impeachment and the new political instability in Latin America*. Cambridge, MA: Cambridge University Press, 2007.

PIMENTA, R. de M.; COUTINHO, D. R. *Reformas anticorrupção e arranjos institucionais*: o caso dos acordos de leniência. São Paulo: Universidade de São Paulo, 2019.

PINOTTI, Maria Cristina (Org.). *Corrupção*: Lava Jato e Mãos Limpas. Recife: Portfolio, 2019.

PONCE DE LEÓN, Zoila; GARCÍA AYALA, Luis. Peru 2018: Political precariousness in the times of Lava Jato. *Revista de Ciencia Política*, Santiago, v. 39, n. 2, p. 341-365, 2019.

PONTES, Jorge; ANSELMO, Marcio. *Crime.gov*: quando corrupção e governo se misturam. São Paulo. Companhia das Letras, 2019.

POWER, Timothy J.; TAYLOR, Matthew M. (Ed.). *Corruption and democracy in Brazil*: the struggle for accountability. Notre Dame: University of Notre Dame Press, 2011.

PRAÇA, Sérgio. Corrupção e reforma institucional no Brasil, 1988-2008. *Opinião Pública*, v. 17, n. 1, p. 137-162, 2011.

_____. *Guerra à corrupção*: lições da Lava Jato. São Paulo: Generale, 2018.

_____; TAYLOR, M. M. (2014). Inching toward accountability: the evolution of Brazil's anticorruption institutions, 1985-2010. *Latin American Politics and Society*, v. 56, n. 2, p. 27-48, verão 2014.

RAMOS, Murilo et al. *Escândalo da Petrobras*: partidos e empreiteiras no Juízo Final. 2014. Disponível em: https://epoca.globo.com/tempo/noticia/2014/11/bescandalo-da-petrobrasb-partidos-e-empreiteiras-no-juizo--final.html.

RECONDO, Felipe. Câmara aprova cassação do mandato de José Dirceu. 2005. Disponível em: www1.folha.uol.com.br/folha/brasil/ult96u74295.shtml.

REUTERS. *Brazil judge releases damaging Workers Party testimony days before vote*. 2018. Disponível em: www.reuters.com/article/us-brazil-election--corruption/brazil-judge-releases-damaging-workers-party-testimony--days-before-vote-idUSKCN1MB3XC.

RIBEIRO, José Augusto. *Lula na Lava Jato e outras histórias ainda mal contadas*. Curitiba: Kotter Editorial, 2018.

ROCHA DE BARROS, Celso. How Lava Jato died — and what comes next. *Americas Quarterly*,15 out. 2020. Disponível em: www.americasquarterly.org/article/how-lava-jato-died-and-what-comes-next/

RODRIGUES, Fernando. Conheça a história da compra de votos a favor da emenda da reeleição... 2014. Disponível em: https://fernandorodrigues.blogosfera.uol.com.br/2014/06/16/conheca-a-historia-da-compra-de-votos-a-favor-da-emenda-da-reeleicao/?cmpid=copiaecola.

_____; LOBATO, Elvira. FHC tomou partido de consórcio no leilão das teles, revelam fitas. 1999. Disponível em: www1.folha.uol.com.br/fsp/brasil/especial/sp7.htm.

RODRIGES, Fabiana Alves. *Lava Jato*: aprendizado institucional e ação estratégica na Justiça. WMF Martins Fontes, 2020.

ROSE-ACKERMAN, S. *Corruption*: a study in political economy. Nova York: Academic Press, 1978.

_____. *Corruption and government*. Cambridge: Cambridge University Press, 1999.

_____. "Grand" corruption and the ethics of global business. *Journal of Banking and Finance*, v. 26, p. 1.889-1.918, 2002.

_____; PALIFKA, Bonnie J. *Corruption and government*: causes, consequence, and reform. Nova York: Cambridge University Press, 2016.

ROTBERG, R. I. (Ed.). The corruption of Latin America. In: _____ (Org.). *Corruption in Latin America*: how politicians and corporations steal from citizens. Corruption in Latin America. Cham, Switzerland: Springer International Publishing, 2019.

ROTHSTEIN, Bo. Anti-corruption: the indirect "big bang" approach. *Review of International Political Economy*, v.18, n. 2, p. 228-250, 2011a.

_____. *The quality of government*. Chicago, IL.: The University of Chicago Press, 2011.

SÁ MOTTA, Rodrigo Patto. Corrupção no Brasil Republicano. In: AVRITZER, Leonardo et al. (Org.). *Corrupção*: ensaios e críticas. Belo Horizonte: UFMG, 2008.

SADEK, M. T. A. Combate à Corrupção: novos tempos. *Revista da CGU*, p. 1.276-1.283, 2019.

SAMUELS, David. A evolução do petismo (2002-2008). *Opinião Pública*, v. 14, n. 2, p. 302-318, 2008.

SANTOS, Natália Rezende de Almeida. *Controles internos e corrupção*: o caso da Petrobras. 2018. Disponível em: https://repositorio.cgu.gov.br/handle/1/28739.

SANTOS, Rogério Dultra. Estado de exceção e criminalização da política pelo mass media. *Sistema Penal & Violência*, Porto Alegre, v. 8, n. 2, p. 187-209, jul./dez. 2016.

SANTOS, Wanderley Guilherme dos. *A democracia impedida*: o Brasil no século XXI. Rio de Janeiro: FGV Editora, 2017.

SCARPINO, Luiz. *Sergio Moro*: o homem, o juiz e o Brasil. Ribeirão Preto, SP: Novo Conceito, 2016.

SCHMITT, Gustavo. Em SP, procuradores da Lava-Jato pedem demissão coletiva: "incompatibilidades insolúveis". *O Globo*, 2020. Disponível em: https://oglobo.globo.com/brasil/em-sp-procuradores-da-lava-jato-pedem-demissao-coletiva-incompatibilidades-insoluveis-24620885.

SCHNEIDER, Ben Ross. Brazil under Collor: anatomy of a crisis. *World Policy Journal*, v. 8, n. 2, p. 321-347, primavera 1991.

SCHREIBER, Mariana. Por que a lei abuso de autoridade se tornou campo minado para Bolsonaro. BBC Brasil, 2019. Disponível em: www.bbc.com/portuguese/brasil-49574920.

SCHWARCZ, Lilia. Corrupção no Brasil Império. In: AVRITZER, Leonardo et al. (Org.). *Corrupção*: ensaios e críticas. Belo Horizonte: UFMG, 2008.

SCOTT, J. C. *Comparative political corruption*. Englewood Cliffs, NJ: Prentice-Hall, 1972.

SENADO. Comissões Parlamentares de Inquérito — CPIs e CPMIs. 2017. Disponível em: www12.senado.leg.br/institucional/arquivo/outras-publicacoes/cpis.

SHALDERS, André. Temer volta à prisão: de casa da filha a "quadrilhão", confira todas as investigações contra o ex-presidente. *BBC Brasil*, 2019. Disponível em: www.bbc.com/portuguese/brasil-47662423.

SIMÃO, Valdir; VIANNA, Marcelo Pontes. *O acordo de leniência na Lei Anticorrupção*: histórico, desafios e perspectivas. São Paulo: Trevisan, 2017.

SKIDMORE, Thomas E. *The politics of military rule in Brazil, 1964-1985*. Nova York, NY: Oxford University Press, 1988.

_____; SMITH, P. H. *Modern Latin America*. 5. ed. Nova York: Oxford University Press, 2001.

SOARES, G. A. D. Military Authoritarianism and executive absolutism in Brazil. *Studies in Comparative International Development*, v. 14, n. 3/4, 1979.

SOUZA, Renato. "Vou interferir. Ponto final", disse Bolsonaro após reclamar da PF. 2020. Disponível em: www.correiobraziliense.com.br/app/noticia/

politica/2020/05/14/interna_politica,854951/vou-interferir-ponto-final-disse-bolsonaro-apos-reclamar-da-pf.shtml.

STARLING, Heloisa M. M. Silêncios da ditadura. *Revista Maracanan*, n. 12, p. 37-46, jul. 2015.

STEPAN, Alfred C. *The military in politics*: changing patterns in Brazil. Princeton, NJ: Princeton University Press, 1971.

SUTHERLAND, E. H. *Principles of criminology*. 4. ed. J. B. Lippincott, 1947.

TALENTO, Aguirre; HERDY, Thiago. Em crise com Lava Jato, PGR diz que forças-tarefas são "desagregadoras" e "incompatíveis". *O Globo*, 2020. Disponível em: https://oglobo.globo.com/brasil/em-crise-com-lava-jato-pgr-diz-que-forcas-tarefas-sao-desagregadoras-incompativeis-24509263.

TAVARES, Maria Hermínia. *Lava Jato morre agora não como explosão, mas como murmúrio*. 2020. Disponível em: www1.folha.uol.com.br/colunas/maria-herminia-tavares/2020/08/lava-jato-morre-agora-nao-como-explosao-mas-como-murmurio.shtml.

TAYLOR, M. M. Alcançando a *accountability*: uma abordagem para o planejamento e implementação de estratégias anticorrupção. *Revista da CGU*, v. 11, n. 20, ago./dez. 2019.

_____. Corruption and accountability in Brazil. In: KINGSTONE, Peter R.; POWER, Timothy J. (Ed.). *Democratic Brazil divided*. Pittsburgh, PA: University of Pittsburgh Press, 2017.

_____. Police detained Brazil's ex-president on Friday. Here's what you need to know. *The Washington Post*, 2016. Disponível em: www.washingtonpost.com/news/monkey-cage/wp/2016/03/05/police-detainedbrazils-ex-president-on-friday-heres-what-you-need-to-know/.

_____; BURANELLI, V. C. Ending up in Pizza: accountability as a problem of institutional arrangement in Brazil. *Latin American Politics and Society*, v. 49, n. 1, p. 59-87, 2007.

TUROLLO JR., Reynaldo; URIBE, Gustavo; DELLA COLETTA, Ricardo. Bolsonaro despreza lista tríplice e indica Augusto Aras para o comando da PGR. *Folha de S.Paulo*, 2020. Disponível em: www1.folha.uol.com.br/poder/2019/09/bolsonaro-ignora-lista-triplice-e-diz-a-augusto-aras-que-o-indicara-a-pgr.shtml.

UOL. *Bolsonaro diz que missão é livrar país da corrupção e submissão ideológica*. 2019. Disponível em: https://noticias.uol.com.br/politica/ultimas-noticias/2019/01/01/bolsonaro-primeiro-discurso-presidente-congresso.htm?cmpid=copiaecola.

USLANER, Eric M. Corruption. In: _____. *Inequality, and the rule of law*: the bulging pocket makes the easy life. Nova York: Cambridge University Press, 2008.

_____; ROTHSTEIN, Bo. The historical roots of corruption: state building, economic inequality, and mass education. *Comparative Politics*, v. 48, n. 2, p. 239-240, 2016.

VALENTE, Rubens. Em diálogos gravados, Jucá fala em pacto para deter avanço da Lava Jato. *Folha de S.Paulo*, 2016. Disponível em: www1.folha.uol.com.br/poder/2016/05/1774018-em-dialogos-gravados-juca-fala-em-pacto-para-deter-avanco-da-lava-jato.shtml.

_____; MAGALHÃES, João Carlos. Órgão da ditadura investigou bens de JK, Jango e Ulysses. *Folha de S.Paulo*, 2012. Disponível em: www1.folha.uol.com.br/fsp/poder/53141-orgao-da-ditadura-investigou-bens-de-jk-jango-e-ulysses.shtml. Acesso em: 10 jun. 2020.

VALLONE, Giuliana. O que é a "rachadinha" e por que é tão difícil investigar casos como o de Queiroz. *BBC Brasil*, 2020. Disponível em: www.bbc.com/portuguese/brasil-50842595.

VANNUCCI, Alberto. The controversial legacy of "Mani Pulite": a critical analysis of Italian corruption and anti-corruption policies. *Bulletin of Italian Politics*, v. 1, n. 2, p. 233-264, 2009.

VASSALLO, Luiz; MACEDO, Fausto. *Camargo Corrêa vai pagar R$ 1,3 bi em acordo na Lava Jato*. 2019. Disponível em: https://politica.estadao.com.br/blogs/fausto-macedo/camargo-correa-vai-pagar-r-13-bi-em-acordo-na-lava-jato/.

VEJA. O manual dos ladrões nos Correios: um ano depois, processo arrastado. 2009. Disponível em: https://veja.abril.com.br/brasil/o-manual-dos-ladroes-nos-correios-um-ano-depois-processo-arrastado/.

VENTURINI, Lilian. Por que os áudios de Lula viraram um dos episódios mais controversos da Lava Jato. *Nexo*, 2016. Disponível em: www.nexojornal.com.br/expresso/2016/07/19/Por-que-os-%C3%A1udios-de-Lula-viraram-um-dos-epis%C3%B3dios-mais-controversos-da-Lava-Jato.

WEYLAND, K. The rise and fall of president Collor and its impact on Brazilian. *Democracy*. Journal of International Studies and World Affairs, v. 35, n. 1, p. 1-37, 1993.

2
A Lava Jato em perspectiva

Albert Fishlow

Introdução

A Lava Jato está longe de acabar. Mais de cinco anos após seu começo em março de 2014, quando a Polícia Federal prendeu o doleiro Alberto Youssef, seguindo o rastro do dinheiro que passava por um lava jato em Brasília, a Operação ainda estava ativa, com investigações a concluir, denúncias a oferecer e processos a julgar (Segal, 2015).

O acontecimento fortuito da descoberta de um esquema de corrupção e lavagem de dinheiro — com base em indícios reunidos a partir de fluxos monetários que também passavam pelo lava jato — deu início a uma série de prisões e de condenações de líderes políticos, incluindo os ex-presidentes Luiz Inácio Lula da Silva e Michel Temer, ex-ministros, senadores, deputados, governadores, prefeitos etc. (Anderson, 2018).

Presidentes de empresas estatais logo foram incluídos. O setor privado também não ficou intocado. Grandes construtoras, como a Odebrecht, foram pegas, assim como bancos, indústrias e operadores do setor de serviços.

Embora o caso tenha começado a emergir com maior clareza na época da eleição presidencial de outubro de 2014, representantes da classe política ainda não estavam totalmente implicados. Naquela eleição, Dilma Rousseff foi eleita para seu segundo mandato presidencial por uma pequena margem de votos.[1] O posterior *impeachment* de Rousseff em 2016, apesar de relacio-

---

[1] Para os leitores que não conhecem tão bem a política brasileira: Dilma Rousseff, que nunca havia disputado uma eleição como candidata, foi a primeira presidente mulher do país, ocupando o cargo entre 2011 e 2016. Sua carreira no serviço público começara muitos anos antes disso, em

nado com manobras fiscais, não estava totalmente fora do escopo da Lava Jato (Watts, 2016).

A Operação Lava Jato, discutida nesta obra a partir de vários pontos de vista, é abordada neste capítulo mais da perspectiva da economia política do que da perspectiva judicial. Quase inevitavelmente questões jurídicas se inserem, especialmente à medida que a crise se amplia dramaticamente. É algo que dificilmente se pode evitar.

A primeira seção deste capítulo prepara a cena. São analisadas as condições políticas e econômicas particulares que emergiram ao longo dos dois mandatos de Lula. Em paralelo à presidência de Lula (2003-10), o *boom* das *commodities* começa a tomar forma. O Brasil foi capaz de aumentar substancialmente suas reservas internacionais à medida que os termos comerciais passaram a favorecer o país (The World Bank, 2018a). Isso significou que a renda real do país pôde aumentar consideravelmente, enquanto a produção se expandia gradualmente. As estimativas da renda real aumentaram com a melhoria da taxa de câmbio (The World Bank, 2017a, 2018b). De fato, isso acabou se transformando em um problema no período em que Rousseff governou o país (2011-16), uma vez que preços indexados, como o do combustível, não podiam aumentar e exigiam atenção que ela evitava dar (Prada e Boadle, 2012).

Uma recuperação rápida da crise financeira internacional de 2007-08 por meio do aumento dos déficits do setor público possibilitou que o Brasil rapidamente mitigasse grande parte do declínio, rematado pelo *boom* de 2010 (Ferrari Filho, 2011). Naquele momento, os preços de exportação do petróleo aumentaram, permitindo que se prestasse ainda menos atenção ao declínio nos ganhos da produtividade industrial doméstica.

O Brasil pôde esperar o reconhecimento internacional pela Copa do Mundo de 2014 e pela Olimpíada de 2016 no Rio de Janeiro. Os dois eventos foram promovidos como sinais de realização nacional, apesar dos grandes protestos em 2013 que surgiram do reajuste das tarifas de transporte, mas que logo se opuseram ao direcionamento de fundos públicos para estádios e não

---

1986, quando trabalhou como secretária de Fazenda da cidade de Porto Alegre. Nos anos seguintes, atuou como presidente da Fundação de Economia e Estatística do Rio Grande do Sul (1990-93) e como secretária de Estado de Energia, Minas e Comunicação do governo gaúcho (1993-94; 1999-02). Em 2003, foi nomeada ministra de Minas e Energia pelo então presidente Luiz Inácio Lula da Silva. Rousseff também atuou como ministra-chefe da Casa Civil entre 2005 e 2010. Para mais informações, ver as três fontes a seguir: (1) Romero (2012); (2) BBC (2016); (3) CNN (2017).

para saúde e educação (Watts, 2014; Winter e Teixeira, 2014). Os dois eventos esportivos terminam com grandes aumentos nos gastos de construção (Leahy, 2016; Winter e Teixeira, 2014). Boa parte do problema com déficits públicos maiores foi ocultada nos níveis municipal, estadual e federal.

A próxima seção explora o declínio no desempenho econômico doméstico bem no momento em que começa o segundo mandato de Rousseff em 2015, com sua progressiva incapacidade de desenvolver um programa que funcionasse. Ela sempre superestimava a velocidade da recuperação e subestimava os efeitos negativos de tentar expandir a economia. Nesse ínterim, uma torrente de processos criminais começou a sair da Operação Lava Jato, limitando sua capacidade de lidar com o vice-presidente Michel Temer[2] e também com Eduardo Cunha, presidente da Câmara dos Deputados (Watts, 2016).[3]

A capacidade de controle de Rousseff começou a dissolver-se, levando ao *impeachment*. Temer assumiu a presidência em 31 de agosto de 2016, começando a introduzir gradualmente resultados mais sólidos (Taylor, 2016). Ele foi profundamente implicado na Lava Jato e sua popularidade foi uma das menores da história recente (Lima, 2019).[4]

Simultaneamente veio um acúmulo aparentemente sem fim de acusações da Lava Jato. A consequência foi um aumento contínuo do prestígio do então juiz federal Sergio Moro. A forma como conduziu a Lava Jato rendeu-lhe fama pessoal. Especialmente importante foi a decisão judicial que resultou na prisão de Lula e o impediu de concorrer à presidência em 2018 (Londoño e Darlington, 2018b).

---

[2] Michel Temer foi por muitos anos um membro influente do Partido do Movimento Democrático Brasileiro (PMDB). Temer foi eleito em 1987 para o primeiro de vários mandatos na Câmara dos Deputados e chegou até a ser presidente da Câmara em três mandatos não consecutivos entre 1997 e 2010. Em janeiro de 2011, ele entrou para o governo de Rousseff como vice-presidente. Em abril de 2016, Rousseff fez um discurso em que acusou Temer de conspirar para tirá-la da presidência. Para mais informações, ver as quatro fontes a seguir: (1) Gallas (2016); (2) Londoño e Darlington (2018a); (3) Reuters (2016); (4) Samuelson (2016).

[3] Eduardo Cunha é um político brasileiro socialmente conservador que foi presidente da Câmara dos Deputados entre fevereiro de 2015 e maio de 2016. Antes de ter tido o mandato cassado pelos próprios pares e ser preso por acusações de corrupção, quando era membro ativo do PMDB, Cunha era conhecido por suas táticas políticas agressivas e por sua capacidade de negociar acordos secretos. Para mais informações, ver as três fontes a seguir: (1) Leahy (2016); (2) Pearson e Carina (2016); (3) Phillips (2017).

[4] Uma pesquisa de opinião feita pelo Ibope em abril de 2018 mostra que a taxa de aprovação de Michel Temer era inferior a 10% (*O Globo*, 2018).

A seguir, trato da campanha presidencial de 2018. Numa surpresa completa, Jair Bolsonaro, um parlamentar pouco conhecido, foi o vencedor. Antes, Geraldo Alckmin, governador de São Paulo, era considerado o principal candidato centrista. Porém, ele não enfatizou aquilo que os brasileiros buscavam cada vez mais — os brasileiros queriam alguém novo, sem relações com a contínua recessão econômica, que não fosse do Partido da Social Democracia Brasileira (PSDB) ou do Partido dos Trabalhadores (PT) e que pudesse reduzir a violência crescente (Londoño e Darlington, 2018a).

O gabinete presidencial de Bolsonaro contém muitos ex-comandantes militares e alguns fortes proponentes conservadores (Stargardter, Boadle e Brito, 2018). Estes sinalizam a influência de Olavo de Carvalho, "filósofo" brasileiro com interesse em astrologia, que mora nos Estados Unidos.[5] Olavo de Carvalho junta-se aos filhos de Bolsonaro como determinante decisivo no que Bolsonaro pensa e faz (Duarte, 2019; Schipani, 2019). Ao mesmo tempo, Paulo Guedes, como ministro da Economia, e Sergio Moro, como ministro da Justiça e Segurança Pública, foram escalados para oferecer o conhecimento técnico de que Bolsonaro carece.[6]

Até este ponto não foi feita uma avaliação final. O Brasil vai se recuperar da volta à recessão vivenciada na primeira metade de 2019, pois a confiança interna parece estar aumentando, mas resta um grande problema de grande endividamento e de restrições ao déficit federal (FMI, 2019). A consequência dos limites necessários ao gasto federal tem um efeito negativo nos desembolsos com educação, com saúde e com outras áreas.

Igualmente, no momento em que escrevo, o Congresso não estava plenamente satisfeito com Moro e não aceitou todas as mudanças que ele propôs para alterar e fortalecer o sistema de justiça criminal.[7] Lula foi libertado da prisão e voltou a operar como líder do PT.[8]

---

[5] Um artigo na publicação americana *The Atlantic* descreve Olavo de Carvalho: "Com 72 anos, é ele o arquiteto da visão de extrema direita do presidente brasileiro Jair Bolsonaro." "Filósofo autodidata", prossegue o artigo, "que nunca concluiu o ensino médio, Olavo formou uma nova geração de líderes conservadores no Brasil [...]" (Duarte, 2019).

[6] Nota dos organizadores: Em 24 de abril de 2020, Sergio Moro anunciou que deixava o governo Bolsonaro. Mais detalhes sobre o pedido de demissão de Moro estão na introdução deste livro.

[7] A nova lei, sancionada em dezembro de 2019, promoveu mudanças no código penal e no código processual penal. Para mais informações sobre o pacote anticrime proposto pelo então ministro Moro, ver o capítulo de Rose-Ackermar e Mattos neste livro.

[8] O ex-presidente Lula foi libertado da prisão em 8 de novembro de 2019. Lula fora preso em abril de 2018, a fim de começar a cumprir sua pena de oito anos por corrupção passiva e lavagem de

Por fim, há bons motivos para deixar de lado a Lava Jato e enfrentar os desafios políticos, econômicos e sociais que não serão resolvidos imediatamente.

Preparando a cena

A força emergente do sistema judicial é talvez o mais importante fator da evolução da Lava Jato depois de 2014.[9]

O Supremo Tribunal Federal tem passado por grandes mudanças depois da ratificação da Constituição de 1988 (Lorenzen, 2017). Anteriormente, o STF adotava prazos consideravelmente longos para as decisões. Isso permitia que os suspeitos retardassem e até mesmo evitassem as condenações finais. Nessas circunstâncias, o sistema judicial tinha um poder modesto para obter os resultados desejados.

Indícios desse estado de coisas alterado em relação aos casos de corrupção governamental podem ser remontados ao dito episódio do Mensalão. Esse foi um esquema de corrupção em que os líderes do PT e de partidos da coalizão presidencial aceitavam vultosos pagamentos mensais clandestinos em troca de apoio às propostas legislativas de Lula (Michener e Pereira, 2016; The Economist, 2013). A avaliação pública de Lula caiu ao ponto mais baixo em 2005 e a imprensa deu atenção considerável à questão (Brazil'S Lula popularity still high, 2007). O *Jornal do Brasil* descreveu essas transferências primeiro e outros veículos de comunicação já haviam publicado outros casos de pagamentos ilegais envolvendo o governo, antes que a questão fosse reconhecida de maneira mais geral.[10]

O deputado federal Roberto Jefferson ofereceu detalhes do esquema e nomes à Polícia Federal. Três comissões no Congresso se ocuparam do assunto,

---

dinheiro, mas o Supremo Tribunal Federal do Brasil decidiu em 7 de novembro de 2019 que os réus não podem ser presos até que todos os recursos tenham sido esgotados (Trevisani e Forero, 2019). E, em março de 2021, um ministro do Supremo decidiu anular todas as condenações contra Lula para que ele fosse processado novamente na Justiça Federal do Distrito Federal e a segunda turma da mais alta corte brasileira concluiu, por 3 votos a 2, que houve parcialidade na forma com a qual o ex-presidente foi julgado pelo juiz Sergio Moro (Silva de Sousa, 2021).

[9] Para maiores informações sobre a evolução do sistema de *accountability* do Brasil, ver o capítulo de Aranha neste volume.

[10] Em 24 de setembro de 2004, o *Jornal do Brasil* denuncia o mensalão com a manchete de capa: "Planalto paga mesada a deputados" (Lyra, Marques e Pardellas, 2004). Escrevendo sobre o Mensalão, Michener e Pereira (2016) afirmam que "especialmente a revista *Veja* e o jornal *Folha de S.Paulo* muitas vezes recebem o crédito de trazer à tona os escândalos".

realizando audiências minuciosas. Um dos primeiros resultados foi a cassação do então deputado José Dirceu, ministro-chefe da Casa Civil de Lula e aspirante a sucessor do presidente, por voto do Congresso e também de Jefferson (Can Brazil's Lula survive corruption charges and a struggling economy?, 2006; Wheatley, 2005). Três comissões investigativas realizaram audiências contínuas, concluindo com a constatação de que vários parlamentares eram culpados.

Em 2007, o caso passou para o STF, onde processos contra dezenas de pessoas começaram a ser julgados (Supreme Court concludes that the goal of the Mensalão was to buy votes, 2012). O que veio a acontecer foram mudanças sutis, mas importantes, nas regras seguidas pelo tribunal. Não era uma simples questão de vingança da direita contra Lula, de esquerda. Houve um cuidadoso acúmulo de provas. A cooperação entre as autoridades relevantes desenvolveu-se e produziu acusações cuidadosamente montadas que nem mesmo os hábeis advogados de defesa podiam questionar. De repente, o tribunal começou a afirmar-se em matérias criminais.

O processo completo estava pronto no STF para o veredito final em 2012 (Brazil Mensalão trial: ex-Lula aide Dirceu sentenced, 2012). Lula, que deixara a presidência no fim de 2010 e obtivera altas taxas de aprovação da opinião pública nos últimos meses, tentou influenciar o processo judicial.[11] Não conseguiu. Pela primeira vez, "o mais ousado e escandaloso esquema de corrupção e de desvio de fundos públicos jamais visto no Brasil" era enfrentado de maneira substancial.[12]

Houve ganhos processuais quando o STF foi presidido por Joaquim Barbosa, que se aposentou pouco depois.[13] Ele foi celebrado pelo povo por seus atos. À época, as pesquisas mostram que a maioria das pessoas considerava os réus culpados, mas poucos confiavam que haveria condenações (Ellis, 2012). A contribuição de Barbosa foi lembrada. Alguns brasileiros o viam como potencial candidato à presidência para a eleição de 2018. Após juntar-se ao Partido Socialista Brasileiro (PSB) e indicar seu interesse por um breve

---

[11] Sobre esse tema, um artigo em *The New York Times* reporta alegações de que Lula "pressionou um juiz de um tribunal superior para retardar o julgamento de um escândalo de compra de votos [o Mensalão] envolvendo membros de alto escalão do Partido dos Trabalhadores, então no poder" (Romero, 2012).

[12] A citação é de Roberto Gurgel, procurador-geral da República à época (Watts, 2012).

[13] Em 2003, Joaquim Barbosa foi o primeiro juiz negro a ser nomeado para o Supremo Tribunal Federal, instituição que presidiu em 2012. Barbosa aposentou-se do STF em 2014 e seu mandato é lembrado, em grande parte, por seu papel de relator do processo do Mensalão. Para mais informações, ver as duas fontes a seguir: (1) BBC (2014); (2) Darlington (2018).

período, ele logo mudou de ideia e desistiu da carreira política (Darlington, 2018; Marcello, 2018).

A mudança não se limitou ao Judiciário. O Ministério Público tinha uma identidade em evolução. Um órgão que começara como *ombudsman* geral antes de 1988 ampliou sua extensão consideravelmente com a nova constituição (Sadek, 2009). Em muitos estados, o papel dessa instituição ganhou mais peso. Um corpo cada vez maior de promotores e procuradores voltava-se para vários temas de importância crescente: o meio ambiente, os direitos do consumidor, os serviços públicos e os direitos de grupos vulneráveis.

Igualmente, a Polícia Federal profissionalizou-se nesse intervalo (Cano, 2006). Ela gradualmente se tornou um braço eficaz, trabalhando às vezes em conjunto com o Ministério Público. Somente com o tempo, à medida que os esforços cooperativos produziam resultados maiores e melhores, chegou-se ao grau desejado de informação compartilhada. Esse processo foi induzido pelo Mensalão, mas também se beneficiou dos resultados positivos obtidos desse processo. Quando a Lava Jato surgiu, o sistema judicial estava numa posição mais forte para enfrentar a gigantesca empreitada (Madruga e Feldens, 2016).

Além dessa evolução na prontidão judicial, também ocorreram muitas coisas na esfera econômica. Quando Lula assumiu a presidência pela primeira vez, decidiu manter a política econômica anterior. Enquanto muitos analistas esperavam uma inflação elevada e o repúdio do Plano Real[14] no governo de Lula, eles logo foram desmentidos. O Banco Central foi presidido por Henrique Meirelles, um banqueiro que acabara de ser eleito deputado federal pelo PSDB.[15] O ministro da Fazenda era Antonio Palocci, aliado próximo de Lula, que apoiava a continuação da austeridade do governo de Fernando Henrique Cardoso.[16]

Uma combinação de elevadas taxas de juros e de superávit governamental funcionava. Lula, em vez disso, voltou o PT para a expansão das políticas sociais dirigidas contra a pobreza. Se Cardoso tinha começado esses esforços,

---

[14] O Plano Real foi um ambicioso programa de estabilização macroeconômica que começou a ser implementado em maio de 1993 (Afonso, Araújo e Guelber Fajardo, 2016).

[15] Nota dos organizadores: Em 2002, Henrique Meirelles se elegeu deputado federal por Goiás. Renunciou ao mandato e se desfiliou do PSDB para ocupar a presidência do Banco Central no governo Lula.

[16] Fernando Henrique Cardoso foi presidente do Brasil entre 1995 e 2003 (Winter, 2017). Antonio Palocci foi ministro da Fazenda no governo do presidente Luiz Inácio Lula da Silva e ministro-chefe da Casa Civil no governo da presidente Dilma Rousseff (Fonseca e Brito, 2017).

Lula combinava — no programa conhecido como Bolsa Família — transferências de renda, educação e serviços médicos como o foco central do PT (Cirkovic, 2019; Wetzel, 2013).[17]

Com a elevação gradual do crescimento brasileiro, dois elementos únicos tornaram-se mais relevantes. Um foi o *boom* das *commodities*, que aumentou a demanda por soja, suco de laranja, carne e outros produtos da agropecuária. A China começou a entrar no mercado internacional com uma demanda bem maior por importações (Lyons e Kiernan, 2015). Termos de troca melhores representavam renda doméstica maior que a produção. Além disso, depois de anos de pesquisas e investimentos prévios, a Petrobras tinha encontrado grandes reservas de petróleo *off-shore* (A big oil discovery, 2008). Essas reservas eram suficientes para não apenas atender plenamente a demanda brasileira, mas também para alimentar as exportações (A big oil discovery, 2008). Os preços mundiais do petróleo começaram a subir muito com a aceleração do crescimento global, o que foi uma fonte de ganhos adicionais (2011 Brent crude oil averages over $100 per barrel in 2011, 2012).

Vastas somas de dinheiro viajavam internacionalmente, permitindo que o Brasil acumulasse reservas internacionais antes do choque financeiro que começou nos EUA no outono de 2007 e se estendeu ao mundo inteiro em 2008 e em 2009. O Brasil conseguiu evitar uma grande recessão, como os demais Brics, recuperando um crescimento de mais de 7% no ano final do segundo mandato de Lula (The World Bank, 2010). O futuro parecia incrivelmente positivo.

Outro fator relevante para a Lava Jato foi toda a atividade necessária de construção para a Copa do Mundo de 2014 e a Olimpíada de 2016 no Rio. Esses eventos internacionais marcavam a chegada do Brasil ao grupo das economias emergentes que se tornaram sede da Copa e/ou dos Jogos Olímpicos, assim como aconteceu com países como Japão, Coreia do Sul e China. O *status* de renda média tinha sido alcançado. Era só uma questão de tempo para uma política externa mais ativa.

Gerir os dois eventos era uma questão tecnicamente difícil. O Rio foi parcialmente reconstruído para a Olimpíada,[18] e novos estádios de futebol

---

[17] O Bolsa Família é o famoso programa de transferência condicional de renda do Brasil, que tem suas raízes num programa de política social de meados da década de 1990. O Bolsa Família oferece um pagamento mensal a famílias que estão abaixo de certo limiar de renda. As famílias que se beneficiam do programa têm de garantir que seus filhos frequentam a escola e realizam exames médicos regulares (Fried, 2011).

[18] Para um exame mais detalhado da Olimpíada do Rio de Janeiro, ver, neste livro, o capítulo de Sanzovo e Ganley.

foram construídos e remodelados pelo Brasil. As empresas de construção tiveram lucros imensos.

Recessão econômica

Dilma Rousseff, após sua primeira eleição em 2010, comprometeu-se com uma nova estratégia de desenvolvimento econômico para permitir que a economia brasileira tivesse altas taxas de crescimento no futuro. A crescente alta do preço do petróleo se sustentou até atingir um pico em 2011 (2011 Brent crude oil averages over $100 per barrel in 2011, 2012). Isso incentivou ainda mais as expectativas de abundância. Já tinha havido o plano econômico apresentado em meados da década de 2000, aumentando o investimento governamental, com a participação do setor privado e de investidores estrangeiros por meio do Programa de Aceleração do Crescimento (PAC). Rousseff foi responsável por sua implementação. Agora, um plano revisado, maior, conhecido como PAC 2, seria levado adiante (Secom, 2010; Zissis, 2010).

Rousseff prometeu ainda mais ajustes em seus primeiros dias. Ela buscou mais recursos para a construção residencial por meio do Minha Casa, Minha Vida (Arsenault, 2016). Ela também expandiu o Bolsa Família, garantiu um aumento de salários, implementou um novo programa reduzindo impostos e concedeu subsídios a setores industriais em defasagem.

Seu programa presumia, portanto, um crescimento médio numa taxa relativamente alta futuro adentro. Havia até uma nova estratégia macroeconômica geral que ela iria presidir. Mas no setor onde Lula tinha sido conciliador, Rousseff aceitava poucas críticas. Afinal, ela havia estudado economia.

O modelo econômico de Rousseff ocupava o lugar do plano em vigor desde 1999, após a desvalorização do real no governo de Cardoso. O esforço anterior aceitava os princípios de uma taxa de câmbio variável, de um Banco Central comprometido com metas de inflação e de um superávit fiscal primário. Promulgada por meio da Lei de Responsabilidade Fiscal de 2000, essa política foi aceita e continuou no primeiro mandato de Lula. Então começaram desvios nas margens, mas foram ocultados pelo *boom* das *commodities* e pela resposta ativa de financiamento do Banco Nacional de Desenvolvimento Econômico e Social (BNDES). Os gastos do governo foram abraçados, ao invés de acatar um crescimento menor. Era o caminho keynesiano.

Em termos práticos, a abordagem favorecida no governo de Rousseff significava uma forte redução nas taxas de juros do Banco Central, com o fim de estimular os investimentos. A intenção era manter a taxa de câmbio quase fixa e não cultivar sua valorização. Outros tipos de controles foram introduzidos, indo além do que ocorrera antes. Os influxos de capital eram controlados para impedir a valorização da taxa de câmbio. As taxas de inflação eram controladas.

Em meio a esforços para estimular a demanda, os preparativos para a Olimpíada e para a Copa do Mundo eram necessidades adicionais. Porém, as taxas de crescimento não responderam. Em 2011, a expansão foi de apenas 2,7% (revisada para 4% em 2015); em 2012, de 1,9%; em 2013, de 3%; e, em 2015, 0,5% (The World Bank, 2010). Os brasileiros desencantavam-se progressivamente. Em junho de 2013, houve grandes manifestações públicas no país inteiro, inclusive em oposição a Rousseff. Os protestos foram motivados inicialmente por aumentos nos preços do transporte em São Paulo e, de forma mais geral, por serviços sociais inadequados (Benson, 2013). Rousseff prometeu responder às demandas por melhorias, mas, em última instância, ocorreram poucas mudanças reais.

Porém, apesar disso tudo, Rousseff foi reeleita presidente para um segundo mandato por uma pequena margem. Ela derrotou seu rival Aécio Neves, da centro-direita.[19] Dois motivos costumam ser considerados importantes para explicar esse resultado político.

O primeiro é o grande ganho dos trabalhadores de renda baixa e moderada. Isso é coerente com a extensão da cobertura do Bolsa Família e com o aumento de ganhos reais em salários mínimos (OCDE, 2018). Trabalhadores passaram para a classe média baixa e se beneficiaram da disponibilidade de crédito a juros reduzidos. Isso também se refletiu no declínio das taxas de desemprego para menos de 5% e nos ganhos em coeficientes de Gini, que medem a distribuição de renda (The World Bank, 2017b, 2019). Esses desenvolvimentos eram bastante coerentes com a promessa inicial do PT. A extensão da melhoria: a entrada de dezenas de milhões de pessoas na classe média baixa.

O segundo é o grau de regionalização do voto. Simplesmente, o Norte votou em Rousseff e o Sul em Neves (Brazil's presidential election: a riven country, 2014). Essa divisão correspondia às diferenças históricas em renda e em escolaridade nas duas áreas geográficas. Porém, essa diferença substancial também valeu em 2010 e em 2018.

---

[19] Concorrendo pelo PT, Dilma Rousseff conquistou 51,6% dos votos. Ao mesmo tempo, concorrendo pelo PSDB, Aécio Neves conquistou 48,4% dos votos (Phillips, 2014).

Uma explicação mais sutil aceita essas diferenças, mas vai um pouco mais fundo. Em particular, ela enfatiza o crescimento tardio do apoio popular por Rousseff à medida que 2014 se aproxima. Além disso, o PT conseguiu resolver melhor suas diferenças internas, ao mesmo tempo que ela também enfatizava sua disposição de aceitar uma expansão mais lenta para ajudar a contrabalançar o desequilíbrio que se desenvolvera anteriormente. Guido Mantega, ministro da Fazenda de Rousseff, seria demitido. Por fim, a ameaça crescente da Lava Jato estava apenas começando e estava limitada apenas ao caso da Petrobras. Foi só perto do fim de 2014 que as primeiras descobertas de Curitiba, no Paraná, começaram a receber atenção, mas foram insuficientes para impactar os eleitores na eleição presidencial.

A Lava Jato

A Lava Jato começou com um acontecimento sem nada de especial em março de 2014, com a captura de Alberto Youssef, que passara de pequeno criminoso a alguém disposto a participar de empreitadas muito mais lucrativas (Segal, 2015). Após sua prisão, Youssef teve de enfrentar Sergio Moro, juiz federal em Curitiba; não era a primeira vez que os dois se encontravam.

Anos antes, Youssef tinha feito uma confissão completa, ou *delação premiada*, a Moro, no contexto de outro caso (Phillips, 2015). Porém, diante de acusações novas e graves, Youssef outra vez confessou. Outra pessoa que compartilhou informações valiosas com as autoridades foi Paulo Roberto Costa, ex-diretor da Petrobras (Reuters, 2015). Com essas confissões, o caso rapidamente ganhou vulto. Mandados de prisões relacionados com a Lava Jato eram cumpridos ainda no início de 2020. Muitos casos acumularam-se nos tribunais nos seis anos de duração da Operação. Muitos tinham algum elo com transferências ilegais de dinheiro a políticos e a partidos políticos.

Esse processo pode ser analisado em três componentes.

Primeiro veio aquilo que ficou conhecido como "Petrolão", pois o número de pessoas empenhadas em atividades ilegais ligadas à Petrobras tornou-se altíssimo. O que era a maior empresa latino-americana no ramo do petróleo em termos de valor de ativos sofreu várias perdas quando a contabilidade da estatal recebeu novas auditorias à medida que a extensão da corrupção ficava mais clara. Foi somente em 2018, com os ativos da Petrobras reduzidos pela venda de refinarias e de direitos de exploração, que uma empresa mais enxuta voltou a dar lucro. O valor das ações foi inicialmente muito reduzido e as taxas de juros sobre fundos emprestados necessários aumentou consideravelmente. Hoje, a recuperação ocorreu nos dois campos (Nogueira e Alper, 2018).

Um segundo componente da Lava Jato foi a extensão das investigações às grandes construtoras, cujo negócio — como notado anteriormente — tinha aumentado rapidamente por causa da necessidade de preparativos para a Copa do Mundo e para a Olimpíada do Rio. A Odebrecht era a maior empresa e suas atividades ilegais estendiam-se a muitos outros países.[20] O presidente da empresa ofereceu uma ampla confissão a fim de evitar a prisão prolongada e foi enfim libertado (Magalhães e Pearson, 2017).

Terceiro, o processo de investigação estendeu-se internacionalmente porque *holdings* de pagamentos ilegais foram convenientemente montadas no exterior numa tentativa de escondê-los. A eventual disposição dos bancos suíços de abrir suas contas supostamente seguras foi uma novidade (Farge e Hughes Neghaiwi, 2019; Moro, 2018). A Lava Jato parece ter feito com que as operações financeiras internacionais fossem examinadas com maior atenção. A corrupção não era mais assunto doméstico.

A razão pela qual Sergio Moro tem uma ligação próxima com a Lava Jato fica clara pelo número avassalador de casos que ele supervisionou em Curitiba. Igualmente impressionantes, ou ainda mais impressionantes, são os valores monetários envolvidos nos casos da Lava Jato. Espera-se que bilhões de reais sejam devolvidos, com a Petrobras recebendo a maior parte desse montante (Schipani, 2018). No fim das contas, a quantia total a ser recuperada é de proporções históricas para o Brasil.

Uma pesquisa relativamente recente do Datafolha indica que mais de 80% dos brasileiros quer que a Lava Jato continue.[21] Presume-se que esse apoio foi um dos motivos pelos quais Bolsonaro venceu. A ascensão do Judiciário e a queda do Executivo e do Congresso foram evidentes. Moro obteve grande popularidade e manteve uma popularidade maior do que a do presidente (Faria, 2019).

A estatura de Moro foi enfraquecida por recentes mensagens vazadas e pela inversão das práticas anteriores do STF, que levaram à libertação de Lula da

---

[20] Foram encontradas práticas corruptas envolvendo a Odebrecht em 12 países: Angola, Argentina, Brasil, Colômbia, República Dominicana, Equador, Guatemala, México, Moçambique, Panamá, Peru e Venezuela (DOJ, 2016). O capítulo 3, de Wahrman, neste livro explora as dimensões internacionais da Lava Jato.

[21] As informações da pesquisa foram publicadas por Romano (2019) em *Veja*.

prisão (Fishman et al., 2019; Trevisani e Forero, 2019).[22] Moro também não demonstrou a capacidade de lidar bem com o Congresso, ele só conseguiu aprovar uma reforma reduzida do sistema de justiça criminal (Bullock, 2019).[23] Em algumas esferas, a relação de Moro com Bolsonaro não era considerada inteiramente positiva.

Porém, essas circunstâncias não impediram a seleção de Moro como uma das 50 personalidades mais — positivamente — importantes da última década pelo *Financial Times* (Fifty people who shaped the decade, 2019). Ele permanecerá importante nos próximos anos.

Atualizando a economia política

As eleições presidenciais de 2014 são mencionadas várias vezes neste capítulo. Aqui vale a pena notar que a presidência de Rousseff em 2014 foi conquistada com pouca margem por causa das importantes dúvidas públicas a respeito de sua capacidade de mudar seu estilo político e suas convicções econômicas. Depois de sua vitória, ela nomeou um novo ministro da Fazenda, Joaquim Levy, e prometeu uma rápida recuperação econômica (Haynes e Prada, 2014). Apesar de sua tentativa de libertar a economia aceitando a inflação de preços anteriormente oculta e de sua tentativa de impor regras orçamentárias mais eficazes, Levy ficou menos de um ano no cargo e o crescimento do Brasil diminuiu.

Rousseff também permitira que o vice-presidente Temer coordenasse em 2015 a cooperação com o Congresso. Isso também não funcionou (Goy e Boadle, 2015). Além disso, as diferenças entre Rousseff e Eduardo Cunha, presidente da Câmara dos Deputados, aumentaram. Isso acabou dando força à aprovação do processo de *impeachment* de Rousseff (Paraguassu e Boadle, 2015; Watts, 2015).

A razão apresentada para a remoção da presidente foi sua disposição de usar uma contabilidade imprópria para esconder o déficit fiscal crescente, à medida que o ritmo da economia desacelerava em 2016. Poucos teriam ficado muito preocupados com essa manobra contábil caso o crescimento econômico tivesse sido retomado.

---

[22] Os capítulos 12 e 15 neste volume discutem as mensagens vazadas em maior detalhe.
[23] Para maiores discussões do pacote anticorrupção proposto por Moro, ver o capítulo 14 deste livro, de Bullock e Stephenson.

Temer, que assumira temporariamente em maio de 2016, tornou-se o presidente seguinte após uma votação final no Senado de 61 contra 20, impedindo formalmente a presidente Rousseff, no fim de agosto de 2016 (Romero, 2016). Ele já tinha começado em maio com um gabinete novo, menor, composto apenas de homens, com um grupo interno pequeno, com pessoas ligadas a seu passado.

A política econômica foi essencialmente delegada ao ministro da Fazenda Henrique Meirelles e a Ilan Goldfajn, presidente do Banco Central. Em seu programa estava o retorno a uma política fiscal realista, a reforma da Previdência — responsável por déficits crescentes —, o enfrentamento de uma dívida acumulada, o alívio ao desemprego crescente, e, acima de tudo, o oferecimento de uma base sólida para a continuação da expansão da economia (Gallas, 2017). Era uma tarefa hercúlea, a ser integralmente realizada até o fim de 2018, quando um novo presidente seria escolhido. Houve algum progresso.

Temer chegou perto na reforma da Previdência, mas, no fim das contas, fracassou. O envolvimento do próprio Temer num escândalo de corrupção envolvendo a JBS S.A., a maior empresa de processamento de carne do mundo, foi um grande complicador. A JBS estava sendo investigada por pagamentos feitos a muitos políticos no país inteiro. Houve uma reunião em maio de 2017 no palácio presidencial. Houve um grampo, publicado uma semana depois na imprensa brasileira. O grampo tratava de pagamentos a serem feitos a Eduardo Cunha em troca de seu silêncio (Watts, 2017). Imediatamente começaram manifestações públicas pelo *impeachment* de Temer (Watts, 2017).

Em setembro, o Congresso se recusou a autorizar que Temer respondesse a processo criminal no STF durante o exercício do mandato, apesar de duas tentativas do então procurador-geral da República (Prengaman e Savarese, 2017). Nesse ínterim, a JBS confessou seu extenso envolvimento ilegal e seus pagamentos a muitos no país. A J&F Investimentos, acionista controladora da JBS, concordou em pagar uma multa de 10,3 bilhões de reais ao longo de um período de 25 anos (Brito e Bautzer, 2017; Cassin, 2017).

Com praticamente nenhum apoio público, pouca coisa ainda poderia ser feita no último ano do mandato de Temer. Embora ele tenha inicialmente buscado a candidatura para um mandato completo, sua popularidade estava abaixo de 10% (Paraguassu e Boadle, 2018). Em 2019, depois de concluir o mandato, ele chegou a ser preso temporariamente antes de ser solto (Londoño e Casado, 2019). No momento em que este texto é redigido, continua o processo contra Temer e outros.

A campanha de 2018 pela presidência transmitiu a magnitude da frustração brasileira. Lula, ainda fora da prisão, mas por pouco, estava inicialmente à frente de vários outros candidatos. João Doria, então prefeito de São Paulo, era candidato, mas logo cedeu ao governador paulista Geraldo Alckmin. Quando Lula foi preso, Alckmin era considerado o favorito entre os candidatos de centro (Paraguassu e Brito, 2018; Rapoza, 2018). Candidatos perpétuos como Ciro Gomes e Marina Silva concorreram, com Fernando Haddad no lugar de Lula. Jair Bolsonaro, capitão reformado do Exército, também concorreu.

A surpresa foi o grau inicial de apoio a Bolsonaro. Ele enfatizava as contribuições da ditadura e defendia vigorosamente práticas ilegais de assassinatos, de tortura e de prisões do período (Boadle, 2019; Londoño, Darlington e Casado, 2019). Ele se comprometeu abertamente com um amplo componente militar em seu gabinete reduzido (Reeves, 2018). Tinha sido eleito deputado federal — mudando de partidos — para sete mandatos consecutivos (Reeves, 2018). Porém, suas contribuições legislativas foram praticamente nulas. Na eleição, ele se beneficiou de considerável apoio evangélico (Polimédio, 2018).

O que também contribuiu para a vitória de Bolsonaro na eleição presidencial foi uma tentativa fracassada de assassinato (Phillips, 2018). Além da atenção considerável, a ferida corporal resultante da tentativa de homicídio racionalizava sua ausência nos debates entre candidatos. Poucos entre seus apoiadores conheciam suas posições políticas. Sua postura constante era contra o aumento da violência urbana — um problema grave — e por um retorno do sucesso militar do passado.

O Brasil votou em Bolsonaro no segundo turno contra Haddad. O resultado, ao contrário de 2014, nunca esteve em dúvida. Então vieram as principais nomeações para lidar com as reformas necessárias: Paulo Guedes, como ministro da Economia, e Sergio Moro, como ministro da Justiça e Segurança Pública. Bolsonaro cuidaria do resto, com uma considerável ajuda dos filhos.

O desenvolvimento brasileiro pós-2020: será Bolsonaro a salvação?

No primeiro ano do governo, as coisas caminharam muito mais devagar do que se esperava e os resultados econômicos não corresponderam plenamente às esperanças de mudança. Uma alteração fundamental é evidente. Bolsonaro cedeu, nem sempre com alegria, ao Congresso.

Bolsonaro retirou-se do partido político pelo qual se elegeu e ainda está formando um novo partido (Paraguassu, Boadle e Spring, 2019). Seu ministro das Relações Exteriores parece ter capacidade limitada e a posição internacional do Brasil parece diminuída. No momento em que este texto é escrito, o acordo comercial entre o bloco do Mercosul (que consiste da Argentina, Brasil, Paraguai e Uruguai) e a União Europeia foi aprovado (Darlington, 2019; Londoño e Casado, 2019).

A Reforma da Previdência também foi aprovada e seguida de uma redução do déficit (Savarese e Biller, 2019). A dificuldade está na ausência de grandes ganhos imediatos. Alguns já preveem a necessidade de maiores reduções no déficit, nos próximos cinco anos, aproximadamente, para enfrentar o aumento brusco e contínuo do número de idosos e uma baixa taxa de natalidade.

Outra mudança — essa envolve o complicado sistema tributário — foi deixada para o ano seguinte. Envolvendo a mesma base do sistema federal, trata-se de uma reforma difícil e muito adiada. Já é esse o caso há mais de 20 anos. O que é provável que aconteça — como aconteceu no passado — é outro aumento da dívida dos estados e dos municípios com a União. Sem uma revisão das regras subjacentes que governam a capacidade estadual e municipal, o problema simplesmente voltará, como voltou regularmente no passado.

Últimas palavras

Essas mudanças, porém, dificilmente bastam para que o Brasil retorne a taxas mais altas de crescimento econômico sustentável. É preciso mais: taxas mais altas e sustentáveis de poupança e de investimento domésticos; abertura ao comércio; um Banco Central eficiente; o compromisso com a reforma educacional; e talvez com algumas outras. O livre mercado não basta. São necessários superávits do setor público para permitir que os sentimentos de longo prazo permaneçam positivos. Conseguir a mistura certa e as pessoas certas trará grandes resultados.

Politicamente, uma coisa é certa: ter mais de 30 partidos políticos diferentes não funciona.[24] Eles aumentaram a proeminência de indivíduos e impediram o desenvolvimento de plataformas alternativas significativas. Reduzir o número de municípios, como alguns propuseram, pode ajudar, mas não tanto quanto impor controles ao número de partidos. Um federalismo efetivo, como aplicado com sucesso em outros países, exige coerência política.

---

[24] No capítulo 13, Rose-Ackerman e Pimenta olham mais de perto o sistema partidário fragmentado do Brasil.

Houve mudanças no processo judicial, mas ainda há necessidade de resolver o acúmulo de processos criminais da Lava Jato. Sem isso, todos os ramos do governo permanecerão incapazes de prosseguir. Não há motivo para que o passado seja uma prisão. A Lava Jato teve um efeito altamente positivo. Porém, ela não deve continuar a ser por muito mais tempo a principal tarefa do Judiciário. Muitos políticos agora deveriam ser punidos com multas e com uma inelegibilidade de muitos anos.

Com esse tipo de mudança, o futuro brasileiro volta a parecer radiante.

Referências

2011 BRENT crude oil averages over $100 per barrel in 2011. 2012. Disponível em: www.eia.gov/todayinenergy/detail.php?id=4550#.

AFONSO, J. R.; ARAÚJO, E. C.; GUELBER FAJARDO, B. The role of fiscal and monetary policies in the Brazilian economy: understanding recent institutional reforms and economic changes. *The Quarterly Review of Economics and Finance*, v. 62, p. 41-55, 2016.

ANDERSON, J. L. Lula falls, and Brazilian democracy looks shakier. *The New Yorker*, 10 abr. 2018. Disponível em: www.newyorker.com/news/daily-comment/lula-falls-and-brazilian-democracy-looks-shakier.

ARSENAULT, C. Fears for poor as Brazil Cuts "Minha Casa, Minha Vida" housing plan. *Reuters*, 23 jun. 2016. Disponível em: www.reuters.com/article/us-brazil-politics-landrights/fears-for-poor-as-brazil-cuts-minha-casa-minha-vida-housing-plan-idUSKCN0ZA03C.

BBC. Brazilian corruption judge Joaquim Barbosa to retire. *BBC News*, 29 maio 2014. Seção "Latin America". Disponível em: https://bbc.in/2J7SHCB.

_____. *Brazil profile — leaders*. Online, 10 ago. 2016. Disponível em: https://bbc.in/2S1hTia.

BENSON, T. Rousseff salutes Brazil protests, cities cut bus fares. *Reuters*, 18 jun. 2013. Disponível em: www.reuters.com/article/us-brazil-protests-rousseff/rousseff-salutes-brazil-protests-cities-cut-bus-fares-idUSBRE95I02620130619.

A BIG oil discovery. *The Economist*, 2008. Disponível em: www.economist.com/news/2008/02/12/a-big-oil-discovery.

BOADLE, A. Brazil's Bolsonaro extols convicted torturer as a "National Hero". *Reuters*, 8 ago. 2019. Disponível em: www.reuters.com/article/us-brazil-politics-torture/brazils-bolsonaro-extols-convicted-torturer-as-a-national-hero-idUSKCN1UY2TJ.

BRAZIL'S Lula popularity still high. *Reuters*, 26 jun. 2007. Disponível em: www.reuters.com/article/us-brazil-politics-lula/brazils-lula-popularity--still-high-idUSN2634763020070626.

BRAZIL Mensalão trial: ex-Lula aide Dirceu sentenced. *BBC News*, 2012. Disponível em: www.bbc.com/news/world-latin-america-20305926.

BRAZIL'S presidential election: a riven country. *The Economist*, 2014. Disponível em: www.economist.com/americas-view/2014/10/27/a-riven-country.

BRITO, R.; BAUTZER, T. Brazil's J&F agrees to pay record $3.2 billion fine in leniency deal. *Reuters*, 2017. Disponível em: www.reuters.com/article/us-brazil-corruption-jbs/brazils-jf-agrees-to-pay-record-3-2-billion-fine--in-leniency-deal-idUSKBN18R1HE.

BULLOCK, J. *Proposed changes in Brazil's anticorruption legislation*: a summary and critique. 2019. Disponível em: https://globalanticorruptionblog.com/2019/03/18/proposed-changes-in-brazils-anticorruption-legislation--a-summary-and-critique/.

CAN Brazil's Lula survive corruption charges and a struggling economy? 2006. Disponível em: https://knowledge.wharton.upenn.edu/article/can-brazils--lula-survive-corruption-charges-and-a-struggling-economy/.

CANO, I. Public security policies in Brazil: attempts to modernize and democratize versus the war on crime. *Sur — Revista Internacional de Direitos Humanos*, v. 3, n. 5, 2006. Disponível em: http://dx.doi.org/10.1590/S1806-64452006000200007.

CASSIN, R. L. Brazil meatpacker agrees to pay $3.2 billion to settle graft probe. 2017. Disponível em: https://fcpablog.com/2017/05/31/brazil-meatpacker--agrees-to-pay-32-billion-to-settle-graft-p/.

CNN. *Dilma Rousseff fast facts*. Online, 12 dez. 2017. Disponível em: https://cnn.it/2PJbyq7.

CIRKOVIC, S. Case study: Bolsa Família in Brazil. *Centre for Public Impact*, 2019. Disponível em: www.centreforpublicimpact.org/case-study/bolsa--familia-in-brazil/.

DARLINGTON, S. E.U. and four Lating American nations reach trade deal. *The New York Times¸* 2019. Disponível em: www.nytimes.com/2019/06/28/world/americas/eu-four-latin-american-nations-trade-deal.html.

_____. From janitor to chief justice: could Joaquim Barbosa be Brazil's next president? *The New York Times*, 20 abr. 2018. Disponível em: https://nyti.ms/2J7eSst.

DEUTSCHE WELLE. *Odebrecht bribed across Latin America*. 23 ago. 2016. Disponível em: www.dw.com/en/odebrecht-bribed-across-latin-america/a-36887600.

DOJ. *Odebrecht and Braskem plead guilty and agree to pay at least $3.5 billion in global penalties to resolve largest foreign bribery case in history* [Boletim de imprensa]. 2016. Disponível em: www.justice.gov/opa/pr/odebrecht-and-braskem-plead-guilty-and-agree-payleast-35-billion-global-penalties-resolve.

DUARTE, L. Meet the intellectual founder of Brazil's far right. *The Atlantic*, 28 dez. 2019. Disponível em: www.theatlantic.com/international/archive/2019/12/brazil-olavo-de-carvalho-jair-bolsonaro/604117/.

ELLIS, M. Lessons from "The Mensalão": Brazil's largest-ever corruption trial. 2012. Disponível em: http://fcpamericas.com/english/anti-corruption-compliance/lessons-from-the-mensalao-brazils-largest-ever-corruption-trial/#.

FARGE, E.; HUGHES NEGHAIWI, B. Swiss investigate J. Safra Sarasin amid Brazilian "Car Wash" probe. *Reuters*, 24 out. 2019. Disponível em: www.reuters.com/article/us-switzerland-odebrecht-safrasarasin/swiss-investigate-j-safra-sarasin-amid-brazilian-car-wash-probe-idUSKBN1X325S.

FARIA, F. Moro's approval rate surpasses Bolsonaro's by 25 points. *Folha de S.Paulo*, 5 set. 2019. Disponível em: www1.folha.uol.com.br/internacional/en/brazil/2019/09/moros-approval-rate-surpasses-bolsonaros-by-25-points.shtml.

FERRARI FILHO, F. Brazil's response: how did financial regulation and monetary policy influence recovery? *Brazilian Journal of Political Economy*, v. 31, n. 5, 2011. Disponível em: http://dx.doi.org/10.1590/S0101-31572011000500019.

FIFTY people who shaped the decade. *Financial Times*, 24 dez. 2019. Disponível em: www.ft.com/content/f97f7e82-2321-11ea-92da-f0c92e957a96.

FISHMAN, A. et al. Leaked chats between Brazilian judge and prosecutor who imprisoned Lula reveal prohibited collaboration and doubts over evidence. *The Intercept*, 2019. Disponível em: https://theintercept.com/2019/06/09/brazil-lula-operation-car-wash-sergio-moro/.

FONSECA, P.; BRITO, R. Former Brazil finance minister sentenced to 12 years. *Reuters*, 26 jun. 2017. Disponível em: www.reuters.com/article/us-brazil-corruption-palocci/former-brazil-finance-minister-sentenced-to-12-years-idUSKBN19H1LP.

FRIED, B. J. Distributive politics and conditional cash transfers: the case of Brazil's Bolsa Familia. *World Development*, v. 40, n. 5, p. 1.042-1.053, 2011.

GALLAS, D. Michel Temer: the man who now leads Brazil. *BBC News*, 12 mai. 2016. Seção "Latin America". Disponível em: https://bbc.in/2PGkWLf

_____. Michel Temer's reform agenda in Brazil: a rundown. *Americas Quarterly*, 7 set. 2017. Disponível em: www.americasquarterly.org/content/michel-temers-reform-agenda-brazil-rundown.

GOY, L.; BOADLE, A. Brazil VP drops liaison role, remains in roussedd government. *Reuters*, 24 ago. 2015. Disponível em: www.reuters.com/article/us-brazil-politics-temer/brazil-vp-drops-liaison-role-remains-in-rousseff-government-idUSKCN0QT1XB20150824.

HAYNES, B.; PRADA, P. Rousseff pledges changes after narrow re-election win, markets fall". *Reuters*, 27 out. 2014. Disponível em: www.reuters.com/article/us-brazil-election-idUSKCN0IE03L20141028.

FMI. *Brazil: 2019 Article IV consultation-press release; staff report; and statement by the executive director for Brazil* (19/242). 2019. Disponível em: www.imf.org/en/Publications/CR/Issues/2019/07/23/Brazil-2019-Article-IV-Consultation-Press-Release-Staff-Report-and-Statement-by-the-48520.

LEAHY, J. Brazil's Olympic costs running 51% over budget, report warns. *Financial Times*, 7 jul. 2016. Disponível em: www.ft.com/content/ef122cb6-43d6-11e6-864d-01c0167ff470.

_____. Expelled Brazilian politician threatens exposé of colleagues. *Financial Times*, 13 set. 2016. Seção "Americas politics & policy". Disponível em: https://on.ft.com/2OrQF65.

LIMA, M. S. Brazil's former president turns himself in to police. *Bloomberg*, 2019. Disponível em: www.bloomberg.com/news/articles/2019-05-09/brazil-s-former-president-temer-hands-himself-in-to-police.

LONDOÑO, E.; CASADO, L. Former president Michel Temer of Brazil is arrested in bribery probe. *The New York Times*, 21 mar. 2019. Disponível em: www.nytimes.com/2019/03/21/world/americas/michel-temer-arrested-prisao.html.

LONDOÑO, E.; DARLINGTON, S. Jair Bolsonaro wins presidency, in a shift to the far right. *The New York Times*, 28 out. 2018a. Disponível em: www.nytimes.com/2018/10/28/world/americas/jair-bolsonaro-brazil-election.html.

_____; _____. Lula, Brazil's ex-president, can be jailed, court rules. *The New York Times*, 4 abr. 2018b. Disponível em: www.nytimes.com/2018/04/04/world/americas/brazil-lula-corruption-prison.html.

_____; _____; CASADO, L. Brazil's president tells Armed Forces to commemorate military coup. *The New York Times*, 2019. Disponível em: www.nytimes.com/2019/03/29/world/americas/brazil-bolsonaro-coup.html.

LORENZEN, G. Corruption and the rule of law: how Brazil strengthened its legal system. *Policy Analysis*, n 827, 2017. Disponível em: www.cato.org/publications/policy-analysis/corruption-rule-law-how-brazil-strengthened-its-legal-system.

LYRA, Paulo de Tarso; MARQUES, Hugo; PARDELLAS, Sérgio. Planalto paga mesada a deputados. *Jornal do Brasil*, 24 set. 2004.

LYONS, J.; KIERNAN, P. How Brazil's China-driven commodities boom went bust. *The Wall Street Journal*, 27 ago. 2015. Disponível em: www.wsj.com/articles/how-brazils-china-driven-commodities-boom-went-bust-1440728049.

MADRUGA, A.; FELDENS, L. *Brazil*: white-collar criminal defence. 2016. Disponível em: https://globalinvestigationsreview.com/benchmarking/the-investigations-review-of-the-americas-2017/1067457/brazil-white-collar-criminal-defence.

MAGALHAES, L.; PEARSON, S. Brazil Tycoon Marcelo Odebrecht gets early prison release. *The Wall Street Journal*, 19 dez. 2017. Disponível em: www.wsj.com/articles/brazil-tycoon-marcelo-odebrecht-gets-early-prison-release-1513714944.

MARCELLO, M. C. Brazil anti-corruption judge says he will not run for president. *Reuters*, 8 maio 2018. Disponível em: www.reuters.com/article/us-brazil-politics-barbosa/brazil-anti-corruption-judge-says-he-will-not-run-for-president-idUSKBN1I91SC.

MICHENER, G.; PEREIRA, C. A great leap forward for democracy and the rule of law? Brazil's Mensalão Trial. *Journal of Latin American Studies*, v. 48, n. 3, p. 477-507, 2016.

MORO, S. F. Preventing systemic corruption in Brazil. *Daedalus: Journal of the American Academy of Arts & Sciences*, v. 147, n. 3, p. 156-168, 2018.

NOGUEIRA, M.; ALPER, A. Petrobras' profit jumps on asset sales, higher oil prices. *Reuters*, 2018. Disponível em: www.reuters.com/article/us-petrobras-results/asset-sales-oil-prices-drive-petrobras-profit-to-5-year-high-idUSKBN1I91HR.

O GLOBO. Ibope divulga nova pesquisa sobre a popularidade de Michel Temer. 5 abr. 2018. Disponível em: http://g1.globo.com/jornal-nacional/

noticia/2018/04/ibope-divulga-nova-pesquisa-sobre-popularidade-de-michel-temer.html.

OCDE. *Real minimum wages — Brazil*. 2018 Disponível em: https://stats.oecd.org/Index.aspx?DataSetCode=RMW#.

PARAGUASSU, L.; BOADLE, A. Brazil's Congress opens impeachment proceedings against president. *Reuters*, 2 dez. 2015. Disponível em: www.reuters.com/article/us-brazil-corruption-rousseff/impeachment-proceedings-opened-against-brazils-president-idUSKBN0TL2XN20151203.

_____; _____. Brazil president's popularity mired at low in election year: poll. *Reuters*, 5 abr. 2018. Disponível em: www.reuters.com/article/us-brazil-politics-poll/brazil-presidents-popularity-mired-at-lows-in-election-year-poll-idUSKCN1HC1RL.

_____; _____; SPRING, J. Brazil's Bolsonaro to quit divided PSL party, found new one. *Reuters*, 12 nov. 2019. Disponível em: www.reuters.com/article/us-brazil-politics/brazils-bolsonaro-to-quit-divided-psl-party-found-new-one-idUSKBN1XM2NV.

_____; BRITO, R. Brazil's Alckmin firms presidential bid with centrist support. *Reuters*, 2018. Disponível em: www.reuters.com/article/us-brazil-politics/brazils-alckmin-firms-presidential-bid-with-centrist-support-idUSKBN1KA2L7.

PEARSON, Samantha; CARINA, Rossi. Brazil's former house speaker arrested in Petrobras probe. *Financial Times*, 19 out. 2016. Seção "Americas politics & policy". Disponível em: https://on.ft.com/2ex0Elu.

PHILLIPS, D. Brazil's new hero is a nerdy judge who is tough on official corruption. *The Washington Post*, 23 dez. 2015. Disponível em: https://wapo.st/2AHENo2.

_____. Dilma Rousseff is reelected president of Brazil in bitterly fought runoff. *The Washington Post*, 26 out. 2014. Disponível em: www.washingtonpost.com/world/dilma-rousseff-is-narrowly-reelected-president-of-brazil-in-bitterly-fought-runoff/2014/10/26/4dddf804-5d67-11e4-8b9e-2ccdac31a031_story.html.

_____. Eduardo Cunha, who led impeachment drive against rival in Brazil, gets a 15-Year jail term. *The New York Times*, 30 mar. 2017. Seção "Americas". Disponível em: https://nyti.ms/2mUmw1L.

_____. Jair Bolsonaro: Brazil presidential frontrunner stabbed at campaign rally. *The Guardian*, 7 set. 2018. Disponível em: www.theguardian.com/

world/2018/sep/06/brazil-jair-bolsonaro-far-right-presidential-candidate-stabbed.

POLIMÉDIO, C. The rise of the Brazilian evangelicals. *The Atlantic*, 24 jan. 2018. Disponível em: www.theatlantic.com/international/archive/2018/01/the-evangelical-takeover-of-brazilian-politics/551423/.

PRADA, P.; BOADLE, A. Analysis: Rousseff price controls fail to stoke Brazil investment. *Reuters*, 18 dez. 2012. Disponível em: www.reuters.com/article/us-brazil-economy-investment/analysis-rousseff-price-controls-fail-to-stoke-brazil-investment-idUSBRE8BH10N20121218.

PRENGAMAN, P.; SAVARESE, M. Brazil's top prosecutor accuses temer of obstructing justice. *AP News*, 2017. Disponível em: https://apnews.com/d7142c3002f3418cb55262d8257e3138/Brazil's-top-prosecutor-accuses-Temer-of-obstructing-justice.

RAPOZA, K. In Brazil, market predicts Bolsonaro v. Alckmin. *Forbes*, 9 ago. 2018. Disponível em: www.forbes.com/sites/kenrapoza/2018/08/09/in-brazil-market-predicts-bolsonaro-vs-alckmin/#240736cb40ee.

REEVES, P. Dictatorship was a "very good" period, says Brazil's aspiring president. *NPR*, 2018. Disponível em: www.npr.org/2018/07/30/631952886/dictatorship-was-a-very-good-period-says-brazil-s-aspiring-president.

REUTERS. Facing impeachment vote in Brazil, Dilma Rousseff accuses vice president of conspiracy. *The New York Times*, 13 abr. 2016. Seção "Americas". Disponível em: https://nyti.ms/2J7b76r.

_____. Former Petrobras executive Costa convicted in corruption case. *Reuters*, 22 abr. 2015. Disponível em: www.reuters.com/article/brazil-petrobras-conviction/former-petrobras-executive-costa-convicted-in-corruption-case-idUSL1N0XJ1TB20150422.

ROMANO, G. Datafolha: 81% dos brasileiros acreditam que Lava Jato deve continuar. *Veja*, 13 dez. 2019. Disponível em: https://veja.abril.com.br/politica/datafolha-81-dos-brasileiros-acreditam-que-lava-jato-deve-continuar/.

ROMERO, S. Brazil's political class jolted by claim that ex-leader pressed a high court judge. *The New York Times*, 30 maio 2012. Disponível em: www.nytimes.com/2012/05/31/world/americas/brazil-is-jolted-by-claim-that-da-silva-pressured-judge.html.

_____. Dilma Rousseff is ousted as Brazil's president in impeachment vote. *The New York Times*, 31 ago. 2016. Disponível em: www.nytimes.com/2016/09/01/world/americas/brazil-dilma-rousseff-impeached-removed-president.html.

_____. Leader's torture in the '70s stirs ghosts in Brazil. *The New York Times*, 4 ago. 2012. Seção "Americas".

SADEK, M. T. The public prosecutor's office and legal change in Brazil. *Institute of Development Studies Bulletin*, v. 32, n. 1, 2009. doi: https://doi.org/10.1111/j.1759-5436.2001.mp32001008.x.

SAMUELSON, Kate. Five things to know about Brazil's new president, Michel Temer. *Time*, 1º set. 2016. Seção "World: Brazil". Disponível em: https://ti.me/2c7OUpg.

SAVARESE, M.; BILLER, D. Brazil Congress passes landmark overhaul of pension system. *AP News*, 22 out. 2019. Disponível em: https://apnews.com/0c60f2b8ecb648e1a0c4677292e82042.

SCHIPANI, A. Brazil's game of thrones: the tensions within Jair Bolsonaro's inner circle. *Financial Times*, 21 ago. 2019. Disponível em: www.ft.com/content/f27794f6-aa15-11e9-984c-fac8325aaa04.

_____. Petrobras in $853m settlement of bribery case that rocked Brazil. *Financial Times*, 28 set. 2018. Disponível em: www.ft.com/content/686db098-c252-11e8-95b1-d36dfef1b89a.

SECOM. Brazil announces phase two of the growth acceleration plan. 30 mar. 2010. Disponível em: www.worldbank.org/en/webarchives/archive?url=httpzzxxweb.worldbank.org/archive/website01601/WEB/BRAZIL_A.HTM.

SEGAL, D. Petrobras oil scandal leaves Brazilians lamenting a lost dream. *The New York Times*, 7 ago. 2015. Disponível em: www.nytimes.com/2015/08/09/business/international/effects-of-petrobras-scandal-leave-brazilians-lamenting-a-lost-dream.html?_r=0.

SILVA DE SOUSA, Marcelo. Brazil Court Rules Car Wash Judge Was Biased in Lula Cases. *The Washington Post*, 23 mar. 2021. The Americas.

STARGARDTER, G.; BOADLE, A.; BRITO, R. Brazilian president-elect adds fifth military man to cabinet. *Reuters*, 28 nov. 2018. Disponível em: www.reuters.com/article/us-brazil-politics-appointment/brazilian-president-elect-adds-fifth-military-man-to-cabinet-idUSKCN1NV22H.

SUPREME Court concludes that the goal of the Mensalão was to buy votes. *Folha de S.Paulo*, 10 fev. 2012. Disponível em: www1.folha.uol.com.br/internacional/en/brazil/2012/10/1162633-supreme-court-concludes-that-the-goal-of-the-mensalao-was-to-buy-votes.shtml.

TAYLOR, M. M. Brazil's challenging distractions. 2016. Disponível em: www.cfr.org/blog/brazils-challenging-distractions.

THE ECONOMIST. What is Brazil's "mensalão"? *The Economist*, 18 nov. 2013. Disponível em: www.economist.com/blogs/economist-explains/2013/11/economist-explains-14.

THE WORLD BANK. *Adjusted net national income per capita (annual % growth) — Brazil*. 2017a. Disponível em: https://data.worldbank.org/indicator/NY.ADJ.NNTY.PC.KD.ZG?end=2017&locations=BR&start=2001.

_____. *Current account balance (% of GDP) — Brazil*. 2018a. Disponível em: https://data.worldbank.org/indicator/BN.CAB.XOKA.GD.ZS?end=2018&locations=BR&start=2008.

_____. *GDP growth (annual %) — Brazil*. 2010. Disponível em: https://data.worldbank.org/indicator/NY.GDP.MKTP.KD.ZG?end=2018&locations=BR&start=2009.

_____. *Gini index (World Bank estimate) — Brazil*. 2017b. Disponível em: https://data.worldbank.org/indicator/SI.POV.GINI?end=2017&locations=BR&start=2009.

_____. *Real effective exchange rate index — Brazil*. 2018b. Disponível em: https://data.worldbank.org/indicator/PX.REX.REER?end=2018&locations=BR&start=2002.

_____. *Unemployment, total (% of total labor force) (modeled ILO estimate) — Brazil*. 2019. Disponível em: https://data.worldbank.org/indicator/SL.UEM.TOTL.ZS?end=2019&locations=BR&start=2011.

TREVISANI, P.; FORERO, J. Former Brazilian president "Lula" da Silva released from jail; decision follows Supreme Court ruling that defendants should remain free until all appeals are heard. *The Wall Street Journal*, 8 nov. 2019. Disponível em: www.wsj.com/articles/brazilian-judge-orders-release-of-former-president-lula-da-silva-11573243399.

WATTS, J. Anti-World Cup protests in Brazilian cities mark countdown to kick-off. *The Guardian*, 12 jun. 2014. Disponível em: www.theguardian.com/football/2014/jun/12/anti-world-cup-protests-brazilian-cities-sao-paulo-rio-de-janeiro.

_____. Brazil's "corruption trial of the century" expected to hurt ruling coalition. *The Guardian*, 2 ago. 2012. Disponível em: www.theguardian.com/world/2012/aug/02/brazil-corruption-trial-politicians.

_____. Brazil: explosive recordings implicate president Michel Temer in bribery. *The Guardian*, 17 mai. 2017. Disponível em: www.theguardian.com/world/2017/may/18/brazil-explosive-recordings-implicate-president-michel-temer-in-bribery.

_____. Brazil opens impeachment proceedings against president Dilma Rousseff. *The Guardian*, 3 dez. 2015. Disponível em: www.theguardian.com/world/2015/dec/02/brazil-dilma-rousseff-impeachment-proceedings.

_____. Dilma Rousseff impeachment: what you need to know — The Guardian briefing. *The Guardian*, 31 ago. 2016. Disponível em: www.theguardian.com/news/2016/aug/31/dilma-rousseff-impeachment-brazil-what-you-need-to-know.

WETZEL, D. Bolsa Família: Brazil's quiet revolution. *The World Bank (Opinion)*, 4 nov. 2013. Disponível em: www.worldbank.org/en/news/opinion/2013/11/04/bolsa-familia-Brazil-quiet-revolution.

WHEATLEY, J. Brazil congressman in corruption scandal expelled. *Financial Times*, 14 set. 2015. Disponível em: www.ft.com/content/1b6dd516-2585-11da-98dc-00000e2511c8.

WINTER, B. We've been here before: an interview with Fernando Henrique Cardoso". *Americas Quarterly*, v. 11, n. 3, 2017. Disponível em: www.americasquarterly.org/content/weve-been-here-interview-fernando-henrique-cardoso.

_____; TEIXEIRA, M. Brazil police, protesters clash as World Cup begins. *Reuters*, 12 jun. 2014. Disponível em: www.reuters.com/article/us-brazil-worldcup-protests/brazil-police-protesters-clash-as-world-cup-begins-idUSKBN0EN1DD20140612.

ZISSIS, C. Lula unveils major infrastructure investment plan. *Americas Society/Council of the Americas*, 2010. Disponível em: www.as-coa.org/articles/lula-unveils-major-infrastructure-investment-plan.

3

Competindo para corromper: a dinâmica multinacional de propinas em licitações na América Latina[1]

Connor Wahrman

Introdução

Para empresas em busca de contratos com governos, propinas são uma estratégia de negócios tentadora. Pagamentos ilícitos a autoridades corruptíveis podem facilitar o acesso futuro ao mercado e, assim, proporcionar às empresas corruptoras vantagem competitiva contra empresas rivais. Porém, a corrupção em licitações públicas não é um crime sem vítimas. Uma autoridade que aceita propinas em troca de contratos trai a confiança do público e desperdiça recursos coletivos. O resultado são bens e serviços mais caros e de pior qualidade. Ao mesmo tempo, a empresa que paga propinas rouba uma fatia de mercado de seus competidores, que podem ser mais qualificados. Essa forma de corrupção é difícil de descobrir; como tanto autoridades quanto empresas se beneficiam, nenhum dos envolvidos tem incentivo para informar a respeito uns dos outros.

A análise do comportamento específico de uma corporação multinacional (CMN) dominada por escândalos oferece uma oportunidade para o estudo de estratégias corruptas de negócios. Como CMNs têm vasta capacidade de escolher os mercados nos quais atuam, as corruptas podem escolher operar em países mais corruptos. Uma comparação da corrupção de países onde opera uma CMN dominada por escândalos com a de países com mercados

---

[1] Nota dos organizadores: A versão em português deste texto é ligeiramente diferente da publicada originalmente em inglês. Alterações foram feitas e notas de rodapé incorporadas para esclarecer certos aspectos relacionados com o recorte temporal usado para selecionar países onde a Odebrecht mantinha negócios. As mudanças, contudo, não alteram os resultados apresentados no texto original.

similares onde essa empresa poderia ter atuado pode oferecer indícios de que uma CMN escolheu mercados com base na reputação de serem corruptos.

A análise a seguir usa o exemplo da empresa multinacional de construção Odebrecht para testar essa proposição. Comparam-se os 10 países latino-americanos onde a Odebrecht mantinha atividade quando informações sobre os pagamentos ilícitos feitos pela empresa vieram a público e que são parte das investigações de corrupção da Operação Lava Jato, com os outros nove países da região nos quais a Odebrecht não tinha contratos na ocasião. Durante 2001 e 2016, a Odebrecht admitiu ter pagado pelo menos 788 milhões de dólares em propinas a autoridades no Brasil, país de origem da empresa, e nos seguintes 10 países: Argentina, Colômbia, República Dominicana, El Salvador, Guatemala, Honduras, México, Nicarágua, Panamá e Venezuela (Case information: United States of America v. Odebrecht S.A, s.d.). A maior parte desses pagamentos ocorreu entre 2006, quando a Odebrecht desenvolveu sua Divisão de Operações Estruturadas para gerir propinas pagas, e 2016, quando a empresa divulgou essa informação como parte de um acordo com o Departamento de Justiça americano, a fim de reduzir suas penalidades por violações da Lei de Práticas de Corrupção no Exterior (*Foreign Corrupt Practices Act*, ou FCPA na sigla em inglês) (Case information: United States of America v. Odebrecht S.A, s.d.).

A Divisão de Operações Estruturadas estava no coração da atividade ilícita. Em resposta a uma teia cada vez mais complexa de pagamentos de e para atores políticos em toda a América Latina, a Odebrecht inovou em sua gestão dessas transações criando, efetivamente, um "departamento de propinas" (Case information: United States of America v. Odebrecht S.A, s.d.:8). Esse departamento ou divisão se distinguia do resto da estrutura corporativa da Odebrecht, usando sistemas de comunicações privadas, fundos não registrados e entidades *offshore* secretas para ocultar suas atividades (Case information: United States of America v. Odebrecht S.A, s.d.:10). Porém, a Divisão de Operações Estruturadas não operava de maneira totalmente secreta, pois sua direção reportava-se diretamente aos executivos sêniores da construtora (Case information: United States of America v. Odebrecht S.A, s.d.:1).

Desde a descoberta de sua conduta ilegal, a Odebrecht empenhou-se numa extensiva cooperação com as autoridades relevantes e divulgou declarações públicas de arrependimento (Boadle, 2016). Mais de 70 executivos, incluindo Marcelo Odebrecht, ex-CEO preso, concordaram em fazer delações premiadas e a empresa deu início a um processo de revisão de seus processos de *compliance* e de monitoramento. Além disso, num ato sem precedentes, a empresa comprou anúncios de página inteira nos maiores jornais do Brasil para pedir desculpas por seu comportamento corrupto, referindo-se a ele como um "grande erro" (Boadle, 2016).

A análise deste capítulo baseia-se no cruzamento de dados de vários países relacionados com a corrupção em licitações do *Global Competitiveness Report* (GCR) de 2004-05 (Porter et al., 2004). O GCR de 2004-05 contém a primeira medida de percepção de corrupção especificamente relacionada com licitações, medida antes do desenvolvimento, em 2006, da Divisão de Operações Estruturadas e antes, também, de todos os incidentes de propina divulgados, excetuando-se o caso da República Dominicana. Essa fonte de dados também reflete as percepções de executivos corporativos em relação aos países envolvidos, o que traz uma aproximação da perspectiva da própria Odebrecht. A análise estatística encontra indícios que sugerem que os países envolvidos na Lava Jato tinham reputação de serem mais corruptos do que seus vizinhos latino-americanos durante o período em questão. Além disso, cada país envolvido tinha a reputação de ser tão ou mais corrupto do que o Brasil, país de origem da Odebrecht. Esses padrões podem ter desempenhado um papel substancial nas decisões de negócios da Odebrecht. Em outras palavras, a percepção da corrupção em licitações de um país, especialmente em relação às do Brasil, prediz se a Odebrecht escolheu fazer ou não fazer negócios naquele país. Essa descoberta sugere que, apesar de Marcelo Odebrecht, anteriormente citado, afirmar que "é assim que funciona a América Latina" (Alconda Mon, 2018), a empresa pode ter evitado países na região em que suas tentativas de corrupção teriam tido menos chances de ser bem-sucedidas.

Teorias de corrupção como estratégia de negócios

O consenso atual é de que a corrupção — o uso indevido de um cargo para ganhos privados — distorce a estrutura dos incentivos econômicos e políticos que guiam e moldam as interações público-privadas (Fisman e Golden, 2017:3). Se uma empresa vê que seus competidores conquistam contratos de maneira injusta por meio de propinas, a empresa tem de escolher entre ela mesma pagar propinas ou perder nos negócios. Mesmo que a empresa prefira um ambiente em que ninguém paga propinas e ela consiga conquistar contratos pelo mérito, a expectativa do comportamento alheio pode pressioná-la a pagar propinas mesmo assim (Fisman e Golden, 2017:6).

E a conduta de uma empresa já inclinada a seguir uma estratégia que envolve corrupção pode depender ainda mais das expectativas de corrupção. O local mais seguro para agir de maneira corrupta, onde se pode esperar mais impunidade, é aquele em que a corrupção é disseminada. No nível da sociedade, a presença de corrupção abrangente pode inibir os esforços para reduzi-la: indivíduo nenhum quer agir sozinho, por medo das consequências de transgredir as normas estabelecidas (Persson, Rothstein e Teorell, 2013). Por exemplo, na Costa Rica, experimentos sugerem que o aumento na percepção dos níveis de corrupção torna os indivíduos mais propensos à corrupção (Corbacho et al., 2016). Em sociedades com sistemas arraigados de corrupção, intermediários muitas vezes assumem o papel de coordenar autoridades corrompíveis e agentes privados dispostos a pagar propinas. Esses intermediários facilitam a corrupção reduzindo assimetrias de informação entre as partes e também têm um efeito psicológico de minimizar para os outros a percepção dos custos morais da corrupção (Drugov, Hammen e Serra, 2014). Culturas de corrupção parecem reforçar-se a si mesmas, pois os agentes corrompíveis justificam seu comportamento com base no ambiente à sua volta. Esses ambientes podem, portanto, ser mais atraentes para os que acreditam poder beneficiar-se da atividade corrupta.

Há indícios de que atores privados se beneficiam da corrupção quando ela oferece vantagens tangíveis ou o potencial para vantagens tangíveis. Durante a Primavera Árabe egípcia, as empresas associadas a integrantes de várias facções políticas viram os preços de suas ações variarem junto com o capital político de seus respectivos grupos, sugerindo que investidores avaliaram as empresas com base na expectativa que tinham de que elas obtivessem rendas ilícitas (Acemoglu, Hassan e Tahoun, 2018). Ainda que esses investidores não necessariamente participassem eles mesmos de nenhuma atividade corrupta, eles se aproveitavam das oportunidades de mercado possibilitadas por um ambiente corrupto.

Na Itália, por outro lado, há indícios de que empresas aproveitaram oportunidades de corrupção possibilitadas pelo controle que o primeiro-ministro Silvio Berlusconi manteve, durante seus mandatos, da Mediaset, conglomerado privado de mídia. Empresas italianas, especialmente aquelas que se beneficiaram com menor regulação, alteravam os valores pagos para anunciar na Mediaset de acordo com variações das expectativas de que Berlusconi tinha chances de permanecer no poder (DellaVigna et al., 2016). Embora não haja indícios diretos de que essas empresas tenham recebido benefícios específicos como resultado de seus gastos com publicidade, esse exemplo fortalece o argumento de que uma empresa pode adaptar sua conduta para se beneficiar da corrupção local.

Outras pesquisas voltam-se para a conduta de empresas multinacionais que investem no estrangeiro. Essa área de análise é complicada, pois a conduta das CMNs nos países anfitriões pode variar com base em suas tolerâncias inatas à corrupção. Por outro lado, a disseminação da corrupção local num país pode funcionar como uma restrição de acesso ao mercado para as CMNs, levando a um nível reduzido de investimento estrangeiro (Cuervo-Cazurra, 2008). Porém, ao mesmo tempo, as próprias empresas multinacionais contribuem para a disseminação da corrupção local. Nos mercados locais da China, uma concentração maior de CMNs está associada a níveis mais elevados de conduta corrupta (Zhu, 2017:96). E as condições locais podem incentivar as CMNs a buscar oportunidades para agir de maneira corrupta. Por exemplo, no Vietnã verificou-se, por meio de *survey*, que a retirada de restrições à entrada de estrangeiros nos mercados locais reduziu a incidência de pagamentos de propinas por CMNs estrangeiras a autoridades (Bai et al., 2017).

Uma vez que CMNs, individualmente, podem tanto responder quanto contribuir para a disseminação da corrupção em mercados-alvo, outras pesquisas sugerem que as características dos países de origem das empresas também influenciam o comportamento delas no estrangeiro. Uma análise focada em investimento estrangeiro direto revela indícios de que grandes diferenças no nível de corrupção entre dois países reduzem o nível do investimento entre eles (Habib e Zurawicki, 2002:303), especialmente se o país-anfitrião é mais corrupto do que o país de origem (Godinez e Liu, 2015:40). Por exemplo, a promulgação da Lei de Práticas de Corrupção no Exterior em 1977 nos Estados Unidos reduziu a atividade empresarial entre os Estados Unidos e países percebidos como mais corruptos (Hines, 1995:19). Porém, quando mudamos o foco do investimento para a incidência de corrupção, a análise econométrica mostra um aumento da probabilidade de empresas de países mais corruptos praticarem corrupção no estrangeiro, independentemente do efeito do nível de corrupção do país-anfitrião (Batzilis, 2015:288). Juntas, essas descobertas sugerem que países corruptos atraem o investimento estrangeiro de empresas dispostas e capazes de engajar em comportamento ilícito, como resultado de elas próprias terem ambientes de origem corruptos. Esse investimento ilícito, então, afasta CMNs de países menos corruptos (Hines, 1995:20).

Essa conclusão sugere ainda que CMNs de países mais corruptos podem desenvolver vantagem competitiva ao disputar contratos específicos oferecidos por autoridades suscetíveis a propinas. A presença dessa vantagem de mercado poderia incentivar CMNs dispostas a pagar subornos a selecionar oportunidades de negócios no estrangeiro onde a facilidade da corrupção tem uma maior probabilidade de compensar.

Escolhendo a mensuração adequada

Para verificar se a Odebrecht escolheu mercados com base em suas propensões a serem corruptos, são necessários dados que meçam de modo preciso a corrupção em licitações públicas. Ao estudar a corrupção, é importante valer-se de medidas que sejam as mais confiáveis possíveis, a fim de evitar indicadores que capturem percepções agregadas de setores de negócios e de tipos de corrupção (Andersson e Heywood, 2008:756). Portanto, este estudo usa uma medida de corrupção específica para a oferta de contratos públicos, como publicado no *Global Competitiveness Report* (GCR) de 2004-05. Essa medida faz parte da Pesquisa de Opinião Executiva do Fórum Econômico Mundial de 2004 e baseia-se em entrevistas confidenciais com amostras representativas de executivos e de empreendedores de 104 países, além de indicar a disseminação de pagamentos irregulares em contratos públicos (Blanke e Loades, 2004:200). O indicador do GCR classifica os países segundo a resposta à seguinte pergunta: "No seu setor, o quanto você acha que é comum que as empresas façam pagamentos a mais, não documentados, ou paguem propinas em conexão com contratos públicos (projetos de investimento)?" A escala da resposta varia entre 1 (muito comum) e 7 (muito raro), de modo que pontuações mais baixas indicam percepções mais corruptas e pontuações mais altas indicam percepções de maior idoneidade.

Não se sabe se a Odebrecht baseou-se especificamente em dados do GCR para tomar suas decisões de investimentos, mas essa medida refletia as informações disponíveis para a comunidade de negócios em geral quando a Odebrecht desenvolveu sua equipe *in-house* de coordenação de propinas — a Divisão de Operações Estruturadas foi formalmente criada por volta de 2006 —, a fim de organizar a transferência de fundos de contas da empresa para autoridades e seus associados (Case information: United States of America v. Odebrecht S.A, s.d.).

Como somente uma ocorrência de pagamento ilegal reconhecida no acordo de colaboração da Odebrecht com o Departamento de Justiça dos EUA é anterior ao indicador do GCR (na República Dominicana),[2] a medida aqui usada tende a refletir as percepções de corrupção em torno de projetos de investimento na América Latina antes que as ações da própria Divisão de Operações Estruturadas pudessem influenciar essas percepções.[3]

Análise estatística das escolhas multinacionais da Odebrecht

Dos 18 países latino-americanos da amostra de análise,[4] nove (tirando o Brasil, país de origem da Odebrecht) tinham projetos em atividade com a empresa quando as revelações no âmbito da Operação Lava Jato vieram à tona (Grupo Odebrecht, 2014; Odebrecht.com, s.d.). A comparação desses nove países com os oito países onde a Odebrecht não tinha negócios ativos no período em que as investigações e acordos de colaboração tornaram públicos os pagamentos ilegais a autoridades governamentais feitos por representantes da construtora revela uma diferença substancial, mas não estatisticamente significativa, nos níveis de percepção da corrupção em licitações públicas (figura 3.1.). Um teste-t de Welch para as duas amostras indica que não há diferença significativa entre a média das pontuações de corrupção dos países em que a Odebrecht mantinha negócios e aqueles em que a empresa não tinha projetos em atividade no período analisado ($p = 0.3688$). Restam, porém, sugestivos indícios de que percepções de corrupção possam ter desempenhado um papel neste caso.

---

[2] Apesar de a Odebrecht ter influenciado outros governos de outros países antes de 2004, como a Venezuela, essas relações — até onde o autor pôde averiguar, considerando as informações disponíveis — não envolvem pagamento explícito de propinas associadas às atividades da Divisão de Operações Estruturadas e, por isso, estão fora do escopo da análise deste capítulo (Jota, 2019).

[3] Nota dos organizadores: Em entrevista ao jornal *O Globo*, o ex-presidente do grupo Odebrecht, Marcelo Odebrecht, admitiu que a empresa fazia pagamentos ilegais desde 1980 não apenas no Brasil (Traumann, 2019). Contudo, para fins de análise, este capítulo usa dados tornados públicos pelo acordo da empresa com o Departamento de Justiça dos EUA, além de informações de contratos em vigor no período em que as revelações de pagamento ilegal vieram à tona, principalmente as disponíveis no próprio site da Odebrecht.

[4] Os países da amostra têm a identidade comum de antigas colônias ibéricas. Tirando o Brasil, os nove países da América Latina citados pela empresa no acordo com o Departamento de Justiça dos EUA são: Argentina, Colômbia, República Dominicana, Equador, Guatemala, México, Panamá, Peru e Venezuela. Os outros países da amostra são Bolívia, Chile, Costa Rica, El Salvador, Honduras, Nicarágua, Paraguai e Uruguai. Cuba também tinha negócios com a Odebrecht no período, mas não estão disponíveis dados atualizados do nível de percepção de corrupção em licitações.

Embora alguns países (Honduras, Paraguai e Bolívia)[5] onde a Odebrecht não mantinha contratos ativos quando a Lava Jato tornou pública as atividades ilícitas da empresa tenham reputações de corrupção, segundo os dados do GCR, todos os mercados com operações da empresa no período aqui analisado, exceto um (a Colômbia), ficam acima da pontuação média dos países sem contratos. Adicionalmente, havia, para cada um dos países onde a Odebrecht mantinha negócios ativos, a percepção de ser mais corruptos do que o Brasil, país de origem da empresa. De todo modo, o objetivo deste capítulo não é concluir em que medida a Odebrecht tomou decisões com base em reputações regionais de corrupção; em vez disso, o capítulo almeja avaliar a força relativa dessas reputações de corrupção numa possível previsão da escolha de mercados-alvo pela Odebrecht.

O gráfico *box plot* a seguir mostra os países selecionados neste estudo em dois eixos: o eixo x representa a relação empresarial entre a Odebrecht e cada país, e o eixo y mede até que ponto as empresas privadas que operam em cada país consideravam corrupto seu processo de licitações públicas, de 1 (muito corrupto) a 7 (muito limpo). A caixa da esquerda representa a mediana e a faixa entre o 1º Quartil e o 3º Quartil de percepção de corrupção dos países latino-americanos que não tinham negócios em andamento com a Odebrecht quando foram tornadas públicas as atividades ilícitas da empresa no âmbito da Lava Jato (por volta de 2014-16), ao passo que a caixa do meio representa aqueles que tinham negócios com ela nesse período. Na mediana, os países sem a presença da Odebrecht no período analisado tiveram reputações de serem menos corruptos (1º Quartil: 3; Mediana: 4,2; 3º Quartil: 4,7) do que aqueles com a presença ativa da empresa na ocasião (1º Quartil: 3,4; Mediana: 3,6; 3º Quartil: 4). Essa diferença, porém, não é estatisticamente significante. As tabelas 3.3 e 3.4 no apêndice explicam, respectivamente, as variáveis e os códigos dos países.

---

[5] A Odebrecht teve contratos de construção na Bolívia e em Honduras no período no qual a Divisão de Operações Estruturadas funcionou, mas não no período do recorte temporal para a análise feita neste capítulo. Os projetos com Honduras não saíram do papel por causa do golpe de estado em 2009 no país (Los tentáculos, 2018), e, no momento em que este artigo era escrito, não havia evidência de corrupção envolvendo representantes da Odebrecht e do governo boliviano (Odebrecht: Van a prisión, 2019). A Odebrecht também atuou em outros países por meio de contratos assinados pela Petrobras, mas, nesses casos — até onde o autor pode verificar, considerando informações disponíveis —, não há indício da existência de projetos firmados diretamente entre a construtora e governos desses países (Grupo Odebrecht, 2011).

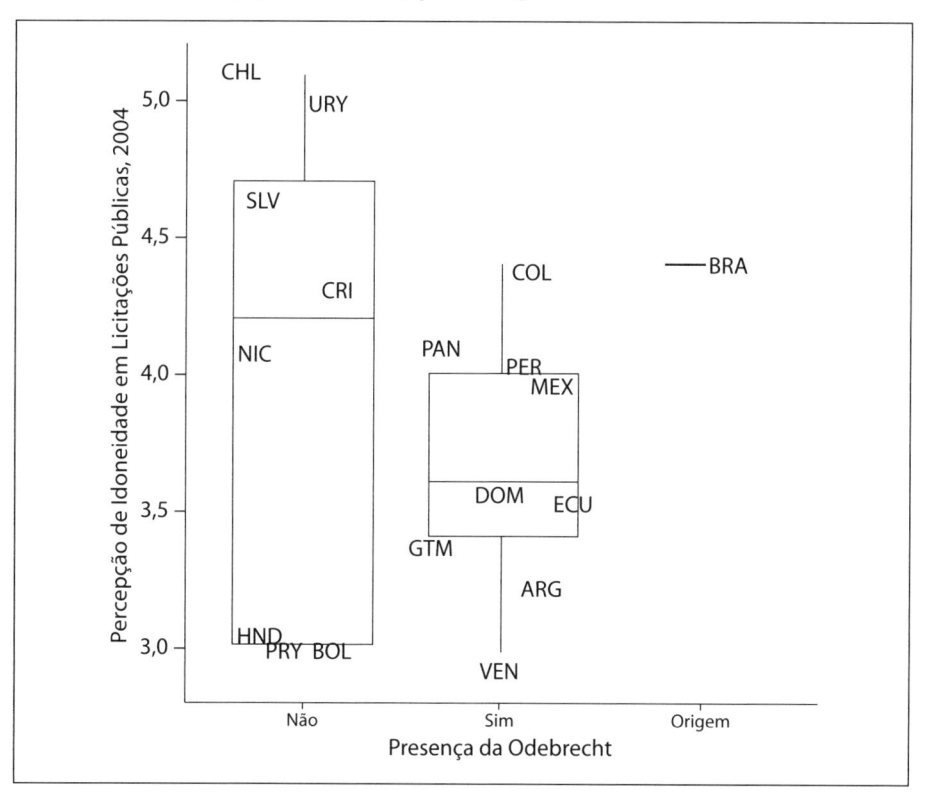

Figura 3.1
Percepção de corrupção e negócios da Odebrecht

[Figura: Box plot da Percepção de Idoneidade em Licitações Públicas, 2004 (eixo y, de 3,0 a 5,0) versus Presença da Odebrecht (Não, Sim, Origem). Países sob "Não": CHL, URY, SLV, CRI, NIC, HND, PRY, BOL. Países sob "Sim": COL, PAN, PER, MEX, DOM, ECU, GTM, ARG, VEN. Sob "Origem": BRA.]

De fato, uma explicação alternativa das escolhas da Odebrecht é que a empresa não apenas levou em consideração os níveis de corrupção, como também o tamanho da oportunidade econômica oferecida por cada país para projetos de investimentos por meio de mais de uma indústria. Para testar essa hipótese alternativa, a análise a seguir baseia-se no valor total da formação de capital fixo bruto (investimento) no período de 2001 a 2016, calculada para cada país/ano como o produto do PIB (World Economic Outlook Database, 2017). A figura 3.2 mostra a distribuição de investimentos por país com base no fato de eles terem ou não negócios ativos com a Odebrecht entre 2014 e 2016, quando vieram a público as revelações dos pagamentos irregulares da empresa (DOJ, 2016; Grupo Odebrecht, 2014; Odebrecht.com, s.d.). O nível médio de investimento é significativamente mais elevado para os países em que a Odebrecht fez negócios, o que é confirmado por um teste-t de Welch de Amostra Dupla ($p < .01$).

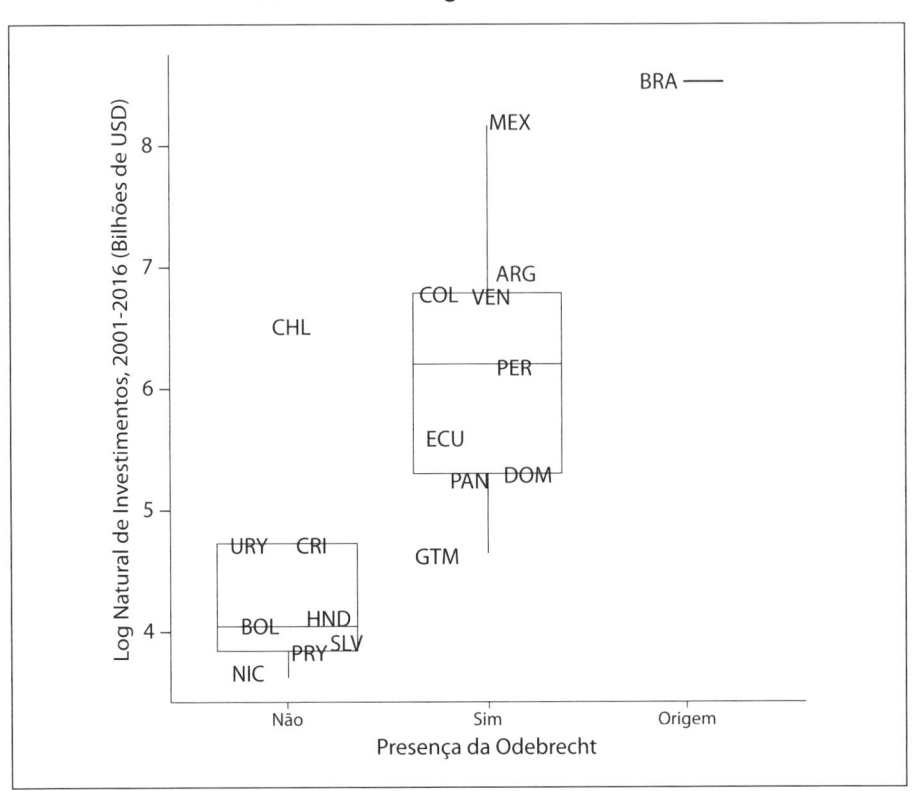

Figura 3.2
Investimentos e negócios da Odebrecht

[Figura: Box plot com eixo Y "Log Natural de Investimentos, 2001-2016 (Bilhões de USD)" variando de 4 a 8, e eixo X "Presença da Odebrecht" com categorias "Não", "Sim", "Origem".

Categoria "Não": URY, CRI, BOL, HND, PRY, SLV, NIC, CHL
Categoria "Sim": MEX, COL, VEN, ARG, PER, ECU, PAN, DOM, GTM
Categoria "Origem": BRA]

O gráfico acima mostra os países analisados neste estudo em dois eixos: o eixo x representa a relação de negócios entre a Odebrecht e cada país, e o eixo y mede o volume da formação de capital bruto, ou investimento, de 2001 a 2016, em log USD. A caixa à esquerda representa a mediana e a faixa entre o 1º e o 3º Quartil do log natural de investimento para os países latino-americanos que não tinham negócios ativos com a Odebrecht quando foram tornadas públicas as atividades ilícitas da empresa no âmbito da Lava Jato (por volta de 2014-16); a caixa à direita representa aqueles que tinham negócios em atividade nesse período (excetuando-se o Brasil). Na média, os países sem a presença ativa da Odebrecht no período analisado tiveram menos investimentos (1º Quartil: 3,872; Mediana: 4,026; 3º Quartil: 4,692) do que aqueles em que a empresa estava atuando na ocasião (1º Quartil: 5,265; Mediana: 6,155; 3º Quartil: 6,769). Ver, respectivamente, as tabelas 3.3 e 3.4 no apêndice para uma explicação das variáveis e dos códigos de países.

Na média, os países com laços com a Odebrecht tinham mercados de investimento maiores do que aqueles que não tinham laços com a Odebrecht, o que sugere algum nível de seleção baseado nessa variável. O Chile, porém, é um *outlier*; o tamanho do mercado do país é maior do que a média da distribuição de países que fizeram negócios com a Odebrecht. Mas a empresa não fez negócio nenhum no Chile no período de 2001 a 2016 de acordo com as informações disponíveis, apesar de manter um escritório no país (Odebrecht. com, s.d.). Esse *status* de *outlier* não pode ser explicado pela presença de um campeão nacional na indústria de construção, pois o investimento estrangeiro é responsável pela maioria do mercado de construção do Chile (U.S. International Trade Administration, 2018). Em seguida, a Costa Rica é mais ou menos equivalente ao Panamá em termos de tamanho de mercado, mas a Odebrecht só fez negócios no Panamá. Como o Panamá tinha uma reputação de corrupção substancialmente maior do que a da Costa Rica, é possível que qualquer escolha da Odebrecht entre os dois países tenha sido feita segundo o critério da corruptibilidade.

Plotar as variáveis de tamanho de mercado e de percepção de níveis de corrupção no espaço bidimensional pode ajudar a esclarecer esses casos (figura 3.3). Os países em que a Odebrecht escolheu fazer negócios (com etiquetas em texto em preto) exibem tanto um tamanho grande de mercado quanto reputações piores de corrupção em licitações públicas. Considerando-se a ausência de correlação da amostra entre essas duas variáveis, isto é, mercados grandes não são mais nem menos corruptos do que mercados menores para a região como um todo (tabela 3.1), esse indício visual sugere que a reputação de corruptibilidade, independentemente do tamanho do mercado de investimentos, pode ter, em alguma medida, influenciado as escolhas da Odebrecht dos países onde fazer negócios.

Tabela 3.1
Coeficiente de correlação de Pearson para variáveis independentes

Variável 1	Variável 2	Coeficiente de Correlação
Percepção de Corrupção, 2004	Log Natural de Investimentos, 2001-16	0,14 (-0,37, 0,58)
Percepção de Mais Corrupto que o Brasil, 2004	Log Natural de Investimentos, 2001-16	-0,09 (-0,54, 0,41)

Notas: Intervalo de confiança (95%) em parênteses. N = 17. *, **, e *** indicam nível de significância de 10%, 5%, e 1%, respectivamente.

Figura 3.3
Negócios da Odebrecht por percepção de corrupção e investimento em infraestrutura

[Figura: gráfico de dispersão. Eixo Y: Log Natural de Investimentos, 2001-2016 (Bilhões de USD). Eixo X: Percepção de Idoneidade em Licitações Públicas, 2004.

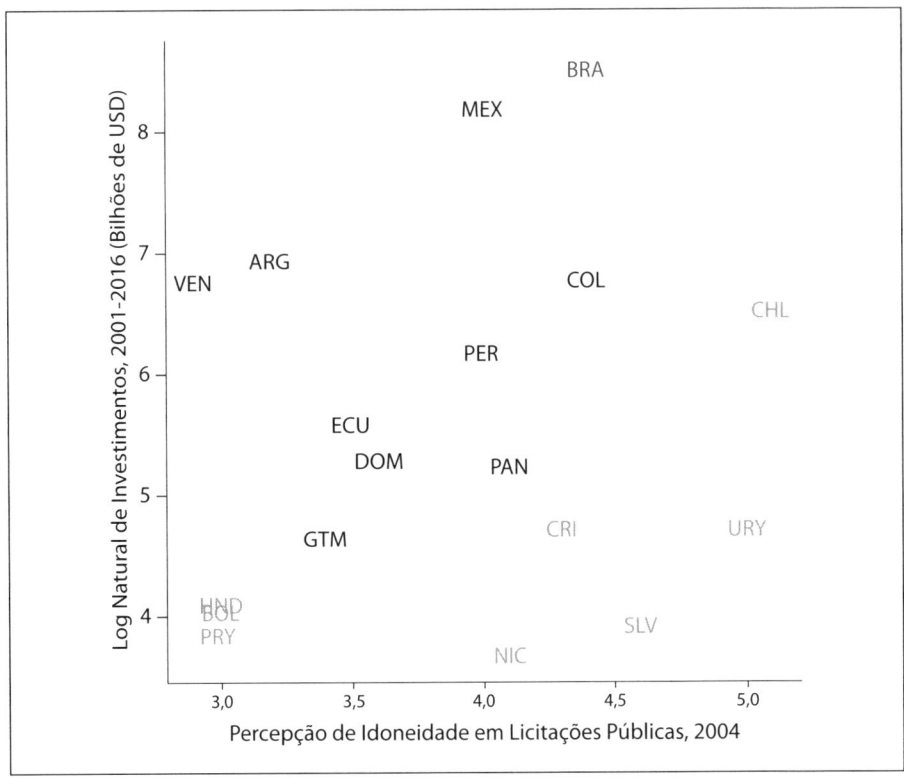

Pontos aproximados:
- BRA: (4,0; 8,3)
- MEX: (4,0; 8,0)
- ARG: (3,5; 7,0)
- VEN: (3,1; 6,9)
- COL: (4,3; 6,8)
- CHL: (5,0; 6,7)
- PER: (4,0; 6,2)
- ECU: (3,8; 5,7)
- DOM: (3,9; 5,4)
- PAN: (4,2; 5,3)
- GTM: (3,8; 4,7)
- CRI: (4,4; 4,7)
- URY: (4,9; 4,7)
- HND, BOL: (3,3; 4,1)
- PRY: (3,3; 3,9)
- SLV: (4,7; 4,1)
- NIC: (4,2; 3,8)]

Uma análise do modelo de regressão logística, avaliando os efeitos independentes do volume de investimentos no nível do país, excluindo o Brasil, país de origem da Odebrecht, oferece mais indícios desses efeitos independentes (tabela 3.2). Especificar o modelo de regressão para que avalie a percepção da corrupção como variável contínua revela uma associação independente negativa mas fraca entre a presença empresarial da Odebrecht e percepções de maior idoneidade no país ($p < .1$), ao passo que a relação entre o volume de investimento e a presença da Odebrecht é positiva e significante ($p < .01$). Essencialmente, o nível da percepção da corrupção de licitações públicas de um país prediz apenas de maneira fraca se ele recebeu ou não recebeu negócios da Odebrecht e apenas quando controlado pelo tamanho do mercado. Essa relação sugeriria que a Odebrecht selecionou os mercados estrangeiros primariamente pelo tamanho, com a corruptibilidade sendo levada em conta depois.

Porém, a literatura que sugere que os países de origem das CMNs influenciam seu modo de investir no estrangeiro suporia uma especificação alternativa do modelo (Batzilis, 2015; Godinez e Liu, 2015). A fim de levar em conta o Brasil, país de origem da Odebrecht, pode ser mais apropriado tratar a variável percepção da corrupção como binária e não como contínua. Considerando essa variável alternativa, países percebidos como menos corruptos que o Brasil recebem um valor de um, ao passo que países percebidos como igualmente corruptos ou mais corruptos do que o Brasil recebem um valor de zero. Com essa especificação, as variáveis "ser percebido como um país mais idôneo que o Brasil" e "a presença empresarial da Odebrecht" apresentam uma correlação negativa e significante (p < .05). A relação é robusta quanto ao efeito independente do volume de investimentos, o qual por si permanece positivo e significante (p < .01). Esses resultados sugerem que, ao mesmo tempo que a Odebrecht efetivamente buscou países em que fazer negócios segundo o critério da oportunidade de investimentos, ela também evitou países que tinham reputações de maior idoneidade que o Brasil, o país de origem da construtora.

Tabela 3.2
Associações entre previsores e negócios da Odebrecht, 2001-16

Variável	OR Individual Não Ajustada	Modelo 1 OR Ajustada	Modelo 2 OR Ajustada
Log Natural de Investimentos, 2001-2016	0.26*** (0.11, 0.40)	0.27*** (0.13, 0.40)	0.24*** (0.11, 0.36)
Percepção de Corrupção, 2004	-0.18 (-0.53, 0.18)	-0.23* (-0.49, 0.03)	
Percepção de Mais Corrupto do que o Brasil, 2004	-0.64** (-1.22, -0.07)		-0.55** (-0.98, -0.13)

Notas: Abreviações: OR (*odds ratio*), razão de chances; Intervalo de confiança (95%) entre parênteses. N = 17. A OR Individual Não Ajustada mede os efeitos de cada característica sem controlar por variáveis adicionais.
*, **, e *** indicam nível de significância de 10%, 5%, e 1%, respectivamente.

Implicações para políticas públicas e para pesquisas

Os países em que a Odebrecht localizou seus projetos eram geralmente aqueles percebidos como mais corruptos, especialmente em relação ao Brasil, país de origem da empresa. Embora a Odebrecht não tenha escolhido países para investir com base apenas neste critério, a variável da corrupção parece ajudar a explicar por que a empresa fez negócios no Panamá, por exemplo, mas não na Costa Rica, e por que não investiu no Chile, embora seu mercado seja grande. Apesar do tamanho e do poder da Odebrecht na região — seu presidente, Marcelo Odebrecht, foi chamado de "príncipe das obras públicas" (Alconada Mon, 2018) —, os dados aqui sugerem que a Odebrecht decidiu alocar seus recursos em mercados onde, por meio da corrupção, ela podia maximizar os lucros. Concedemos que ainda há a hipótese alternativa de que a Odebrecht não conseguiu obter contratos em países menos corruptos, ao invés de simplesmente nem tentar obtê-los. De qualquer modo, a Divisão de Operações Estruturadas da Odebrecht foi uma inovação para a melhoria do desempenho em ambientes de negócios sabidamente corruptos, o que é uma descoberta consistente com as descobertas da Lava Jato e das investigações em torno dela.

Os resultados enfatizados neste capítulo devem ter valor para estudos de respostas empresariais à corrupção. Há estudos que indicam que empresas evitam países com níveis piores de corrupção (Godinez e Liu, 2015) e que é mais provável que empresas de países mais corruptos pratiquem corrupção no exterior (Batzilis, 2015). Este caso oferece um exemplo de uma empresa multinacional aproveitando-se de variações regionais na corrupção para maximizar seus lucros potenciais (Morris e Blake, 2009). Se as empresas que buscam contratos públicos efetivamente preferem trabalhar em mercados com alto potencial de corrupção, então é urgentemente necessária a cooperação internacional no monitoramento e na aplicação de esforços anticorrupção. Esses esforços demandariam a cooperação de Estados e de corporações multinacionais, alguns dos quais, como a Odebrecht, talvez sejam grandes o bastante para exercer influência significativa nos países nos quais operam (Rose-Ackerman e Palifka, 2016:492). Enquanto um único país tiver a reputação de corrupção em licitações, seja como resultado de arcabouços fracos de políticas públicas ou de falta de aplicação,[6] ele continuará a ser alvo de empresas de origem estrangeira que buscam alavancar os instrumentos da corrupção para oferecer bens e serviços de pior qualidade a preços mais elevados.

Por fim, a explicação proposta para o processo decisório da Odebrecht pode ser útil para desenvolver estratégias de monitoramento do comportamento corporativo. Se há indícios de que uma empresa internacional concentra seus negócios em ambientes sabidamente mais corruptos, esses indícios poderiam

---

[6] Para mais informações sobre como arcabouços de políticas públicas e sua aplicação se desenrolaram na América Latina, ver, neste volume, o capítulo 10, de Pimenta e Greene.

servir de gatilho para uma investigação mais abrangente de suas práticas. Essa estratégia poderia revelar-se eficaz na moldagem do comportamento de empresas internacionais e na remoção do financiamento externo que apoia e sustenta sistemas políticos corruptos.

Para pesquisas futuras

Houve duas limitações metodológicas essenciais na análise de dados apresentada neste capítulo. A primeira foi a amostra pequena e a segunda foram dados faltantes. Quanto à primeira, realizar regressões logísticas com uma amostra de 17 limita o número de variáveis independentes que se pode testar. A amostra pequena também dificulta a computação de coeficientes confiáveis e de erros-padrão. Dada essa limitação, era imperativo avaliar variáveis que oferecessem a melhor informação disponível para aproximar o cálculo decisório da Odebrecht. O *Global Competitiveness Report* de 2004 oferecia a medida mais específica de caso e mais específica de tempo de corrupção em licitações públicas, mas encontrar indicadores macroeconômicos apropriados foi mais difícil. Variáveis alternativas, como abertura ao comércio e projetos de investimento público-privados, são dados que faltam tanto para países quanto para anos. Assim, como observado no fim deste capítulo, transferir as unidades de análise de países para projetos contratados durante o período oferece o potencial para analisar o comportamento da Odebrecht usando um conjunto de dados n mais amplo.

No momento da redação deste texto, ainda há investigações abertas dos negócios da Odebrecht nos países envolvidos e em outros não mencionados pela empresa no acordo com o Departamento de Justiça dos EUA. Dependendo de como essas investigações progredirem, elas tendem a esclarecer ainda mais os atos específicos de propina cometidos pela construtora. Esses detalhes, da proporção dos projetos contratados pela Odebrecht envolvendo propinas às quantias pagas em propinas e recebidas em contratos e também ao papel das autoridades envolvidas em seus respectivos governos, apresentarão oportunidades para reavaliações com nuances da dinâmica multinacional de propina discutida neste capítulo. Avaliar se esses resultados mais específicos se correlacionam deve ser o foco de futuras pesquisas. Esses detalhes também ajudarão a desemaranhar as hipóteses alternativas de que, ou a Odebrecht não buscou contratos em países menos corruptos, ou de que a empresa buscou esses contratos, mas não os obteve.

Para enfrentar esse desafio, os pesquisadores interessados podem replicar e ampliar a análise deste capítulo fazendo o *download* do livro de código, o conjunto de dados e o código R no seguinte *link* do Open Science Framework (OSF): https://osf.io/4gyzr/.

Apêndice

Tabela 3.3
Descrição da variável e das fontes dos dados

Variável	Descrição da variável	Fonte da variável
Presença da Odebrecht, por volta de 2014-16	Países envolvidos no esquema de propinas da Odebrecht, segundo as investigações da Lava Jato e o acordo da empresa com o Departamento de Justiça dos EUA. A presença da Odebrecht nesses países, e não em outros, durante o período em que as atividades ilícitas da empresa foram tornadas públicas foi validada pelo registro contemporâneo de projetos de construção em andamento, cujas informações, em sua maioria, estão disponíveis no próprio site da Odebrecht. Os modelos de correlação e regressão excluem o Brasil, que está indicado em 3.3 B como "País de Origem".	*Case Information: United States of America v. Odebrecht S.A.*; *Odebrecht in the World* (Odebrecht pelo Mundo)
Percepção de Corrupção, 2004	Resposta média (1 = comum, 7 = muito raro) entre executivos indagados: "No seu setor, o quanto você acha que é comum que as empresas façam pagamentos a mais, não documentados, ou paguem propinas em conexão com contratos públicos/projetos de investimento?"	*The Global Competitiveness Report, 2004-2005*
Percepção de Menos Corrupto do que o Brasil, 2004	Variável binária, exclui o Brasil. Países com Percepção de Corrupção, valores de 2004 como maiores do que 4,4 etiquetados *Verdadeiro*, e aqueles com valores menores do que 4,4 ou iguais a 4,4, *Falso*.	*The Global Competitiveness Report, 2004-2005*
Investimentos, 2001-2016 (Bilhões de USD)	Produto do Investimento Total (% PIB) e PIB (em USD atuais), agregados de 2001 a 2016. Os modelos de correlação e regressão empregam o log natural dessa medida.	*World Economic Outlook Database*

Tabela 3.4
Valores das variáveis na amostra

País	Código do País	Presença da Odebrecht, por volta de 2014-16	Percepção de Corrupção, 2004*	Percepção de Menos Corrupto do que o Brasil, 2004	Investimentos, 2001-16 (Bilhões de USD)**
Argentina	ARG	Sim	3,2	Falso	1.025,28
Bolívia	BOL	Não	3	Falso	54,75
Brasil	BRA	País de Origem	4,4	Não Se Aplica	5.013,97
Chile	CHL	Não	5,1	Verdadeiro	671,36
Colômbia	COL	Sim	4,4	Falso	870,19
Costa Rica	CRI	Não	4,3	Falso	108,97
República Dominicana	DOM	Sim	3,6	Falso	193,41
Equador	ECU	Sim	3,5	Falso	259,93
El Salvador	SLV	Não	4,6	Verdadeiro	48,89
Guatemala	GTM	Sim	3,4	Falso	100,52
Honduras	HND	Não	3	Falso	57,35
México	MEX	Sim	4	Falso	3.596,98
Nicarágua	NIC	Não	4,1	Falso	38,09
Panamá	PAN	Sim	4,1	Falso	182,79
Paraguai	PRY	Não	3	Falso	45,60
Peru	PER	Sim	4	Falso	471,04
Uruguai	URY	Não	5	Verdadeiro	109,42
Venezuela	VEN	Sim	2,9	Falso	859,30

*Os dados dessa coluna vêm do *Global Competitiveness Report* de 2004-05. Os níveis de percepção de corrupção dos países são classificados numa escala de sete pontos, com 1 indicando "muito corrupto" e 7 indicando "muito idôneo".
**Os dados dessa coluna vêm da *World Economic Outlook Database*. O investimento é calculado para cada país/ano como produto do PIB (em USD atuais) e do investimento como porcentagem do PIB.

Referências

ACEMOGLU, D.; HASSAN, T. A.; TAHOUN, A. The power of the street: evidence from Egypt's Arab Spring. *The Review of Financial Studies*, v. 31, n. 1, p. 1-42, 2018. Disponível em: https://doi.org/10.1093/rfs/hhx086.

ALCONDA MON, H. Las lecciones de Odebrecht. *La Nación*, 17 fev. 2018. Disponível em: www.lanacion.com.ar/2109913-las-lecciones-de-odebrecht.

ANDERSSON, S.; HEYWOOD, P. M. The politics of perception: use and abuse of Transparency International's approach to measuring corruption. *Political Studies*, v. 57, n. 4, p. 746-767, 2009.

BAI, J. et al. Firm growth and corruption: empirical evidence from Vietnam. *The Economic Journal*, 2017.

BATZILIS, Dimitris. 11: Bribing abroad. In: ROSE-ACKERMAN, S.; LAGUNES, P. (Ed.). *Greed, corruption, and the modern State*: essays in political economy. Northampton: Edward Elgar Publishing, p. 277-296, 2015.

BLANKE, J.; LOADES, E. Capturing the state of country competitiveness with the executive opinion survey. In: WORLD ECONOMIC FORUM (Ed.). *The global competitiveness report 2004-05*. Basingstoke: Palgrave Macmillan, 2004.

BOADLE, A. Odebrecht apologizes in ads for role in Brazil graft scandal. *Reuters*, 2 dez. 2016. Disponível em: www.reuters.com/article/us-brazil--corruption/odebrecht-apologizes-in-ads-for-role-in-brazil-graft-scandal--idUSKBN13R1XB.

CASE Information: United States of America v. Odebrecht S.A. (s.d.). Website da Stanford Law School: Foreign Corrupt Practices Act Clearinghouse website: http://fcpa.stanford.edu/enforcement-action.html?id=635. Acesso em: 24 jul. 2019.

CORBACHO, Ana et al. Corruption as a self-fulfilling prophecy: evidence from a survey experiment in Costa Rica. *American Journal of Political Science*, v. 60.4, p. 1.077-1.092, 2016.

CUERVO-CAZURRA, A. Better the devil you don't know: types of corruption and FDI in transition economies. *Journal of International Management*, v. 14, n. 1, p. 12-27, 2008.

DELLAVIGNA, S. et al. Market-based lobbying: evidence from advertising spending in Italy. *American Economic Journal: Applied Economics*, v. 8, n. 1, p. 224-256, 2016. Disponível em: https://doi.org/10.1257/app.20150042.

DOJ. *Odebrecht and Braskem plead guilty and agree to pay at least $3.5 billion in global penalties to resolve largest foreign bribery case in history* [Boletim de imprensa]. 2016. Disponível em: www.justice.gov/opa/pr/odebrecht--and-braskem-plead-guilty-and-agree-payleast-35-billion-global-penalties--resolve.

DRUGOV, M.; HAMMAN, J.; SERRA, D. Intermediaries in corruption: an experiment. *Experimental Economics*, v. 17, n. 1, p. 78-99, 2014. Disponível em: https://doi.org/10.1007/s10683-013-9358-8.

FISMAN, R.; GOLDEN, M. A. *Corruption*: what everyone needs to know. Nova York: Oxford University Press, 2017.

GRUPO ODEBRECHT. Odebrecht Engenharia Industrial chega aos Estados Unidos. *Lista de Notícias*, 20 jul. 2011. Disponível em: www.odebrecht.com/pt-br/odebrecht-engenharia-industrial-chega-aos-estados-unidos.

_____. *Odebrecht in the World*. 18 ago. 2014. Disponível em: https://web.archive.org/web/20140818123115/www.odebrecht.com/en/odebrecht--group/odebrecht-world.

GODINEZ, J. R. e LIU, L. Corruption distance and FDI flows into Latin America. *International Business Review*, v. 24, n. 1, p. 33-42, 2015.

HABIB, M.; ZURAWICKI, L. Corruption and foreign direct investment. *Journal of International Business Studies*, v. 33. n. 2, p. 291-307, 2002.

HINES JR., J. R. *Forbidden payment*: foreign bribery and American business after 1977 (No. w5266). National Bureau of Economic Research. 1995.

JOTA. *International cooperation in the Odebrecht case*: Venezuela. 29 mai. 2019. Disponível em: www.jota.info/especiais/international-cooperation--in-the-odebrecht-case-venezuela-29052019.

LOS tentáculos de Odebrecht alcanzaron a Honduras. *La Prensa*, 12 set. 2018. Disponível em: www.laprensa.hn/honduras/1215442-410/odebrecht--honduras-corrupcion-pago-soborno-marcelo-odebrecht-.

MORRIS, S. D.; BLAKE, C. H. Introduction: political and analytical challenges of corruption in Latin America. In: _____; _____ (Ed.). *Corruption & democracy in Latin America*. Pittsburgh: University of Pittsburgh Press, 2009. p. 1-22.

ODEBRECHT: Van a prisión dos primeros implicados. *Correo del Sur*, 2 fev. 2019. Disponível em: https://correodelsur.com/seguridad/20190222_odebrecht-van-a-prision-dos-primeros-implicados.html.

ODEBRECHT.COM. s.d. Disponível em: www.odebrecht.com/en/home.

PERSSON, A.; ROTHSTEIN, B.; TEORELL, J. Why anticorruption reforms fail-systemic corruption as a collective action problem. *Governance*, v. 26, n. 3, p. 449-471, 2013. Disponível em: https://doi.org/10.1111/j.1468-0491.2012.01604.x.

PORTER, M. et al. (Ed.). *The global competitiveness report*: 2004-2005. Edição de Augusto Lopez-Claros. Basingstoke: Palgrave MacMillan UK, 2004.

ROSE-ACKERMAN, S.; PALIFKA, B. J. *Corruption and government*: causes, consequences, and reform. 2. ed. Nova York, NY: Cambridge University Press, 2016.

TRAUMANN, Thomas. Década de rupturas: "Desde os anos 80, a Odebrecht fazia pagamentos não declarados", diz Marcelo Odebrecht. *O Globo*, 2019.

Disponível em: https://oglobo.globo.com/brasil/decada-de-rupturas-desde-os-anos-80-odebrecht-fazia-pagamentosnao-declarados-diz-marcelo-odebrecht-24142454.

U. S. INTERNATIONAL TRADE ADMINISTRATION. *Welcome to the U.S. Service Chile*. 2018. Disponível em: www.trade.gov/chile.

WHEELER, D.; MODY, A. International investment location decisions: the case of US firms. *Journal of International Economics*, v. 33, n. 1-2, p. 57-76, 1992.

WORLD ECONOMIC OUTLOOK DATABASE. Disponível no website do Fundo Monetário Internacional. jul. 2017. Disponível em: www.imf.org/external/pubs/ft/weo/2017/01/weodata/index.aspx.

ZHU, B. MNCs, rents, and corruption: evidence from China. *American Journal of Political Science*, v. 61, n. 1, p. 84-99, 2017.

PARTE 2
A EXPERIÊNCIA BRASILEIRA

4

Legados de planejamento urbano e corrupção: evidências dos Jogos Olímpicos do Rio e da Lava Jato

Márcia R. G. Sanzovo
Karla Y. Ganley

A Olimpíada de 2016 e os escândalos de corrupção: por que são importantes

Megaeventos internacionais como festivais culturais e competições esportivas oferecem ao país anfitrião oportunidades para impulsionar sua economia, alavancar sua visibilidade global e revitalizar seus espaços públicos. Representam ainda a chance de acelerar a implementação de iniciativas que, em outras circunstâncias, poderiam levar anos.

Uma Olimpíada é um exemplo notável de megaevento. O enorme investimento e o alto nível de coordenação entre o Comitê Olímpico Internacional (COI) e governos federais e locais apresentam grandes desafios, acompanhados por benefícios inegáveis. Porém, os Jogos Olímpicos também podem criar oportunidades para a prática de corrupção, como revelaram as investigações da Operação Lava Jato após a Olimpíada de 2016 no Brasil. As revelações originadas da operação levantam uma questão importante: como um país pode garantir *accountability*[1] na implementação de projetos de desenvolvimento urbano de larga escala e de execução rápida como parte dos preparativos para um megaevento?

Ao ser escolhido em 2009 como sede dos Jogos Olímpicos de 2016, o Rio de Janeiro enfrentava sérios problemas urbanos, como transporte público inseguro e ineficiente, sistema de esgoto limitado e altos níveis de poluição

---

[1] Nota dos organizadores: *accountability* é abordada neste livro como o conjunto de mecanismos que englobam controle, fiscalização, responsabilização e, ainda, prestação de contas.

da água ("Plano estratégico da Prefeitura do Rio de Janeiro 2009-2012, s.d.). Receber a Olimpíada de 2016 representava, ao mesmo tempo, um desafio e uma oportunidade de revitalizar o Rio.

Porém, enquanto se preparava para os Jogos Olímpicos, o Brasil também enfrentava uma crise política sem precedentes. O amplo descontentamento com o poder público levou a 490 protestos em 150 cidades diferentes em 2013 (Manso e Burgarelli, 2013). Três anos depois, a presidente Dilma Rousseff sofreu um *impeachment*, acusada de violar leis orçamentárias federais (Watts, 2017). E, em 2014, políticos e empresários influentes começaram a ser investigados por possíveis conexões com a Lava Jato, um dos maiores esquemas de corrupção da história (Watts, 2017).[2] Em 2019, entre as autoridades de destaque envolvidas nas investigações, estavam cinco ex-presidentes brasileiros, quatro ex-presidentes peruanos, o ex-presidente colombiano Juan Manuel Santos e o atual presidente venezuelano Nicolás Maduro (Felter e Labrador, 2018; Ex-presidentes presos e ligados e casos de corrupção no Brasil, 2019; Oliveira, 2019). Além disso, a Lava Jato já resultou em centenas de condenações e duras sentenças de prisão para executivos de construtoras como a Odebrecht, uma das maiores empresas de construção da América Latina, e da Petrobras, a petrolífera estatal brasileira (Felter e Labrador, 2018; Long, 2019).

Ao ler esses parágrafos, alguns leitores podem se perguntar por que decidimos nos concentrar estritamente nos Jogos Olímpicos do Rio, quando a Copa do Mundo de 2014 no Brasil também foi associada às revelações da Lava Jato (ver, por exemplo: Payne, 2014; Savarese, 2018; Bensinger, 2018). Após refletir cuidadosamente, optamos por focar a Olimpíada do Rio em parte porque as suspeitas e as investigações de corrupção relacionadas com o evento receberam menos atenção se comparadas às da Copa do Mundo de 2014. E, assim, este capítulo começa detalhando 25 dos 27 projetos de desenvolvimento urbano esboçados pelo governo brasileiro em seu Plano de Políticas Públicas de 2014,[3] que foi criado em preparação para a Olimpíada do Rio (Governos divulgam Plano de Políticas Públicas de legado dos Jogos Rio 2016, 2014;

---

[2] Para mais informações sobre a própria Lava Jato, consultar a introdução deste livro assinada por Lagunes, Odilla e Svejnar, e, também, o capítulo 2, de Fishlow.
[3] Dois dos 27 projetos esboçados no Plano de Políticas Públicas de 2014 foram excluídos desta análise por não atenderem critérios suficientes para serem projetos de "desenvolvimento urbano". Tais projetos dizem respeito à construção e à supervisão de laboratórios de *doping* para verificar o uso de substâncias ilegais pelos atletas competidores na Olimpíada no Rio.

Plano estratégico da Prefeitura do Rio de Janeiro 2009-2012, s.d.). Essas 25 iniciativas foram categorizadas em três tabelas que refletem áreas distintas do desenvolvimento urbano: transporte público, infraestrutura pública e meio ambiente e saneamento.

Essas tabelas resumem a nossa principal contribuição para pesquisas sobre a Lava Jato. Elas relatam o *status* de conclusão de cada um dos projetos de desenvolvimento até julho de 2019, aproximadamente três anos após o período em que essas iniciativas deveriam ter sido concluídas. Esse relato é especialmente importante se considerarmos que, em 2017, autoridades públicas decidiram não publicar atualizações relacionadas com os projetos de desenvolvimento ainda incompletos que são parte do Plano de Políticas Públicas (Nogueira, 2017). Devido à ausência de dados disponibilizados pelas autoridades brasileiras, a construção dessas tabelas envolveu mais de 50 horas de análise de matérias de jornal, artigos de revistas e documentos governamentais, em português e em inglês. Dados fidedignos do *status* de conclusão de cada projeto, exibidos nas três tabelas ao longo deste capítulo, englobam 26 fontes diferentes em português e em inglês.

Após detalhar os 25 projetos de desenvolvimento urbano, este capítulo discute a conexão entre Jogos Olímpicos e corrupção. Em seguida, vamos além do contexto brasileiro e examinamos elos entre megaeventos, desenvolvimento urbano acelerado e corrupção, e concluímos oferecendo algumas sugestões para coibir esse tipo de corrupção.

Olimpíada de 2016: vitórias e derrotas do planejamento urbano do Rio

Os complexos esforços conjuntos dos governos municipal, estadual e federal para revitalizar o Rio para a Olimpíada foram consolidados no Plano de Políticas Públicas, lançado em 2014. Ele abrange 27 iniciativas a um custo inicial estimado em 7,5 bilhões de dólares (24,8 bilhões de reais), a serem aceleradas para sediar a Olimpíada de 2016 (Governos divulgam Plano de Políticas Públicas de legado dos Jogos Rio 2016, 2014; Plano de Políticas Públicas, s.d.).

Como destacado na tabela 4.1, 10 dos 27 projetos no Plano de Políticas Públicas estavam relacionados com o transporte público, com um custo total estimado de 4,1 bilhões de dólares (13,5 bilhões de reais) (Governos divulgam Plano de Políticas Públicas de legado dos Jogos Rio 2016, 2014; Plano de Políticas Públicas, s.d.). Um sistema de Veículo Leve sobre Trilhos (VLT), o sistema Bus Rapid Transit (BRT) da Transolímpica, e uma nova linha de metrô — a Linha 4 do Metrô — eram os principais projetos nessa categoria. O plano também incluía melhorias na infraestrutura existente, como a reforma de ruas, túneis, e estações de metrô.

Em 2016, embora alguns dos projetos permanecessem incompletos, 63% da população do Rio tinham acesso a transporte público de qualidade, comparado a apenas 18% em 2009 (Olympic Games Rio 2016, 2017). A Secretaria de Transportes do Rio anunciou que a velocidade média de trânsito nas 20 principais vias do Rio tinha aumentado 10,6%, de 30,3 km/h em 2009 para 33,5 km/h em 2016 (Galdo e Ramalho, 2017). Porém, em julho de 2019, apenas cinco dos dez projetos de transporte propostos tinham sido totalmente concluídos devido à falta de capacidade, a problemas técnicos, e a estouros orçamentários, causados em parte por superfaturamento (Galdo e Ramalho, 2017). Embora os indícios estejam incompletos, o Tribunal de Contas do Estado do Rio de Janeiro apontou superfaturamento em alguns dos projetos de mobilidade urbana, equivalente a aproximadamente 700 milhões de dólares (2,3 bilhões de reais), elevando os custos em mais de 12% (Galdo e Ramalho, 2017).

Seis outras iniciativas no Plano de Políticas Públicas dedicavam-se à infraestrutura e revitalização urbana (tabela 4.2) (Governos divulgam Plano de Políticas Públicas de legado dos Jogos Rio 2016, 2014; Plano de Políticas Públicas, s.d.). Envolviam a pavimentação de ruas, construção de quatro novos túneis e renovação de diversos prédios e instalações para eventos esportivos. O maior desses projetos era a revitalização do Porto Maravilha, um espaço de 5 milhões de metros quadrados no centro histórico do Rio. O orçamento inicial desses projetos foi estimado em 2,7 bilhões de dólares (8,9 bilhões de reais) (Governos divulgam Plano de Políticas Públicas de legado dos Jogos Rio 2016, 2014; Plano de Políticas Públicas, s.d.). Até o término da elaboração deste texto, quatro dos seis projetos haviam sido concluídos e o *status* dos dois outros projetos permanecia desconhecido (Governos divulgam Plano de Políticas Públicas de legado dos Jogos Rio 2016, 2014; Plano de Políticas Públicas, s.d.).

Tabela 4.1
Plano de políticas públicas — principais projetos de transporte[i]

Projeto Nº	Projeto e *status* de conclusão	Responsabilidade (recursos e execução)	Orçamento inicial (USD e BRL, em milhões)[ii]
1	VLT do Porto: construção de novo Sistema de Veículo Leve sobre Trilhos (VLT) para a região do Porto. Status: CONCLUÍDO[iii]	Recursos: Governo Federal e Setor Privado Execução: Prefeitura do Rio	360 USD 1.188 BRL
2, 3 e 4	BRT (Bus Rapid Transit) Transolímpica: desapropriação de terras para infraestrutura de transportes públicos e criação da Via Expressa; criação de nova linha de conexão entre os bairros de Magalhães Bastos e Deodoro. Status: NÃO CONCLUÍDO[iv]	Recursos: Prefeitura do Rio e Setor Privado Execução: Prefeitura do Rio	691 USD 2.280 BRL
5	BRT (Bus Rapid Transit) Transoeste: criação do Trecho 0, ligando Alvorada/Shopping Città America e Jardim Oceânico. Status: CONCLUÍDO[v]	Recursos e Execução: Prefeitura do Rio	34 USD 114 BRL
6	Duplicação do Elevado do Joá: construção de complexo viário com túneis e pontes. Status: CONCLUÍDO[vi]	Recursos e Execução: Prefeitura do Rio	139 USD 458 BRL
7	Viário do Parque Olímpico: duplicação de avenidas (Salvador Allende e Abelardo Bueno); Construção do Terminal Olímpico do BRT. Status: CONCLUÍDO[vii]	Recursos e Execução: Prefeitura do Rio	2.469 USD 8.148 BRL
8 e 9	Sistema metroviário: obras e acessibilidade da Linha 4 do Metrô. Status: NÃO CONCLUÍDO[viii]	Recursos e Execução: Governo Estadual do Rio e Setor Privado	2.313 USD 7.633 BRL
10	Renovação e acessibilidade de estações ferroviárias: reformas das estações São Cristóvão, Engenho de Dentro, Deodoro, Vila Militar, Magalhães Bastos e Ricardo de Albuquerque. Status: CONCLUÍDO[ix]	Recursos e Execução: Governo Estadual do Rio e Setor Privado	79 USD 260 BRL

[i] Principais fontes: Plano de Políticas Públicas, s.d.; Governos divulgam Plano de Políticas Públicas de legado dos Jogos Rio 2016, 2014.
[ii] Baseado na taxa de câmbio de 2015 de 1 USD = 3.3. BRL, publicada pelo Banco Central do Brasil. Note-se que o orçamento final é desconhecido. Até setembro de 2019, não havia informações oficiais a esse respeito.
[iii] Gustavo Ribeiro, 2019; Geraldo Ribeiro, 2019.
[iv] Marques, 2017.
[v] Paula, 2016.
[vi] Duplicação do Elevado de Joá é concluída no Rio, 2017.
[vii] Good, 2017.
[viii] Decisão mais sensata é concluir a Estação Gávea, da Linha 4 do metrô, 2019.
[ix] Governo do Estado e SuperVia entregam a última estação olímpica do sistema ferroviário, 2016; Após reformas, estação Engenho de Dentro é entregue para Olimpíada, 2016; Estação Deodoro, na Zona Norte do Rio, é entregue para a Olimpíada, 2016.

Tabela 4.2
Plano de políticas públicas — projetos de infraestrutura geral e de renovação urbana[i]

Projeto Nº	Projeto e *status* de conclusão	Responsabilidade (recursos e execução)	Orçamento inicial (USD e BRL, em milhões)[ii]
1	Porto Maravilha Fase 2: recuperação da infraestrutura urbana da região portuária do Rio. Status: CONCLUÍDO[iii]	Recursos: Prefeitura do Rio e Setor Privado Execução: Prefeitura do Rio	2.484 USD 8.200 BRL
2	Controle de enchentes da Grande Tijuca: construção de reservatórios de retenção. Status: CONCLUÍDO[iv]	Recursos: Prefeitura do Rio e Governo Federal Recursos: Prefeitura do Rio	122 USD 404 BRL
3	Controle de enchentes da Grande Tijuca: desvio do rio Joana. Status: CONCLUÍDO[v]	Recursos: Prefeitura do Rio e Governo Federal Execução: Prefeitura do Rio	56 USD 185 BRL
4 e 5	Entorno das instalações olímpicas: requalificação urbana da área do entorno do Estádio Olímpico João Havelange; renovação do domínio urbano de Deodoro. Status: DESCONHECIDO[vi]	Recursos: Prefeitura do Rio e Governo Federal Execução: Prefeitura do Rio	50 USD 167 BRL
6	Locais oficiais de treinamento olímpico: construção e reforma dos locais de treinamento. Status: CONCLUÍDO[vii]	Recursos e Execução: Governo Federal	23 USD 76 BRL

[i] A maior parte das informações nesta tabela vem das seguintes fontes: Plano de Políticas Públicas, s.d.; Governos divulgam Plano de Políticas Públicas de legado dos Jogos Rio 2016, 2014.
[ii] Quantias baseadas na taxa de câmbio de 2015 de 1 USD: 3.3. BRL, publicada pelo Banco Central do Brasil. Note-se que o orçamento final é desconhecido. Até setembro de 2019, não havia informações oficiais a esse respeito.
[iii] Rodrigues, 2019.
[iv] Peixoto, 2017.
[v] Rodrigues, 2019.
[vi] As autoras não conseguiram encontrar informações suficientes a respeito do *status* de conclusão desses projetos.
[vii] Ministério do Esporte, 2017; Rangel, 2017.

Iniciativas ambientais e de saneamento abrangiam nove dos 27 projetos do Plano de Políticas Públicas (tabela 4.3) (Governos divulgam Plano de Políticas Públicas de legado dos Jogos Rio 2016, 2014; Plano de Políticas Públicas, s.d.). Um total de 523 milhões de dólares (1,7 bilhão de reais) foram inicialmente previstos para projetos como a contenção da poluição na baía da Guanabara, restauração da lagoa da Barra e da lagoa de Jacarepaguá, e melhoria dos sistemas de esgoto e de drenagem (Philips, 2016; Rangel, 2017). Infelizmente, no momento em que este capítulo foi redigido, apenas uma das nove iniciativas ambientais planejadas — a instalação de barreiras ecológicas para a contenção da poluição na baía da Guanabara — foi plenamente executada, e o *status* de um dos outros projetos é desconhecido. Em meados de 2017, data dos dados disponíveis mais recentes, autoridades públicas ainda aguardavam a aprovação de novos contratos para concluir os projetos remanescentes e não ofereciam novas datas de conclusão (Galdo e Ramalho, 2017). Em julho de 2019, quando este capítulo foi concluído, não foi possível encontrar atualizações definitivas quanto ao *status* da aprovação de novos contratos ou prazos finais revistos.

Tabela 4.3
Plano de políticas públicas — projetos ambientais e de saneamento[i] — parte I

Projeto Nº	Projeto e *status* de conclusão	Responsabilidade (recursos e execução)	Orçamento inicial (USD e BRL, em milhões)[ii]
1	Reabilitação ambiental da baía de Jacarepaguá: macrodrenagem da baía de Jacarepaguá, Fase 1, Lotes 1a, 1b, e 1c. Status: NÃO CONCLUÍDO[iii]	Recursos: Governo Federal e Prefeitura do Rio Execução: Prefeitura do Rio	111 USD 369 BRL
2	Saneamento da Zona Oeste: instalação de sistema de esgotamento sanitário da Área de Planejamento 5, com saneamento da bacia do rio Maringá. Status: DESCONHECIDO[iv]	Recursos: Setor Privado Execução: Prefeitura do Rio	131 USD 431 BRL
3	Programa de despoluição da baía de Guanabara: implantação do tronco coletor Cidade Nova para captação de esgoto sanitário. Status: NÃO CONCLUÍDO[v]	Recursos: Governo Estadual do Rio e Banco Interamericano de Desenvolvimento[vi] Execução: Governo Estadual do Rio	25 USD[vii] 81 BRL
4	Programa Baía Viva: instalação de ecobarreiras para reter resíduos sólidos flutuantes na baía de Guanabara. Status: CONCLUÍDO[viii]	Recursos e Execução: Governo Estadual do Rio	9 USD 31 BRL

[i] A maior parte das informações nesta tabela vem das seguintes fontes: Plano de Políticas Públicas, s.d.; Governos divulgam Plano de Políticas Públicas de legado dos Jogos Rio 2016, 2014.
[ii] Valores baseados na taxa de câmbio de 2015 de 1 USD: 3.3. BRL, publicada pelo Banco Central do Brasil. Note-se que o orçamento final é desconhecido. Até setembro de 2019, não havia informações oficiais a esse respeito.
[iii] Callegari, 2018.
[iv] As autoras encontraram informações conflitantes quanto ao *status* de conclusão deste projeto (Prefeito inaugura estação de tratamento de esgoto da Zona Oeste, 2016; Nova estação de tratamento de esgoto atenderá 430 mil pessoas na zona oeste do Rio, 2017; Galdo e Ramalho, 2017).
[v] Bortoloti, 2016; Ouchana, Cappelli e Schmidt, 2019.
[vi] Governos divulgam Plano de Políticas Públicas de legado dos Jogos Rio 2016, 2014; Plano de Políticas Públicas, s.d.; Inter-American Development Bank, s.d.; Inter-American Development Bank, 2011.
[vii] Favor observar que há uma discrepância entre os relatórios do Banco Interamericano de Desenvolvimento e os relatórios do governo brasileiro mencionados na nota vi quanto à estimativa orçamentária deste projeto. As autoras decidiram usar a estimativa do governo brasileiro por ser a estimativa mais recente.
[viii] Galdo e Ramalho, 2017.

**Tabela 4.3
Plano de políticas públicas — projetos ambientais
e de saneamento[i] — parte II**

Projeto Nº	Projeto e *status* de conclusão	Responsabilidade (recursos e execução)	Orçamento inicial (USD e BRL, em milhões)[ii]
5	Programa Baía Viva: programa de despoluição da baía de Guanabara com instalação de ecobarcos para coletar o lixo flutuante. Status: INCOMPLETO[ix]	Recursos e Execução: Governo Estadual do Rio	4 USD 12 BRL
6	Complexo Lagunar da Baixada de Jacarepaguá: recuperação ambiental com desassoreamento de lagoas, construção de ilha-parque, recuperação de manguezais. Status: INCOMPLETO[x]	Recursos e Execução: Governo Estadual do Rio	204 USD 673 BRL
7, 8 e 9	Programa de Saneamento da Barra da Tijuca (PSBJ), Recreio dos Bandeirantes e Jacarepaguá: complementação de obras de esgotamento sanitário da Barra/lagoa da Tijuca, esgotamento do Eixo Olímpico e saneamento da restinga de Itapeba. Status: INCOMPLETO[xi]	Recursos e Execução: Governo Estadual do Rio	40 USD 131 BRL

[i] A maior parte das informações nesta tabela vem das seguintes fontes: Plano de Políticas Públicas, s.d.; Governos divulgam Plano de Políticas Públicas de legado dos Jogos Rio 2016, 2014.
[ii] Valores baseados na taxa de câmbio de 2015 de 1 USD: 3.3. BRL, publicada pelo Banco Central do Brasil. Note-se que o orçamento final é desconhecido. Até setembro de 2019, não havia informações oficiais a esse respeito.
[ix] Saad e Fonesca, 2015; Galdo e Ramalho, 2017.
[x] Limpando as lagoas da Barra da Tijuca, 2018.
[xi] MP pode ir à Justiça se prefeitura do RJ não cumprir acordo sobre coleta de esgoto em áreas favelizadas, 2019; Galdo e Ramalho, 2017.

Embora a implementação do Plano de Políticas Públicas tenha resultado em melhorias extensivas na cidade do Rio, o número de projetos que permanecem incompletos e a escassez de informações relacionadas com esses projetos são motivo de preocupação (Nogueira, 2017). Em 2019, três anos depois da data de conclusão planejada inicialmente para esses 25 projetos, somente 10 deles foram plenamente concluídos. Doze iniciativas permanecem inconclusas e não conseguimos encontrar nenhuma informação disponibilizada por fontes oficiais quanto ao *status* dos três projetos restantes. Além disso, os responsáveis por supervisionar os projetos de melhoria urbana anunciaram que não publicariam atualizações do Plano de Políticas Públicas de 2014 (Nogueira, 2017). A falta de acompanhamento e de transparência indica um grave problema de *accountability*. Essa questão é o principal ponto abordado na próxima seção, que explora as conexões entre a Olimpíada do Rio e a corrupção revelada pela Operação Lava Jato.

A Lava Jato e a Olimpíada de 2016 no Rio

As primeiras investigações do escândalo de corrupção da Lava Jato vieram a público em 2014. A operação revelou um esquema de lavagem de dinheiro de 3 a 15 bilhões de dólares (9 a 49,5 bilhões de reais),[4] inicialmente envolvendo a Petrobras, petrolífera estatal brasileira, a Odebrecht, gigante da construção civil, e outras empresas do setor, além de políticos e dirigentes da estatal (Long, 2019; Prada, 2017; Watts, 2017). Mas a Lava Jato não se limitou em apurar corrupção na Petrobras. A operação revelou, entre outros crimes, compra de votos para sediar a Olimpíada e propinas relacionadas com os projetos de construção associados (Five key lessons from the Rio Olympics, 2016; Kelner, 2017; Odilla, 2018).

Carlos Nuzman, chefe do Comitê Olímpico Brasileiro, foi acusado de facilitar um esquema para pagar 2 milhões de dólares (6 milhões de reais) a Lamine Diack, à época membro do Comitê Olímpico Internacional, para que Diack votasse a favor da candidatura do Rio para a Olimpíada de 2016 (Kelner, 2017). Sergio Cabral, ex-governador do Rio de Janeiro, admitiu em depoimento à Justiça ter pagado os 2 milhões de dólares a Diack por sugestão de Nuzman (Gaier, 2019; Panja, 2019). Em julho de 2019, Diack e Nuzman continuavam a afirmar serem inocentes (Gaier, 2019; Panja, 2019).

Segundo as investigações, o dinheiro supostamente veio de Arthur César de Menezes Soares Filho, um empresário brasileiro (Mahoney e Gaspar, 2017). A empresa de Soares Filho obteve contratos de construção com o poder público, de valores elevados, associados à Olimpíada. De acordo com procuradores brasileiros responsáveis pelas investigações, esses contratos foram obtidos mediante pagamento de subornos a Cabral, governador do Rio à época (Guimarães, 2017). Nuzman, Soares Filho, Diack e Cabral — o ex-governador já está cumprindo uma pena de cerca de 200 anos por fraude e corrupção — estavam sendo investigados em 2019 por autoridades brasileiras e francesas, com apoio do COI (Panja, 2019).

Além disso, todas as cinco empresas envolvidas na construção de estádios e de projetos de infraestrutura no Plano de Políticas Públicas — especificamente,

---

[4] Reporta-se uma faixa porque a quantia total varia amplamente entre as fontes.

Odebrecht, OAS, Andrade Gutierrez, Queiroz Galvão, e Carioca Christiani-Nielsen Engenharia — também eram alvo das investigações da Lava Jato (Stauffer, 2016). Procuradores federais começaram a investigar projetos de melhorias urbanas relacionados com a Olimpíada em 2016 após executivos da Odebrecht confirmarem pagamentos de subornos de 316 milhões de dólares (1,043 bilhão de reais) a autoridades do governo para os projetos de construção dos reservatórios do Porto Maravilha e da Linha 4 do Metrô (Odebrecht kickbacks: Rio Metrô Line altered to render the work massively more costly, 2019; Stauffer, 2016).

Eduardo Paes, prefeito do Rio à época, foi acusado de receber propina de 4,5 milhões de dólares (15 milhões de reais) da Odebrecht em troca de contratos de projetos de infraestrutura associados à Olimpíada (Chade, 2017; Pires e Moraes, 2017). O esquema foi confirmado por três executivos sêniores da Odebrecht que concordaram em oferecer provas da transação (Affonso e Pires, 2017). A 3ª Vara Federal Criminal do Rio de Janeiro ficou encarregada de julgar o caso na primeira instância. Procuradores federais também afirmaram que 11,4 milhões de dólares (37,6 milhões de reais) foram pagos a autoridades públicas por empresas responsáveis por construir o sistema BRT e por empresas responsáveis por limpar a água contaminada perto da Vila Olímpica (Chade, 2017). Investigações das alegações que envolvem as cinco empresas mencionadas anteriormente estão sendo conduzidas pelo Supremo Tribunal Federal brasileiro.

Segundo delatores da Odebrecht, também foram pagas propinas a agentes conectados ao Tribunal de Contas do Rio de Janeiro, órgão responsável pela auditoria das contas do governo estadual e dos municípios fluminenses (Chade, 2017; Pires, 2017). As reformas de estádios para a Olimpíada, estimadas inicialmente em 181 milhões de dólares (597 milhões de reais), acabaram custando aos cofres públicos 318 milhões de dólares (1,1 bilhão de reais), um aumento de mais de 75% (Pires, 2017). Além disso, o relatório de um auditor do estado revelou que os 3 bilhões de dólares (9,7 bilhões de reais) gastos em melhorias do metrô do Rio foram superfaturados em 25% (McBride, 2018; Wade e Brito, 2017). Mais uma vez, até julho de 2019, não existiam dados disponíveis de forma pública e transparente sobre os custos efetivos da maior parte dos 25 projetos de infraestrutura.

Como esta seção mostrou, diversos projetos relacionados com a Olimpíada do Rio, incluindo aqueles que fazem parte do Plano de Políticas Públicas de 2014, supostamente envolveram propinas e superfaturamentos, condutas qualificadas como corrupção. Talvez ainda mais alarmante seja o fato de que até membros do órgão estadual de auditoria, o Tribunal de Contas do Rio de Janeiro, tenham supostamente participado do esquema de corrupção (Chade, 2017; Pires, 2017).

Esse padrão de corrupção é particularmente preocupante quando analisado junto à ausência de informações sobre o *status* de conclusão dos 25 projetos de desenvolvimento urbano, detalhados na seção anterior. Embora a falta de informações não necessariamente indique a presença de corrupção, a falta de transparência, em especial de dados relevantes abertos para acesso público, dificulta o controle e eventual responsabilização de atos ilícitos (Kosack e Fung, 2014).

Além disso, o fato de apenas 10 dos 25 projetos de desenvolvimento urbano estarem concluídos após a data planejada sinaliza um problema de ineficiência. Embora ineficiência não seja tecnicamente equivalente à corrupção, há indícios de uma correlação positiva entre as duas variáveis (Golden e Picci, 2005; Dal Bó e Rossi, 2007). Como a seção seguinte evidencia, ineficiência e corrupção não são exclusividade da Olimpíada do Rio, mas parte de um padrão na execução de megaeventos.

Megaeventos e corrupção: um padrão

Casos de corrupção em megaeventos não se limitam à Olimpíada do Rio. Como destacamos na introdução, a Copa do Mundo da Fifa ocorrida no Brasil em 2014 foi igualmente flagelada pela corrupção, principalmente no que diz respeito à construção de estádios, que a mídia reportou com maior frequência e abrangência se comparada à Olimpíada de 2016. Executivos sêniores da Odebrecht revelaram em seus depoimentos pagamentos ilegais e irregularidades em seis dos 12 estádios da Copa do Mundo de 2014, incluindo o Maracanã, que também recebeu partidas de futebol durante a Olimpíada de 2016 (Pires, 2017). Conluios e propinas na construção de outros estádios da Copa do Mundo eram, em 2019, alvos de investigações por parte de autoridades federais.

Para além do Brasil, esse tipo de corrupção na organização de megaeventos tem um precedente notável. Delatores afirmaram que a Olimpíada de Inverno de 2014 na Rússia envolveu uma intrincada rede de corrupção, supostamente coordenada pelo presidente russo Vladimir Putin e seus aliados, a fim de garantir o direito de sediar os jogos e de manipular contratos públicos para a Olimpíada de 2014 em Sochi (Nemtsov e Martynyuk, 2013).

Com um orçamento inicial de 12 bilhões de dólares, Sochi 2014 custou mais de 50 bilhões de dólares (Farhi, 2014), tornando-se a mais cara Olimpíada da história (Nemtsov e Martynyuk, 2013). A um custo de 19 mil dólares por espectador, os valores associados aos estádios de Sochi ultrapassaram em muito os de outros Jogos Olímpicos, chegando a mais de 2,5 vezes a média de 7.440 dólares por espectador em Olimpíadas anteriores (Farhi, 2014). Além disso, ao comparar os custos inicialmente estimados com os totais finais para cada uma das Olimpíadas anteriores desde 1988, Sochi é claramente um caso à parte: custou 4,2 vezes o orçamento previsto inicialmente, em comparação com a média de 2,3 vezes o orçamento inicial para todas as demais Olimpíadas desde 1988 (Farhi, 2014).

Os Jogos Olímpicos, em geral, têm um longo histórico de estouro orçamentário. Um estudo publicado por Flyvbjerg e Stewart (2012) mostra que toda Olimpíada realizada entre 1960 e 2012, para as quais eles conseguiram encontrar dados financeiros, extrapolou muito o orçamento inicial. Para além das Olimpíadas, um estudo dos orçamentos iniciais e finais numa grande amostra de projetos de infraestrutura de transporte em diferentes regiões geográficas e períodos históricos indica que os custos são subestimados em nove a cada 10 projetos, com os custos efetivos sendo 28% maiores do que a estimativa inicial (Flyvbjerg, Holm, e Buhl, 2002). Mais interessante, porém, é que os estouros de orçamento de megaprojetos executados para as Olimpíadas são significativamente maiores do que os de outros tipos de megaeventos (Flyvbjerg e Stewart, 2012). Esses fatos dizem respeito ao problema de ineficiência mencionado anteriormente, que tende a correlacionar-se com corrupção. No mínimo, mais estudos deveriam ser conduzidos sobre a relação entre planejamento e execução orçamentária, ineficiência e corrupção em projetos de infraestrutura de larga escala (Golden e Picci, 2005; Dal Bó e Rossi, 2007).

Lições para a *accountability* e transparência

Os três exemplos mencionados na seção anterior — a Olimpíada de Verão de 2016 no Rio, a Copa do Mundo da Fifa de 2014 no Brasil e a Olimpíada de Inverno de 2014 em Sochi — ilustram os riscos de corrupção associados a megaeventos e desenvolvimento urbano (Malfas, Theodoraki e Houlihan, 2004). Tais riscos sugerem duas questões-chave adicionais: o que faz com que megaeventos e execução rápida cultivem corrupção? E quais estruturas e mecanismos governos e cidadãos podem implementar para impedir a corrupção?

A Olimpíada do Rio de Janeiro ilustra como megaeventos podem agregar valor para as cidades-sede por meio da revitalização e do desenvolvimento de espaços públicos. Como mostrado anteriormente, as melhorias na infraestrutura de transportes no Rio feitas em um período de sete anos como preparativos para os jogos deram acesso a transporte público de qualidade a 45% da população do Rio (Olympic Games Rio 2016 — urban legacy, 2017). Apesar dos benefícios, projetos de infraestrutura necessários para megaeventos são muitas vezes complexos, exigem coordenação extensiva e têm de ser completados em prazos exíguos. Tais fatores, em conjunto com a súbita mobilização de vastas quantias de dinheiro público, criam condições propícias para a corrupção. Fisman e Golden (2017) observam que a construção de obras públicas é tanto necessária — em escala gigantesca que torna ainda mais fácil esconder a corrupção nos balanços financeiros — quanto distante dos olhos do público, duas condições que a tornam permanentemente vulnerável à corrupção" (Fisman e Golden, 2017:94).

Além disso, muitos desses megaeventos são supervisionados por estruturas de governança transitórias, o que pode diminuir os incentivos para a *accountability* e, portanto, pode também aumentar oportunidades para corrupção. Como observa Gaffney (2010:27):

> [...] os comitês de organização têm acesso a dezenas de bilhões de dólares de dinheiro público, têm sua contabilidade própria, e oferecem contratos para tudo... Depois que o megaevento acaba, o comitê é dissolvido, deixando para trás legados políticos, econômicos, e socioespaciais [...]. A enorme dívida é assumida pela prefeitura, e, com o tempo, os escândalos de corrupção são esquecidos.

Embora estruturas de governança transitórias para megaeventos possam ser eficientes no curto prazo, a redução em *accountability* pode ter graves consequências a longo prazo. Os governos deveriam se valer das estruturas de governança já existentes para garantir a *accountability*. Na medida em que estruturas de governança transitórias sejam de fato necessárias para suplementar o trabalho de estruturas de governança permanentes, precauções adicionais devem ser tomadas para assegurar a fiscalização e o controle de tais estruturas.

As oportunidades de corrupção relacionadas com megaeventos são extensas em países como o Brasil, que muitas vezes têm um histórico de leis anticorrupção pouco aplicadas ou permissivas, agências anticorrupção com recursos limitados e pouca autonomia e organizações da sociedade civil (OSCs) que carecem de força para executar o monitoramento (Taylor e Buranelli, 2007). Um estudo recente conduzido por Lagunes (2017) enfatiza a importância de organizações da sociedade civil e de agências anticorrupção para conter a corrupção relacionada com infraestrutura.[5]

Como Bulla e Newell discutem no capítulo 6 deste livro e como mostraram outros estudos, o acesso público à informação governamental é também um passo essencial para a contenção da corrupção (Lindstedt e Naurin, 2010). A Lava Jato revelou o papel que a falta de transparência governamental desempenhou para facilitar a corrupção durante a Olimpíada do Rio. Informações públicas a respeito do orçamento dos projetos, bem como atualizações de calendário, muitas vezes estavam completamente atrasadas ou totalmente ausentes. De fato, o consórcio do governo que supervisionava os projetos em andamento de melhoria urbana do Rio anunciou em 2017 que não publicaria atualizações do Plano de Políticas Públicas (Nogueira, 2017). Consequentemente, os custos finais dos projetos e os prazos de conclusão, assim como o custo total da Olimpíada do Rio, permanecem desconhecidos (Nogueira, 2017).

No futuro, a fim de garantir que megaeventos sejam alavancados apenas para fins positivos e, assim, impedir futuros escândalos de corrupção, é preciso fortalecer a *accountability*. Isso sem dúvida será um processo complexo, que exigirá colaboração entre governos e cidadãos para criar sistemas de governança que sejam mais receptivos à vontade pública. A criação desses sistemas com maior *accountability* deveria incluir mais acesso público a dados governamentais atualizados e precisos; maior empoderamento das organizações da sociedade civil, especialmente aquelas voltadas para a prevenção e o monitoramento da corrupção; e um maior comprometimento diante de uma mídia fortalecida e independente.

---

[5] Como parte desse estudo, Lagunes randomizou 200 projetos de infraestrutura no Peru em grupos de controle e de tratamento. Os projetos do grupo de tratamento receberam cartas formais de uma OSC e de uma agência anticorrupção que os advertiram de que seu projeto estava sendo monitorado. O estudo verificou que a colaboração entre a OSC e a agência anticorrupção em advertir as equipes dos projetos de infraestrutura de que estavam sendo monitoradas levou a uma diminuição de 15,05% no custo médio dos projetos de obras públicas.

Referências

AFFONSO, J.; PIRES, B. Eduardo "Nervosinho" Paes levou R$ 15 mi em propina pela Olimpíada, diz Odebrecht. *Blog de Fausto Macedo*, 11 abr. 2017. Disponível em: https://politica.estadao.com.br/blogs/fausto-macedo/exclusivo-eduardo-nervosinho-paes-levou-r-15-mi-em-propina-pela-olimpiada-diz-odebrecht/. Acesso em: 22 jul. 2018.

APÓS reformas, estação Engenho de Dentro é entregue para Olimpíada. *O Globo*, 13 jul. 2016. Disponível em: http://g1.globo.com/rio-de-janeiro/olimpiadas/rio2016/noticia/2016/07/apos-reformas-estacao-engenho-de-dentro-e-entregue-para-olimpiada.html.

BENSINGER, K. Why the most compelling drama at the World Cup might be off the field. *Time*, 14 jun. 2018. Disponível em: https://time.com/5312225/fifa-world-cup-games-corruption-united-states/.

BORTOLOTI, M. Por que a baía de Guanabara continua poluída nos Jogos Olímpicos? *Época*, 16 ago. 2016. Disponível em: https://epoca.globo.com/esporte/olimpiadas/noticia/2016/08/por-que-baia-de-guanabara-continua-poluida-nos-jogos-olimpicos.html.

CALLEGARI, C. Macrodrenagem dos rios Tindiba e Grande é a próxima etapa de programa de recuperação ambiental — jornal O Globo. *O Globo*, 13 dez. 2018. Disponível em: https://oglobo.globo.com/rio/bairros/macrodrenagem-dos-rios-tindiba-grande-a-proxima-etapa-de-programa-de-recuperacao-ambiental-23298237.

CHADE, J. Stadium deals, corruption and bribery: the questions at the heart of Brazil's Olympic and World Cup "miracle". *The Observer*, 23 abr. 2017. Disponível em: www.theguardian.com/sport/2017/apr/23/brazil-olympic-world-cup-corruption-bribery.

DAL BÓ, E.; ROSSI, M. A. Corruption and inefficiency: theory and evidence from electric utilities. *Journal of Public Economics*, v. 91, n. 5-6, p. 939-962, 2007. Disponível em: https://doi.org/10.1016/j.jpubeco.2006.11.005.

DECISÃO mais sensata é concluir a Estação Gávea, da Linha 4 do metrô. *O Globo*, 17 jun. 2019. Disponível em: https://oglobo.globo.com/opiniao/decisao-mais-sensata-concluir-estacao-gavea-da-linha-4-do-metro-23742172.

DUPLICAÇÃO do Elevado de Joá é concluída no Rio. 23 dez. 2017. Disponível em: www.brasil.gov.br/noticias/esporte/2016/05/duplicacao-do-elevado-de-joa-e-concluida-no-rio. Acesso em: 12 jul. 2019.

ESTAÇÃO Deodoro, na Zona Norte do Rio, é entregue para a Olimpíada. G1, 27 jul. 2016. Disponível em: http://g1.globo.com/rio-de-janeiro/olimpiadas/rio2016/noticia/2016/07/estacao-deodoro-na-zona-norte-do-rio-e--entregue-para-olimpiada.html#:~:text=Olimp%C3%ADada%20Rio%202016,-Esta%C3%A7%C3%A3o%20Deodoro%2C%20na&text=Foi%20inaugurada%20nesta%20quarta%2Dfeira,as%20competi%C3%A7%C3%B5es%20no%20Parque%20Radical.

EX-PRESIDENTES presos e ligados a casos de corrupção no Brasil. *Exame*, 21 mar. 2019. Disponível em: https://exame.abril.com.br/brasil/ex-presidentes-presos-e-ligados-a-casos-de-corrupcao-no-brasil/.

FARHI, P. Did the Sochi Winter Games really cost $50 billion? A closer look at that figure. *The Washington Post*, 10 fev. 2014. Disponível em: www.washingtonpost.com/lifestyle/style/did-the-winter-olympics-in-sochi--really-cost-50-billion-a-closer-look-at-that-figure/2014/02/10/a29e37b4-9260-11e3-b46a-5a3d0d2130da_story.html.

FELTER, C.; LABRADOR, R. *Brazil's corruption fallout*. 4 out. 2018. Disponível em: www.cfr.org/backgrounder/brazils-corruption-fallout. Acesso em: 10 out. 2018.

FISMAN, R.; GOLDEN, M. A. *Corruption*: what everyone needs to know. Nova York: Oxford University Press, 2017.

FIVE key lessons from the Rio Olympics. *Transparency International*: The Global Coalition Against Corruption. 22 ago. 2016. Disponível em: www.transparency.org/news/feature/five_key_lessons_from_the_rio_olympics. Acesso em: 22 jul. 2018.

FLYVBJERG, B.; HOLM, M. S.; BUHL, S. Underestimating costs in public works projects: error or lie? *Journal of the American Planning Association*, v. 68, n. 3, p. 279-295, 2002. Disponível em: https://doi.org/10.1080/01944360208976273.

FLYVBJERG, B.; STEWART, A. Olympic proportions: cost and cost overrun at the Olympics 1960-2012. *SSRN Electronic Journal*, 2012. Disponível em: https://doi.org/10.2139/ssrn.2238053.

GAFFNEY, Christopher. Mega-events and socio-spatial dynamics in Rio de Janeiro, 1919-2016. *Journal of Latin American Geography*, v. 9, n. 1, p. 7-29, 2010. Disponível em: https://doi.org/10.1353/lag.0.0068.

GAIER, R. V. (O. Former Rio de Janeiro governor tells judge he paid $2 million bribe to host 2016 Olympics. *Reuters*, 4 jul. 2019. Disponível em: www.reuters.com/article/us-brazil-corruption-olympics-idUSKCN1U0029.

GALDO, R.; RAMALHO, G. Um ano após a Olimpíada, o que ficou de legado para o Rio. *O Globo*, 4 ago. 2017. Disponível em: https://oglobo.globo.com/rio/um-ano-apos-olimpiada-que-ficou-de-legado-para-rio-21666449.

GOLDEN, M. A.; PICCI, L. Proposal for a new measure of corruption, illustrated with Italian data. *Economics and Politics*, v. 17, n. 1, p. 37-75, 2005. Disponível em: https://doi.org/10.1111/j.1468-0343.2005.00146.x.

GOOD, F. Prefeitura abra licitação para serviços de conservação no parque Radical de Deodoro. *Prefeitura da Cidade do Rio de Janeiro*. 30 jun. 2017. Disponível em: www.rio.rj.gov.br/web/guest/exibeconteudo?id=7135102. Acesso em: 12 jul. 2019.

GOVERNO do Estado e SuperVia entregam a última estação olímpica do sistema ferroviário. 28 jul. 2016. Disponível em: < www.tribunadaserra.com.br/governo-do-estado-e-supervia-entregam-a-ultima-estacao-olimpica-do-sistema-ferroviario/. Acesso em: 12 jul. 2019.

GOVERNOS divulgam Plano de Políticas Públicas de legado dos Jogos Rio 2016. 16 abr. 2014. Disponível em: esporte.gov.br/index.php/ultimas-noticias/209-ultimas-noticias/47352-governos-divulgam-plano-de-politicas-publicas-de-legados-dos-jogos-rio-2016. Acesso em: 12 jul. 2019.

GUIMARÃES, A. Lava Jato apura suspeita de compra de voto para escolha do Rio como sede da Olimpíada de 2016. *O Globo*, 9 mai. 2017. Disponível em: https://g1.globo.com/rio-de-janeiro/noticia/operacao-da-pf-e-do-mpf-visa-cumprir-mandados-da-lava-jato-no-rio.ghtml.

INTER-AMERICAN DEVELOPMENT BANK. *IDB approves $452 million for sanitation program in Brazil's baía de Guanabara*. 2011. Disponível em: www.iadb.org/en/news/idb-approves-452-million-sanitation-program-brazils-baia-de-guanabara.

INTER-AMERICAN DEVELOPMENT BANK. *BR-L1282: Environmental sanitation program for municípios in the Guanabara bay area—PSAM*. s.d. Disponível em: www.iadb.org/en/news/idb-approves-452-million-sanitation-program-brazils-baia-de-guanabara.

KELNER, M. Rio 2016 Olympic chief Carlos Nuzman arrested in corruption investigation. *The Guardian*, 5 out. 2017. Disponível em: www.theguardian.com/world/2017/oct/05/brazilian-police-arrest-olympics-chief-carlos-arthur-nuzman-bribery-investigation.

KOSACK, S.; FUNG, A. Does transparency improve governance? *Annual Review of Political Science*, v. 17, n. 1, p. 65-87, 2014. Disponível em: https://doi.org/10.1146/annurev-polisci-032210-144356.

LAGUNES, P. *Guardians of accountability: a field experiment on corruption and inefficiency in local public works* (No. C-89335-PER-1). 2017. Disponível em: www.theigc.org/wp-content/uploads/2017/11/Lagunes-2017-Working-paper.pdf.

LIMPANDO as lagoas da Barra da Tijuca. *Jornal da Barra*, 23 nov. 2018. Disponível em: www.jornaldabarra.com.br/destaques/1815-limpando-as-lagoas-da-barra-da-tijuca.

LINDSTEDT, C.; NAURIN, D. Transparency is not enough: making transparency effective in reducing corruption. *International Political Science Review*, v. 31, n. 3, p. 301-322, 2010. Disponível em: https://doi.org/10.1177/0192512110377602.

LONG, C. Brazil's Car Wash investigation faces new pressures. *Foreign Policy*, 17 jun. 2019. Disponível em: https://foreignpolicy.com/2019/06/17/brazils-car-wash-investigation-faces-new-pressures/.

MAHONEY, E. L.; GASPAR, M. Did a rich Miamian help rig the Olympic site selection? Investigators want to know. *Miami Herald*, 17 ago. 2017. Disponível em: www.miamiherald.com/news/local/article167640832.html.

MALFAS, M.; THEODORAKI, E.; HOULIHAN, B. Impacts of the Olympic Games as mega-events. *Municipal Engineer*, v. 157, n. 3, p. 209-220, 2004. Disponível em: https://doi.org/10.1680/muen.157.3.209.49461.

MANSO, B. P.; BURGARELLI, R. "Epidemia" de manifestações tem quase 1 protesto por hora e atinge 353 cidades — política. *Estadão*, 29 jun. 2013. Disponível em: https://politica.estadao.com.br/noticias/geral,epidemia-de-manifestacoes-tem-quase-1-protesto-por-hora-e-atinge-353-cidades,1048461.

MARQUES, R. BRT *Transolímpica recebe selo Prata na avaliação segundo o Padrão de Qualidade BRT*. 28 jun. 2017. Disponível em: https://itdpbrasil.org/transolimpica-avaliacao/. Acesso em: 12 jul. 2019.

MCBRIDE, J. (2018). *The economics of hosting the Olympic games*. 2018. Disponível em: www.cfr.org/backgrounder/economics-hosting-olympic-games.

MINISTÉRIO DO ESPORTE. *Relatório de gestão*. 2017. Disponível em: www.gov.br/cidadania/pt-br/acesso-a-informacao/auditorias/copy_of_RelatriodeGesto.pdf.

MP pode ir à Justiça se prefeitura do RJ não cumprir acordo sobre coleta de esgoto em áreas favelizadas. *Portal Tratamento de Água*. 18 jan. 2019. Disponível em: www.tratamentodeagua.com.br/mp-justica-rj-esgoto-areas-favelizadas/. Acesso em: 13 jul. 2019.

NEMTSOV, B.; MARTYNYUK, L. *Winter Olympics in the subtropics*: corruption and abuse in Sochi. Tradução de C. A. Fitzpatrick. 2013. Disponível em: www.putin-itogi.ru/winter-olympics-in-the-subtropics/.

NOGUEIRA, I. Olimpíada do Rio fica sem custo total oficial. *Folha de S.Paulo*, 14 jun. 2017. Disponível em: www1.folha.uol.com.br/esporte/2017/06/1892967-olimpiada-do-rio-fica-sem-custo-total-oficial.shtml.

NOVA estação de tratamento de esgoto atenderá 430 mil pessoas na zona oeste do Rio. Portal Tratamento de Água. 8 mar. 2017. Disponível em: www.tratamentodeagua.com.br/nova-ete-rj/. Acesso em: 13 jul. 2019.

ODEBRECHT Kickbacks: Rio Metrô line altered to render the work massively more costly". *The Rio Times*, 2 jul. 2019. Disponível em: https://riotimesonline.com/brazil-news/rio-de-janeiro/odebrecht-kickbacks-rio-subway-line-altered-to-render-the-work-massively-more-costly/.

ODILLA, F. Lava Jato: MPF recupera R$ 11,9 bi com acordos, mas devolver todo dinheiro às vítimas pode levar décadas. *BBC News Brasil*, 17 mar. 2018. Disponível em: www.bbc.co.uk/portuguese/brasil-43432053.

OLIVEIRA, N. Peru's ex-president Alan García dead after shooting himself in the head before arrest. *New York Daily News*, 17 abr. 2019. Disponível em: www.nydailynews.com/news/world/ny-peru-former-president-shoots-himself-20190417-invh6p2tljeyjkyz262ovpevaa-story.html.

OLYMPIC Games Rio 2016 — urban legacy. 16 mar. 2017. Disponível em: < www.olympic.org/news/olympic-games-rio-2016-urban-legacy. Acesso em: 20 jul. 2018.

OUCHANA, G.; CAPPELLI, P.; SCHMIDT, S. Witzel negocia com a União aval a empréstimo de R$ 1 bilhão para despoluição da baía de Guanabara. *O Globo*, 23 fev. 2019: https://oglobo.globo.com/rio/witzel-negocia-com-uniao-aval-emprestimo-de-1-bilhao-para-despoluicao-da-baia-de-guanabara-23475794. Acesso em: 13 jul. 2019.

PANJA, T. Former Rio governor describes extensive bribery in bid for 2016 Olympics. *The New York Times*, 5 jul. 2019. Disponível em: www.nytimes.com/2019/07/05/sports/2016-olympics-rio-bribery.html.

PAULA, P. de. BRT Transolímpico ganha novo terminal de ônibus em Sulacap. *O Globo*, 17 set. 2016. Disponível em: https://oglobo.globo.com/rio/brt-transolimpico-ganha-novo-terminal-de-onibus-em-sulacap-20129136.

PAYNE, M. Five sad and shocking facts about World Cup corruption in Brazil. *The Washington Post*, 12 mai. 2014. Disponível em: www.washingtonpost.com/news/early-lead/wp/2014/05/12/five-sad-and-shocking-facts-about-world-cup-corruption-in-brazil/.

PHILLIPS, D. The lagoon in front of Rio's Olympic Park is so filthy the fish are dying. *The Washington Post*, 21 jul. 2016. Disponível em: www.washingtonpost.com/world/the_americas/the-lagoon-in-front-of-rios-olympic-park-is-so-filthy-the-fish-are-dying/2016/07/20/fcffbe98-4cfe-11e6-bf27-405106836f96_story.html.

PEIXOTO, M. Obra atrasada de desvio do Rio Joana oferece riscos. *O Globo*, 23 mar. 2017. Disponível em: https://oglobo.globo.com/rio/bairros/obra-atrasada-de-desvio-do-rio-joana-oferece-riscos-21100012. Acesso em: 20 jul. 2018.

PIRES, B. Metade das arenas da Copa teve irregularidades, apontam delatores da Odebrecht. *O Estado de S. Paulo*, 12 abr. 2017. Disponível em: https://politica.estadao.com.br/noticias/geral,metade-das-arenas-da-copa-teve-irregularidades-apontam-delatores-da-odebrecht,70001735573. Acesso em: 22 jul. 2018.

PIRES, B.; MORAES, R. Paes segue investigado no STF sobre propina da Odebrecht por contratos da Olimpíada. *Blog de Fausto Macedo*, 19 set. 2017. Disponível em: https://politica.estadao.com.br/blogs/fausto-macedo/paes-segue-investigado-no-stf-sobre-propina-da-odebrecht-por-contratos-da-olimpiada/. Acesso em: 22 jul. 2018.

PLANO de Políticas Públicas. s.d. Disponível em: www.brasil2016.gov.br/pt-br/legado/plano-de-politicas-publicas. Acesso em: 20 jul. 2018.

PLANO estratégico da Prefeitura do Rio de Janeiro 2009-2012: pós-2016 o Rio mais integrado e competitivo. s.d. Disponível em: www.rio.rj.gov.br/dlstatic/10112/126674/DLFE-2713.pdf/planejamento_estrategico_site.pdf.

PRADA, P. Brazil's Odebrecht paid $3.3 billion in bribes over a decade: reports. *Reuters*, 15 abr. 2017. Disponível em: www.reuters.com/article/us-brazil-corruption-odebrecht-idUSKBN17H0MW.

PREFEITO inaugura estação de tratamento de esgoto da Zona Oeste. *O Globo*, 26 mai. 2016. Disponível em: https://oglobo.globo.com/rio/prefeito-inaugura-estacao-de-tratamento-de-esgoto-da-zona-oeste-19380986.

RANGEL, S. Com dívida de R$ 130 milhões, Rio-2016 pede socorro a governos. *Folha de S.Paulo*, 8 ago. 2017. Disponível em: www1.folha.uol.com.br/esporte/2017/08/1907974-com-divida-de-r-130-milhoes-rio-2016-pede-socorro-a-governos.shtml.

RIBEIRO, Geraldo. Impasse entre prefeitura e consórcio impede circulação de VLT em trecho pronto há seis meses. *O Globo*, 25 jun. 2019. Disponível em: https://extra.globo.com/noticias/rio/impasse-entre-prefeitura-consorcio-

-impede-circulacao-de-vlt-em-trecho-pronto-ha-seis-meses-23760597.html.

RIBEIRO, Gustavo. Linha 3 do VLT está pronta, mas atraso em repasses da Prefeitura trava inauguração. *O Dia*, 15 jan. 2019. Disponível em: https://odia.ig.com.br/rio-de-janeiro/2019/01/5611225-linha-3-do-vlt-esta-pronta--mas-atraso-em-repasses-da-prefeitura-trava-inauguracao.html#foto=1.

RODRIGUES, R. Obra contra enchentes no Rio Joana leva sete anos para ficar pronta. *O Globo*, 12 abr. 2019. Disponível em: https://oglobo.globo.com/rio/obra-contra-enchentes-no-rio-joana-leva-sete-anos-para-ficar-pronta-23593183.

SAAD, C.; FONESCA, P. Barcos recomeçam trabalho de limpeza da Baía de Guanabara para... *Reuters*, 1º jul. 2015. Disponível em: https://br.reuters.com/article/domesticNews/idBRKCN0PB5RC20150701.

SAVARESE, M. 4 years later, graft taints 10 Brazilian World Cup stadiums. *AP News*, 12 jun. 2018. Disponível em: https://apnews.com/fdbf477e-6d504a4d91c4614b7746a4be.

STAUFFER, C. Há mais projetos ligados a Rio 2016 sob investigação do que... *Reuters*, 19 abr. 2016. Disponível em: https://br.reuters.com/article/businessNews/idBRKCN0XG2GY.

TAYLOR, M. M.; BURANELLI, V. C. Ending up in pizza: accountability as a problem of institutional arrangement in Brazil. *Latin American Politics and Society*, v. 49, n. 1, p. 59-87, 2007. Disponível em: https://doi.org/10.1353/lap.2007.0013.

WADE, S.; BRITO, R. Rio's Olympics 1 year later: the good, the bad and the ugly. *Associated Press*, 28 jul. 2017. Disponível em: https://apnews.com/374e490327344fe1adb15c1d49f64724/Rio%27s-Olympics-1-year-later:-The--good,-the-bad-and-the-ugly.

WATTS, J. Operation Car Wash: the biggest corruption scandal ever? *The Guardian*, 1º jun. 2017. Disponível em: www.theguardian.com/world/2017/jun/01/brazil-operation-car-wash-is-this-the-biggest-corruption-scandal-in-history.

5

Mídia capturada? Um exame da cobertura brasileira da Lava Jato[1]

Daniela Campello
Anya Schiffrin
Karine Belarmino
Débora Thomé

Introdução

A cobertura da Operação Lava Jato feita pela imprensa foi isenta? Teria a grande mídia dedicado mais tempo aos crimes — ou supostos crimes — dos políticos do Partido dos Trabalhadores (PT) e minimizado as denúncias de corrupção envolvendo políticos do Movimento Democrático Brasileiro (ex--PMDB, atual MDB) e do Partido da Social Democracia Brasileira (PSDB), ambos mais conservadores que o PT? Essas perguntas vêm sendo feitas por alguns estudos acadêmicos e a primeira safra de trabalhos sugere que, sim, existiu um viés na cobertura da grande mídia, a qual dedicou mais tempo e espaço noticiando a corrupção envolvendo o PT que os escândalos com políticos de outros partidos. Tal cobertura pode ter levado o grande público a concluir que políticos do PT eram mais corruptos que os outros. Segundo alguns trabalhos, o tom das reportagens sobre o PT foi mais crítico que a cobertura de outros partidos políticos, assim como também foi favorável ao *impeachment* (Feres Júnior e Sassara, 2016; Dijk, 2017).

Cinco estudos cobrindo o período 2016-18, os quais serão detalhados mais adiante, concluíram que o PT, partido de centro-esquerda, recebeu uma cobertura que foi se tornando cada vez mais crítica quando comparada à do MDB e do PSDB.

A mídia tradicional no Brasil, cujo principal grupo são as Organizações Globo, historicamente tem se identificado com os interesses corporativos;

---

[1] As autoras agradecem a Chloe Oldham e Nadia Kanji, que ajudaram na pesquisa.

assim, de acordo com suas próprias preferências, acabou assumindo posições críticas ao PT. Alguns acreditam que, ao fazer isso, ela pode ter inadvertidamente contribuído para criar um ambiente que aumentou as chances de vitória de Jair Bolsonaro nas eleições presidenciais de 2018. Ainda que não se saiba se a cobertura, de fato, afetou tais resultados eleitorais, acreditamos ser uma questão que mereça aprofundamento e novos estudos.

Outros países que vivenciaram a ascensão de políticos de direita desde 2016 têm também desenvolvido pesquisas que discutem o papel da mídia. Por exemplo, no Reino Unido, considera-se que o noticiário da mídia conservadora afetou as decisões do eleitor a respeito do Brexit[2] (Share, 2018, Cushion e Lewis, 2017). Nos Estados Unidos, alguns trabalhos discutem se a grande mídia ajudou a pavimentar o caminho para a vitória de candidatos da direita, em parte, por amplificar e repetir suas afirmações e argumentos (Benkler, Faris e Roberts, 2018; Jamieson, 2018; Moore, Berry e Garcia-Blanco, 2018). Isso é particularmente verdade no que diz respeito às acusações de corrupção, que, nos Estados Unidos, podem ter acabado influenciando as eleições e favorecendo Donald Trump na disputa contra Hillary Clinton. Se a cobertura da Lava Jato feita pela mídia brasileira tiver igualmente potencializado as ideias e vozes conservadoras contra a esquerda, então uma nova pergunta de pesquisa possível seria se esse noticiário, de algum modo, contribuiu para a vitória de Bolsonaro. À complexidade do caso brasileiro acrescenta-se o fato de que, desde a eleição de 2018, existe uma grande preocupação com o papel do WhatsApp na disseminação de desinformação presente na campanha de Bolsonaro (Nalon, 2018).

Estudos sobre a mídia brasileira contemplando essas questões surgem num momento em que não apenas o Brasil, mas muitos outros países, vive um contexto de polarização política, com queda global da confiança nos meios de comunicação e com jornalistas enfrentando acusações de falta de isenção (Edelman, 2018; Mitchell e Barthel, 2017; Rainie e Anderson, 2017).

A queda na confiança tem preocupado jornalistas e profissionais da mídia, que afirmam que nunca foi tão grande a necessidade de publicar reportagens independentes, baseadas em fatos. Sem reportagens cuidadosas e aprofundadas, que cobrem governos e empresas a prestarem contas, a democracia fica ameaçada, uma vez que os cidadãos precisam estar informados para tomar

---

[2] Nota dos organizadores: Brexit, fusão das palavras "saída" (*exit*) e "britânica" (*Britain*) em inglês, é o nome dado à decisão histórica tomada pelos britânicos em 2016 de se separarem da União Europeia, o bloco político e econômico que congregava 28 países e ao qual aderiram em 1973.

decisões melhores. Noticiar casos de corrupção é, portanto, considerado parte essencial do papel do chamado "quarto poder". Nesse sentido, a cobertura das fraudes fiscais e da corrupção na América Latina é vista pelos jornalistas como um forte sinal de independência e da existência de um clima saudável para o jornalismo investigativo. Essa visão idealizada, porém, entra em conflito com a realidade da mídia latino-americana — altamente polarizada, muitas vezes concentrada nas mãos de grandes grupos corporativos e historicamente com uma agenda alinhada às elites e aos partidos dominantes, condição conhecida como "mídia capturada" (Latin America's new media are growing up, 2018; Márquez-Ramirez e Alejandro Guerrero, 2017).

É preciso ressaltar que a ênfase acadêmica na captura da mídia e as análises sobre o viés na cobertura da Lava Jato vão de encontro à narrativa de parte dos jornalistas brasileiros, os quais viam as reportagens do escândalo como parte de uma tendência recente de reportagens transfronteiriças sobre corrupção. Essa tendência é exemplificada pelo trabalho pioneiro do International Center for Investigative Journalism (Icij), que reuniu equipes internacionais de repórteres, de diferentes veículos de comunicação, para colaborar nos *Panama Papers* (publicado a partir de 2016), nos *Swiss Leaks* (publicado a partir de 2015) e nos *Lux Leaks* (publicado a partir de 2014). A comunidade jornalística internacional foi mobilizada especialmente para a colaboração com reportagens sobre corrupção (Alfter, 2016; Donini e Herdy, 2017; Linares, 2017a, 2017b; Iaquinto, 2018) e sobre fraude fiscal e lavagem de dinheiro. Nos últimos anos, o trabalho ainda foi expandido para reportagens sobre as grandes petrolíferas, propriedades imobiliárias e atividades internacionais suspeitas do presidente Trump (Davidson, 2017; Unger, 2017). A cobertura da Lava Jato na América Latina foi um trabalho considerado de enorme valor por muitos jornalistas da região, que não necessariamente compartilham do entendimento de que essa cobertura possa ter tido um viés de preferência política.

O jornalismo como *watchdog* da corrupção

A ideia de que bom o jornalismo ajuda no combate à corrupção está bastante arraigada na sociedade: existe a crença de que, ao oferecer informação, o jornalismo investigativo desempenha um papel fundamental na promoção da boa governança e do combate à corrupção. Ao mapear como isso funciona, alguns cientistas sociais descrevem os efeitos tanto diretos quanto indiretos do papel do jornalismo (Stapenhurst, 2000). Os efeitos indiretos incluem a ideia de que ele poderia ajudar a criar normas sociais que inibam o que consideraríamos uma cultura de corrupção. Os efeitos diretos incluem as funções de exposição e escracho, ou seja, de "dar nomes e envergonhar" (*naming and shaming*) e de inibir pelo exemplo de outros. Além disso, ao mobilizar a sociedade para que ela possa agir coletivamente contra a corrupção, a cobertura midiática também pode dificultar que a corrupção se torne estrutural (Dyck, Moss e Zingales, 2008; Mungiu-Pippidi, 2013).

No entanto, para que as sociedades possam decidir e agir com base em informações fornecidas por jornalistas, é preciso que haja "mecanismos de reparação" em funcionamento e/ou que grupos de mídia possam ser responsabilizados por suas ações. Ou seja, é necessário que se possa fiscalizar o fiscalizador. A mídia também precisa ser relativamente livre para noticiar com maior isenção a corrupção, isso porque, quando a mídia é capturada, ela não tem mais liberdade para reportar e pode se tornar um instrumento de interesses políticos e, também, corporativos.

Reportagens sobre corrupção podem afetar preferências eleitorais?

Não existem ainda trabalhos que apresentem evidências conclusivas sobre se as informações fornecidas por jornalistas afetam — ou não — os resultados eleitorais. Alguns estudos sugerem que as notícias sobre corrupção, sim, têm esse poder, embora a literatura acadêmica esteja dividida quanto a tal premissa. No Brasil, pesquisas mostram que os políticos cujos atos de corrupção são denunciados e trazidos a público têm menos chances de serem reeleitos, sugerindo que a mídia local tem um papel importante na promoção da *accountability* política (Ferraz e Finan, 2011). Esse efeito é particularmente pronunciado em áreas com maior cobertura de rádio (Ferraz e Finan, 2008). Em contraste com esses estudos, porém, um experimento de campo concluiu que divulgar informações sobre o desempenho de parlamentares em Uganda para os eleitores não teve nenhum efeito na conduta do Parlamento e pouco efeito no comportamento eleitoral dos cidadãos (Humphreys e Weinstein, 2012). Além disso, usando os mesmos dados que Ferraz e Finan (2008), Brollo e coautores mostram que os eleitores parecem mais complacentes com políticos corruptos que ocupam cargos públicos durante períodos de gastos governamentais mais altos (Brollo et al., 2013). Em outras palavras, em tempos de expansão e crescimento, os eleitores dão menos importância à corrupção do que em tempos de vacas magras.

Se, por um lado, ainda não há evidências suficientes de que fornecer informações sobre corrupção tem impacto nos resultados eleitorais, já está claro que a mídia só pode atuar como um fiscalizador da corrupção se ela puder fazer livremente seu trabalho de denúncia. Diversos índices medem a importância de uma imprensa livre na denúncia e na prevenção da corrupção. O economista Rudiger Ahrend (2002) encontrou fortes indícios de que mais liberdade de imprensa leva a menos corrupção; logo, aumentar a liberdade de imprensa é um importante mecanismo indireto de ação (Mungiu-Pippidi, 2017). Brunetti e Weder (2003), trabalhando no mesmo eixo, identificaram também que países com maior liberdade de imprensa apresentavam menores níveis de corrupção.

É preciso fazer a ressalva de que, em alguns casos, por motivos diversos, existem jornalistas e meios de comunicação que não agem de boa-fé. Nesses contextos, torna-se impossível oferecer à sociedade a informação de que ela precisa, ou seja, deixam de cumprir o papel que é deles esperado (Sjøvaag, 2018). Além disso, muitas vezes, meios de comunicação pertencem a grupos com prioridades políticas e/ou comerciais claras, o que faz com que, em determinados contextos, não desejem levar adiante reportagens investigativas que envolvam denúncias ou ataques a pessoas ou grupos que considerem que podem, de alguma forma, prejudicá-los. A pressão sutil sofrida pelos jornalistas é conhecida na literatura de estudos do jornalismo como "censura *soft*"[3] (Herman e Chomsky, 1988; Bagdikian, 2004). Ela seria um análogo do termo "captura de mídia" ou "mídia capturada" (McChesney, 2003; Dyck, Moss e Zingales, 2008; Schiffrin, 2017), sobre o qual já tratamos.

Captura da mídia e o caso do Brasil

A América Latina em geral e o Brasil, em particular, são conhecidos há tempos por altos níveis de concentração da mídia (Márquez-Ramírez e Alejandro Guerrero, 2017; Waisbord, 2000), o que levou tanto à captura de mídia quanto à censura *soft* (Lansner, 2014). Mesmo após o fim do regime militar no Brasil, a mídia permaneceu concentrada: não apenas nas mãos do governo (como no caso da empresa estatal de radiodifusão), mas sobretudo nas mãos

---

[3] Censura seria o controle patente realizado pelos governos ou pelas plataformas de mídias sociais. A censura *soft* é quando os próprios jornalistas decidem eles mesmos abrandar a cobertura, muitas vezes não cobrindo algo, ou cobrindo de maneira atenuada.

de proprietários com interesses corporativos e políticos bastante claros. De acordo com um estudo publicado em dezembro de 2018 sobre a propriedade de empresas de comunicação no Brasil, além de ocorrer uma grande concentração, as empresas de mídia, em muitos casos, são de propriedade de políticos, o que agrava a probabilidade de não isenção e as consequências do uso politizado da mídia (Pasti, 2018). Além dessas limitações claras ou sutis ao trabalho jornalístico, ainda é importante acrescentar o fato de que a Lei de Acesso à Informação é pouco usada e, muitas vezes, é mal aplicada (Michener, Contreras e Niskier, 2018).

Além da propriedade direta e dos limites à informação, a mídia pode sofrer um controle *soft* por meio de cortes ou incentivos da propaganda do governo[4] (Tella e Franceschelli, 2011). Campello, Belarmino e Thome (2018) observam que, em 2016, o governo federal brasileiro gastou 1,5 bilhão de reais em propaganda, principalmente em televisão. Entre 2009 e 2015, essa quantia superou 2 bilhões de reais a cada ano (Netzel e Barbiéri, 2017).

A questão da concentração da mídia foi um importante foco de atenção durante a campanha presidencial de 2018, quando o PT propôs uma série de medidas visando aumentar o pluralismo da mídia brasileira. Essas medidas incluíam: (1) regulação das mídias sociais; (2) restrições aos monopólios diretos e indiretos; (3) limites à propriedade cruzada e à integração vertical e também à operação de concessões públicas por políticos; e (4) iniciativas para democratizar o acesso à mídia, como a universalização de banda larga barata e acessível e o fortalecimento de rádios e TVs comunitárias (Partido dos Trabalhadores, 2018:15-16). Muitas dessas iniciativas também fazem parte de outros programas de partidos de esquerda do Brasil, como o do Partido Socialismo e Liberdade (PSOL). Alguns candidatos, porém, ao mesmo tempo que publicamente apoiaram algumas dessas iniciativas, não as incluíram em seus programas (Vilela, 2018).

---

[4] A Argentina costuma ser citada como exemplo. Em "Government advertising and media coverage of corruption scandals", os autores Tella e Franceschi (2011) estudaram quanto dos quatro principais jornais da Argentina noticiaram a corrupção do governo em suas primeiras páginas durante o período 1998-2007 e verificaram que a extensão da cobertura tinha uma correlação forte e negativa com receitas advindas da propaganda governamental.

Estudos da cobertura da Lava Jato pela mídia brasileira

Segundo alguns estudos, o fato de as empresas de mídia brasileiras pertencerem, em sua maioria, a grupos com preferências políticas conservadoras e pró-mercado contribuiu para uma cobertura enviesada contra o PT (Albuquerque, 2016:20; Journalists' safety and media ownership — two challenges for Rousseff, 2016; Rebouças e Dias, 2016). Contudo, tais trabalhos apenas mapeiam seus achados sem oferecer evidências que comprovem, de forma mais contundente, a existência de um viés contra o PT na cobertura da mídia.

Seguindo o modelo de pesquisas quantitativas feitas no campo da comunicação, os estudos que aqui citamos consideraram o enquadramento narrativo, o número e os tipos de fontes usadas, bem como a quantidade de espaço e de tempo dedicada à cobertura de diferentes tópicos, acontecimentos e pessoas (Iyengar, 1990; Bikhchandani, Hirschleifer e Welch, 1998; Wien e Elmelund-Præstekær, 2009; Kristensen e Mortensen, 2013; Nord, 2013). Esses estudos se concentram nos grandes jornais ou programas de televisão por sua capacidade de servirem como um norte — ao menos, até aquele momento — para o resto da mídia, assim como para o que se estabelecia como um discurso de âmbito nacional.

Como ainda acontece em muitos países, apesar do advento das novas mídias e das redes sociais, a televisão permanece dominante no Brasil. O *Jornal Nacional* (JN), um dos mais importantes programas da TV Globo, é o principal noticiário televisivo do país desde sua estreia, em 1969. Mais de 28 milhões de pessoas no país inteiro assistem ao *Jornal Nacional* nas noites de segunda a sábado.[5] Em comparação, o principal jornal impresso do Brasil, a *Folha de S.Paulo*, registrava, até meados de 2018, em sua edição impressa diária, cerca de 280 mil leitores, os quais estão majoritariamente no estado de São Paulo (Tiragem impressa dos maiores jornais perde 520 mil exemplares em 3 anos, 2018).

Buscando trazer ao debate pesquisas quantitativas que permitam análises mais consistentes do viés da mídia, três das autoras deste capítulo (Campello, Belarmino e Thome, 2018) fizeram um estudo da cobertura no *Jornal Nacional* das negociações do acordo de delação da Odebrecht, uma das fases do escândalo da Lava Jato (Vigna, 2017). Para efeitos de pesquisa, as autoras consideraram que, caso a cobertura fosse neutra, políticos acusados de

---

[5] Metade da audiência pertence à classe média e 34%, às classes altas. A maioria são homens (60%) e cerca de metade tem mais de 50 anos.

corrupção, ocupando um mesmo cargo — por exemplo, deputado, senador, governador —, deveriam ter a mesma atenção nas reportagens (tempo e número de menções), independentemente do partido a que pertenciam. No entanto, estabelecendo controles na pesquisa pela posição do político, o que se verificou foi que o partido, sim, fez diferença na cobertura. Com exceção dos senadores, que aparentemente tiveram uma cobertura equânime em termos de tempo igual por partido, em todos os demais casos — presidente, ministros, governadores e deputados federais —, o PT recebeu uma cobertura maior, estatisticamente significante. Um ministro do PT, por exemplo, recebeu cobertura três vezes mais longa que um ministro do MDB, ocorrendo o mesmo para os deputados federais.[6] Excluindo Sérgio Cabral, ex-governador do Rio de Janeiro (2007-14), que já estava na cadeia no momento do acordo de delação da Odebrecht, os governadores do PT receberam uma cobertura duas vezes mais longa que os do MDB ou do PSDB.

Além de aumentar o tempo da cobertura envolvendo o PT, o *Jornal Nacional* também diminuiu a cobertura dos casos de corrupção envolvendo o PSDB. Considerando todos os partidos cujos políticos foram listados pela Odebrecht no acordo de delação, a média de citações desses nomes nas reportagens do *Jornal Nacional*, por partido, foi de 46%. No caso do PSDB, apenas 30% dos políticos listados apareceram em reportagens do mesmo telejornal.

Outro estudo, este sobre a fase inicial da investigação da Lava Jato, também identificou a existência de uma cobertura enviesada. Tanto em artigo como em seu livro sobre "*information cascades*" (ou seja, como a informação se espalha rapidamente) e a mídia brasileira, Mads Damgaard, da Universidade de Copenhagen, ressalta que os vieses da mídia podem ter criado uma excessiva disseminação da informação a respeito da corrupção e aumentado seus impactos para a democracia brasileira (Damgaard, 2018a, 2018b). Sua amostra incluiu 8.800 peças do noticiário e mais de 1.300 notícias de primeira página dos jornais *Folha de S.Paulo*, *O Estado de S. Paulo* e *O Globo*, em dois diferentes períodos de amostragem. Segundo o autor, a lógica de rebanho começou a operar na medida em que os veículos da mídia repetiam e reciclavam as mesmas histórias e "novas informações eram imediatamente descartadas" (Damgaard, 2018b).

---

[6] A exceção foi o então presidente da Câmara, Eduardo Cunha (MDB), que recebeu mais atenção da mídia que qualquer outro deputado. Presumimos que isso aconteceu devido à importância de sua posição.

Ainda de acordo com o estudo, as reportagens se concentravam na possibilidade de *impeachment* e não nos delitos de políticos que não eram do PT. No começo do período analisado, a mídia chegou a cobrir vários políticos de diferentes partidos e grupos; no entanto, ao longo do tempo, a cobertura acabou se concentrando no PT. Dessa forma, a ênfase no PT reproduziu e amplificou a narrativa do lado que defendia o *impeachment* da presidente Dilma Rousseff (Damgaard, 2018a). O autor também destacou que tal abordagem afetou a bolsa de valores brasileira, que acabou tendo uma leitura positiva do contexto e registrando alta em seu índice com a possibilidade de *impeachment*. Também deu origem ao efeito de cascata de informação, ao amplificar a mensagem de "crise e de instabilidade" (Damgaard, 2018a).

Em seu estudo dos protestos contra e a favor do *impeachment* de Dilma Rousseff no Brasil, Helena Samaras, da Universidade de Estocolmo, identificou que a mídia cobria mais intensamente os protestos que se reuniam pela pauta anticorrupção (protestos esses que defendiam a saída do PT) do que aqueles em defesa do governo (Samaras, 2017). A pesquisadora utilizou dados coletados por meio de uma análise quantitativa de conteúdo e de uma análise crítica de discurso de artigos relevantes publicados em nove datas específicas, nos anos de 2015 e 2016, da *Folha de S.Paulo* e de *O Estado de S. Paulo*. Samaras encontrou formas sutis que caracterizavam a cobertura anti-*impeachment* nos dois jornais. Os manifestantes anti-*impeachment* geralmente eram retratados como "sindicalistas" (ou seja, trazendo a ideia de que eram representantes de interesses corporativos), ao passo que eleitores pró-*impeachment* eram descritos como "pessoas comuns". Quando menos pessoas do que o esperado se reuniam num protesto pró-*impeachment*, o artigo incluía as razões para o menor comparecimento. Para a mesma ocorrência num protesto anti-*impeachment*, nenhuma justificativa era apresentada. Diante dessas evidências, Samaras concluiu que os jornais que ela estudou tinham um viés pró-*impeachment*.

Um quarto estudo, de Teun A. van Dijk (2017), da Universidade de Pompeu Fabra, em Barcelona, examinou tanto as manchetes quanto os editoriais do jornal *O Globo* em março e em abril de 2016. Dijk conclui que ambos usaram algumas técnicas seletivas e de manipulação, que presumiam que tanto o ex-presidente Lula quanto a presidenta Dilma Rousseff eram culpados de corrupção; além disso, enfatizavam o *impeachment* como solução.

Um quinto artigo, de Cintia Rodrigues de Oliveira Medeiros e Rafael Alcadipani da Silveira (2018), da Universidade Federal de Uberlândia, analisou a cobertura das edições on-line da *Folha de S.Paulo* e da revista *Veja* por um ano, entre 18 de março de 2014 e 18 de março de 2015. Segundo os autores, a cobertura contribuiu para a caracterização da Lava Jato como problema político e grande escândalo de corrupção. Sob certos aspectos, o artigo de Medeiros e Silveira se encaixa no argumento de Damgaard a respeito do enquadramento e da narrativa do escândalo da Lava Jato.

Assim como as análises de conteúdo descritas anteriormente, existem vários outros artigos acadêmicos e de opinião chamando a atenção para o fato de a mídia tradicional usar dois pesos e duas medidas ao noticiar a corrupção.[7] Muitos desses artigos argumentam que a grande mídia não atuou com a imparcialidade que se espera de uma instituição de *accountability*. Ao invés disso, esses veículos ajudaram a legitimar ataques contra a ordem democrática ao fazer uma campanha — seja sútil ou mais clara — a favor do *impeachment* de Dilma Rousseff. Analistas da esquerda acusaram a grande mídia de ter um viés claro contra o PT. Em "Brazilian media takes on political project", a analista política brasileira Aline Piva (2015) criticou a mídia por não cobrir o fato de que a corrupção começara em 1997, na administração do PSDB, e afirmou que:

> Há uma crise política contínua no Brasil e a mídia vem desempenhando um papel central tanto na consolidação quanto no aprofundamento dessa crise. Exacerbando tensões políticas, a imprensa tradicional busca consolidar na opinião pública uma narrativa em que o país está passando por uma profunda crise institucional e econômica que justificaria, no fim das contas, o fim prematuro do mandato de Dilma Rousseff, a impossibilidade de uma sucessão petista e a aniquilação do atual projeto social.

No Brasil, como em muitos países, a mídia social agravou a polarização do sistema político. Após a eleição de Jair Bolsonaro, uma série de artigos foi publicada a respeito da desinformação que circulou no WhatsApp antes da eleição, alguns citando um estudo feito por duas universidades e um site local de *fact-checking* (Tardáguila, Benevenuto e Ortellado, 2018). Os autores pediam que o WhatsApp limitasse o tamanho de novos grupos, repasses e

---

[7] Ver por exemplo Alfonso de Albuquerque (2016), que afirma que a mídia brasileira é capturada por elites dominantes que "justificam suas reivindicações de autoridade com base numa lógica mais próxima de um modelo de colonialismo interno [...] do que de um modelo democrático". Ele também afirma que a grande mídia ajudou a legitimar os ataques à ordem democrática ao fazer campanha pelo *impeachment*.

envios em massa. Igualmente, o site *Vice* denunciou uma rede social americana de extrema-direita que circulava desinformação que apoiava Bolsonaro às vésperas das eleições brasileiras (Gilbert, 2018). A mídia local noticiou que a desinformação que circulava no WhatsApp a favor de Bolsonaro tinha sido paga por um grupo de empreendedores brasileiros que queria desacreditar o candidato Fernando Haddad, do PT e rival de Bolsonaro (Phillips, 2018). Cientes do problema da desinformação on-line, jornalistas brasileiros formaram a Comprova, coalizão de *fact-checking*, antes da eleição. Embora o relatório recém-publicado da Comprova (2019) afirme que, a curto prazo, a iniciativa foi capaz de alterar as crenças dos respondentes em nível individual, o *fact-checking* por si só não aborda a vasta quantidade de desinformação on-line direcionada para os eleitores (Rinehart, 2018). Estudos a respeito da extensão e do dano da campanha on-line de desinformação promovida pelo grupo de apoio a Bolsonaro seguem em curso. Novas pesquisas podem ajudar a medir os efeitos desses eventos na eleição presidencial de 2018.

Conclusão

Os muitos estudos citados neste artigo encontraram indícios de que, em geral, a grande mídia realizou uma cobertura enviesada contra o PT nas reportagens que tratavam tanto da Lava Jato quanto do *impeachment* de Dilma Rousseff. Os efeitos desse posicionamento da mídia são difíceis de mensurar, mas é sabido que uma cobertura enviesada tende a impactar o mundo real. A ascensão de vários políticos *outsiders* de direita, que se apresentaram com discursos demagógicos de antipolítica e anticorrupção, sugere que é fundamental que se desenvolvam mais pesquisas que tratem do papel da mídia tradicional e das novas mídias, bem como de seus efeitos nas eleições. Com a eleição de Jair Bolsonaro em outubro de 2018, considerando a maneira como sua campanha fez uso das mídias sociais para circular desinformação, questões do viés e dos impactos da mídia se tornaram mais importantes do que nunca.

Cientistas sociais precisam continuar o trabalho de entender como a forma com que a mídia noticia a corrupção afeta as preferências e decisões dos eleitores. A literatura ainda não é conclusiva nesse ponto, mas, à medida que acusações de corrupção apareçam e ganhem destaque (por exemplo, as acusações de Trump de que "o sistema é viciado"), é importante entender seu impacto nos mais diferentes países. Será que a cobertura da corrupção tem efeitos persuasivos que afetam o comparecimento às urnas (principalmente nos países onde o voto não é obrigatório) e as preferências dos eleitores? Com um olhar de análise de conjuntura, vários artigos no jornal *Financial Times* argumentavam que o ódio à corrupção preparou o caminho para a vitória da extrema direita no Brasil (Jair Bolsonaro rides wave of popular rage in Brazil, 2018; Leahy e Schipani, 2018; Pearson e Leahy, 2016).

Novas pesquisas podem, por exemplo, analisar se a maneira como a grande mídia trata as políticas econômicas do governo Bolsonaro, teoricamente oriundas da Escola de Chicago e favoráveis ao mercado, ajudou a melhorar os índices da bolsa de valores, como aconteceu em outubro de 2018 (Imbert, 2018; Pan, 2018; Romero, 2018), quando o presidente foi eleito. A mídia especializada na cobertura econômica, muitas vezes, é acusada de ser pró-mercado e excessivamente "capturada", algo já bastante estabelecido no campo dos estudos de comunicação (Schiffrin, 2011; Starkman, 2015). No âmbito da cobertura da Lava Jato e dos escândalos de corrupção, é importante entender se essa forma de narrar os fatos contribuiu para uma cascata de informações que teria conduzido à queda do PT e à ascensão da extrema-direita na maior economia da América Latina (Çelen e Kariv, 2004; Damgaard, 2018a). Igualmente importante é conhecer o papel das mídias sociais e desenvolver e implementar políticas que tratem dos problemas originados na desinformação on-line. Ainda que este artigo não seja categórico na afirmação de que a cobertura da Lava Jato afetou as eleições brasileiras, ele sugere que esse é um tema fundamental de pesquisa, assim como novas investigações a respeito do papel das novas mídias e redes sociais.

Referências

AHREND, R. Press freedom, human capital and corruption. *SSRN Electronic Journal*, 2002. Disponível em: https://doi.org/10.2139/ssrn.620102.

ALBUQUERQUE, A. de. Brics | voters against public opinion: the press and democracy in Brazil and South Africa. *International Journal of Communication*, v. 10, 2016. Disponível em: https://ijoc.org/index.php/ijoc/article/view/3807/1693.

ALFTER, B. Cross-border collaborative journalism: why journalists and scholars should talk about an emerging method. *Journal of Applied Journalism & Media Studies*, v. 5, n. 2, p. 297-311, 2016. Disponível em: https://doi.org/10.1386/ajms.5.2.297_1.

BAGDIKIAN, B. H. *The new media monopoly*. Boston: Beacon Press, 2004.

BENKLER, Y.; FARIS, R.; ROBERTS, H. *Network propaganda*: manipulation, disinformation, and radicalization in American politics. Nova York, NY: Oxford University Press, 2018.

BIKHCHANDANI, S.; HIRSCHLEIFER, D.; WELCH, I. Learning from the behavior of others: conformity, fads, and informational cascades. *The Journal of Economic Perspectives*, v. 12, n. 3, p. 151-170, 1998.

BROLLO, F. et al. The political resource curse. *American Economic Review*, v. 103, n. 5, p. 1.759-1.796, 2013. Disponível em: https://doi.org/10.1257/aer.103.5.1759.

BRUNETTI, A.; WEDER, B. A free press is bad news for corruption. *Journal of Public Economics*, v. 87, n. 7-8, p. 1.801-1.824, 2003. Disponível em: https://doi.org/10.1016/S0047-2727(01)00186-4.

CAMPELLO, D.; BELARMINO, K.; THOME, D. Reporting corruption in Brazil: the Odebrecht plea bargain in Jornal Nacional. *SSRN Electronic Journal*, 2018. Disponível em: https://doi.org/10.2139/ssrn.3274967.

ÇELEN, B.; KARIV, S. Observational learning under imperfect information. *Games and Economic Behavior*, v. 47, n. 1, p. 72-86, 2004. Disponível em: https://doi.org/10.1016/S0899-8256(03)00179-9.

COMPROVA. An evaluation of the impact of a collaborative journalism project on Brazilian journalists and audience. 2019.

CUSHION, S.; LEWIS, J. Impartiality, statistical tit-for-tats and the construction of balance: UK Television news reporting of the 2016 EU referendum campaign. *European Journal of Communication*, v. 32, n. 3, p. 208-223, 2017. Disponível em: https://doi.org/10.1177/0267323117695736.

DAMGAARD, M. Cascading corruption news: explaining the bias of media attention to Brazil's political scandals. *Opinião Pública*, v. 24, n. 1, p. 114-143, 2018a. Disponível em: https://doi.org/10.1590/1807-01912018241114.

_____. *Media leaks and corruption in Brazil*: the infostorm of impeachment and the Lava-Jato scandal. 2018b. Disponível em: https://doi.org/10.4324/9781351049306.

DAVIDSON, A. *Donald Trump's worst deal*. 6 mar. 2017. Disponível em: www.newyorker.com/magazine/2017/03/13/donald-trumps-worst-deal.

DIJK, T. A. van. How Globo media manipulated the impeachment of Brazilian president Dilma Rousseff. *Discourse & Communication*, v. 11, n. 2, p. 199-229, 2017. Disponível em: https://doi.org/10.1177/1750481317691838.

DONINI, M.; HERDY, T. *Collaboration is the way forward for Brazilian journalism*. 19 dez. 2017. Disponível em: www.niemanlab.org/2017/12/

collaboration-is-the-way-forward-for-brazilian-journalism/. Acesso em: 4 jul. 2019.

DYCK, A.; MOSS, D.; ZINGALES, L. *Media versus special interests* (No. w14360; p. w14360). 2008. Disponível em: https://doi.org/10.3386/w14360.

EDELMAN. *2018 Edelman trust barometer: global report*. s.d. Disponível em: www.edelman.com/sites/g/files/aatuss191/files/2018-10/2018_Edelman_Trust_Barometer_Global_Report_FEB.pdf.

FERES JÚNIOR, J.; SASSARA, L. de O. Dilma Rousseff's third round. *Saúde em Debate*, v. 40, n. esp., p. 176-185, 2016. Disponível em: https://doi.org/10.1590/0103-11042016s15.

FERRAZ, C.; FINAN, F. Exposing corrupt politicians: the effects of Brazil's publicly released audits on electoral outcomes. *Quarterly Journal of Economics*, v. 123, n. 2, p. 703-745, 2008. Disponível em: https://doi.org/10.1162/qjec.2008.123.2.703.

_____; _____. Electoral accountability and corruption: evidence from the audits of local governments. *American Economic Review*, v. 101, n. 4, p. 1274-1311, 2011. Disponível em: https://doi.org/10.1257/aer.101.4.1274.

GILBERT, D. *Brazil's populist candidate for president is getting a boost from an alt-right social network*. 7 out. 2018 Disponível em: https://news.vice.com/en_us/article/qva3dd/brazils-populist-candidate-for-president-is-getting-a-boost-from-alt-right-social-network. Acesso em: 5 jul. 2019.

HERMAN, E. S.; CHOMSKY, N. *Manufacturing consent*: the political economy of the mass media. Nova York: Pantheon Books, 1988.

HUMPHREYS, M.; WEINSTEIN, J. M. (2012). *Policing politicians*: citizen empowerment and political accountability in Uganda — preliminary analysis (No. S-5021-UGA-1). 2012. Disponível em: www.theigc.org/publication/policing-politicians-citizen-empowerment-and-political-accountability-in-uganda-preliminary-analysis-working-paper/.

IAQUINTO, K. *Transnational journalism networks investigate Brazil's largest corruption scandal*. 10 jul. 2018 Disponível em: https://ijnet.org/en/story/transnational-journalism-networks-investigate-brazil%E2%80%99s-largest-corruption-scandal. Acesso em: 4 jul. 2019.

IMBERT, F. *Brazilian shares surge as far-right presidential candidate erases deficit in second-round poll*. 2 out. 2018. Disponível em: www.cnbc.com/2018/10/02/brazilian-shares-surge-as-far-right-presidential-candidate-erases-deficit-in-second-round-poll.html. Acesso em: 5 jul. 2019.

IYENGAR, S. Framing responsibility for political issues: the case of poverty. *Political Behavior*, v. 12, n. 1, p. 19-40, 1990.

JAIR Bolsonaro rides wave of popular rage in Brazil. *Financial Times*, 8 out. 2018. Disponível em: www.ft.com/content/2bbbaa04-cae7-11e8-9fe5-24ad351828ab.

JAMIESON, K. H. *Cyberwar*: how Russian hackers and trolls helped elect a president: what we don't, can't, and do know. Nova York, NY: Oxford University Press, 2018.

JOURNALISTS' safety and media ownership — two challenges for Rousseff. 20 jan. 2016. Disponível em: https://rsf.org/en/news/journalists-safety-and-media-ownership-two-challenges-rousseff. Acesso em: 5 jul. 2019.

KRISTENSEN, N. N.; MORTENSEN, M. Amateur sources breaking the news, metasources authorizing the news of Gaddafi's death: new patterns of journalistic information gathering and dissemination in the digital age. *Digital Journalism*, v. 1, n. 3, p. 352-367, 2013. Disponível em: https://doi.org/10.1080/21670811.2013.790610.

LANSNER, T. R. *Soft censorship, hard impact*: a global review. 2014. Disponível em: www.wan-ifra.org/sites/default/files/field_article_file/Soft%20Censorship%20Global%20Review%202014.pdf.

LATIN America's new media are growing up. *The Economist*, 14 jul. 2018. Disponível em: www.economist.com/the-americas/2018/07/14/latin-americas-new-media-are-growing-up.

LEAHY, J.; SCHIPANI, A. Brazilians in search of security look to Jair Bolsonaro. *Financial Times*, 5 out. 2018. Disponível em: www.ft.com/content/d436a926-c827-11e8-ba8f-ee390057b8c9.

LINARES, C. L. *Alliances help journalists tackle the Lava Jato Case from a global perspective*. 12 jul. 2017b. Disponível em: https://knightcenter.utexas.edu/blog/00-18607-alliances-help-journalists-tackle-lava-jato-case-global-perspective. Acesso em: 4 jul. 2019.

_____. Journalists from 11 countries join efforts for website covering the Lava Jato corruption scandal. 14 jun. 2017a. Disponível em: https://knightcenter.utexas.edu/blog/00-18482-journalists-11-countries-join-efforts-website-covering-lava-jato-corruption-scandal. Acesso em: 4 jul. 2019.

MÁRQUEZ-RAMÍREZ, M.; ALEJANDRO GUERRERO, M. Clientelism and media capture in Latin America. In: SCHIFFRIN, A. (Ed.). *In the service of power*: media capture and the threat to democracy. 2017. Disponível em: www.cima.ned.org/wp-content/uploads/2017/08/CIMA_MediaCaptureBook_F1.pdf.

MCCHESNEY, R. W. The problem of journalism: a political economic contribution to an explanation of the crisis in contemporary US journalism. *Journalism Studies*, v. 4, n. 3, p. 299-329, 2003. Disponível em: https://doi.org/10.1080/14616700306492.

MEDEIROS, C. R. de O.; SILVEIRA, R. A. da. A Petrobras nas teias da corrupção: mecanismos discursivos da mídia brasileira na cobertura da Operação Lava Jato. *Revista de Contabilidade e Organizações*, v. 11, n. 31, 2018. Disponível em: https://doi.org/10.11606/rco.v11i31.134817.

MICHENER, G.; CONTRERAS, E.; NISKIER, I. From opacity to transparency? Evaluating access to information in Brazil five years later. *Revista de Administração Pública*, v. 52, n. 4, p. 610-629, 2018. Disponível em: https://doi.org/10.1590/0034-761220170289.

MITCHELL, A.; BARTHEL, M. *Americans' attitudes about the news media deeply divided along partisan lines*. 2017. Disponível em: www.journalism.org/2017/05/10/americans-attitudes-about-the-news-media-deeply-divided-along-partisan-lines/.

MOORE, K.; BERRY, M.; GARCIA-BLANCO, I. Saving refugees or policing the seas? How the national press of five EU member states framed news coverage of the migration crisis. *Justice, Power, and Resistance*, v. 2, n. 1, p. 66-95, 2018.

MUNGIU-PIPPIDI, A. Controlling corruption through collective action. *Journal of Democracy*, v. 24, n. 1, p. 101-115, 2013. Disponível em: https://doi.org/10.1353/jod.2013.0020.

_____. *Seven steps to evidence-based anti-corruption*: a roadmap. 2017. Disponível em: https://eba.se/wp-content/uploads/2017/11/2017_10_final-webb.pdf.

NALON, T. (Did WhatsApp help Bolsonaro win the Brazilian presidency? *The Washington Post*, 1º nov. 2018. Disponível em: www.washingtonpost.com/news/theworldpost/wp/2018/11/01/whatsapp-2/.

NETZEL, M.; BARBIÉRI, L. F. União gasta R$ 1,5 bi com propaganda em 2016; estatais puxam queda de 27%. *Poder 360*, 4 jul. 2017. Disponível em: www.poder360.com.br/midia/uniao-gasta-r-15-bi-com-propaganda-em-2016-estatais-puxam-queda-de-27/.

NORD, L. W. Newspaper competition and content diversity: a comparison of regional media markets in Sweden. *Papeles de Europa*, v. 26, n. 1, p. 1-13, 2013. Disponível em: https://doi.org/10.5209/rev_PADE.2013.n26.42800.

PAN, K. Brazilian stocks hit new high after Bolsonaro cruises to victory. *Financial Times*, 29 out. 2018.

PARTIDO DOS TRABALHADORES (2018). *Plano de Governo 2019-2022*. 2018. p. 15-16). Disponível em: https://pt.org.br/wp-content/uploads/2018/08/plano-de-governo_haddad-13_capas-1.pdf.

PASTI, A. *Who controls the media in Brazil?* 2018. Disponível em: http://brazil.mom-rsf.org/en/.

PEARSON, S.; LEAHY, J. Temer Vows to Protect Petrobras probe. *Financial Times*, 13 mai. 2016. Disponível em: www.ft.com/content/0f134290-182e-11e6-b197-a4af20d5575e.

Phillips, T. Bolsonaro business backers accused of illegal Whatsapp fake news campaign. *The Guardian*, 18 out. 2018. Disponível em: www.theguardian.com/world/2018/oct/18/brazil-jair-bolsonaro-whatsapp-fake-news-campaign.

PIVA, A. C. *Brazilian media takes on political project*. 19 ago. 2015. Disponível em: http://cepr.net/blogs/the-americas-blog/brazilian-media-takes-on-political-project.

RAINIE, L.; ANDERSON, J. *The fate of online trust in the next decade*. 2017. Disponível em: www.pewinternet.org/2017/08/10/thefate-of-online-trust-in-the-next-decade/.

REBOUÇAS, B. H. B.; DIAS, E. N. Radio and the media regulation in Brazil. *Radio, Sound, and Society Journal*, v. 1, n. 1, p. 42-56, 2016.

RINEHART, A. Comprova wraps in Brazil. *First Draft*, 19 nov. 2018. Disponível em: https://medium.com/1st-draft/comprova-wraps-in-brazil-99de54a01d14.

ROMERO, L. Markets are welcoming Brazil's new president. Can he be trusted? *Quartz*, 29 out. 2018. Disponível em: https://qz.com/1441565/jair-bolsonaro-sees-stock-market-index-bovespa-rise-in-brazil/. Acesso em: 5 jul. 2019.

SAMARAS, H. *The 2016 presidential impeachment in Brazil*: an analysis of the coverage of protests pro and against in national newspapers (Universidade de Estocolmo). 2017. Disponível em: www.diva-portal.org/smash/record.jsf?pid=diva2%3A1112668&dswid=-3651.

SCHIFFRIN, A. (Ed.). *Bad news*: how America's business press missed the story of the century. Nova York: New Press, 2011.

_____. *In the service of power*: media capture and the threat to democracy. 2017. Disponível em: www.cima.ned.org/wp-content/uploads/2017/08/CIMA_MediaCaptureBook_F1.pdf.

SHARE, O. Mobilizing migration: analysing the role of "migrant" in the British press during EU referendum 2016 debate. In: RIDGE-NEWMAN, A.; LEÓN-SOLÍS, F.; O'DONNELL, H. (Ed.). *Reporting the road to Brexit*. 2018. Disponível em: https://doi.org/10.1007/978-3-319-73682-2.

SJØVAAG, H. Journalism's social contract. In: _____. *Oxford research encyclopedia of communication*. 2018. Disponível em: https://doi.org/10.1093/acrefore/9780190228613.013.828.

STAPENHURST, R. *The media's role in curbing corruption* (Nº 21024). 2000. Disponível em: http://documents.worldbank.org/curated/en/893191468766225068/The-medias-role-in-curbing-corruption.

STARKMAN, D. *The watchdog that didn't bark*: the financial crisis and the disappearance of investigative reporting. Nova York: Columbia University Press, 2015.

TARDÁGUILA, C.; BENEVENUTO, F.; ORTELLADO, P. *Fake news is poisoning Brazilian politics. WhatsApp can stop it*. 17 out. 2018. Disponível em: www.nytimes.com/2018/10/17/opinion/brazil-election-fake-news--whatsapp.html.

TELLA, R. D.; FRANCESCHELLI, I. Government advertising and media coverage of corruption scandals. *American Economic Journal: Applied Economics*, v. 3, n. 4, p. 119-151, 2011. Disponível em: https://doi.org/10.1257/app.3.4.119.

TIRAGEM impressa dos maiores jornais perde 520 mil exemplares em 3 anos. *Poder 360*, 31 jan. 2018. Disponível em: www.poder360.com.br/midia/tiragem-impressa-dos-maiores-jornais-perde-520-mil-exemplares-em-3--anos/. Acesso em: 5 jul. 2019.

UNGER, C. Trump's Russian laundromat. *The New Republic*, 13 jul. 2017. Disponível em: https://newrepublic.com/article/143586/trumps-russian--laundromat-trump-tower-luxury-high-rises-dirty-money-international--crime-syndicate.

VIGNA, A. Brazil's Odebrecht scandal. *Le Monde Diplomatique*, 1º out. 2017. Disponível em: https://mondediplo.com/2017/10/08brazil. Acesso em: 5 jul. 2019.

VILELA, P. R. Apenas dois candidatos apresentam propostas para democratizar as comunicações no país. *Brasil de Fato*, 3 set. 2018. Disponível em: www.brasildefato.com.br/2018/09/03/apenas-dois-candidatos-apresentam--propostas-para-democratizar-as-comunicacoes-no-pais/index.html. Acesso em: 5 jul. 2019.

WAISBORD, S. R. *Watchdog journalism in South America*: news, accountability, and democracy. Nova York: Columbia University Press, 2000.

WIEN, C.; ELMELUND-PRÆSTEKÆR, C. An anatomy of media hypes: developing a model for the dynamics and structure of intense media coverage of single issues. *European Journal of Communication*, v. 24, n. 2, p. 183-201, 2009. Disponível em: https://doi.org/10.1177/0267323108101831.

6

O sol é o melhor desinfetante: o jornalismo investigativo na era da Lava Jato

Beatriz Bulla
Cortney Newell

Introdução

Em 2005, a imprensa demorou 11 dias para descobrir que o procurador-geral da República tinha indiciado 40 autoridades no caso do Mensalão,[1] escândalo que abalou radicalmente as fundações do governo de Luiz Inácio Lula da Silva. Hoje, essa história é contada com incredulidade nos corredores do Supremo Tribunal Federal pela demora inimaginável na era da Operação Lava Jato.[2]

As notícias sobre o escândalo da Lava Jato correram muito mais depressa. Em 2015, quando o procurador-geral da República pediu o afastamento de Eduardo Cunha, à época presidente da Câmara dos Deputados, a notícia virou manchete em menos de 20 minutos (Bulla, Araújo e Ceolin, 2015). Em 2017, o Supremo Tribunal Federal (STF) tentou postergar a divulgação dos nomes de dezenas de políticos brasileiros citados no acordo de delação da Odebrecht, incluindo oito ministros, 24 senadores, 39 deputados, os presidentes das duas casas do Congresso, para até depois da Páscoa (Macedo, 2017). Mas, dois dias antes do feriado, um repórter encontrou detalhes da investigação

---

[1] Nota dos organizadores: A denúncia inicial da Ação Penal 470, chamada de Mensalão, foi assinada pelo então procurador-chefe do Ministério Público Federal, Antonio Fernando Barros e Silva de Souza, no dia 30 de março de 2006 e noticiada pela imprensa somente em 11 de abril de 2006. Para mais informações sobre o escândalo do Mensalão, ver a introdução e o capítulo 2 deste livro.

[2] Este capítulo baseia-se em diversas fontes. Elas incluem publicações acadêmicas e artigos noticiosos, todos mencionados com uma citação. A outra principal fonte de informação é a experiência em primeira mão da autora Beatriz Bulla como repórter de *O Estado de S. Paulo*, cobrindo a Lava Jato no Brasil de 2014 a 2018.

no sistema on-line do STF que foram publicados de imediato no jornal *O Estado de S. Paulo* (Macedo, 2017). Deve-se observar que, nesses dois casos, o material foi acessado por meio do sistema do STF e não houve vazamentos de informação sigilosa por fonte.

É gritante o contraste entre a Operação Lava Jato e o escândalo anterior, o Mensalão. E essa diferença indica três aspectos importantes que têm relação direta com o papel da imprensa na cobertura da Lava Jato. Primeiro, a enorme escala da investigação. Segundo, o nível de transparência facilitado pelas autoridades encarregadas da investigação — incluindo policiais federais, procuradores em Curitiba, Brasília e Rio de Janeiro e Sergio Moro, o juiz federal responsável pelo início da Lava Jato. Por fim, a velocidade — desde o início da operação, informações importantes relacionadas com o caso eram disponibilizadas para a imprensa e para o público quase simultaneamente aos fatos. Isso deu início a um momento de crescimento e de aprendizado institucional significativo para o jornalismo em geral, com importantes discussões no país inteiro não apenas sobre o viés político e vazamentos na cobertura midiática, mas também em relação à importância crucial de que o próprio jornalismo seja objeto de mecanismos de *accountability*.

Escala, transparência e velocidade sem precedentes

Não surpreende que os jornais tenham competido entre si para reportar os acontecimentos das investigações que levavam os maiores empresários e importantes líderes políticos do Brasil à prisão. Antes da Lava Jato, os grandes veículos de comunicação já tinham equipes investigativas e repórteres dedicados à cobertura do Poder Judiciário. Durante a Lava Jato, porém, mesmo veículos menores mobilizaram equipes para cobrir a operação. Até o STF teve de se adaptar à nova realidade das redações e reformou sua sala de imprensa em Brasília, para acomodar um número cada vez maior de repórteres (Supremo Tribunal Federal, 2018).

Uma busca nos arquivos de *O Estado de S. Paulo*, um dos jornais mais antigos do Brasil, ilustra a cobertura extensiva do escândalo (*O Estado de S. Paulo*, s.d.). Em 2014, ano em que a investigação começou, o termo "Lava Jato" apareceu na primeira página do jornal 48 vezes e o termo "Petrobras" (referência preferida nas fases iniciais do escândalo) 158 vezes. No ano seguinte, "Lava Jato" apareceu 65 vezes na primeira página da edição impressa. Em 2016, foram 200 vezes. A palavra *impeachment* apareceu menos — 118 vezes na primeira página naquele ano, o mesmo em que a presidente Dilma Rousseff foi afastada do cargo pelo Congresso. Ampliando a busca para incluir a edição impressa inteira do jornal e não apenas a primeira página, o termo "Lava Jato" foi mencionado em média sete vezes por dia, com um total de cerca de 2,5 mil menções por ano, em 2016 e 2017.

Nos arquivos de O Globo, quase 13 mil páginas da edição impressa mencionaram o termo "Lava Jato" entre 2014 e 2018, com o pico sendo atingido em 2016, com referências em 3.996 páginas. Na Folha de S.Paulo, são 10.287 ocorrências da expressão "Lava Jato" entre 1º de janeiro de 2014 e 31 de dezembro de 2018 nos arquivos digitais do jornal.[3] Os números sinalizam a intensidade e a frequência das reportagens sobre as investigações nos maiores jornais do Brasil, indicando ainda a enorme escala tanto da investigação quanto do papel da mídia na cobertura da Lava Jato.

Apesar de a publicidade dos processos judiciais estar garantida desde 1988 pela Constituição do Brasil (*Constituição da República Federativa do Brasil de 1988*, art. 5º, inciso LX) — ratificada depois do fim da ditadura militar —, a inexperiente cultura brasileira de transparência foi testada durante a Lava Jato. O acesso à informação sobre os casos judiciais beneficiou-se tanto do avanço da tecnologia quanto das decisões de juízes e procuradores em divulgar uma significativa parte do conteúdo. A justiça federal em Curitiba usa um sistema on-line (chamado e-proc) que permite tornar público documentos de processos e gravações em vídeo de audiências. No caso da Lava Jato, relatórios, pareceres, despachos e até mesmo as audiências conduzidas pelo juiz Moro eram tornados públicos rapidamente — no caso das audiências, poucas horas depois de realizadas. Isso era inédito. Além da disponibilização do material bruto dos casos pelo juiz, os procuradores da Lava Jato organizavam coletivas de imprensa para explicar as investigações e as denúncias. Isso foi, em parte, o que motivou Bernardo Mello Franco, colunista de O Globo, a comentar que a Lava Jato "criou um novo padrão de transparência na divulgação de processos judiciais" (Pública, 2017) ao permitir que jornalistas trabalhassem direto com o material bruto, o que dava aos repórteres mais clareza sobre os fatos.

---

[3] Os arquivos digitais dos jornais O Estado de S. Paulo, Folha de S.Paulo e O Globo permitem fazer pesquisas centradas em palavras-chave como "Lava Jato" e *"impeachment"*. Também permitem buscas dentro em um período específico. No caso de O Estado de S. Paulo é possível ainda ver se o tópico da pesquisa apareceu na primeira página ou dentro do jornal. O arquivo digital do "Estadão" pode ser acessado em: https://acervo.estadao.com.br; da Folha em: https://acervo.folha.com.br/index.do; e do O Globo em: https://acervo.oglobo.globo.com/.

Mesmo garantida como regra na Constituição, esse nível de transparência dos processos judiciais, em particular nessa escala, velocidade e facilidade de acesso, era raramente visto num país que saiu de uma ditadura militar apenas 30 anos antes e onde o acesso aos documentos costuma ser dificultado por sistemas burocráticos nos tribunais. No livro *Transparency in government*, Joseph Stiglitz (2002) observa que os governos são os guardiões de informações que afetam o juízo da sociedade a respeito desses mesmos governos. Essa dinâmica cria incentivos para que autoridades mantenham segredos e dificultem o acesso à informação (Stiglitz, 2002). Na mesma linha, Robert Dahl questiona, em *On democracy* (Dahl e Shapiro, 2015), como os cidadãos podem obter a informação que precisam para entender os problemas se o governo controla todas as fontes importantes de informação. Dahl propõe o acesso a fontes alternativas de informação como um alicerce de um governo democrático representativo, mas a reflexão do autor também vale para refletir sobre como um governo aborda seu próprio arcabouço de transparência e os controles da informação.

No caso da Lava Jato, o acesso sem precedentes a informações sobre as investigações a respeito dos maiores poderosos no Brasil — facilitado pelas autoridades encarregadas da investigação e levado às pessoas por meio da imprensa — ajudou a gerar e a manter o apoio da sociedade para a continuidade das investigações. A rápida divulgação de informações era parte crucial da estratégia de procuradores e juízes, especialmente de Moro, para atrair a atenção do público para a investigação. Em abril de 2018, uma pesquisa do Datafolha verificou que 84% dos brasileiros acreditavam que a investigação deveria continuar (Bächtold, 2018), embora em abril de 2019 esse apoio tivesse caído para 61% (Bächtold, 2019). O que pode ter sido um modo eficaz de obter apoio do público para a empreitada de procuradores e juízes apresentou também um desafio adicional para os jornalistas: como se distanciar das prioridades alheias, estabelecidas por investigadores, juízes e também por advogados, e garantir que o interesse público fosse o princípio-guia do trabalho jornalístico?

Não "apenas" transparência

Desde o começo da Lava Jato, a imprensa se beneficiou da transparência da investigação — exigida e assegurada pela Constituição, mas aplicada de uma nova maneira na Lava Jato — para publicar informações divulgadas pelas autoridades. Mas transparência por si só não basta para combater a corrupção.

Apenas publicar informações cruas ou fundamentadas no que era divulgado à imprensa pelos canais oficiais seria insuficiente, não apenas porque a força-tarefa organizava seletivamente as coletivas, tratando apenas do que considerava os "principais casos", mas também por causa do volume de informação. As informações mais importantes podem não fazer parte de um release para a imprensa, mas estar no meio de uma planilha, enterradas entre incontáveis outros arquivos lançados em massa nos sistemas on-line dos tribunais.

Embora a imprensa tenha noticiado escândalos anteriores, como o do Mensalão, o enorme volume de dados e a escala da Lava Jato são incomparáveis, assim como a maneira como os procuradores lidaram com os jornalistas e veículos de comunicação. Enquanto no Mensalão 38 réus foram alvos de um julgamento circunscrito a um único tribunal, o Supremo Tribunal Federal, a Lava Jato atingiu diferentes estados em todos os níveis da justiça: tribunais estaduais, federais, eleitorais e superiores, incluindo o Superior Tribunal de Justiça (STJ) e o STF. Considerando apenas a vara federal do tribunal em Curitiba, 438 pessoas diferentes foram acusadas e 754 pedidos de cooperação com autoridades estrangeiras haviam sido feitos quando este capítulo para o livro lançado originalmente em inglês era editado, em 2019.

A decodificação da Lava Jato exigiu equipes maiores de reportagem — se comparadas com as que faziam a cobertura da área imediatamente antes da Lava Jato, mas ainda enxutas diante do encolhimento de muitas redações — com capacidade analítica para filtrar e cruzar grandes volumes de dados tornados públicos, incluindo extratos bancários e quebras de sigilo telefônico, para entender a informação compartilhada pelas autoridades. Jornalistas chegaram a desenvolver seus próprios bancos de dados para organizar e publicar o material judicial relacionado com a abertura de investigações, resultados de mandados e decisões judiciais.[4] Dar ao público o acesso direto ao material bruto por meio desses bancos de dados também ajudava a construir confiança junto aos leitores, num momento em que a mídia, no Brasil e em outras democracias do mundo, sofria uma queda de credibilidade.

Cabia aos jornalistas também rastrear os resultados daquilo que era investigado: esse ou aquele acordo de delação já noticiado estava progredindo? Se não, seria por que procuradores não tinham interesse em investigar alguém?

---

[4] Os exemplos incluem "Lava Jota", hospedado em Jota.info (disponível em: www.jota.info/lava-jota/); e "Blog do Fausto Macedo", hospedado pelo jornal *Estadão* (disponível em: https://politica.estadao.com.br/blogs/fausto-macedo/).

(No Brasil, todas as acusações de potencial crime têm de ser submetidas ao exame do Judiciário.)[5]

Alguns críticos da cobertura da Lava Jato afirmaram que essa busca voraz pelo noticiário quente de última hora na verdade prejudicou o verdadeiro jornalismo investigativo. Andreza Matais, editora-executiva de *O Estado de S. Paulo* em Brasília, que recebeu prêmios nacionais e internacionais de jornalismo investigativo (Transparency International Secretariat, 2012), disse recentemente que a Lava Jato provocou "uma dependência dos jornalistas [em relação aos] documentos produzidos pelos investigadores, em detrimento de uma produção própria" (Oliveira, 2018). Mas é preciso considerar o fato de que, ao trabalhar com os dados da operação tornados públicos pela operação, jornalistas puderam processar e oferecer à sociedade uma quantidade impressionante de informação cujo acesso teria sido muito mais difícil e lento se feito de outra maneira — isso porque parte do material da Lava Jato foi coletada por meio de instrumentos que, por lei, dependem de autorização judicial como busca e apreensão e quebra de sigilo fiscal e telefônico.[6]

Diante do tsunami de informações cruas e não processadas como o que foi lançado pelas autoridades durante a Lava Jato, avaliar informações, entender como interpretá-las e conectar vários pedaços para contar uma história coerente — sem falar ainda da análise e checagem de dados das investigações oficiais — foi uma empreitada enorme e, de certa forma, nova para jornalistas. É essa combinação de trabalho que levou Marcelo Beraba, um dos mais conhecidos jornalistas no Brasil e fundador da Associação Brasileira de Jornalismo Investigativo (Abraji), a ponderar que "a cobertura da Lava Jato não é uma investigação jornalística tradicional, como grandes casos que começaram nas redações e com jornalistas. No caso dela, os jornalistas têm um compromisso maior com tentar oferecer as informações com transparência por meio das autoridades, mas ter de verificar esses dados é um grande esforço" (Gonçalves, 2016).

---

[5] Segundo a lei penal brasileira, "Aquilo que obriga o procurador ou promotor a submeter todos os casos ao judiciário, independentemente da seriedade do caso, é o dito princípio de legalidade, modelo que não foi adotado por todos os países. Nos Estados Unidos, por exemplo, o promotor público tem a opção de negociar com o réu" (Kerche, 2008).

[6] Comissões Parlamentares de Inquérito (CPIs) também são autorizadas a pedir quebra de sigilo bancário e fiscal. O acesso a esses dados foi possibilitado por meio do sistema público on-line das cortes, no qual juízes como Sergio Moro e ministros do STF autorizaram o compartilhamento de documentos relativos aos casos da Lava Jato.

O viés político no trabalho jornalístico

Como mostram Brunetti e Weder num estudo publicado em 2003, no qual comparam índices de liberdade de imprensa com índices de corrupção, há uma "relação significativa entre mais liberdade de imprensa e menos corrupção num grande grupo de países", levando os autores a concluir que a independência da imprensa representa "um importante freio contra a corrupção" (Brunetti e Weder, 2003).[7] Porém, a verdadeira independência da imprensa brasileira passou a ser questionada nos anos em que a Lava Jato dominou o noticiário, levando alguns a apontar o problema do viés político no trabalho jornalístico. No capítulo 5 deste livro, Campello, Schiffrin, Belarmino e Thome discutem a isenção da imprensa na Lava Jato, afirmando que cinco estudos quantitativos "concluíram que o PT, partido de centro-esquerda, recebeu uma cobertura que foi se tornando cada vez mais crítica quando comparada à do MDB e do PSDB". Essa análise representa uma contribuição valiosa para a discussão em torno da cobertura da operação por parte da mídia, mas há limitações nos modelos de dados usados para fazer essa avaliação.

Ao analisar a frequência de manchetes e de matérias de primeira página sobre casos de corrupção no Brasil, Mads Damgaard (2018) revelou, por exemplo, que a frequência da cobertura a respeito dos casos de Lula ou de Eduardo Cunha foi maior do que a frequência da cobertura de outros casos, como a dos senadores Antonio Anastasia ou Fernando Collor. Isso pode não ser suficiente para concluir que a mídia foi tendenciosa porque a importância dessas figuras no cenário político brasileiro é incomparável. Embora Lula e Collor sejam ambos ex-presidentes, o primeiro foi eleito em 2002, reeleito em 2006 e era altamente popular no momento em que terminou seu mandato; popularidade que, em certa medida, se manteve. Mesmo depois de Lula ter sido condenado em uma das frentes de investigação da Lava Jato, quase 40% do eleitorado responderam que votariam nele para presidente em 2018 (Globo.com, 2018).

---

[7] Os autores propõem uma metodologia econométrica para medir a relação entre imprensa livre e níveis de corrupção. A principal medida de liberdade de imprensa usada é preparada pelo *think tank* Freedom House, ao passo que a principal medida de corrupção é criada pelo International Country Risk Guide (ICRG). Os coeficientes estimados variam de -0,015 a -0,037, "sugerindo que a melhoria de um desvio-padrão na liberdade de imprensa poderia reduzir a corrupção entre 0,4 e 0,9 pontos (na escala de 0 a 6)" (Brunetti e Weder, 2003:1821).

Já Collor é um ex-presidente que sofreu *impeachment* na década de 1990 e, atualmente, é um senador sem muita relevância.[8] Eduardo Cunha, por sua vez, era considerado o homem mais poderoso em Brasília durante os primeiros anos do segundo mandato de Dilma Rousseff e, ao se sentir abandonado pelo governo na esteira da pressão crescente da Lava Jato, ele deu início ao processo de *impeachment* que terminou tirando Rousseff do cargo (Bragon e Uribe, 2015).

Ao mesmo tempo que a análise do tipo de dado quantitativo usado por Damgaard motiva uma discussão importante, isoladamente ela obscurece a realidade contextual. Não é realista esperar que a mídia dê a mesma atenção a figuras que desempenharam papéis tão diferentes e que despertam graus tão distintos de atenção na sociedade.

Também é importante notar que, na época em que as atividades ilegais investigadas pela Lava Jato estavam acontecendo, era o Partido dos Trabalhadores (PT) que controlava o governo federal, e, portanto, detinha o poder de distribuir cargos federais e de decidir emendas parlamentares. Partes de casos que envolviam partidos de oposição já tinham prescrito e não eram mais passíveis de punição pelo Estado brasileiro, já que algumas dessas atividades tinham acontecido muito antes de Lula ser eleito presidente em 2002 (Globo.com, 2017). Embora certamente seja importante revelar delitos de todo o espectro político, também é importante reconhecer que aqueles que não estão mais no poder provavelmente não serão tão examinados quanto aqueles que estão encarregados de comandar o país. Ainda assim, se isso não é garantia de que o viés político não contamina a cobertura do escândalo, por outro lado é um indicativo de que tentar usar uma medida quantitativa sem considerar as nuances de cada situação, como no caso do estudo de Damgaard (2018), pode levar a percepções equivocadas.

Em contraste, um estudo de Teun van Dijk (2017), da Universidade de Pompeu Fabra em Barcelona, examinou tanto as manchetes quanto os editoriais de *O Globo* de março e abril de 2016 por um ângulo qualitativo. Após esse exame, van Dijk concluiu que ambos usaram diversas "técnicas seletivas e manipuladoras" que presumiam que tanto Lula quanto Rousseff eram culpados de corrupção (Dijk, 2017:215). O autor afirma ainda que "o jornal tornou-se porta-voz de uma conspiração ideológica da oligarquia conservadora" que

---

[8] Uma análise do Google Trends comparando buscas por esses quatro nomes também ajuda a corroborar essa conclusão (Google Trends, busca em outubro de 2019).

tinha como objetivo recuperar poder político e dar continuidade ao seu poder econômico (Dijk, 2017:226).

Em vez de revelar conclusivamente um viés político, as tendências e padrões identificados por esses pesquisadores apontam a necessidade de mais pesquisas, com mais nuances, sobre a cobertura da imprensa. Os métodos empregados até aqui não são suficientes para explicar as complexidades do cenário jornalístico.

Talvez uma preocupação mais válida seja com a possível existência de um viés "lavajatista", que se refere a uma suposta incapacidade da imprensa de vigiar aqueles que realizavam a investigação. A presença desse viés pode também ter conexões com a discussão do viés político. Por exemplo, revelações feitas pelo site *The Intercept* levantaram questões significativas a respeito da equidade das investigações, especificamente em relação à condenação do presidente Lula (Greenwald, Demori e Reed, 2019).

Alguns afirmam que as mensagens vazadas, reveladas pelo *The Intercept*, sugerem uma falta de atenção da imprensa no começo das investigações da Lava Jato sobre o viés por parte da força-tarefa e do juiz Moro. Mas o *The Intercept* faz também parte da mídia noticiosa do Brasil e se beneficia do mesmo arcabouço nacional que protege a liberdade de imprensa. Isso faz com que as revelações feitas pelo site, na verdade, indiquem a conclusão oposta: o jornalismo investigativo acontece no país e a imprensa tem estado atenta. Mais de cinco anos depois do começo das investigações, trechos de conversas entre autoridades de segurança no Brasil publicadas pelo *The Intercept* e também por veículos parceiros como o jornal *Folha de S.Paulo* e a revista *Veja* ajudaram a garantir a *accountability* dessas autoridades. Além disso, antes dessas revelações, houve a cobertura dos ganhos financeiros obtidos com palestras por Deltan Dallagnol (Silva Junior, 2017), que por seis anos foi chefe da força-tarefa, e da participação questionável de um ex-procurador num acordo de delação (Magalhães, 2017).

O papel dos vazamentos

O apetite público pela cobertura da Lava Jato acabou levando jornalistas a, muitas vezes, depender de fontes com acesso exclusivo a negociações de delação premiada e a investigações que, legalmente, deveriam permanecer secretas até serem finalizadas. Em outras palavras, jornalistas começaram a depender de vazamentos de informação. Se isso é comum no jornalismo investigativo, na Lava Jato a extensiva dependência dessa prática fez com que ela recebesse uma atenção especial e levou figuras como Gilmar Mendes, ministro do STF e crítico frequente de vazamentos de informação, a lamentar que "a Lava Jato tenha melhores publicitários do que juristas" (Estadão, 2019). Um grande número de manchetes durante o período no qual a Lava Jato dominou o noticiário trazia informações vazadas, que deveriam ter sido protegidas pelo segredo de justiça, como abordado por um texto de *The Intercept* que revela a decisão dos procuradores de vazar informação (Greenwald e Neves, 2019). Ao mesmo tempo, é importante notar que muito daquilo que críticos chamaram de vazamentos eram, na verdade, informações divulgadas depois de tornadas públicas por decisões dos juízes. Apesar de valer a pena discutir as implicações de publicar provas e depoimentos, essas informações muitas vezes não são fruto de "vazamentos" por fontes mantidas no anonimato.

O segredo de justiça tem como objetivo tanto proteger a própria investigação, que pode ser prejudicada caso certas informações venham a público em momentos inoportunos, quanto evitar a exposição indevida de investigados. Vazamentos podem fortalecer a acusação ou a defesa, dependendo do tipo de informação revelada e de quando ela é revelada. Vazamentos não beneficiam apenas um lado. Por exemplo, a publicação de detalhes de acordos futuros de delação, com potenciais implicações negativas para políticos importantes, pode ser parte da tentativa de influenciar as negociações ao gerar pressão pública sobre o tema. Isso é problemático porque pressão pública não deve ser critério para que um acordo de delação seja aceito ou recusado, de qualquer lado. Além disso, aqueles que são citados em delações podem ser expostos indevidamente e, portanto, injustamente, antes de uma investigação.

Nesses momentos, jornalistas enfrentam um dilema: de um lado, oferecer acesso a certas informações ainda protegidas por sigilo é um modo de garantir que componentes críticos da investigação cheguem ao público. De outro, repórteres podem ter dificuldades para manter uma distância crítica adequada de fontes que têm seus próprios interesses. Mesmo deixando o viés político de lado, cada fonte tem sua versão da história e suas motivações — seja reunir indícios convincentes para o indiciamento e a oferta da denúncia (polícia e Ministério Público, respectivamente), defender terceiros (advogados de defesa) ou promover autodefesa (no caso dos réus, e, ocasionalmente, dos próprios policiais, procuradores e juízes).

No caso da Lava Jato, porém, o ambiente hipercompetitivo que marca a cobertura da investigação significou que os repórteres também tiveram que disputar pela atenção e pela confiança do público, o que é saudável para a integridade da cobertura jornalística. Essa conclusão espelha as descobertas de Gentzkow, Glaeser e Goldin (2006), que desenvolveram um modelo que compara a cobertura de um escândalo do começo da década de 1870 com outro da década de 1920 para analisar a força da imprensa na perspectiva da competição de mercado. A análise levou os pesquisadores a concluir que um mercado de mídia mais competitivo, no último caso, reduziu o viés jornalístico.

O acesso à informação pública na Lava Jato reforçou o ambiente hipercompetitivo que já existia no cenário brasileiro de independência jornalística. É um cenário que ajudou a manter também a mídia sob "vigilância" e permitiu que jornalistas desempenhassem suas funções como parte de um mecanismo de controle externo da corrupção durante a luta por um governo aberto, que deve ser monitorado e prestar contas (Brunetti e Weder, 2003).

O jornalismo beneficiou-se da transparência

A Lava Jato é uma valiosa lembrança de que exigir que os poderosos prestem contas significa que a imprensa também será mais examinada e isso é bom. Joseph Stiglitz (2002) propõe "fazer reportagens sobre o próprio processo de fazer reportagens" como modo de expor o processo ao exame público, minimizar abusos e defender a imprensa competitiva. Nessa linha, o Congresso Internacional de Jornalismo Investigativo, a maior conferência de jornalistas na América Latina, organizada anualmente pela Abraji no Brasil, deu atenção especial à Lava Jato. Desde o começo da operação em 2014, o Congresso conta com um painel anual dedicado à cobertura das investigações, no qual repórteres que cobrem a Lava Jato conduzem discussões sobre desafios comuns e sobre reportagens particularmente importantes (Associação Brasileira de Jornalismo Investigativo, s.d.).

Em setembro de 2019, Glenn Greenwald, um dos fundadores de *The Intercept*, foi entrevistado pelo programa *Roda Viva*, da TV Cultura, ao vivo em cadeia nacional. Entrevistar um jornalista é incomum para o programa e criou uma valiosa oportunidade para que Greenwald refletisse publicamente sobre o jornalismo no Brasil. Essa entrevista ressaltou a importância de manter um debate vivo, que reafirme os princípios constitucionais subjacentes a uma imprensa livre, especialmente a possibilidade de que jornalistas usem informações vazadas mesmo quando a informação é obtida ilegalmente (desde que o jornalista não tenha feito nada de ilegal para obtê-la) (Herdy, 2019).

Além disso, ficou cada vez mais importante reconhecer que o jornalismo tradicional não é mais o único meio — nem mesmo o meio primário — pelo qual informações que podem influenciar percepções políticas são transmitidas para o público. Citando pesquisas feitas pelo International Center for Journalists e Aos Fatos (Spagnuolo, 2018), Teodoro e Carvalho (2019) ressaltam que o número de brasileiros que consomem conteúdo jornalístico nas mídias sociais supera o número de brasileiros que consomem notícias na internet. Segundo os autores, na mesma medida em que *players* da grande mídia não se retiraram completamente de suas posições de dominância, grupos econômicos bem estabelecidos no mercado de mídia brasileiro — seja na imprensa ou na radiodifusão —, além de serem incapazes de lidar com a influência de plataformas digitais de escala global, parecem depender cada vez mais dessas plataformas para perpetuar seu papel de liderança no sistema de mídia brasileiro. Mais uma vez, essas observações apontam a necessidade de novas pesquisas sobre como a Lava Jato foi apresentada nas mídias sociais e sobre como essa apresentação influenciou a percepção pública da investigação.

A mídia brasileira abraçou a importância da fiscalização do poder público, mas ainda há bastante espaço para desenvolver mecanismos genuínos de prestação de contas também por parte da imprensa. Como observaram Campello e colaboradores no capítulo anterior deste livro, "a ascensão de vários demagogos […] que concorrem com plataformas anticorrupção sugere que a cobertura da mídia ao abordar essas afirmações é uma importante área de pesquisa". Da mesma forma, debates sobre como lidar com fontes anônimas, vazamentos, colaboradores e delatores e investigações que possam influenciar a opinião pública sobre política deveriam tornar-se mais frequentes e servir de ponto de partida para elaborar arcabouços claros nas redações a respeito da abordagem de futuros casos similares.

Conclusões

Virou um clichê dizer que a Lava Jato é parte de um processo de aprendizado institucional, não apenas porque alguns dos instrumentos jurídicos utilizados, como acordos de delação premiada, são relativamente novos no Brasil, mas também por causa do *modus operandi* do trabalho organizado pela força-tarefa. Como discutido por Stephenson e Bullock no capítulo 14 desta obra, ao centralizar a maioria dos casos relacionados com a Lava Jato, a força-tarefa pôde especializar-se no caso, tendo em seguida disseminado essa especialização. Fica claro que a Lava Jato deu início a um enorme processo de aprendizado institucional e não apenas para o governo, mas também para a imprensa. Esse processo continuará a se beneficiar da discussão das lições, dos objetivos e também dos erros que caracterizaram as investigações bem como a cobertura do escândalo.

No Brasil, a imprensa livre ajudou a criar um espaço em que políticas podem ser discutidas, investigações aprimoradas e autoridades chamadas a prestar contas. Dentro desse arcabouço, discussões a respeito do viés da imprensa nas reportagens sobre a Lava Jato são relevantes, mas vão beneficiar-se de pesquisas adicionais, pois os estudos atuais são insuficientes em número e em escopo para abordar a amplitude, a profundidade e a complexidade da questão. Mesmo assim, as lições já aprendidas com a cobertura da Lava Jato — em especial a importância crucial da transparência e do acesso à informação e a necessidade de exigir que tanto investigado e investigador prestem contas — podem contribuir para uma sociedade mais aberta no Brasil.

O papel do jornalismo na Lava Jato prova a veracidade da afirmação "o sol é o melhor desinfetante". A imprensa se beneficiou da luz, primeiro, contribuindo para uma sociedade aberta e transparente ao possibilitar o acesso a informações sobre um escândalo nacional. Depois, ao convocar aqueles que conduzem as investigações a prestar contas. E, por último, ao olhar para a transparência e para a análise sobre o próprio jornalismo. Uma reflexão que, se bem aproveitada, aumenta a credibilidade da imprensa e leva a um jornalismo ainda mais independente, resultando, em última instância, numa democracia mais forte no Brasil.

Referências

ASSOCIAÇÃO BRASILEIRA DE JORNALISMO INVESTIGATIVO (Abraji). Disponível em: www.abraji.org.br/.

BÄCHTOLD, F. 61% consideram trabalho da Lava Jato ótimo ou bom, mostra Datafolha. *Folha de S.Paulo*, 14 abr. 2019. Disponível em: www1.folha.uol.com.br/poder/2019/04/61-consideram-trabalho-da-lava-jato-otimo-ou-bom-mostra-datafolha.shtml.

_____. Para 84% dos brasileiros, Lava Jato deve continuar; 12% defendem término. *Folha de S.Paulo*, 17 abr. 2018. Disponível em: < www1.folha.uol.com.br/poder/2018/04/para-84-dos-brasileiros-lava-jato-deve-continuar-12-defendem-termino.shtml.

BRAGON, R.; URIBE, G. PT decide votar contra Cunha, que pode deflagrar impeachment de Dilma. *Folha de S.Paulo*, 2 dez. 2015. Disponível em: www1.folha.uol.com.br/poder/2015/12/1713918-bancada-petista-decide--votar-contra-cunha-no-conselho-de-etica-da-camara.shtml.

BRASIL. *Constituição da República Federativa do Brasil de 1988*. Presidência da República, Casa Civil. Disponível em: www.planalto.gov.br/ccivil_03/constituicao/constituicaocompilado.htm.

BRUNETTI, A.; WEDER, B. A free press is bad news for corruption. *Journal of Public Economics*, v. 87, n. 7-8, p. 1.801-1.824, 2003.

BULLA, B.; ARAÚJO, C.; CEOLIN, A. Janot pede afastamento de Eduardo Cunha. *Estadão*, 16 dez. 2015. Disponível em: https://politica.estadao.com.br/noticias/geral,janot-pede-afastamento-de-eduardo-cunha,10000005032.

CONSULTOR JURÍDICO. Prêmio Esso vai para voto combinado na Corte Suprema. 5 dez. 2007. Disponível em: www.conjur.com.br/2007-dez-05/premio_esso_voto_combinado_corte_suprema.

DAMGAARD, M. Cascading corruption news: explaining the bias of media attention to Brazil's political scandals. *Opinião Pública*, v. 24, n. 1, p. 114-143, 2018.

DAHL, R.; SHAPIRO, I. *On democracy*. 2. ed. New Haven: Yale University Press, 2015.

DIJK, T. A. van How Globo media manipulated the impeachment of Brazilian president Dilma Rousseff. *Discourse & Communication*, v. 11, n. 2, p. 199-229, 2017. Disponível em: https://doi.org/10.1177/1750481317691838.

ESTADÃO. "Lava Jato tem melhores publicitários do que juristas", diz Gilmar Mendes. 7 out. 2019. Disponível em: https://politica.estadao.com.br/noticias/geral,lava-jato-tem-melhores-publicitarios-do-que-juristas-diz--gilmar-mendes,70003041459.

GENTZKOW, M.; GLAESER, E.; GOLDIN, C. The rise of the fourth estate: how newspapers became informative and why it mattered. *Corruption and reform*: lessons from America's economic history. Chicago: NBER e Chicago University Press, 2006. p. 187-230.

GLOBO.COM. Juiz arquiva investigação sobre FHC baseada em delação da Odebrecht. 5 jul. 2017. Disponível em: https://g1.globo.com/sao-paulo/noticia/justica-arquiva-investigacao-sobre-fhc-baseada-em-delacao-da--odebrecht.ghtml.

_____. *Pesquisa Datafolha*: Lula, 39%, Bolsonaro, 19%; Marina, 8%; Alckmin, 6%; Ciro, 5%. 22 ago. 2018. Disponível em: https://g1.globo.com/politica/

eleicoes/2018/eleicao-em-numeros/noticia/2018/08/22/pesquisa-datafolha-lula-39-bolsonaro-19-marina-8-alckmin-6-ciro-5.ghtml.

GONÇALVES, V. "O protagonismo da imprensa na Lava Jato é importantíssimo", defende Marcelo Beraba. *Portal Imprensa*, 3 mai. 2016. Disponível em: http://portalimprensa.com.br/noticias/ultimas_noticias/76977/o+protagonismo+da+imprensa+na+lava+jato+e+importantissimo+defende+marcelo+beraba.

GOOGLE TRENDS. s.d. Disponível em: https://trends.google.com/trends/?geo=US.

GREENWALD, G.; DEMORI, L.; REED, B. How and why *The Intercept* is reporting on a vast trove of materials about Brazil's Operation Car Wash and Justice minister Sergio Moro. *The Intercept*, 9 jun. 2019. Disponível em: https://theintercept.com/2019/06/09/brazil-archive-operation-car-wash/.

_____.; NEVES, R. "Selective Leaks": Brazil's chief prosecutor, Deltan Dallagnol, lied when he denied leaking to the press, secret chats reveal. *The Intercept*, 29 ago. 2019. Disponível em: https://theintercept.com/2019/08/29/deltan-dallagnol-car-wash-leaks-brazil/.

HERDY, T. Coluna: jornalista pode publicar conteúdo roubado do celular de autoridade? *Globo.com*, 13 ago. 2019. Disponível em: https://epoca.globo.com/thiago-herdy/coluna-jornalista-pode-publicar-conteudo-roubado-do-celular-de-autoridade-23873849.

JARDIM, L. Dono da JBS grava Temer dando aval para compra de silêncio de Cunha. *Globo.com*, 17 mai. 2017. Disponível em: https://oglobo.globo.com/brasil/dono-da-jbs-grava-temer-dando-aval-para-compra-de-silencio-de-cunha-21353935.

KERCHE, F. Autonomy and discretionary power of the Public Prosecutor's Office in Brazil. *Dados* [online], v. 4, 2008. Disponível em: http://socialsciences.scielo.org/scielo.php?script=sci_arttext&pid=S0011--52582008000100002&lng=en&nrm=isso.

MACEDO, F. Exclusivo: a lista de Fachin. Blogs: Fausto Macedo. *Estadão*, 11 abr. 2017. Disponível em: https://politica.estadao.com.br/blogs/fausto-macedo/exclusivo-a-lista-de-fachin/.

MAGALHÃES, V. Ex-braço-direito de Janot atua em escritório que negociou leniência da JBS. *Estadão*, 20 mai. 2017. Disponível em: https://politica.estadao.com.br/blogs/vera-magalhaes/ex-braco-direito-de-janot-e-advogado-que-negociou-delacao-da-jbs/.

O ESTADO DE S. PAULO. *Acervo*. s.d. Disponível em: https://acervo.estadao.com.br/.

OLIVEIRA, R. (Jornalistas discutem os erros e acertos da cobertura da Lava Jato no Congresso da Abraji. *Associação Brasileira de Jornalismo Investigativo (Abraji)*, 11 jun. 2018. Disponível em: http://abraji.org.br/noticias/jornalistas-discutem-os-erros-e-acertos-da-cobertura-da-lava-jato-no-congresso-da-abraji.

PÚBLICA. A cobertura política em tempos de crise. 29 jun. 2017. Disponível em: https://apublica.org/2017/06/a-cobertura-politica-em-tempos-de-crise/.

SAMARAS, H. *The 2016 presidential impeachment in Brazil*: an analysis of the coverage of protests pro and against in national newspapers (Universidade de Estocolmo). 2017. Disponível em: www.diva-portal.org/smash/record.jsf?pid=diva2%3A1112668&dswid=-3651.

SILVA JUNIOR, A. Palestra sobre corrupção e Lava Jato rendem R$ 219 mil a Deltan Dallagnol. *Estadão*, 23 jun. 2017. Disponível em: https://politica.estadao.com.br/noticias/geral,palestra-sobre-corrupcao-e-lava-jato-rendem-r-219-mil-a-deltan-dallagnol,70001858078.

SPAGNUOLO, S. Uma a cada 4 pessoas consome notícias via WhatsApp regularmente. *Aos Fatos*, 26 out. 2018. Disponível em: https://aosfatos.org/noticias/uma-cada-4-pessoas-consome-noticias-whatsapp-regularmente/.

STIGLITZ, J. Transparency in government. *The right to tell*: the role of mass media in economic development (Nº 25070), p. 27-44, 2002. Disponível em: http://documents.worldbank.org/curated/en/957661468780322581/pdf/multi0page.pdf.

SUPREMO TRIBUNAL FEDERAL. Presidente do STF inaugura Espaço de Imprensa Ministro Teori Zavascki. 28 ago. 2018. Disponível em: www.stf.jus.br/portal/cms/verNoticiaDetalhe.asp?idConteudo=388194.

TARTAGLIA, C. Farra de aditivos na Refinaria Abreu e Lima. *Globo.com*, 22 jun. 2014. Disponível em: http://memoria.oglobo.globo.com/jornalismo/premios-jornalisticos/farra-de-aditivos-na-refinaria-abreu-lima-15095922.

TEODORO, G. F.; CARVALHO, V. M. de. *Regulação, concorrência e mercado de mídia no Brasil*: a internet como porta de reentrada para o direito econômico. Universidade de São Paulo, São Paulo. 2019. Disponível em: https://bdpi.usp.br/item/002953622.

TRANSPARENCY INTERNATIONAL SECRETARIAT. Brazilian journalists win 2012 Latin American Investigative Journalism Award. *Transparency International*, 15 out. 2012. Disponível em: www.transparency.org/news/pressrelease/20121015_brazilian_journalists_win.

7
A Lava Jato e a rede brasileira de instituições de *accountability*: um ponto de virada para o controle da corrupção?

Ana Luiza Aranha

Introdução

O sucesso das investigações da Lava Jato é resultado de um nível histórico de coordenação entre as instituições brasileiras de *accountability*, sugerindo que a operação pode representar um ponto de virada na eficácia da rede brasileira de instituições de controle e responsabilização. Exploro neste texto os canais pelos quais ocorre uma coordenação frutífera entre as instituições de *accountability* empenhadas no combate à corrupção no Brasil. A Lava Jato, porém, também sugere que pode haver um ponto a partir do qual a coordenação excessiva torna-se problemática.

O foco deste capítulo é a *accountability* horizontal, isto é, a esfera onde "órgãos de Estado [...] estão juridicamente habilitados e empoderados e têm efetiva capacidade e disposição de realizar ações que vão da supervisão rotineira a sanções criminais, ou *impeachment* em relação a atos e omissões de outros agentes ou órgãos do Estado que possam [ser] [...] ilegais" (O'Donnell, 1998:11). Para que a *accountability* horizontal tenha eficácia, as agências de controle e responsabilização não podem operar isoladas umas das outras. É necessária uma "rede de instituições", cada qual com papéis e responsabilidades bem definidos (O'Donnell, 1998; Mainwaring e Welna, 2003).

No Brasil, algumas das principais instituições na esfera federal responsáveis pela *accountability* horizontal são:
— o Ministério Público Federal (MPF);
— a Advocacia-Geral da União (AGU);
— a Polícia Federal (PF);

— a Controladoria-Geral da União (CGU); e
— o Tribunal de Contas da União (TCU).

Essas instituições desempenham papéis diferentes no combate à corrupção. Por exemplo, o MPF pode investigar e oferecer denúncias criminais. Tanto o MPF quanto a AGU podem atuar na esfera cível. A Polícia Federal conduz investigações criminais e executa mandados de busca, prisão e apreensão. Os Tribunais Federais julgam casos cíveis e criminais. Tanto a CGU quanto o TCU fazem auditorias e impõem penalidades administrativas, como impedimento de firmar contratos com o governo federal e aplicação de multas.

Todas essas instituições desempenharam um papel crucial na Lava Jato. Começo este capítulo com uma descrição das instituições já mencionadas de *accountability* horizontal no Brasil, detalhando o nível de coordenação entre elas no contexto da Lava Jato. Em seguida, discuto em que medida a operação representa um ponto de inflexão na história da rede brasileira de instituições de *accountability*, saindo de uma coordenação fraca para atingir um patamar cada vez mais elevado.

Minha análise baseia-se, em parte, em meu trabalho de campo, que examinou a rede brasileira de instituições de *accountability*. Realizei 64 entrevistas semiestruturadas entre 2014 e 2015 com servidores das instituições federais de *accountability*.[1] Verifiquei que um alto nível de coordenação podia ser atingido quando: (i) os processos fluem com eficiência entre as instituições, de maneira orquestrada;[2] (ii) as instituições de *accountability* são capazes de fazer investigações conjuntas, cada qual trazendo a própria *expertise*;[3] e (iii) as instituições podem compartilhar informações e conjuntos de dados por

---

[1] Entrevistei autoridades de alto escalão nas instituições que estão no centro do sistema federal de *accountability* no Brasil, incluindo 13 membros do MPF, 10 da PF, 13 da CGU, 15 do TCU, seis da Justiça Federal (JF) e sete assessores de controle interno dos ministérios. Fiz as entrevistas em 2014 e 2015 como parte da minha pesquisa de doutorado.

[2] Como resultado do alto nível de coordenação, por exemplo, dados fornecidos por instituições de auditoria podem levar a operações da PF e do MPF: "Há várias operações da Polícia Federal que são feitas com base em informações do TCU. A 'Operação Voucher' executada pela Polícia Federal no estado do Amapá teve o objetivo de inspecionar transferências de recursos de emendas parlamentares para organizações não governamentais. A Operação começou a partir de evidências nossas [do TCU]" (Entrevista 15, TCU, 2014).

[3] Por exemplo, a CGU e a PF coordenam-se entre si para aproveitar seus conhecimentos complementares: "A CGU participa [nas investigações da PF] fazendo auditoria de documentos ou materiais administrativos. Isso é extremamente necessário, porque a Polícia Federal não sabe fazer isso" (Entrevista 27, CGU, 2014).

meio de acordos formais de cooperação.[4] Um nível baixo de coordenação poderia resultar de: (i) as instituições trabalharem em separado e de modo ineficiente, com atrasos desnecessários; (ii) cegueira institucional, ou seja, quando as instituições têm informações que poderiam ser úteis para as investigações umas das outras, mas as instituições não estão conectadas;[5] (iii) ou as instituições competem pelo crédito público de eventuais sucessos e não repassam informações importantes às outras (Aranha, 2015).[6]

Os acordos de leniência negociados com certas empresas privadas que foram acusadas de corrupção são usados como exemplo de uma situação em que a coordenação era absolutamente necessária. Autoridades ofereceram leniência às empresas em troca de cooperação e do compartilhamento de informações que apoiassem novas investigações. A CGU, o TCU e o MPF, entre outros, reivindicaram papéis importantes na negociação e no monitoramento dos acordos de leniência. As leis brasileiras que tratavam do tema traziam diversas ambiguidades, as quais causavam incerteza jurídica e, assim, desincentivavam a cooperação das empresas — por exemplo, várias instituições diferentes de *accountability* estão autorizadas a agir a partir do mesmo conjunto de fatos (Mohallem et al., 2018). Durante as investigações da Lava Jato, como explico a seguir, diferentes instituições tentaram coordenar-se a fim de diminuir essas incertezas.

Também discuto a potencial zona cinzenta onde o excesso de coordenação se transforma em uma usurpação dos papéis de controle e responsabilização ou,

---

[4] Um exemplo de coordenação relacionada com o compartilhamento de informação foi oferecido por um membro do TCU: "As auditorias do TCU baseiam-se amplamente na verificação de documentos e na verificação cruzada de dados administrativos. [...] A troca dessa informação com outros órgãos de controle favorece o estabelecimento de um sistema de controle mais amplo que permita o combate desse tipo de [corrupção]" (Entrevista 15, TCU, 2014).

[5] Durante as entrevistas, dois tipos de cegueira institucional foram mencionados: a interna e a externa. O primeiro tipo foi explicado por um procurador: "A coordenação reduz nossa cegueira. Às vezes acontece de um colega especializado em processos civis estar investigando uma situação e o colega da área criminal nem sabe. Esse é um problema de informação interna. [...] A investigação civil tinha todas as provas para acusar a pessoa, mas não havia uma coordenação centralizada para combater a corrupção" (Entrevista 11, MPF, 2014). O problema da cegueira institucional externa foi descrito por auditores do TCU: "Às vezes o TCU e a CGU estão fazendo a mesma auditoria, no mesmo lugar, da mesma unidade, ao mesmo tempo. Há uma falta de interconexão. O problema não é visto como um todo" (Entrevista 13, TCU, 2014).

[6] Por exemplo, os procuradores públicos reportam terem dificuldades para obter acesso a informações de outras instituições: "Já passei pela recusa de apresentação de documentos ou de provas que eu tinha pedido [de outra instituição de *accountability*]" (Entrevista 46, MPF, 2014).

pior, pode resultar em abusos. Falhas como aquelas reveladas por *The Intercept* poderiam ser evitadas no futuro se pudermos responder de forma mais explícita à pergunta perene "Quem vigia os vigias?".[7] Proponho reformas institucionais concretas que abordem o problema, incluindo o esclarecimento da legislação sobre acordos de leniência e o fortalecimento das instituições responsáveis por supervisionar o Poder Judiciário (o Conselho Nacional de Justiça, CNJ) e o Ministério Público (o Conselho Nacional do Ministério Público, CNMP).

Por fim, avalio se a abordagem geral da rede brasileira de instituições de *accountability* se beneficiaria do "espírito madisoniano": um prudente ceticismo a respeito dos próprios agentes de *accountability* e de suas inclinações republicanas — sua lealdade para com o interesse público e não com interesses mais estreitos ou corruptos. Discuto ainda se a eficácia da *accountability* horizontal dependeria e seria complementada por controle e ações de responsabilização exercidas por cidadãos, representantes eleitos, mídia e sociedade civil.

A rede de instituições de *accountability* no Brasil

Quatro dimensões são particularmente relevantes para avaliar a coordenação institucional no combate à corrupção: escopo, autonomia, proximidade e ativação.[8]

O *escopo* define as áreas possíveis nas quais uma instituição pode agir. Refere-se às responsabilidades atribuídas a uma instituição e aos efeitos que elas têm no alcance jurisdicional da instituição. Algumas instituições podem ter mandatos amplos (como os tribunais), ao passo que outras podem ter mandatos bastante limitados (como órgãos de auditoria).

A *autonomia* diz respeito à habilidade de uma instituição em escolher quais casos abordar e priorizar e também à sua capacidade de agir sem preocupações indevidas com as reações de outras instituições.

---

[7] Como discutido em maiores detalhes no capítulo que conclui este volume, em agosto de 2019 *The Intercept* começou a publicar uma série de artigos sobre a Lava Jato que sugeria que o então juiz Sergio Moro orientou os procuradores envolvidos no caso da Lava Jato e excedeu seus deveres legais. A cobertura noticiosa de *The Intercept* também sugere que houve "sérias violações éticas e uma colaboração juridicamente proibida entre juiz e procuradores" e que "as conversas entre o procurador-chefe Deltan Dallagnol e o juiz Sergio Moro, responsável pelo caso, revelam que Moro aconselhou estrategicamente o procurador e deu dicas para novos caminhos investigativos" (Fishman et al. 2019). Em março de 2021, a segunda turma do Supremo Tribunal Federal concluiu, por 3 votos a 2, que houve parcialidade na forma com a qual o ex-presidente foi julgado pelo juiz Sergio Moro (Silva de Sousa, 2021).

[8] As quatro dimensões relevantes para minha discussão da coordenação institucional seguem o arcabouço conceitual apresentado por Power e Taylor (2011).

A *proximidade* está relacionada com as instituições imediatas, aquelas com as quais outras interagem de maneira próxima e frequente. Algumas instituições na rede de *accountability* são fortemente constrangidas por suas relações com instituições imediatas. Por exemplo, a PF não pode ela própria mover ações nos tribunais, mas deve agir em coordenação com o Ministério Público para dar prosseguimento aos casos.

A *ativação* indica se uma instituição pode tomar a iniciativa, ou se, ao invés disso, ela só pode reagir às iniciativas de outras instituições. Por exemplo, a PF pode proativamente determinar quais casos investigar. Os tribunais, por outro lado, tendem a ser reativos: é preciso que outros agentes ajam antes que os tribunais assumam casos particulares.

Na rede brasileira de responsabilização e controle, a CGU e a PF, por exemplo, fazem parte da estrutura do Poder Executivo e, por isso, têm autonomia limitada e tendem a ter escopos de ação igualmente restritos. Assim, dependem de outras agências — como o Ministério Público — para levar adiante qualquer investigação criminal (Sadek e Cavalcanti, 2003). A CGU, criada em 2003, é responsável por prestar assistência ao presidente da República em matérias de prevenção e combate à corrupção, de incremento da transparência da gestão, proteção às propriedades públicas.[9] A CGU é também responsável pelos controles internos da burocracia do Executivo.[10] Ela realiza auditorias relacionadas aos recursos e com funcionários federais e promove transparência. A PF é subordinada ao Ministério da Justiça; a vasta gama de funções da PF inclui o combate a crimes como tráfico de drogas, terrorismo, crimes informáticos, crime organizado, corrupção pública, crimes de colarinho branco, lavagem de dinheiro, entre outros crimes.[11]

A AGU tem *status* de ministério e o poder de representar o governo do Brasil em processos legais.[12] A AGU também oferece aconselhamento jurídico ao governo federal. Ela pode entrar com processos cíveis, incluindo aqueles relacionados com corrupção envolvendo mau uso de recursos públicos,

---

[9] A CGU foi criada pela Lei nº 10.683/2003.

[10] O controle interno é caracterizado por uma agência que supervisiona e monitora diretamente as práticas e ações do poder ou do órgão a que pertence (Spinelli, 2008).

[11] O mandato da PF é expressado no art. 144 da Constituição Brasileira. Para maiores informações, ver: www.planalto.gov.br/ccivil_03/Constituicao/Constituicao.htm.

[12] O cargo de advogado-geral da União foi criado pela Constituição de 1988 e foi implementado pela Lei Complementar nº 73/1993. Para maiores informações, ver: www.trtsp.jus.br/geral/tribunal2/LEGIS/LCP/73_93.html.

enriquecimento ilícito e danos à propriedade pública. Os processos da AGU costumam basear-se nos achados das investigações realizadas por outras instituições de *accountability*. Criado em janeiro de 2009, o Grupo Permanente de Atuação Proativa da AGU tem a missão principal de buscar a recuperação judicial de recursos públicos desviados pela corrupção, por meio do uso de provas reunidas pela CGU, pelo TCU e pela PF, entre outros (AGU, 2010).

O Tribunal de Contas, por sua vez, é a principal instituição administrativa responsável pelo monitoramento do gasto público. O TCU está formalmente associado ao Congresso Nacional, como um braço técnico, e age como controle externo do Poder Executivo.[13] O TCU é uma instituição proativa: com frequência faz auditorias para procurar pontos de vulnerabilidade na gestão pública, como ilegalidades ou ineficiências na gestão de verbas federais. Seu escopo é restringido pelas regulamentações que governam seus procedimentos de auditoria (o escopo de ação do TCU foi estabelecido pelos arts. 70 a 75 da Constituição Brasileira). O TCU não é obrigado a depender de outras instituições de *accountability*, podendo ele próprio fazer investigações e aplicar sanções administrativas. Porém, suas decisões podem ser questionadas por outras instituições com poderes sobrepostos e é possível apelar ao Poder Judiciário para questionar as decisões do TCU (Speck, 2011).

O MPF é, num certo sentido, a mais peculiar instituição de *accountability* do Brasil. Graças a seu alto nível de autonomia, às vezes ele é percebido como um Quarto Poder (Sadek e Cavalcanti, 2003). O MPF tem se apresentado como líder no combate à corrupção.[14] O MPF é um corpo formalmente independente dos outros três poderes do governo. Sob a Constituição de 1988, o MPF tem um orçamento anual assegurado e incentivos de carreira que não sofrem quase nenhuma interferência externa.[15] A autonomia e o escopo do MPF são quase ili-

---

[13] A Constituição de 1988 especificou que o controle externo do Poder Executivo é responsabilidade do Congresso com apoio do TCU. Para maiores informações, ver: https://portal.tcu.gov.br/institucional/conheca-o-tcu/competencias/.

[14] O fato de que membros do MPF veem a si mesmos como líderes no combate à corrupção ficou claro em minha conversa com dois procuradores: "*Os procuradores priorizam casos de corrupção?* Sim, é uma de nossas maiores bandeiras. Somos a única voz gritando no deserto: queremos acabar com a corrupção, precisamos acabar com a corrupção" (Entrevista 1, MPF, 2014). "*Quais seriam os papéis do MPF no controle da corrupção?* Há uma ideia de que o [MPF] é o salvador da nação, o quarto poder. [...] Podemos fazer a ponte entre agentes distintos de *accountability*. Temos esse diálogo que outras instituições às vezes não têm" (Entrevista 2, MPF, 2014).

[15] O mandato do Ministério Público está formulado no art. 129 da Constituição Brasileira. Para mais informações, ver: www.planalto.gov.br/ccivil_03/Constituicao/Constituicao.htm.

mitados. Seu principal papel nos casos de corrupção é investigar, apresentar acusações e mover processos nos tribunais competentes. Os tribunais, por sua vez, determinam a responsabilidade e a punição.

Embora os tribunais tenham um mandado amplo para interferir em diversas arenas potenciais, eles são instituições reativas; é preciso que um agente externo aja antes que os tribunais possam enfrentar casos particulares. A eficácia dos tribunais no processo de *accountability* no nível federal depende da qualidade dos casos apresentados pelo MPF.

Nenhuma dessas instituições de *accountability* tem o controle da corrupção como sua única responsabilidade e nenhuma delas é responsável por todos os passos envolvidos no ciclo de *accountability*, que inclui o monitoramento, a investigação e a sanção (Taylor, 2011). Por exemplo, a prevenção e o monitoramento da corrupção são responsabilidade principalmente da CGU, que reúne e analisa informações estratégicas a fim de identificar ações ilícitas que envolvem recursos federais. Tanto a CGU quanto o TCU fazem auditorias, as quais o MPF e a PF não podem fazer. A missão principal do TCU é aprimorar a gestão dos fundos públicos, e, ao fazê-lo, ele ressalta pontos vulneráveis de outras instituições. Nesse sentido, a capacidade de auditoria do TCU ajuda a impedir a corrupção ao fortalecer mecanismos de defesa e governança de outras instituições. A expectativa de uma organização de que será auditada pelo TCU e pela CGU poderia ajudar a conter potenciais más condutas.

A PF investiga delitos e faz prisões. A PF não pode mover ações judiciais contra crimes nos tribunais; ela depende do MPF, que conduz os processos. Em colaboração com outras autoridades e usando os próprios poderes investigativos, o MPF reúne provas de infrações para apresentá-las aos tribunais relevantes. Então os tribunais decidem quanto ao mérito das provas e das leis a serem aplicadas.[16]

Ao longo das últimas décadas, a começar com a Constituição de 1988, todas essas instituições de *accountability* foram fortalecidas por esforços reformistas. A agenda anticorrupção ganhou visibilidade especialmente durante o primeiro mandato do presidente Luiz Inácio Lula da Silva, que começou em janeiro de 2003.[17] A CGU ganhou naquele ano a missão de auditar e de prevenir a

---

[16] No Brasil, parlamentares, ministros, o presidente, o vice-presidente e os membros dos tribunais superiores estão submetidos a uma jurisdição especial (o foro privilegiado). Essencialmente, eles só podem ser julgados pelo STF.

[17] A criação da CGU durante o primeiro ano de mandato do presidente Lula (2003) costuma ser vista como divisor de águas (Mohallem e Ragazzo, 2017). Durante o primeiro mandato do Partido

corrupção (Olivieri, 2011) e o TCU adquiriu mais autonomia institucional para exercer suas funções de controle externo (Loureiro, Teixeira e Moraes, 2009). Os procuradores adquiriram mais autonomia para investigar e a PF ganhou pessoal e recursos (Arantes, 2011).

Porém, algumas pessoas sugerem que as reformas não foram profundas o bastante para oferecer uma resposta adequada à corrupção (Power e Taylor, 2011; Avritzer e Filgueiras, 2010; Loureiro et al., 2011). Por exemplo, o TCU, em alguns processos contra autoridades corruptas, optou por aplicar sanção administrativa em vez de encaminhar os casos aos tribunais para um processo criminal (Taylor e Buranelli, 2007). Muitas vezes isso aconteceu porque os processos judiciais relacionados com a corrupção no Brasil são notoriamente lentos; quase nunca se chega a uma sentença final a tempo e é rara a recuperação de recursos (Taylor, 2011). Isso acontecia com bastante frequência, em especial antes da Lava Jato.

A visão mais disseminada na literatura anterior à Lava Jato era a de que, apesar das melhorias institucionais, a corrupção não estava ainda sendo abordada adequadamente (Avritzer e Filgueiras, 2010). Um estudo de seis casos proeminentes de corrupção anteriores à Lava Jato mostrou que a fraqueza do processo de *accountability* no Brasil não se devia à falta de dentes de cada uma das instituições de controle e responsabilização, mas à falta de coordenação entre as instituições em cada um dos passos de *accountability* (Taylor e Buranelli, 2007). Embora as instituições integrantes da rede de *accountability* no Brasil estejam bem estruturadas para desempenhar seus papéis legais, foi verificada uma necessidade premente de criar mecanismos de coordenação entre os vários passos envolvidos na *accountability* — prevenção, investigação e sanção — em vez de deixar que eles sejam dados de maneira dispersa por instituições distintas (Olivieri, 2011).

A seção seguinte examina se, durante a Operação Lava Jato, um novo nível de coordenação entre as instituições de *accountability* representou um ponto de virada para o Brasil. Também discuto se a negociação de acordos de leniência poderia ser um exemplo da transição de uma falta de coordenação vista mais para o começo da Operação para a maior coordenação posterior.

---

dos Trabalhadores (2003-06), juízes, procuradores, auditores e policiais receberam um escopo de ação muito maior. Um membro do Sindicato da Polícia Federal explicou: "Antes que Lula assumisse o poder, não tínhamos dentes" (Watts, 2017). Ele prosseguia: "O Partido dos Trabalhadores aumentou nosso orçamento, melhorou nosso equipamento e nos deu mais autoridade. É irônico: eles (o PT) perderam o poder por terem feito a coisa certa" (Watts, 2017).

A Lava Jato e a rede de *accountability*

a. O nível de coordenação alcançado durante a Lava Jato

A Operação Lava Jato foi o produto de cerca de duas décadas de melhorias na rede brasileira de instituições de *accountability*. A Lava Jato é a mais famosa das muitas operações recentes e bem-sucedidas realizadas pela PF em coordenação com procuradores e com membros de outras instituições de controle e resultou em centenas de prisões por crimes como propinas, formação de quadrilha, lavagem de dinheiro, fraude, obstrução da justiça e tráfico de influência. Vale lembrar que a Lava Jato começou como uma operação comum de investigação de lavagem de dinheiro, mas cresceu até tornar-se um robusto e volumoso conjunto de processos criminais conduzido por um esforço coordenado.[18] O MPF, por exemplo, colaborou com outras instituições de *accountability* em mais de 4 mil investigações e processos relacionados com a Lava Jato.[19]

No começo da operação, o MPF criou a força-tarefa da Lava Jato — um grupo de 47 procuradores nas cidades de Brasília, Curitiba e Rio de Janeiro — para conduzir as investigações. No momento da edição deste texto, a força-tarefa permanecia ativa e funcionando.[20] A força-tarefa tem a função de coordenar o trabalho de diferentes instituições de *accountability* envolvidas numa determinada investigação — no caso da Lava Jato, essa articulação envolveu especialmente o MPF, a PF, a Receita Federal, o Ministério da Justiça (que é responsável pelo contato com autoridades de outros países em especial para a atividade de recuperação de ativos de origem ilícita), a CGU, o TCU e dois órgãos federais que monitoram a lavagem de dinheiro e a formação de cartéis, respectivamente, o Conselho de Controle de Atividades Financeiras (Coaf) e o Conselho Administrativo de Defesa Econômica (Cade) (Força-Tarefa Lava Jato, 2016). Em 2016, a força-tarefa recebeu um prêmio nacional

---

[18] Para estatísticas atualizadas da Lava Jato, ver: www.mpf.mp.br/grandes-casos/lava-jato.
[19] Fonte: resposta ao pedido de informação submetido ao Ministério Público Federal, respondido em 19 de dezembro de 2018.
[20] Nota dos organizadores: Em setembro de 2020, a força-tarefa da Lava Jato teve o mandato renovado por mais um ano, mas em um contexto diferente dos anos anteriores. A operação passou a atrair muitas críticas, inclusive do procurador-geral da República, Augusto Aras, e passou por uma troca de comando: Deltan Dallagnol deixou a chefia da força-tarefa e, no lugar dele, assumiu o procurador Alessandro José Fernandes de Oliveira. Em fevereiro de 2021, o procurador-geral decidiu extinguir o modelo de força-tarefa para a Lava Jato e determinou que investigações e processos da operação fossem incorporados pelo Grupo de Atuação Especial de Combate ao Crime Organizado (Gaeco). Para mais informações, ver Moura (2019), Bächtold (2020) e MPF (2021).

em reconhecimento de seu esforço coordenado no combate à corrupção (Ramalho, 2016).

Em fins de 2019, as investigações, prisões, condenações e processos bem-sucedidos contribuíram para o sentido de orgulho compartilhado evidente entre os membros das instituições da rede brasileira de instituições de *accountability*. O website do MPF, que explica a operação em detalhes, listava 870 pessoas acusadas e 204 condenadas, resultando em mais de 2 mil anos de prisão até 2019 (Resultados, 2019). O website do MPF reconhece a importância da PF nas investigações: "O Ministério Público Federal e a Polícia Federal trabalharam de modo integrado. Ambos foram e são essenciais para o sucesso do caso" (Entenda o caso, s.d.). Contra um plano de fundo de tensão entre instituições de *accountability* descrito na literatura e tensões entre os próprios agentes de responsabilização e controle reveladas na entrevistas que conduzi logo antes da Lava Jato, a cooperação evidente na Lava Jato parece representar um ponto de virada na relação entre o MPF e a PF.[21] O website da PF também enfatiza o trabalho investigativo extensivo durante a Lava Jato, que levou a seis operações especiais em outras partes do Brasil (Desdobramentos da Operação Lava Jato, s.d.).

O website do MPF destaca ainda a importância da Receita Federal, da CGU, do Coaf, do Cade e de outras instituições de *accountability*. O Coaf é o órgão administrativo brasileiro criado pela Lei nº 9.613/1998 como parte do Ministério da Fazenda (atualmente Ministério da Economia). A missão central do Coaf é produzir inteligência financeira e proteger contra a lavagem

---

[21] Nas entrevistas que fiz em 2014 e 2015, ficou claro que os membros do MPF e da Polícia Federal tinham críticas ao trabalho um do outro. Por exemplo, ambos reclamavam de como os membros da outra instituição não entendiam seus papéis. Como explicou um dos entrevistados, "Parece-me que o atrito [entre o MPF e a PF] tem a ver com a falta de entendimento dos papéis efetivos dos delegados da Polícia Federal e dos membros do MPF. […] A Polícia Federal é absolutamente subordinada aos procuradores em aspectos técnicos. […] Um membro da PF não pode se opor à orientação técnica adotada pelo procurador (Entrevista 24, MPF, 2014). Outro entrevistado da Polícia Federal explicou: "Não existe trabalho em conjunto com o MPF; nós trabalhamos em separado, cada qual com suas funções e seus papéis" (Entrevista 5, PF, 2015). As tensões entre a PF e o MPF atingiram um pico em 2013, logo antes da Lava Jato, quando propostas de reformas judiciais tentaram — sem sucesso — diminuir os poderes investigativos dos procuradores em favor dos poderes dos policiais. Por exemplo, a PEC 37/2022 foi uma proposta de emenda constitucional que, caso aprovada, teria proibido investigações criminais por procuradores. Como resultado das intensas manifestações populares no país em junho de 2013, que apoiavam o trabalho do MPF, a proposta foi rejeitada. Para mais informações, ver <http://g1.globo.com/politica/pec-37-divergencias/platb/>.

de dinheiro e contra o financiamento do terrorismo. O Coaf pode regular (e aplicar penalidades administrativas a) setores econômicos para os quais não há um órgão específico de regulação ou de supervisão (Conselho de Controle de Atividades Financeiras, s.d.). Em 2017, as atividades do Coaf, em coordenação com as do MPF e da PF, resultaram no congelamento de ativos no Brasil e no exterior no valor de 11 milhões de USD (46 milhões de BRL) relacionados com investigações de lavagem de dinheiro. Uma parcela significativa desses fundos estava relacionada com pessoas investigadas no âmbito da Lava Jato (Conselho de Controle de Atividades Financeiras, 2017).

O Cade é uma agência independente que se reporta ao Ministério da Justiça (Lei nº 12.529/2011). A missão do Cade é garantir a competição livre. Ele é o órgão dentro do Poder Executivo responsável por investigar e decidir questões ligadas à competição (Conselho Administrativo de Defesa Econômica — Cade, s.d.). Como parte das investigações da Lava Jato, o Cade obteve 20 acordos de leniência com empresas acusadas de formação de cartéis.[22]

A coordenação desenvolvida durante a Lava Jato também ficou evidente na arena administrativa. Por exemplo, o TCU priorizou processos relacionados com a Lava Jato e organizou um grupo especial de auditores para lidar com materiais e relatórios vindos de acordos de delação premiada e de leniência alcançados no contexto da Lava Jato.[23] Um indício adicional de coordenação é que o TCU teve acesso irrestrito à documentação usada nas negociações da CGU que levaram a esses acordos (Leniência passo a passo, 2017). O TCU aplicou sanções administrativas a empresas envolvidas na Lava Jato (Construtora

---

[22] O Programa de Leniência do Cade permite que empresas ou indivíduos atual ou previamente envolvidos em cartéis ou em alguma outra quadrilha antitruste candidatem-se a um acordo de leniência. O acordo de leniência envolve o compromisso de cessamento da conduta ilegal, de relatório e confissão de delitos e de cooperação com as investigações por meio da oferta de informações e de documentos relevantes para a investigação. O Programa de Leniência do Cade é diferente dos acordos de leniência baseados na Lei Anticorrupção. Os acordos de leniência do Cade dizem respeito especificamente a cartéis e a outros delitos relacionados com competição e baseiam-se na Lei nº 12.529/2011 (Acordo de Leniência, s.d.).

[23] As leis brasileiras distinguem entre acordos de delação premiada e acordos de leniência. Em ambos, o acusado declara-se culpado e concorda em cooperar com as autoridades em troca de benefícios como uma redução numa multa ou na pena. Os acordos de delação premiada são regulados pela Lei nº 12.850/2013 e os acordos de leniência pela Lei nº 12.529/2011 e pela Lei Anticorrupção nº 12.846/2013. Os acordos de delação premiada são feitos pelo Ministério Público e por indivíduos (pessoas naturais) que podem ser responsabilizados criminalmente por seus atos fora da lei; os acordos de delação premiada têm de ser ratificados pelo Judiciário. Por outro lado, os acordos de leniência são feitos entre empresas e instituições administrativas, como a CGU.

OAS se torna inidônea para licitações federais por 5 anos, 2018). O website do TCU ressalta sua relação próxima com o MPF e com o Cade e menciona brevemente a PF e a CGU, mas não a AGU (O TCU e a Lava Jato, s.d.).

A CGU reconhece publicamente sua parceria com a PF e com o MPF. Ao longo dos últimos 16 anos, 403 investigações da PF foram iniciadas com a participação da CGU, 44 destas apenas em 2019 (Operações especiais, 2019). A CGU aplicou penalidades em muitas das empresas mencionadas nas investigações da Lava Jato. Também fechou acordos de leniência para garantir a cooperação da Odebrecht e de outras empresas (Acordos de leniência celebrados pela CGU e AGU já garantiram o pagamento de R$1,5 bilhão em 2019, 2019).[24]

A CGU manteve um diálogo aberto com a força-tarefa da Lava Jato para promover a colaboração com as investigações em andamento e para promover o efetivo compartilhamento de provas. Por exemplo, a CGU suspendeu alguns de seus próprios acordos de leniência em progresso a fim de evitar interferir em investigações que estavam sendo conduzidas pelo MPF (Leniência passo a passo, 2017).

A AGU tomou parte em algumas das negociações da CGU a fim de oferecer garantias legais e de estender a cobertura dos acordos de leniência a outras penalidades às quais a empresa investigada poderia estar sujeita. A AGU participa desses acordos de leniência nos termos de um entendimento formal com a CGU, formulado na Portaria Interministerial nº 2.278. Promulgada em 2016, essa portaria estabelece instruções para a cooperação no processo de redação e de negociação de acordos de leniência. No final de 2019, 11 empresas tinham assinado acordos de leniência com a CGU e com a AGU, resultando na devolução de 13 bilhões de reais (3 bilhões de dólares) de recursos públicos. Outros 22 acordos de leniência estavam em andamento em 2019 (Acordo de Leniência, s.d.).

A Lava Jato assistiu a um aumento sem precedentes na coordenação entre as instituições relevantes de *accountability*. Essa força-tarefa é única. O fato de os órgãos envolvidos reconhecerem publicamente e destacarem o trabalho de outras instituições em seus websites não tem precedentes. O número

---

[24] Uma das empresas de maior notoriedade envolvida nas investigações da Lava Jato, o Grupo Odebrecht, estava antes da Lava Jato entre as maiores empresas do setor de infraestrutura do Brasil, operando também em 27 outros países, com um faturamento de mais de 107 bilhões de reais (26 bilhões de dólares) e com mais de 128 mil funcionários (Ferro, 2016).

de pessoas acusadas e condenadas em primeira e segunda instâncias é notável, assim como o número de operações conjuntas. Porém, isso não significa que a coordenação tenha sido sempre sem atritos e tensões.

b. A necessidade de coordenação: acordos de leniência

A negociação de acordos de leniência é um dos carros-chefes da Lava Jato. Ainda assim, a coordenação desses acordos, por natureza, traz desafios e, no caso da Operação Lava Jato, atraiu muita competição entre autoridades. Os acordos de leniência com pessoas jurídicas como mecanismo para combater corrupção foram introduzidos no arcabouço jurídico brasileiro pela Lei Anticorrupção, aprovada e sancionada em 2013, pouco antes do início da Lava Jato. Sob uma interpretação restrita do texto da lei (n°12.846/2013), a CGU detém competência exclusiva para celebrar acordos e estabelecer sanções administrativas com empresas investigadas por práticas de atos lesivos à administração pública na esfera federal e internacional.

A liderança da CGU nos processos de assinatura e implementação dos acordos de leniência foi fator de tensão e até de ressentimento, em especial por parte do TCU, MPF e AGU, que reivindicaram um papel mais ativo no processo. Mesmo que a atuação dessas instituições não tenha sido explicitamente definida pela legislação anticorrupção, uma série de brechas e ambiguidades no texto da lei criou incertezas. E as tensões entre as instituições de controle geraram insegurança jurídica.

Empresas que negociavam acordos de leniência tinham receio de que poderiam ser punidas por outros órgãos de controle. Em 2015, a AGU criticou as disputas pela prerrogativa de comandar as negociações de acordos de leniência e insistiu que a CGU e o MPF deveriam colaborar ao invés de questionar a competência um do outro. "O que existe, de fato, é uma especial disputa de protagonismo: quem conduz, quem é o líder, quem manda" (Adams critica disputa entre CGU e MPF por protagonismo em acordos de leniência, 2015). Em agosto de 2019, a promotora pública Samantha Dobrowolski destacou que, após a Lei Anticorrupção, "todos os órgãos correram para fechar acordos de leniência"; ela citou as acirradas disputas entre CGU, AGU, TCU, MPF e outros na teia de prestação de contas federal em decorrência da Lava Jato (Abe, 2019).

No início da aplicação da Lei Anticorrupção, o MPF e outras instituições de controle entenderam que poderiam chegar a acordos de leniência, dispensando a responsabilidade civil das empresas pelas irregularidades praticadas, a fim de obter delas valiosas informações sobre corrupção e irregularidades correlatas. O MPF, por exemplo, promoveu uma interpretação da legislação — especialmente da Lei de Improbidade Administrativa (Lei nº 8.429/1992) — no sentido de que tem legitimidade para firmar acordos de leniência nos casos em que a autoridade administrativa competente não o faça.[25]

Além disso, nenhum acordo de leniência firmado exclui a possibilidade de um processo judicial (Lei nº 12.846/2013, cap. VI). Concluindo, o arcabouço jurídico anticorrupção permite que diferentes instituições firmem acordos de leniência. Essa competição entre múltiplas instituições de *accountability* criou incertezas jurídicas para empresas quanto à possibilidade de os acordos de leniência assinados garantirem proteção definitiva, ou seja, de estarem livres de novas responsabilizações legais pelas mesmas condutas. Será que basta um acordo de leniência apenas com o MPF? Ou será que a CGU, a AGU, ou o Cade também devem participar das negociações propostas pelo MPF? Se esses órgãos não participarem, estão elas obrigadas a seguir o acordo assinado com o MPF? Deve o TCU também participar da negociação ou, ao menos, ratificar o acordo final? Pode o Poder Judiciário revisar os termos dos acordos de leniência? Será que os tribunais têm competência para invalidá-los?

Se essas perguntas, que têm sido feitas pelas empresas infratoras a partir do momento que instituições de *accountability* começaram as tratativas de acordos de leniência (Oliveira, 2017), não forem devidamente respondidas, as empresas terão incentivos mínimos para assinar os acordos. Além disso, a possibilidade de que as empresas sejam punidas mais de uma vez pela mesma conduta e de que tenham provas usadas contra elas em outro caso e grandes desincentivos à colaboração. Como a legislação brasileira tem várias brechas e ambiguidades que causam incerteza jurídica a respeito dos benefícios e dos incentivos para as empresas que entram em acordos de leniência, isso deixa aberta a possibilidade de a empresa terminar pior do que estaria caso não tivesse colaborado (Mohallem et al., 2018). Para que os acordos de leniência sejam um instrumento eficiente no combate à corrupção, há uma necessida-

---

[25] É altamente controverso se o MPF pode negociar acordos de leniência por conta própria, porque a legislação relevante não define explicitamente sua participação. Alguns especialistas creem que é imprudente que o MPF seja tão ativo nos acordos de leniência sem uma definição jurídica clara (Livianu, 2019). Para outros, o ativismo do MPF em firmar acordos de leniência foi crucial e as empresas teriam até preferido os acordos do MPF aos da CGU, porque os procuradores puderem oferecer "melhor negócio" (Lima, 2019).

de urgente de coordenação e de esclarecimento na legislação, abordando-se especialmente os papéis das instituições de *accountability*.

A CGU e o AGU apoiam uma à outra nas negociações de acordos de leniência, mas os procuradores do MPF e os auditores do TCU tiveram dificuldades para definir seus respectivos papéis na negociação dos acordos de leniência. Por exemplo, em 2015, durante uma audiência pública que discutia as consequências econômicas da Lava Jato, gerou controvérsia a sanção que proibiu uma empresa que tinha assinado um acordo de leniência de participar de licitações. O TCU e o MPF defenderam a punição, afirmando que as empresas podem ser proibidas de participar de licitações mesmo depois de assinarem um acordo de leniência. A CGU, porém, defendeu a isenção dessas proibições em certos acordos, afirmando que esse é um modo de manter as empresas operando enquanto os processos criminais da Lava Jato estão acontecendo (Empresas podem ser inidôneas mesmo com acordo de leniência, dizem TCU e MP, 2015).

Em 2017, o TCU proibiu certas empresas do setor de construção que ainda não tinham assinado acordos de leniência (entre as quais a Queiroz Galvão e a Techint) de fazer lances em pregões eletrônicos e de assinar contratos com o governo federal (Leitão, 2018). Num passo rumo a uma maior coordenação, o TCU decidiu que não imporia a mesma proibição a outras empresas, especificamente a Odebrecht, a Camargo Corrêa e a Andrade Gutierrez, porque elas já tinham fechado acordos de leniência com o MPF (Leitão, 2018). Isso significa que o TCU levou em consideração acordos de leniência assinados por outros órgãos para decidir a punição que aplicaria nas empresas condenadas por ele (Acórdão nº 483/2017, 2017). Em 2019, o TCU consolidou essa interpretação (Acórdão nº 1.527/2019, 2019) e adotou a posição de que suas sanções contra empresas que tinham assinado acordos de leniência deveriam ser menos duras do que aquelas aplicadas às outras empresas que, tendo cometido irregularidades similares, não tinham cooperado com outras instituições de *accountability* (Gabriel, 2019).

Em dezembro de 2018, o papel do TCU no monitoramento de acordos de leniência foi definido pela Instrução Normativa nº 83/2018. Essa norma estabelece que o TCU pode supervisionar o quanto as empresas signatárias estão cumprindo os acordos de leniência.[26] É possível afirmar que, com esse

---

[26] A Instrução Normativa nº 83 revogou expressamente a Instrução nº 74/2015. A instrução revogada condicionava os acordos de leniência à aprovação do TCU. Embora a nova Instrução leve em conta a avaliação do TCU das condições acordadas no acordo de leniência, não há mais a exigência de um selo prévio do TCU como condição de legitimidade do acordo de leniência.

novo posicionamento, o TCU sinalizou estar preocupado com a coordenação entre instituições de *accountability*. Porém, essa coordenação ainda não foi plenamente testada. O TCU pode, teoricamente, por exemplo, proibir as empresas que chegaram a um acordo de participar em licitações federais por avaliar que os termos estabelecidos não estão sendo devidamente cumpridos.

De modo geral, a disputa do acordo de leniência criou algum aprendizado institucional: depois de anos iniciais de competição, as instituições de *accountability* começaram a procurar soluções coordenadas. As autoridades envolvidas em acordos de leniência estão todas se esforçando para encontrar um modo de garantir a certeza jurídica e o nível de coordenação necessário para gerar, sustentar e fazer valer acordos de leniência (Abe, 2019). Se isso for obtido, o sistema poderia promover maior *accountability*, para o bem do Brasil.

Apesar dessa busca recente por coordenação — tão necessária para que os acordos se tornem um instrumento eficaz no combate à corrupção —, a intensa disputa entre as instituições de *accountability*, cada qual competindo para fazer ouvir sua voz nas negociações, pode sinalizar a existência de incentivos para que as instituições de controle e responsabilização ajam de maneira independente umas das outras, de maneira desconectada e com objetivos potencialmente contraditórios. Essa é uma área para futuros desenvolvimentos na agenda anticorrupção.[27]

Está além do escopo deste capítulo explicar por que as instituições de *accountability* decidem coordenar-se entre si ou não. Porém, o desenho de seus incentivos para trabalharem juntas e o desenho de seus respectivos papéis institucionais precisam de atenção, porque parece haver uma área cinzenta onde "um excesso de coordenação" pode resultar na erosão da própria *accountability* horizontal. Revelações recentes de *The Intercept* a respeito da excessiva coordenação entre juízes e promotores durante a Lava Jato ressaltaram alguns dos

---

[27] Em 2018, organizações da sociedade civil brasileira, acadêmicos e membros das instituições de *accountability* juntaram-se para desenvolver o pacote de reformas conhecido como "Novas medidas contra a corrupção" (Mohallem et al., 2018). Uma das novas medidas voltava-se especificamente para os acordos de leniência, reconhecendo os problemas de jurisdições sobrepostas de várias instituições de *accountability*. A Nova Medida 50 sugere uma distinção entre casos em que a responsabilidade para estabelecer acordos de leniência recai sobre o Ministério Público e aqueles em que a responsabilidade está com a instituição de controle interno da organização em questão (Mohallem et al., 2018). Outros especialistas defenderam uma redução na multiplicidade de agentes de *accountability* envolvidos e propuseram no lugar dela um "balcão único", uma única instituição com a responsabilidade de firmar acordos de leniência.

riscos envolvidos: será que as instituições de *accountability* abusaram de seus poderes e entraram em conluio umas com as outras para garantir condenações durante a Lava Jato? Deve haver limites maiores ao poder dado às instituições de responsabilização e controle? Quem deveria estabelecer esses limites?

Quem vigia os vigias?

Durante a Lava Jato, as instituições de *accountability* foram capazes de desenvolver ações conjuntas, trocar informações e começar a coordenar-se em torno de acordos de leniência, para mencionar apenas alguns exemplos de uma coordenação frutífera. Porém, no rescaldo do mais significativo esforço anticorrupção da história do Brasil, surgiram questionamentos quanto ao amplo respeito ao estado de direito. As reportagens de *The Intercept* (comumente referidas no Brasil como "Vaza Jato") levantaram questões a respeito do que estava acontecendo nos bastidores da Lava Jato.[28] Um dos pontos centrais é se houve conversas ilegais e antiéticas entre procuradores e juízes.

Como interpretar as revelações feitas por *The Intercept*? A *accountability* horizontal foi violada? Será que uma instituição de *accountability* usurpou os poderes e as responsabilidades de outra? As conversas informais entre procuradores e um dos juízes responsáveis pelas sentenças (como reportado por *The Intercept*) podem indicar o problema de uma instituição estar usurpando papel de outra. Embora a operação tenha sido bem-sucedida sob muitos aspectos que, vistos de fora, podem sugerir uma coordenação adequada, existe a possibilidade de a Lava Jato ter abrigado um conluio impróprio entre procuradores e juízes. Examinar esses fatos como um caso de usurpação pode nos permitir entender que nem todos os tipos de coordenação devem ser permitidos em nome do combate à corrupção.

A coordenação entre instituições de *accountability* pode ser desejável, mas não se deve permitir que essas instituições cheguem longe demais, nem que ultrapassem os limites da lei, mesmo para o fim legítimo de pegar corruptos. As preocupações a respeito de agentes de *accountability* que abusam de seu poder são reconhecidas até por alguns dos próprios agentes de *accountability*. Como observou um policial federal: "O poder investigativo de um procurador hoje não tem limites. É a isso que eu me oponho, um corpo sem controle,

---

[28] Outra vez, ver por favor a conclusão deste volume para uma discussão mais aprofundada das reportagens de *The Intercept* sobre a Lava Jato.

que poderia gerar duas coisas, autoritarismo ou corrupção. Se você deixar o procurador investigar do jeito como investiga hoje, terá os dois" (Entrevista 5, PF, 2015).

Considerando-se essas preocupações, é necessário continuar a aprender com erros e acertos da Lava Jato e a tomar medidas concretas com base em suas lições. A fim de impedir abusos, o MPF e o Judiciário devem ampliar os próprios níveis de *accountability*. O CNJ, que monitora a atividade do Judiciário e o CNMP, que monitora o MPF, deveriam ser mais ativos e empoderados. Talvez esses dois conselhos devam discutir sanções mais severas para a má conduta de promotores e juízes. A questão foi coberta por uma lei aprovada recentemente, que visa punir o abuso de autoridade de agentes públicos (Lei nº 13.869/2019) e que entrou em vigor em janeiro de 2020.[29] A nova lei atualiza a Lei nº 4.898, de 1965, e detalha penalidades criminais para o abuso de poder por parte de um agente público. A nova legislação se aplica a todos os servidores públicos do Legislativo, do Executivo, do Judiciário, das Forças Armadas, do Ministério Público e dos Tribunais de Contas. Ela define o abuso de poder como medidas que têm o fim de prejudicar terceiros, de beneficiar a si ou a terceiros, ou de promover satisfação pessoal.

Alguns analistas veem a nova lei como uma retaliação da elite política contra as investigações da Lava Jato (Oliveira, 2019); outros, porém, a consideram necessária para impedir a usurpação e a corrupção das próprias instituições de *accountability* — duas formas que comprometem a *accountability* horizontal. A maior resistência à nova legislação veio de juízes e promotores. Eles receiam que as condutas classificadas como abuso de autoridade possam ser uma ameaça a sua autonomia e receiam que isso possa travar o trabalho deles (Nunes, 2019). Se são exagerados esses receios, é uma questão para futuras pesquisas.

Discussão e conclusão

Pesquisas futuras também deveriam examinar em que medida o escândalo conhecido como "Mensalão" preparou o caminho para a Lava Jato.[30] Nas entrevistas que fiz em 2014 e 2015, não perguntei especificamente sobre a Lava

---

[29] Para mais informações, ver: www.planalto.gov.br/ccivil_03/_ato2019-2022/2019/lei/L13869.htm.
[30] Como discutido na Introdução deste volume, o Mensalão foi um escândalo de compra de votos divulgado em 2005, quando o presidente de um partido aliado afirmou que o PT, então no Poder, estava fazendo pagamentos mensais de 8 mil USD (30 mil BRL) a vários parlamentares para que votassem de certa maneira (What is Brazil's Mensalão, 2013).

Jato, uma vez que o escândalo ainda estava vindo à tona. Mesmo assim, as pessoas que entrevistei mencionaram o Mensalão e a Lava Jato com grandes expectativas em torno de ambos os casos. Quanto à Operação Lava Jato, ela era constantemente retratada como algo sem precedentes e como se fosse acabar com a impunidade. Um entrevistado da PF disse: "O Mensalão e agora a Lava Jato — eles terão consequências. Assim, o Judiciário [agora vai desempenhar um papel em] acabar com a ideia de que alguém que desvia recursos [públicos] pode permanecer sem punição" (Entrevista 54, PF, 2015). Analogamente, uma autoridade do TCU explicou: "O grande incentivo para a corrupção no Brasil é a certeza da impunidade... Agora, isso foi lentamente abalado pelo Mensalão e por essa Operação Lava Jato, a qual, esperamos, pode levar a condenações de pessoas e de empresas importantes" (Entrevista 3, TCU, 2014).

Em geral, da perspectiva das pessoas que entrevistei, o Mensalão e a Lava Jato eram percebidos como histórias de sucesso. E, em certo sentido, o Mensalão pode ter sido uma primeira tentativa de coordenação entre instituições de *accountability*, o que contribuiu para que fossem iniciadas novas investigações, como a Lava Jato, como observou o cientista político Valeriano Costa, da Unicamp: "A partir do Mensalão, a Polícia e o Ministério Público se tornaram muito ativos e o Judiciário se tornou bastante favorável a um procedimento duro e agressivo em relação aos políticos (Dez anos após mensalão, há avanço no combate aos corruptos, 2015). Assim, essencialmente, a Lava Jato não foi um ponto de virada que veio de repente, do nada, mas algo que pôde acontecer graças ao fortalecimento e ao aprendizado institucional. No entanto, ainda há a necessidade de mais aprendizado e reflexão.

Como a Lava Jato parece estar chegando ao fim, é importante ressaltar as mudanças estruturais que ela trouxe, especialmente a cooperação entre as instituições. Também é essencial pensar com cuidado a respeito de como manter vivo o "espírito da Lava Jato" (nas palavras de Bullock e Stephenson, no capítulo 14 deste livro), ao mesmo tempo que são criados freios e contrapesos que valham para as próprias instituições de *accountability*.

Primeiro, a rede de instituições de *accountability* deveria operar dentro de um sistema de direitos e responsabilidades com o fim de sustentar a ordem democrática. Os membros das instituições de controle e responsabilização precisam de guias mais bem definidos e de incentivos que os impeçam de usurpar os legítimos papéis uns dos outros. Essas instituições que combatem a corrupção precisam de limites — papéis e responsabilidades claros — e esses limites precisam ser reconhecidos e respeitados pelos outros agentes do sistema. Ao mesmo tempo, esses atores deveriam trabalhar para garantir a *accountability* uns dos outros. De fato, a *accountability* horizontal pressupõe instituições que fiscalizam umas às outras. Por exemplo, o MPF controla o trabalho da polícia, a CGU controla o comportamento dos servidores públicos federais, o TCU tem de aprovar a prestação de contas do Poder Executivo (preparada pela CGU) etc.

A *accountability* entre as instituições também tem de ser complementada por outros tipos de *accountability*. Os políticos eleitos, a mídia e a sociedade civil desempenham o papel fundamental de "vigiar os vigias". De fato, as reportagens de *The Intercept* são exatamente isso — um esforço de gerar uma consciência pública que serve para controlar as instituições de *accountability*. Num veio similar, as novas sanções a juízes e a procuradores aprovadas recentemente pelo Legislativo podem impedir a questão da usurpação que ressaltei anteriormente.

Assim, para terminar, o Brasil poderia beneficiar-se de um "espírito madisoniano", um prudente ceticismo quanto às inclinações republicanas dos próprios agentes da *accountability*. Há uma necessidade urgente de construir instituições que freiem as tentações dos agentes de invadir o terreno da responsabilidade do outro, ao mesmo tempo que as demandas democráticas são satisfeitas. Os governos não devem se esquecer de que devem seu poder ao povo.

Referências

ABE, P. Análise de debate. Combate à corrupção, acordos e delações. *Migalhas e Folha de S.Paulo*, 23 ago. 2019. Disponível em: www.migalhas.com.br/dePeso/16,MI309438,61044-Analise+de+debate+Combate+a+corrupcao+acordos+e+delações.

ACÓRDÃO nº 483/2017. 22 mar. 2017. Disponível em: https://pesquisa.apps.tcu.gov.br/#/documento/acordao-completo/%252a/NUMACORDAO%253A483%2520ANOACORDAO%253A2017%2520COLEGIADO%253A%2522Plen%25C3%25A1rio%2522/DTRELEVANCIA%2520desc/0/sinonimos%3Dfalse.

ACÓRDÃO nº 1.529/2019. 3 jul. 2019. Disponível em: https://pesquisa.apps.tcu.gov.br/#/documento/acordao-completo/Ac%25C3%25B3rd%25C3%25A3o%25201527%252F2019/%20/DTRELEVANCIA%20desc,%20NUMACORDAOINT%20desc/0/%20?uuid=9e0edb00-a40b-11e9-a424--e3de6ee347f6.

ACORDO de leniência [s.d.] Disponível em: www.cgu.gov.br/assuntos/responsabilizacao-de-empresas/lei-anticorrupcao/acordo-leniencia.

ACORDOS de leniência celebrados pela CGU e AGU já garantiram o pagamento de R$1,5 bilhão em 2019. 20 ago. 2019. Disponível em: www.cgu.gov.br/noticias/2019/08/acordos-de-leniencia-celebrados-pela-cgu-e-agu-ja-garantiram-o-pagamento-de-r-1-5-bilhao-em-2019.

ADAMS critica disputa entre CGU e MPF por protagonismo em acordos de leniência. *Consultor Jurídico*, 17 jul. 2015. Disponível em: www.conjur.com.br/2015-jul-17/adams-critica-disputa-entre-cgu-mpf-acordos-leniencia.

ADVOCACIA-GERAL DA UNIÃO. Conheça o Grupo de Atuação Proativa da AGU. 2010. Disponível em: www.consultaesic.cgu.gov.br/busca/dados/Lists/Pedido/Attachments/433593/RESPOSTA_PEDIDO_acesse_aqui_a_cartilha_do_grupo_permanente_de_atuacao_proativa_da_agu.pdf.

ARANHA, A. *Corruption and the web of accountability institutions in Brazil*. Universidade Federal de Minas Gerais. 2015. Disponível em: https://bit.ly/2A64SfR.

ARANTES, R. Polícia Federal e construção institucional. In: AVRITZER, L.; FIGUEIRAS, F. (Ed.). *Corrupção e sistema político no Brasil*. Rio de Janeiro: Civilização Brasileira, 2011.

AVRITZER, L.; FILGUEIRAS, F. Corrupção e controles democráticos no Brasil. In: CUNHA, A.; MEDEIROS, B.; AQUINO, L. (Orgs.). *Estado, Instituições e Democracia: República*. Brasília: Ipea, p. 473-503, 2020.

BÄCHTOLD, Felipe. Renovada e sem Deltan, Lava Jato corre risco de perder o fio da meada em "quebra-cabeça". *Folha de S.Paulo*, 2020.

CONSELHO ADMINISTRATIVO DE DEFESA ECONÔMICA (CADE). [s.d.] Disponível em: http://en.cade.gov.br/topics/about-us.

CONSELHO DE CONTROLE DE ATIVIDADES FINANCEIRAS. *Relatório de atividades 2017*. 31 dez. 2017. Disponível em: www.fazenda.gov.br/centrais-de-conteudos/publicacoes/relatorio-de-atividades/arquivos/relatorio-de-atividades-coaf-2017.pdf.

_____. s.d. Disponível em: http://fazenda.gov.br/orgaos/coaf.

CONSTRUTORA OAS se torna inidônea para licitações federais por 5 anos. 2 ago. 2018. Disponível em: https://portal.tcu.gov.br/imprensa/noticias/construtora-oas-se-torna-inidonea-para-licitacoes-federais-por-5-anos.htm.

DESDOBRAMENTOS da Operação Lava Jato. s.d. Disponível em: www.pf.gov.br/imprensa/lava-jato/desdobramentos-da-operacao-lava-jato.

DEZ anos após Mensalão, há avanço no combate aos corruptos *DW*, 14 mai. 2015. Disponível em: www.dw.com/pt-br/dez-anos-ap%C3%B3s-mensal%C3%A3o-h%C3%A1-avan%C3%A7o-no-combate-aos-corruptos/a-18450502.

EMPRESAS podem ser inidôneas mesmo com acordo de leniência, dizem TCU e MP. 15 abr. 2015. Disponível em: www.camara.leg.br/noticias/455760--empresas-podem-ser-inidoneas-mesmo-com-acordo-de-leniencia-dizem--tcu-e-mp/.

ENTENDA a PEC 37. *O Globo*, s.d. Disponível em: http://g1.globo.com/politica/pec-37-divergencias/platb/.

ENTENDA o caso. s.d. Disponível em: www.mpf.mp.br/grandes-casos/lava--jato/entenda-o-caso.

ENTREVISTA pessoal 1. Membro do Ministério Público Federal, jun. 2014.

ENTREVISTA pessoal 2. Membro do Ministério Público Federal, jun. 2014.

ENTREVISTA pessoal 3. Membro do Tribunal de Contas da União, jun. 2014.

ENTREVISTA pessoal 5. Membro da Polícia Federal, jan. 2015.

ENTREVISTA pessoal 10. Membro da Controladoria-Geral da União, jun. 2014.

ENTREVISTA pessoal 11. Membro do Ministério Público Federal, jun. 2014.

ENTREVISTA pessoal 13. Membro do Tribunal de Contas da União, jun. 2014.

ENTREVISTA pessoal 15. Membro do Tribunal de Contas da União, jun. 2014.

ENTREVISTA pessoal 24. Membro do Ministério Público Federal, jun. 2014.

ENTREVISTA pessoal 27. Membro da Controladoria-Geral da União, jun. 2014.

ENTREVISTA pessoal 46. Membro do Ministério Público Federal, jun. 2014.

ENTREVISTA pessoal 54. Membro da Polícia Federal, jan. 2015.

FERRO, J. R. O Departamento de "Operações Estruturadas" da Odebrecht. *Época Negócios*, 29 mar. 2016. Disponível em: https://epocanegocios.globo.com/colunas/Enxuga-Ai/noticia/2016/03/o-departamento-de-operacoes--estruturadas-da-odebrecht.html.

FISHMAN, Andre et al. Secret Brazil archive: part 3. *The Intercept*, 9 jun. 2019.

força-tarefa Lava Jato. 2016. Disponível em: www.premioinnovare.com.br/praticas/forca-tarefa-lava-jato-ftlj.

GABRIEL, Y. Quando provas do acordo de colaboração não são úteis para o TCU. *Jota*, 9 out. 2019. Disponível em: www.jota.info/opiniao-e-analise/colunas/controle-publico/quando-provas-do-acordo-de-colaboracao-nao--sao-uteis-para-o-tcu-09102019.

INSTRUÇÃO Normativa nº83/2018. 12 dez. 2018. Disponível em: https://contas.tcu.gov.br/sisdoc/ObterDocumentoSisdoc?codVersao=editavel&codPapelTramitavel=60800041.

LEITÃO, M. TCU acerta ao beneficiar empresas que fizeram leniência, diz Lava Jato. *G1*, 23 mar. 2018. Disponível em: http://g1.globo.com/politica/blog/matheus-leitao/post/tcu-acerta-ao-beneficiar-empresas-que-fizeram-leniencia-diz-lava-jato.html.

LENIÊNCIA passo a passo (parte 2). 30 mar. 2017. Disponível em: www.cgu.gov.br/noticias/nota-de-esclarecimento-leniencia-passo-a-passo-parte-2.

LENIENCY program. [s.d.] Disponível em: http://en.cade.gov.br/topics/leniency-program.

LIMA, C. F. *2º Seminário de Compliance "Acordos de Leniência na Operação Lava Jato"* — empresas, MPF e advogados. 21 nov. 2019. PUC-Campinas.

LIVIANU, R. *2º Seminário de Compliance "Acordos de Leniência na Operação Lava Jato"* — empresas, MPF e advogados. 21 nov. 2019. PUC-Campinas.

LOUREIRO, M.; TEIXEIRA, M.; MORAES, T. Democratização e reforma do Estado: o desenvolvimento institucional dos Tribunais de Contas no Brasil recente. *Revista de Administração Pública*, v. 43, n. 4, p. 739-772, 2009.

_____ et al. (Org.). *Relatório*. Coordenação do Sistema de Controle da Administração Pública Federal. Brasília, DF: Ministério da Justiça; São Paulo: Fundação Getulio Vargas, 2011 (Coleção Pensando o Direito).

MAINWARING, S.; WELNA, C. (Ed.). *Democratic accountability in Latin America*. Oxford: Oxford University Press, 2003.

MARQUES, J.; BACHTOLD, F. Modelo de força-tarefa vê ascensão e crise sob a Operação Lava Jato. *Folha de S.Paulo*, 15 jun. 2019. Disponível em: www1.folha.uol.com.br/poder/2019/06/modelo-de-forca-tarefa-ve-ascensao-e-crise-sob-a-operacao-lava-jato.shtml.

MOHALLEM, M. F.; RAGAZZO, C. (Coord.) *Diagnóstico institucional*: primeiros passos para um plano nacional anticorrupção. Rio de Janeiro: Escola de Direito do Rio de Janeiro da Fundação Getulio Vargas. 2017. Disponível em: http://hdl.handle.net/10438/18167.

_____ et al. *Novas medidas contra a corrupção*. Rio de Janeiro: FGV Direito Rio, 2018. Disponível em: https://bibliotecadigital.fgv.br/dspace/handle/10438/23949.

MOURA, R. Raquel prorroga por mais um ano força-tarefa da Lava Jato. *Estadão*, 12 ago. 2019. Disponível em: https://politica.estadao.com.br/blogs/fausto-macedo/raquel-prorroga-por-mais-um-ano-forca-tarefa-da-lava-jato-no-parana/.

MPF. *Lava Jato passa a integrar o Grupo de Ação Especial de Combate ao Crime Organizado no Paraná*. 3 fev. 2021. Disponível em: www.mpf.mp.br/pr/sala-de-imprensa/noticias-pr/lava-jato-passa-a-integrar-o-gaeco-no-parana.

NUNES, W. Lei de Abuso de Autoridade vai inibir investigações, diz representante de procuradores. *Folha de S.Paulo*, 30 set. 2019. Disponível em: www1.folha.uol.com.br/poder/2019/09/lei-de-abuso-de-autoridade-vai-inibir-investigacoes-diz-representante-de-procuradores.shtml.

O'DONNELL, G. Horizontal accountability and new polyarchies. *Working Paper 253*. Kellogg Institute. abr. 1998. Disponível em: https://kellogg.nd.edu/sites/default/files/old_files/documents/253_0.pdf.

OLIVEIRA, G. A insegurança jurídica das empresas e os acordos de leniência na legislação anticorrupção brasileira. *Migalhas*, 29 mai. 2017. Disponível em: www.migalhas.com.br/dePeso/16,MI259553,21048-A+inseguranca+juridica+das+empresas+e+os+acordos+de+leniencia+na.

O TCU e a Lava Jato. s.d. Disponível em: https://portal.tcu.gov.br/combate-a-corrupcao/tcu-e-a-lava-jato.htm.

OLIVIERI, C. Combate à corrupção e controle interno. *Cadernos Adenauer*, v. XII. n. 3, p. 99-109, 2011.

_____. Lei Contra Abuso de Autoridade chega à forma final em meio a controvérsia. *Agência Senado*, 24 set. 2019. Disponível em: www12.senado.leg.br/noticias/infomaterias/2019/09/lei-contra-abuso-de-autoridade-chega-a-forma-final-em-meio-a-controversia.

OPERAÇÕES especiais. 9 out. 2019. Disponível em: www.cgu.gov.br/assuntos/auditoria-e-fiscalizacao/acoes-investigativas/operacoes-especiais.

POWER, T.; TAYLOR, M. (Ed.). *Corruption and democracy in Brazil*: the struggle for accountability. Notre Dame, Indiana: University of Notre Dame, 2011.

RAMALHO, R. Força-tarefa da Operação Lava Jato ganha Prêmio Innovare. *O Globo*, 6 dez. 2016. Disponível em: https://g1.globo.com/politica/noticia/forca-tarefa-da-operacao-lava-jato-ganha-premio-innovare.ghtml.

RESULTADOS. 2019. Disponível em: www.mpf.mp.br/grandes-casos/lava-jato/resultados.

SADEK, T.; CAVALCANTI, R. The new Brazilian public prosecution: an agent of accountability. In: MAINWARING, S.; WELNA, C. (Ed.). *Democratic accountability in Latin America*. Oxford, Reino Unido: Oxford University Press, 2003.

SILVA DE SOUSA, Marcelo. Brazil Court Rules Car Wash Judge Was Biased in Lula Cases. *The Washington Post*, 23 mar. 2021. The Americas.

SPECK, B. Auditing institutions. In: POWER, T.; TAYLOR, M. (Ed.). *Corruption and democracy in Brazil*: the struggle for accountability. Notre Dame, Indiana: University of Notre Dame, 2011.

SPINELLI, M. Controle interno. In: AVRITZER, L. et al. (Org.). *Corrupção*: ensaios e crítica. Belo Horizonte: Editora da UFMG, 2008.

TAYLOR, M. The Federal Judiciary and electoral courts. In: POWER, T.; TAYLOR, M. (Ed.). *Corruption and democracy in Brazil*: the struggle for *accountability* . Notre Dame, Indiana: University of Notre Dame, 2011.

_____; BURANELLI, V. Ending up in pizza: accountability as a problem of institutional arrangement in Brazil. *Latin American Politics and Society*, v. 49, n. 1, p. 59-87, 2007.

WATTS, Jonathan. Operation Car Wash: is this the biggest corruption scandal in history? *The Guardian*, 1º jun. 2017. Seção "The Long Read". Disponível em: www.theguardian.com/world/2017/jun/01/brazil-operation-car-wash-
-is-this-the-biggest-corruption-scandal-in-history.

WHAT Is Brazil's "Mensalão". *The Economist*, 18 nov. 2013. Seção "Explaining the world". Disponível em: www.economist.com/the-economist-
-explains/2013/11/18/what-is-brazils-mensalao.

8

Entrevista com Deltan Dallagnol

Paul Lagunes

Deltan Dallagnol obteve o bacharelado em direito na Universidade Federal do Paraná (Furtado, 2016). Depois, em 2013, estudou na Faculdade de Direito de Harvard onde fez um LL.M[1] (Dallagnol e Stephenson, 2017).

Dallagnol começou a atuar como procurador federal relativamente jovem, aos 22 anos (Furtado, 2016). Quando estava prestes a completar 40 anos, já era o líder da investigação da Lava Jato há mais de cinco anos (Garcia-Navarro, 2015). No momento da redação deste texto, em 2019, a equipe de procuradores em Curitiba contabilizava as condenações de mais de 150 pessoas e sentenças de prisão que totalizam mais de 2 mil anos (MPF, 2019; The Economist, 2019).[2]

Porém, alguns acusam Dallagnol e sua equipe de terem cometido violações de direitos, demonstrado excessiva dependência de provas obtidas em acordos de delação premiada e de terem solapado a democracia brasileira ao perseguir autoridades eleitas, especialmente de partidos de esquerda (Watts, 2015). Durante uma coletiva de imprensa, Dallagnol gerou controvérsias ao projetar um slide de PowerPoint com setas que apontavam desde expressões como "governabilidade corrompida" e "enriquecimento ilícito" para um único nome: Lula (Sims, 2016). Lula respondeu a esse ato em particular com um processo de difamação[3] e expressou sua preocupação de que o Partido dos Trabalhadores (PT) estava sendo retratado como uma organização criminosa (Alessi et al., 2017).

Deve-se notar que Dallagnol respondeu a essas e a outras críticas (Rodrigues, 2018). Ele tentou explicar ao público certos aspectos da investigação.

---

[1] LL.M. é a sigla para Latin Legum Magister e pode ser descrito como um mestrado em direito obtido em países como os Estados Unidos e o Reino Unido.

[2] Para uma discussão de como a luta contra a corrupção tem de ir além de ações punitivas, ver o capítulo 14, de Rose-Ackerman e Pimenta, deste livro.

[3] Lula perdeu esse processo (*O Globo*, 2018).

Quanto à primeira preocupação, Dallagnol sugeriu que boa parte da oposição às estratégias da investigação concentrou-se no uso de prisões provisórias. Porém, ele respondeu sugerindo que a técnica é usada com parcimônia — isto é, com apenas 10% daqueles acusados na investigação (Dallagnol e Stephenson, 2017). Sobre as delações premiadas, Dallagnol garantiu que nenhum suspeito jamais é condenado apenas com base em provas fornecidas por testemunhas que cooperam (Dallagnol e Stephenson, 2017; ICRNetwork, 2019). Ele também insistiu que os esquemas de lavagem de dinheiro ficaram tão complexos que é incrivelmente difícil rastrear transações financeiras. Por fim, quanto à preocupação de que a Lava Jato é movida por objetivos políticos, Dallagnol questionou até que ponto muitas autoridades eleitas não apenas não aprovaram leis que limitassem a corrupção, como, ao invés disso, tentaram imunizar-se contra investigações criminais (Dallagnol e Stephenson, 2017). Por exemplo, em novembro de 2016, enquanto os brasileiros estavam distraídos com uma tragédia nacional — o acidente com o voo da Chapecoense —, a Câmara dos Deputados aprovou uma emenda para limitar a autoridade de procuradores e juízes em casos de corrupção envolvendo políticos (Romero, 2016).

Com o argumento de que legisladores não fizeram o suficiente para inibir futuros escândalos de corrupção, Dallagnol e sua equipe de procuradores lideraram um movimento que buscava aprovar reformas jurídicas para limitar a impunidade de que os políticos gozam há muito tempo (Braga, 2017; He, 2016). A proposta ficou conhecida como "10 Medidas contra a Corrupção" e foi entregue ao Congresso como uma iniciativa pública com cerca de 2 milhões de assinaturas (Pontes, 2016).

Em última instância, as "10 Medidas", da forma como foram elaboradas, não passaram no Congresso e esse é um indício do ambiente desafiador em que Dallagnol e sua equipe tentaram avançar. É nesse ambiente que, sem provas, alguns afirmaram que a força-tarefa da Lava Jato serviu como instrumento dos Departamento de Justiça dos Estados Unidos (Fórum, 2019; Greenwald, 2019).[4] Porém, alguns elementos da entrevista com Dallagnol que se segue põem em questão algumas das teorias em torno da Lava Jato. Por exemplo,

---

[4] Numa entrevista, o ex-presidente Luiz Inácio Lula da Silva afirma o seguinte: "Glenn, não tenho dúvida de que tudo o que aconteceu em conexão com a Operação Lava Jato foi para impedir o Lula de concorrer à presidência. Hoje eu tenho certeza disso, assim como tenho certeza de que o Departamento de Justiça americano está por trás disso e assim como tenho certeza…". Quando lhe são pedidas provas que embasem essa afirmação, Lula diz: "Só posso ter fortes convicções, você sabe, sobre tudo isso." Para examinar a transcrição completa da entrevista, ver: Greenwald (2019).

Dallagnol parece genuinamente surpreso com o fato de a operação ter crescido a ponto de ter o impacto que teve.[5] Ele também observa que as investigações envolveram mais de 20 partidos e mais de 400 políticos. Por isso, segundo ele, não parece convincente sugerir que a Lava Jato é uma trama perfeitamente arquitetada para derrubar um único político ou partido.

Porém, a entrevista faz mais do que buscar intenções políticas ocultas nas falas do procurador que chefiou a Lava Jato. Na verdade, a entrevista tem duas partes. A primeira vem da minha conversa pessoal com Dallagnol em 11 de dezembro de 2017.[6] Essa parte da entrevista almeja entender os riscos e as recompensas que acompanham a luta contra a corrupção. A segunda reflete minha troca de e-mails com Dallagnol entre o começo de setembro e meados de outubro de 2019.[7] Dallagnol examinou e aprovou as transcrições das entrevistas.

Parte 1

Paul Lagunes: Deltan, obrigado mais uma vez por conversar comigo. O que eu estou tentando entender, principalmente porque há algum tempo acompanho seu trabalho... o que estou tentando entender é o que alguém no seu lugar, o que essa pessoa precisa levar em conta ao decidir seguir por um caminho parecido ou seguir a estratégia que você adotou. O que ela deve levar em conta ao assumir um compromisso desses. Vou dividir essa questão em algumas perguntas, para a gente chegar nesse ponto. Então, Deltan, creio que vou começar perguntando: quando você foi chamado para assumir esse caso, você esperava logo de início que ele ficasse tão grande quanto ficou? O quanto te surpreende o tamanho desse caso e o número de anos que se passaram desde o começo? Você ficou surpreso com isso?

Deltan Dallagnol: Certamente. Nós também sabíamos que a corrupção é disseminada no Brasil. Porém, uma coisa é saber que ela é disseminada e ou-

---

[5] Deve-se notar que, no capítulo seguinte, Sergio Moro também diz-se surpreso com o tamanho e com o aparente sucesso da Lava Jato.

[6] A entrevista durou quase uma hora e foi antecedida por uma reunião durante um almoço com Dallagnol e alguns membros da equipe. Dallagnol marcou o almoço num restaurante perto do Ministério Público Federal em Curitiba.

[7] Agradeço a Raquel de Mattos, Jessy Bullock e Karla Ganley pela ajuda em formular perguntas relevantes e apropriadas para a Parte II da entrevista. Desnecessário dizer que sou o responsável pela seleção efetiva das perguntas feitas e pela maneira como essas perguntas foram formuladas.

tra... uma coisa é saber que existe um monstro por aí, outra coisa é o monstro estar na sua frente e [olhar] o monstro nos olhos, isso é [mais assustador]. E quando começamos o caso não tínhamos expectativas quanto aos resultados. Ou, pelo contrário, tínhamos a expectativa de que seria outro fracasso porque a história das pessoas que trabalharam em [casos anteriores] é a história dos fracassos contra a corrupção. Porém, este caso teve um resultado diferente. Tivemos muitos golpes de sorte. [O caso também foi beneficiado por] muitos desenvolvimentos institucionais e [jurídicos], tivemos [...] grande apoio [da] sociedade civil e tivemos, neste caso, pessoas que tinham um espírito empreendedor e que desenvolveram um novo modelo de investigação. E esse novo modelo de investigação tem quatro grandes pilares: [primeiro,] acordos de cooperação com os réus; [segundo,] a cooperação dentro do Ministério Público Federal, entre diversas instituições do Brasil e a cooperação internacional; terceiro, a estratégia de fases; e, quarto, uma nova estratégia de comunicação. Assim, [esses são] os motivos por que acho que este caso conseguiu desenvolver-se...

Lagunes: [...] você sabia que o monstro estava lá — você sabia que a corrupção existe, [mas] enfrentá-la é uma questão diferente. Gostaria, talvez, de me aprofundar um pouco nisso. [...] Como você dizia antes — um procurador se acostuma a perder casos porque é difícil, então talvez seja uma surpresa o quanto esse caso foi bem-sucedido. Quanto ao monstro mesmo, o que o surpreendeu nele? O que você não sabia [...] sobre esse monstro, sobre a corrupção?

Dallagnol: [...] Com base em pesquisas [feitas] em universidades e em instituições como a Transparência Internacional, sabíamos que a corrupção era disseminada. Mas uma coisa é saber que ela é disseminada, outra coisa é realmente vê-la, descobrir milhões e milhões — ou bilhões de reais [...] e descobrir que as empresas campeãs do Brasil, que elas não eram campeãs por sua eficiência econômica, mas [porque desfrutavam de vantagem indevida]. Assim, elas eram campeãs não por correr mais rápido, mas porque [começaram a corrida] na frente da linha de partida. Além disso, sabíamos que havia muita corrupção no sistema político, mas mal se podia imaginar que descobriríamos corrupção nas dezenas de partidos políticos que existem no Brasil. No Brasil temos o maior número de partidos políticos no mundo — são 35 — e [esta investigação de uma única empresa envolveu 26 partidos políticos e 415 políticos]. [A] Odebrecht envolveu quase um terço dos senadores, quase um terço dos ministros de Estado e quase metade dos governadores. Creio que isso é inimaginável em quase qualquer país do mundo. Isso faz o escândalo de Watergate[8] parecer coisa de crianças brincando numa caixa de areia.

Lagunes: E aqueles que foram envolvidos — outra vez, você está surpreso com o sucesso. O que você acha do sucesso hoje, em termos de processos?

Dallagnol: Até agora acusamos cerca de 300 pessoas de crimes como corrupção, lavagem de dinheiro e formação de quadrilha. Mais de 115 pessoas foram condenadas a mais de 1.800 anos de cadeia. Sete ex-deputados foram condenados e presos em Curitiba.

Lagunes: No total?

Dallagnol: Sim, no total. E conseguimos que os réus concordassem em devolver à sociedade mais de 10 bilhões de reais — mais de 3 bilhões de dólares — num país em que a regra é não recuperar nenhum centavo em nenhum caso de corrupção. Quando falo disso, mais de 10 bilhões de reais, estou falando de compromissos assumidos por réus cooperativos [...] de devolver esse dinheiro e mais de 1 bilhão e meio de reais [já foi] devolvido. Isso não tem precedentes no Brasil. É algo que nem os mais otimistas [...] jamais esperariam que poderia acontecer no Brasil. Em algum momento do caso, uma pessoa me parou na rua para dizer que [...] chorou quando viu na TV que um dos [maiores] empresários do Brasil tinha sido preso, porque ele achava que isso jamais aconteceria no Brasil, que algumas pessoas aqui eram — e de fato eram — grandes demais para a cadeia. E a Lava Jato está nivelando as pessoas. É um forte passo na direção ao Estado de direito.

Lagunes: Já se decidiu o que acontecerá com esses 10 bilhões de reais, ou 3 bilhões de dólares? Oitenta por cento da multa que a Braskem e a Odebrecht têm de pagar — que, até onde sei, a Securities and Exchange Commission dos Estados Unidos está cobrando —, 80% do valor será devolvido ao Brasil. Eu entendi corretamente?

---

[8] Nota dos organizadores: O caso Watergate foi a invasão aos escritórios do Partido Democrata americano em Washington, no complexo de edifícios Watergate, em 1972. O incidente aconteceu durante a campanha presidencial e, depois de dois anos de investigação, culminou com a renúncia do presidente republicano Richard Nixon. A invasão havia sido arquitetada para grampear telefones de opositores políticos e as investigações indicaram pagamento do comitê de reeleição de Nixon a um dos invasores (Cabral, 2011).

Dallagnol: Eles estão creditando o que é pago no Brasil até 80% do valor total.

Lagunes: Já foi decidido o que vai acontecer com os 80%?
Dallagnol: Sim. Em cada acordo de cooperação, identificamos as vítimas e o dinheiro volta para as vítimas, quase todo o dinheiro. Segundo a lei brasileira, é possível separar cerca de 10% do valor, ou uma certa porcentagem do valor, para investimentos em esforços contra a corrupção e contra a lavagem de dinheiro. Mas a maior parte do dinheiro volta para as vítimas.

Lagunes: Então a Petrobras vai recuperar uma parte disso?
Dallagnol: Sim, a Petrobras vai receber a maior parte; porém, também temos outras vítimas. E quando você pergunta o que foi que nos assustou, no começo estávamos assustados com o tamanho do esquema dentro da Petrobras. Já era horrível; porém [...] também descobrimos [que] esse esquema não estava [limitado à] Petrobras. Era um esquema presente em muitos setores do governo, mas não só do governo federal — também dos governos estaduais e municipais. Descobrimos que o sistema político está podre e que políticos e partidos desonestos [...] escolhem pessoas para serem nomeadas para cargos públicos a fim de obter dinheiro. Elas podem cobrar propinas e essas propinas são usadas para enriquecimento próprio e para financiar campanhas ilícitas. E o que é mais horrendo é que isso amarra os brasileiros à corrupção — isso nos torna escravos da corrupção, porque esse dinheiro é investido [na reeleição] dos mesmos políticos corruptos e então esses políticos corruptos [...] cometem mais corrupção. E então, com mais corrupção, é mais provável que os políticos corruptos permaneçam no poder, de modo que consigam estender seus poderes e influenciar a sociedade... Assim, estamos num círculo muito vicioso e perigoso e, para nós, brasileiros, o desafio é como sair desse problema.

Lagunes: Você então ficou surpreso com o tamanho que o caso ganhou... Com o tanto que a corrupção tinha penetrado em tantas partes diferentes do Estado... Assim, podemos dizer que uma das coisas que mais surpreendeu você nisso foi o tamanho [...] do caso?
Dallagnol: Certamente, certamente. [Como procuradores,] estamos acostumados a [descobrir] corrupção em contratos específicos e já nos sur-

preendemos quando Paulo Roberto Costa[9] assinou o primeiro acordo de delação. O primeiro réu a cooperar neste caso veio até nós e disse que havia corrupção não apenas no contrato que estávamos olhando, mas também nos outros contratos [da] empresa de construção. [Mas] não só apenas nos contratos daquela empresa de construção — em *todos* os contratos de *todas* as empresas de construção em sua área na Petrobras. Quando falamos das áreas da Petrobras, como aquela gerida pelo sr. Costa, algumas delas tinham orçamentos maiores do que muitos ministérios e secretarias estaduais no Brasil. Além disso, ele disse que a corrupção estava disseminada também em outras áreas da Petrobras... [Assim,] você se pergunta por que um diretor da Petrobras, que ganhava mais de 30 mil dólares por mês, aceitaria cometer corrupção? Esse salário é muito alto... Essa é uma pessoa que não precisa de corrupção — a questão não é de sobrevivência, mas de luxo, esse padrão salarial. Porém, o fato é que o motivo pelo qual ele aceitou cometer a corrupção não foi enriquecer só ele mesmo — claro que ele enriqueceu —, mas o motivo foi que, se ele não aceitasse isso, nem estaria lá. O critério para escolher pessoas para estar nesse tipo de posição no Brasil, em nosso presidencialismo de coalizão e em nosso sistema torto de financiamento de campanhas,[10] é que a pessoa tenha de estar comprometida com [o recolhimento] de fundos. Esse é um grande problema.

Lagunes: Você consegue pensar em alguém que teria previsto, quando você aceitou originalmente o caso, que ele seria tão grande quanto acabou sendo?
    Dallagnol: Impossível prever. Bem no começo, não conseguimos nem mesmo prever que o caso [chegaria] a qualquer político ou partido político.

Lagunes: Vamos voltar para o momento em que você decide aceitar o caso. Digamos que a pessoa que você é hoje poderia dizer algo à pessoa que você era naquela época. O que diria ao você de antes? Diria que era para pegar o caso ou que não era para pegar o caso? E, se você diz para pegar o caso, que conselho daria [ao Deltan] do passado?

---

[9] Paulo Roberto Costa é ex-diretor de Abastecimento da Petrobras. Foi originalmente condenado a sete anos e seis meses de prisão por lavagem de dinheiro e improbidade administrativa, mas, graças ao acordo de delação premiada, ele cumpriu apenas um ano em prisão domiciliar (Former Petrobras executive Costa Convicted in corruption case, 2015).

[10] Ver o capítulo 13, de Rose-Ackerman e Pimenta, para mais reflexões relacionadas com o presidencialismo de coalizão e o sistema de financiamento de campanhas no Brasil.

Dallagnol: Eu certamente diria a mim mesmo para pegar o caso, porque o motivo [...] pelo qual decidi pegar o caso foi tentar servir a sociedade combatendo crimes que a prejudicam muito. Assim como [meus] outros colegas que trabalham comigo neste caso, eu tinha vários motivos para dizer não ao convite. Na época, eu estava concentrado [...] em dar aulas. Meu primeiro filho tinha nascido menos de seis meses antes e esse caso era absolutamente desconhecido — não tinha *glamour* e [representava] apenas uma pilha enorme de trabalho. Eu tinha muitos motivos para dizer não. Eu não era obrigado a [pegar] o caso. Porém, decidi aceitar o desafio por causa dos danos que os crimes de colarinho branco causam à sociedade. E [meus] colegas que aceitaram o desafio naquele momento, também, não tinham incentivo nenhum — eles não ganhariam [mais] por aceitar esse caso. E, sabendo o que aconteceu — veja, àquela altura, estávamos esperando o fracasso... Assim, se eu pudesse ver o sucesso relativo — é um sucesso, ainda que relativo — que obtivemos, eu recomendaria ainda mais [fortemente] a mim mesmo aceitar o caso. E, se pudesse dar algum conselho a mim mesmo — porque até aqui não tivemos nenhum grande revés —, eu temeria que mudar algo no passado pudesse prejudicar os resultados. Porque era um equilíbrio [tão] delicado — um caso fadado ao fracasso tornou-se um caso de relativo sucesso — [que] eu ficaria [...] com medo de que mudar algo pudesse mudar totalmente o resultado. Assim, acho que eu evitaria dar qualquer dica que pudesse alterar o resultado.

Lagunes: Digamos agora que há outra pessoa em outro país convidada a conduzir uma operação parecida e essa pessoa telefona para você e diz: "Deltan, preciso de um conselho. Preciso entender, antes de aceitar isso, quais são alguns dos custos pessoais e o que posso esperar que sejam alguns dos ganhos pessoais de aceitar um caso como esse, presumindo que seja similar à Lava Jato." Presumindo que pudesse ser parecido: custos pessoais, ganhos pessoais.
Dallagnol: Eu diria que normalmente não estamos preparados para a visibilidade trazida por um caso assim e diria que, ao mesmo tempo, é preciso ter em mente que essa visibilidade passa — uma hora está em você, depois não está... Essa visibilidade [tem certamente alguns traços positivos]. Ela cria uma janela de oportunidade para contribuir para mudanças anticorrupção na lei, no governo e no mercado. Assim, eu sugeriria que essa pessoa tivesse um olho no caso e outro nas [reformas] anticorrupção para as quais possa contribuir, de modo que o caso possa [trazer] benefícios mais permanentes para a sociedade. Tentamos manter isso em mente aqui. [Porém, a visibilidade

também apresenta alguns desafios.] Eu avisaria que a pessoa [será] submetida a muitas pressões, a muito estresse, a muitas demandas. Não no sentido de demandas judiciais, mas no sentido de que a imprensa pediria informações o tempo todo, de que a pessoa seria falsamente acusada o tempo todo, que as pessoas escavariam seu passado para acusar de tudo o que fosse possível ou mesmo impossível — alterando fatos, mentindo. [Então, diria para] que a pessoa estivesse pronta para isso tudo, e, ainda assim, isso vale a pena se você puder contribuir [...] para a melhoria do estado de direito e do bem-estar dos [cidadãos].

Lagunes: Você sofreu esse tipo de pressão?
Dallagnol: Uma pessoa que trabalhou no caso sofreu.

Lagunes: Foram atrás do passado dessa pessoa, fizeram acusações falsas, atacaram sua reputação.
Dallagnol: Pois é, só para dar um exemplo. Eles me casaram — notícia falsa, *fake news* — com duas mulheres diferentes nesse período, uma das quais eu nunca tinha nem encontrado, só para fazer conexões, para dizer que eu estava politicamente conectado com alguém. Era totalmente absurdo, mas, em tempos de *fake news* e de pós-verdade, a repetição de mentiras pode tornar-se uma espécie de verdade para muita gente. Assim, elas podem [causar] males. [Felizmente], não [sofremos males significativos], embora muitas pessoas tenham tentado circular *fake news* a respeito de alguns de nós. Claro que não fizeram isso por desgostar de nós [pessoalmente], mas porque fazer mal a nós é um meio [de atacar] a credibilidade das investigações e das acusações contra os poderosos. Porém, eu diria que, mesmo que a pessoa esteja sujeita a esse tipo de situação, vale a pena lutar contra a corrupção e servir seu país. Quanto aos ganhos...

Lagunes: Posso resumir os custos? Você está ressaltando particularmente os custos potenciais à reputação. Havia algo mais que você queira listar? Quais são os custos adicionais?
Dallagnol: Eu diria que há um custo para a reputação porque vão tentar mentir a seu respeito para atacar a credibilidade do caso... Há também um custo pessoal, porque você terá de se dedicar, dedicar seu tempo ao caso — esse caso simplesmente suga, drena seu tempo e você terá pouco tempo para si mesmo e para a família. E há também riscos pessoais para você e para a sua

família — riscos de segurança. Porém, eu diria que todos esses custos valem a pena porque você pode ajudar o seu país a [dar um] passo na direção correta, na direção do estado de direito. Eu diria que não estamos no ponto [em que podemos cantar vitória]; porém, só existe uma coisa correta, uma coisa certa a fazer: lutar. E quando você luta contra a corrupção, está lutando pelo seu país e quando luta pelo seu país, você está lutando pelas pessoas que você mais ama na terra — você está lutando pela sua família, pelos seus amigos, pelos seus entes queridos. E eu diria que esse é o grande ganho — um sentido de que você está contribuindo para um mundo melhor e para um país melhor, para uma sociedade melhor. E acho que é isso que eu diria.

Lagunes: Deltan, você foi bem claro quanto a esse esforço ter sido um esforço compartilhado, que a operação em grande parte foi bem-sucedida por causa da equipe que trabalha nela. Você poderia mencionar algumas das muitas pessoas — e, de novo, apenas algumas poucas que venham à mente — que tenham contribuído para o sucesso atual da Lava Jato?

Dallagnol: Márcio Anselmo, delegado da Polícia Federal, [foi o] responsável por [liderar] o caso [durante] a primeira fase da operação. Ele conduziu quase [sozinho] a investigação inicial contra os agentes da lavagem de dinheiro e isso não [teria sido] possível sem todo o apoio de sua superiora imediata, Erika Marena, delegada da Polícia Federal... Ela é uma mulher impressionante — muito dedicada, muito correta, muito direta, com um pensamento muito claro — que [ofereceu] grande apoio, criando o ambiente que permitiu que o caso se desenvolvesse. O juiz Moro também foi [crucial] para o caso... [D]esde o começo, devo dizer, ele [foi] um juiz muito firme e imparcial. Porém, ele tem algumas características pessoais que foram fundamentais para que esse caso acontecesse. Ele tem uma boa formação acadêmica — conhece profundamente o [tema] com que trabalha. A segunda característica é que ele é uma pessoa muito prática. Ele tem muita facilidade para converter seu conhecimento em decisões práticas... Isso faz dele uma pessoa muito rápida, ele toma decisões muito rapidamente. Terceiro, ele gerencia bem seu tribunal; mesmo que seja tecnicamente bom e ágil, a gestão do caso não depende só dele, mas também da sua equipe e ele foi um gestor muito bom da própria equipe. Terceiro, eu ressaltaria o papel de Roberto Leonel. Ele é o chefe de inteligência da Receita Federal [para] a região do Paraná e de Santa Catarina e ele fica em Curitiba. Foi com ele que aprendi, em 2004, [como] investigar a lavagem de dinheiro — rastrear dinheiro, seguir dinheiro. Ele é muito comprometido. Você nota que o coração dele se preocupa com esse tipo de crime. Ele põe a vida [no] trabalho. E, sem ele, por exemplo, não teríamos [encontrado] provas tão boas contra o sr. Costa e seus parentes quando o Ministério Público Federal já estava totalmente envolvido na investigação e isso foi fundamental para firmar o acordo de delação... Por fim, tivemos um procurador-geral [Rodrigo Janot] que concordou em criar a força-tarefa e esse foi um acontecimento altamente improvável — e há uns 20 acontecimentos altamente improváveis que foram importantes para que este caso acontecesse [e] que descrevo no meu livro[11] — e ele criou a força-tarefa. Nessa força-tarefa tivemos pessoas com [formações] diferentes — pessoas [que estudaram] em Harvard, em Cornell, na London School of Economics (LSE), em Coimbra, em Sevilha — e tivemos pessoas com [ampla] experiência [investigando] lavagem de dinheiro, corrupção e pessoas que tinham um conhecimento profundo sobre acordos de colaboração de réus. Nesta força-tarefa tivemos, por exemplo, Carlos Fernando dos Santos Lima, que [fez] o mestrado em direito [em] Cornell. Foi ele a primeira pessoa que [preparou] pela primeira vez um acordo de cooperação com um réu em 2003, com a força-tarefa do Banestado...[12] Eu enfatizaria a participação desses dois delegados de polícia, do juiz Moro, do chefe de inteligência da Receita e da força-tarefa, com vários procuradores com diferentes capacidades, talentos, conhecimentos e experiências.

Lagunes: Deltan, uma última pergunta. Estou vendo vários livros na sua mesa. Qual livro você destacaria agora que teria sido particularmente útil a você neste momento, nesta Operação, nesta experiência e por quê?
Dallagnol: Uau. Acho que os ensinamentos de Susan Rose-Ackerman e de Robert Klitgaard a respeito da escolha de teoria racional ajudaram a formar minha visão de mundo sobre a corrupção. Particularmente quando eles dizem que a pessoa que decide cometer ou não cometer corrupção pesa os custos e os benefícios — e pesa fatores como a probabilidade de ser pego, a extensão da punição, os benefícios [a ser obtidos] da corrupção. Isso me ajudou a ver que, mesmo com a Lava Jato, o Brasil vai [manter] um bom ambiente para que a corrupção floresça a menos que mudemos as regras. Segundo

---

[11] O livro de autoria própria a que Deltan Dallagnol se refere é Dallagnol (2017).
[12] A força-tarefa do Banestado foi composta por procuradores federais designados para investigar um caso de lavagem de dinheiro, que acabou conhecido como escândalo do Banestado (Phillips, 2015). O esquema envolveu 30 bilhões de dólares mandados para o exterior entre 1996 e 2002 (Phillips, 2015).

algumas estimativas, 97 em cada 100 casos de corrupção provada terminam em impunidade. O caso da Lava Jato [...] é um ponto fora da curva. Se quisermos que a corrupção seja um crime altamente arriscado, se queremos que a corrupção não compense no Brasil, precisamos mudar esse ambiente. Claro que isso envolve não apenas mudar as regras do sistema de justiça penal, mas também promover outras reformas, como as reformas do sistema político, para que possamos efetivamente obter aquilo por que trabalhamos — isto é, um país com níveis menores de impunidade e de corrupção.

Lagunes: Obrigado, Deltan.

Dallagnol: Posso acrescentar algo? Porque às vezes as pessoas olham para nós e acham que estamos trabalhando [somente para] punir pessoas, mas o que nos inspira não é punir pessoas, embora essa seja uma questão de justiça. O que nos inspira é a compaixão, é fazer o melhor para que os recursos do Brasil — os recursos brasileiros — vão para as pessoas que mais precisam. Para nós, combater a corrupção é um modo de garantir direitos humanos. É um modo de servir a sociedade de forma que ela possa alcançar níveis melhores de desenvolvimento econômico e social.

Lagunes: Deltan, obrigado. Acho que aquilo que estou tentando entender [...] é o custo-benefício [que] pessoas como você [estabelecem interiormente]. Pessoas [...] que assumem riscos pessoais para a própria segurança, reputação, que comprometem o próprio tempo com sucessos improváveis em muitos casos — acho que esses são os tipos de custos por trás disso. O benefício de que fico ouvindo falar é o de um bem maior. Estou esperando que haja também algum benefício substancial — você mencionou a pessoa na rua que fala com você em lágrimas ou que em algum momento começou a chorar ao ver que alguém que normalmente estaria acima da lei vai realmente enfrentar a lei. Então, tenho certeza de que isso lhe deu um sentido de benefício pessoal, não isso de ver que determinado indivíduo enfrentou a lei, mas que os seus compatriotas veem um sistema que funciona, que está [criando] um campo mais igualitário... Isso dá a você alguma satisfação, isso de ver os seus compatriotas vendo um sistema funcionando como deveria. Algum benefício disso tudo virá para a sua carreira?

Dallagnol: Dificilmente. Não para as pessoas que trabalham neste caso. No Brasil, o [setor] público [não oferece] promoções significativas nem nada do gênero. Há muitas pessoas no Ministério Público Federal que não querem promoção nenhuma. Para você ter uma ideia, se eu aceitasse uma promoção, eu ganharia 5% a mais, mas eu teria de me mudar para outra cidade com a minha família. Curitiba é uma das cidades de menor custo no país e provavelmente eu gastaria muito mais dinheiro [em outra cidade]. Custaria mais [mudar-me]. E não há muitos incentivos de carreira. Quando você olha as pessoas envolvidas no caso, são pessoas que trabalharam duro nos casos anteriores também. Porém, nos casos anteriores, elas não tiveram nenhum tipo de sucesso. O que aconteceu foi que essas pessoas eram muito teimosas — elas perseveraram — e, num determinado momento, um caso atingiu um nível de sucesso e essas pessoas estavam lá. Estamos falando de pessoas muito resilientes. Trabalhamos antes com o juiz Moro em vários casos e esses casos não eram de jeito nenhum parecidos com este, considerando o nível de visibilidade ou de reconhecimento [pelo trabalho]. Porém, do mesmo modo, os agentes públicos que trabalharam nesses casos anteriores... Eles trabalharam com esse mesmo nível de força e de dedicação, um senso de dever, talvez.

Lagunes: Posso interromper? Acho que você entende o que estou tentando entender e outra vez...

Dallagnol: Pois é, nós precisaríamos de um psicólogo e provavelmente haveria teorias diferentes. Algumas teorias diriam que, no fim das contas, todo mundo age de maneira egoísta, porque mesmo quando você doa dinheiro para a caridade, há benefícios pessoais ao fazer isso, você se sente melhor.

Lagunes: Então, [...] posso perguntar, em termos de salário, do salário das pessoas que me apresentou, você diria que é um salário competitivo? Está abaixo do que você acha que as pessoas poderiam receber? Está acima?

Dallagnol: Essa é uma questão interessante, porque as pessoas aqui recebem menos do que receberiam se não tivessem aceitado trabalhar neste caso. As pessoas estão ganhando menos do que se estivessem em seus cargos de origem. Na nossa carreira, neste ponto, quando alguém sai de férias, você pode substituir essa pessoa e vai receber um aumento de salário naquele mês. Isso significa [que], na prática, as pessoas poderiam receber um aumento significativo de salário [ao longo] dos anos, substituindo outras pessoas que [entram de] férias. E elas estão abdicando dessa possibilidade [ao ficar] aqui, pois esse incentivo não está disponível numa força-tarefa. E algumas [até estão] pagando para trabalhar aqui porque [elas moram em outro lugar]. [Uma das procuradoras, por exemplo, está] pagando todas as despesas de sua casa [em Porto Alegre], está pagando as despesas de sua casa aqui e tem o mesmo salário, como se estivesse trabalhando [ainda em Porto Alegre]. Assim, ela tem o mesmo salário, mas com despesas adicionais por estar aqui e sem ganhar a diferença que poderia ganhar se estivesse substituindo pessoas em férias. Assim, o fato é que, para servir o país, para ser parte desse trabalho, as pessoas aceitaram receber menos dinheiro.

Lagunes: E as pessoas que poderiam dizer — não estou dizendo que eu mesmo acredito nisso —, estou dizendo que, para algumas pessoas, que talvez dissessem que você, o juiz Moro e outros estão fazendo isso pelo prestígio, o que você responderia?
Dallagnol: Eu diria que demos igualmente duro em muitos casos anteriores, sem ganhar prestígio nenhum.

Parte II

Lagunes: Em nossa última conversa, discutimos alguns dos riscos — como riscos de segurança e riscos para a reputação — que as pessoas que combatem a corrupção são obrigadas a enfrentar. Com base na sua experiência, desde nossa conversa em 2017, a sua opinião sobre esses riscos mudou? Se mudou, como mudou?
Dallagnol: Sim. Depois de cinco anos, o esforço anticorrupção perdeu alguma força, a crítica a esses esforços aumentou e os corruptos estão mostrando seu poder. A polarização no Brasil também aumentou, e, por isso, há uma divisão mais nítida entre os apoiadores e os opositores ao trabalho da força-tarefa da Lava Jato. Esse ambiente novo e desafiador exigiu precauções adicionais de segurança — precauções que não tínhamos adotado previamente. Também fomos hackeados. Segundo um veículo de notícias, um milhão de mensagens, que trocamos ao longo de cinco anos, foram hackeadas. A informação hackeada foi usada de maneira muito distorcida para embasar acusações falsas contra a credibilidade da Lava Jato e das autoridades que trabalham no caso. As acusações causaram alguns danos — e os tubarões, farejando sangue, vieram atacar. Uma lei contra supostos abusos de poder de procuradores e juízes acaba de ser aprovada no Congresso.[13] Essa nova lei intimida os agentes

---

[13] A lei mencionada por Dallagnol é a Lei nº 13.869, que foi sancionada pelo presidente Jair Bolsonaro em 5 de setembro de 2019. Ela costuma ser referida como a "Lei de Abuso de Autoridade". Para mais informações, ver a seguinte fonte: Soares (2019).

públicos responsáveis pelo legítimo indiciamento e julgamento de réus poderosos. É um risco para a independência de procuradores e juízes. Ao mesmo tempo, não houve reformas jurídicas para inibir a corrupção.

Lagunes: De que maneiras a nova lei serve para intimidar procuradores como você?

Dallagnol: A nova lei usa um linguajar vago que poderia ser usado para criminalizar as ações legítimas de procuradores e juízes no contexto de uma investigação ou de um processo judicial envolvendo réus poderosos. Por exemplo, como resultado dessa nova legislação, será crime para o juiz ordenar a prisão provisória — para citar uma tradução grosseira da lei — em "óbvia desconformidade com as hipóteses legais". Analogamente, será crime para o juiz bloquear ativos que "superem excessivamente" a quantia estimada a ser bloqueada. Como a lei não é como a matemática, os tribunais poderiam discordar radicalmente com os juízes de primeira instância quanto à prisão provisória ou a ordens de bloqueio. Os juízes agora vão ter medo de investigar réus poderosos. Isso é especialmente verdadeiro considerando-se que, em certas circunstâncias, o réu poderá iniciar processos contra o juiz e contra o procurador, o que torna esses agentes vulneráveis à retaliação jurídica.

Lagunes: Você pode oferecer algum exemplo de como, desde a sua perspectiva, o noticiário sobre as informações hackeadas apresentou uma visão distorcida do trabalho da força-tarefa da Lava Jato?

Dallagnol: Os exemplos são muitos. Peguemos um texto recente sobre as mensagens hackeadas. Em 27 de setembro de 2019, o UOL publicou um artigo dizendo que a "Lava Jato usou provas ilegais do exterior para prender futuros delatores".[14] O texto inclui mensagens em que há troca de inteligência entre procuradores brasileiros e suíços. O texto então cita supostos especialistas que afirmam que a maneira como a informação estava sendo trocada era ilegal, pois provas só poderiam ser transmitidas por canais formais. Essa conclusão é baseada em pressupostos errados. Além disso, essa conclusão é forçada por alguém que carece de imparcialidade — isto é, o advogado de um réu na Lava Jato. Ela também é forçada por outro advogado que não é especialista no assunto. Nenhuma autoridade, juiz, ou especialista da autoridade central foi consultado. O texto é totalmente equivocado. A troca de informações com autoridades estrangeiras para fins de inteligência é considerada no mundo

---

[14] Para consultar o artigo referido por Dallagnol, ver: Mello (2019).

inteiro uma melhor prática. Poderíamos mencionar, por exemplo, os manuais da ONU, do Grupo de Ação Financeira Internacional (Fafi), ou do Banco Mundial.[15] Além disso, o texto ignora o fato de que, nos dois casos em que as

---

[15] Dallagnol ofereceu algumas fontes para embasar essa afirmação. Segue-se a lista de fontes oferecida por Dallagnol:
CONFERÊNCIA dos Estados Partes da Convenção das Nações Unidas contra a Corrupção — Resolução 5/3: "14. *Acolhe* a cooperação e a assistência que os Estados solicitados ofereceram aos Estados solicitantes na recuperação dos proventos da corrupção e os incentiva a usar e a promover canais informais de comunicação, em particular antes de fazer pedidos de assistência jurídica mútua..." (Disponível em: www.unodc.org/unodc/en/treaties/CAC/CAC-COSP-session5-resolutions.html.)
AGU (Advocacia-Geral da União): AGU no combate internacional à corrupção: a recuperação internacional de ativos da União: "Sua finalidade é a obtenção de informações de inteligência, úteis em especial, na fase pré-jurisdicional — durante a investigação dos atos de corrupção. Deve-se lembrar, no entanto, que as informações obtidas por tal mecanismo não possuem valor probante, como aquelas produzidas por intermédio dos mecanismos de cooperação jurídica internacional propriamente ditos — que serão vistos abaixo" (Disponível em: www.agu.gov.br/page/download/index/id/11381120.)
GAFI (Grupo de Ação Financeira Internacional): Best practices on confiscation (Recomendações 4 e 38) e Framework for ongoing work on asset recovery: "5. As melhores práticas para países a seguir ajudam a fortalecer arcabouços jurídicos e a garantir que o rastreamento de ativos e as investigações financeiras podem ser conduzidos com eficiência. (a) Garantir a existência de procedimentos apropriados e arcabouços jurídicos que permitam que aconteçam trocas informais de informações, inclusive antes da apresentação da carta de solicitação de assistência jurídica mútua. Esses procedimentos e arcabouços podem incluir a construção de relacionamentos entre autoridades. Essa prática pode ajudar a concentrar esforços e recursos antes que o pedido chegue ao estágio formal" (Disponível em: www.fatf-gafi.org/media/fatf/documents/reports/Best%20Practices%20on%20%20Confiscation%20and%20a%20Framework%20for%20Ongoing%20Work%20on%20Asset%20Recovery.pdf).
WORLD BANK. *Asset recovery handbook a guide for practitioners*: "Como discutido anteriormente, as autoridades em geral não devem começar seus esforços de cooperação internacional com a apresentação de um pedido de Assistência Jurídica Mútua. Caso disponíveis, canais informais de assistência devem ser explorados em primeiro lugar, para que as autoridades possam conectar-se com suas contrapartes para discutir o que será necessário para executar o pedido e abordar barreiras potenciais" (Disponível em: https://star.worldbank.org/sites/star/files/asset_recovery_handbook_0.pdf.)
WORLD BANK. *Barriers to asset recovery an analysis of the key barriers and recommendations for action*: "Recomendação 7: Incentivar, Buscar e Manter todos os Métodos de Assistência Informal antes de Iniciar um Pedido Formal de Assistência Jurídica Mútua (Primeiro Passo, Conversar com Colegas). [...] As jurisdições de origem devem buscar todos os caminhos de assistência informal antes da solicitação de um pedido formal de AJM e durante ela, sempre respeitando acordos de confidencialidade. As jurisdições solicitadas devem estar preparadas para oferecer assistência informal e para incentivar comunicações foram do processo formal em todas as fases da assistência. Entre os exemplos de assistência informal estão a comunicação direta entre unidades de inteligência financeira, polícia, procuradores e magistrados investigadores" (Disponível em: https://star.worldbank.org/sites/star/files/Barriers%20to%20Asset%20Recovery.pdf).

provas vieram diretamente das autoridades estrangeiras, isso foi esclarecido pela procuradoria nos tribunais e os tribunais consideraram as provas legais e legítimas. Assim, não há base razoável para afirmar que a conduta da procuradoria foi irregular, nem que havia algo ilegal nas provas apresentadas.

Lagunes: Como deveria uma autoridade pública, como um procurador federal no meio de uma investigação, decidir se deveria ou não deveria participar de palestras remuneradas?

Dallagnol: A Constituição Brasileira permite que juízes e procuradores participem de atividades de ensino. É o único tipo de atividade remunerada que podemos participar fora de nossas funções principais como autoridades públicas. No Brasil, há comissões independentes que supervisionam e aplicam punições por condutas impróprias de juízes e procuradores. Essas comissões divulgaram decisões confirmando que palestras pagas são permitidas. Meu caso foi levado ao Conselho Nacional do Ministério Público [CNMP] e este decidiu que as palestras das quais participei foram legais e legítimas. Durante a Operação Lava Jato, dei mais de 100 palestras. O propósito é promover valores cívicos e também a causa anticorrupção. A maioria foi de palestras não remuneradas. Como escolha pessoal, decidi doar a maior parte do que recebi das palestras pagas para a caridade e para a causa anticorrupção. Acredito que esse é mais um modo de contribuir para nossa sociedade.

Lagunes: Consigo entender que as palestras remuneradas estavam dentro da lei. Também entendo que doar a maior parte da renda das palestras confunde aqueles que gostariam de dizer que o seu trabalho como procurador foi motivado por interesses financeiros. Porém, considerando a publicidade negativa em torno das palestras remuneradas, como você sugeriria que os paladinos anticorrupção respondam a convites ou a oportunidades que poderiam ser mal interpretadas pelo público?

Dallagnol: É sempre mais fácil avaliar uma situação olhando para trás. Os adversários da Lava Jato usarão cada oportunidade — mesmo que isso signifi-

---

G20. *High-level principles on mutual legal assistance*; "Princípio 3: Mecanismos para respostas rápidas de Assistência Jurídica Mútua devem existir, incluindo: [...] (iii) a manutenção de linhas abertas e diretas de comunicação entre autoridades centrais e o incentivo, sempre que possível, a mecanismos de cooperação informal anteriores à apresentação do pedido de AJM..." (Disponível em: www.bmjv.de/SharedDocs/Downloads/EN/G20/G20%20High-Level%20Principles%20on%20 Mutual%20Legal%20Assistance.pdf?__blob=publicationFile&v=1).

que distorcer os fatos — para atacar a credibilidade do caso e dos agentes por trás do caso. As palestras remuneradas não são uma falha legal ou ética, mas podem ser, dependendo das circunstâncias, um erro tático. A probabilidade de que palestras pagas possam ser usadas contra paladinos anticorrupção deve ser levada em conta, junto com outras variáveis.

Lagunes: Qual você diria ser o sistema de regras ideal para governar as comunicações entre um procurador e o juiz que supervisiona o processo do procurador?

Dallagnol: No sistema de justiça brasileiro, é muito comum que os procuradores conversem com o juiz que supervisiona o caso. E isso é verdade até quando o réu está ausente. Os juízes e procuradores são imparciais e independentes, o que significa que somos guiados exclusivamente pela lei, pelas provas e por nossas consciências. O procurador pode recomendar uma absolvição e, ainda assim, o juiz pode decidir condenar. Além disso, o Código Federal de Processo Penal permite que o juiz seja proativo na busca de provas, ordene buscas e tome depoimentos. Menciono tudo isso por estar ciente que nosso sistema jurídico é muito diferente dos sistemas que seguem as práticas da *common law*. No nosso sistema, a regra que governa a relação entre um procurador e o juiz responsável pelo caso [diz] ser legal e ético que as duas partes tenham conversas a fim de revelar a verdade e de promover a eficiência processual e a transparência. Porém, deve ser preservada a independência — não pode haver conluio. Nunca cruzamos essa linha.

Lagunes: Se entendi corretamente sua resposta, em termos gerais, você não recomendaria mudanças no sistema de regras que governa as comunicações entre um procurador e o juiz responsável pelo caso do procurador. Certo?

Dallagnol: Certo. Porém, talvez haja espaço para fazer outras mudanças no sistema. Por exemplo, no Brasil, alguns defendem a criação de um "juiz de garantias". Isto é, um juiz que tomaria decisões sobre medidas investigativas, mas que não julgaria o caso. Esse juiz decidiria quanto às medidas que poderiam afetar os direitos dos réus e ficaria por perto para garantir que esses direitos sejam protegidos. Depois da investigação, outro juiz que não estava envolvido na fase investigativa julgaria o caso. Para alguns, uma mudança nessas linhas fortaleceria a imparcialidade no nosso sistema. Outra alternativa seria adotar um sistema adversarial, como o sistema usado nos Estados Unidos. Qualquer um desses sistemas alternativos resultaria numa modificação das regras que governam as comunicações entre juízes e procuradores. Acho que nossas regras atuais são consequência do sistema existente. Se você mantiver o sistema como está, não parece fazer sentido alterar as regras de comunicação entre juízes e procuradores.

Referências

ALESSI, G. et al. Lula cobra provas, acusa Lava Jato de politização, mas contradiz seu instituto. *El País*, 11 mai. 2017. Disponível em: https://bit.ly/2DibIkX.

BRAGA, R. *In Brazil's fight against corruption, legislative and judicial reforms must follow*. 2017. Disponível em: https://bit.ly/2PSTZqJ.

CABRAL, D. C. O que foi o escândalo Watergate? *Rev. Superinteressante*, 6 jan. 2011. Disponível em: https://super.abril.com.br/mundo-estranho/o--que-foi-o-escandalowatergate/.

DALLAGNOL, D. *A luta contra a corrupção*: a Lava Jato e o futuro de um país marcado pela impunidade. Rio de Janeiro: Primeira Pessoa, 2017.

DALLAGNOL, D.; STEPHENSON, M. (7 abr. 2017). In: PROSECUTING GRAND CORRUPTION IN BRAZIL, Cambridge, MA, 7 abr. 2017.

FORMER Petrobras executive Costa convicted in corruption case. (22 abr. 2015). *Reuters*, 22 abr. 2015. Disponível em: www.reuters.com/article/brazil-petrobras-conviction/former-petrobras-executive-costa-convicted--in-corruption-case-idUSL1N0XJ1TB20150422.

FÓRUM. "Há interesses do Departamento de Justiça dos EUA em desmontar esse país", diz Lula. 3 jul. 2019. Disponível em: https://revistaforum.com.br/politica/ha-interesses-do-departamento-de-justica-dos-eua-em--desmontar-esse-pais-diz-lula/.

FURTADO, P. *Brazilian prosecutor provides an inside look at Operation Car Wash*. 2016. Disponível em: https://bit.ly/2PjreEd.

GARCIA-NAVARRO, L. Lead prosecutor brings Gandhi-like attitude to Brazil's corruption scandal. *NPR*, 8 jul. 2015. Disponível em: https://n.pr/2PUavqJ.

GREENWALD, G. Watch: interview with Brazil's ex-president Lula from prison, discussing global threats, neoliberalism, Bolsonaro, and more. *The Intercept*, 22 maio 2019. Disponível em: https://theintercept.com/2019/05/22/lula-brazil-ex-president-prison-interview/.

HE, L. Brazilian "Car Wash" prosecutors threaten to resign over amendments to corruption law [Boletim de Imprensa]. 2016. Disponível em: https://

iaccseries.org/blog/brazilian-car-wash-prosecutors-threaten-to-resign-over-amendments-to-corruption-law/.

ICRNETWORK. Deltan Dallagnol. In. STEPHENSON, Mathew. *Kickback* — the global anticorruption podcast. Apple Podcasts, 2019.

MELLO, Igor et al. Lava Jato usou provas ilegais do exterior para prender futuros delatores. *UOL*, 27 set. 2019. Disponível em: https://noticias.uol.com.br/politica/ultimasnoticias/2019/09/27/lava-jato-usou-provas-ilegais-do-exterior-para-prender-futuros-delatores.htm.

MPF. Resultados: 1ª Instância: CURITIBA. *Caso Lava Jato*. 12 set. 2019. Disponível em: www.mpf.mp.br/grandes-casos/lava-jato/resultados.

O GLOBO. TJ-SP julga nesta quarta recurso em que Lula pede R$ 1 milhão por PowerPoint de Deltan. *O Globo*, 5 set. 2018. Disponível em: https://glo.bo/2Q45jhb.

PHILLIPS, D. Brazil's new hero is a nerdy judge who is tough on official corruption. *The Washington Post*, 23 dez. 2015. Disponível em: https://wapo.st/2AHENo2.

PONTES, F. Rodrigo Janot defends 10 anti-corruption ballot measures. *Agência Brasil*, 12 dez. 2016.

RODRIGUES, V. *Guest post: should corruption prosecutors tweet?* The Brazilian example. 2018. Disponível em: https://bit.ly/2PZtdhm.

ROMERO, S. As a distracted Brazil mourns, lawmakers gut a corruption bill. *The New York Times*, 30 nov. 2016. Disponível em: http://nyti.ms/2gKVWAj.

SIMS, S. Lawyer's PowerPoint slide accidentally creates a classic Brazilian meme. *Forbes*, 15 set. 2016. Disponível em: https://bit.ly/2OGux35.

SOARES, E. Brazil: new law criminalizing abuse of authority enacted. *The Library of Congress: Global Legal Monitor*, 15 out. 2019. Disponível em: www.loc.gov/law/foreign-news/article/brazil-new-lawcriminalizing-abuse-of-authority-enacted/.

THE ECONOMIST. Brazil's biggest anti-corruption investigation is at a turning point. 11 abr. 2019. Disponível em: www.economist.com/the-americas/2019/04/11/brazils-biggest-anti-corruption-investigation-is-at-a-turning-point.

WATTS, J. Brazil's anti-corruption prosecutor: graft is "endemic. It has spread like cancer". *The Guardian*, 30 dez. 2015. Disponível em: https://bit.ly/2zJjhxp.

9
Entrevista com Sergio Moro

Paul Lagunes

Sérgio Fernando Moro obteve o bacharelado em direito na Universidade Estadual de Maringá e o grau de *juris doctor* na Universidade Federal do Paraná (The Brasilians, 2018). Ele obteve formação adicional num programa especial na Faculdade de Direito de Harvard, e, em 2018, recebeu um doutorado *honoris causa* da Universidade de Notre Dame, nos Estados Unidos (Brown, 2017; Phillips, 2015).

Moro começou a atuar como juiz federal em 1996. Antes de seu envolvimento na Lava Jato, ele julgou vários processos de lavagem de dinheiro e atuou como juiz auxiliar no caso do Mensalão (Phillips, 2015).[1] Em 2004, publicou um artigo a respeito da Mãos Limpas, ampla investigação da corrupção política italiana.[2] O texto oferece alguns *insights* do pensamento de Moro: um Judiciário independente, a perda de legitimidade do *establishment* político e o apoio do público à investigação são alguns dos fatores que ele considera cruciais na luta contra a corrupção (Moro, 2004).

Porém, assim como a Lava Jato, a Mãos Limpas não é desprovida de controvérsia — fato que o próprio Moro reconheceu no texto que publicou sobre a operação italiana. "Por certo, ela tem os seus críticos, especialmente após

---

[1] Ver o capítulo introdutório e o capítulo 2, de Fishlow, para informações sobre o caso do Mensalão.
[2] A operação italiana Mãos Limpas, também conhecida como Mani Pulite, começou em 1992 e foi uma investigação nacional de um abrangente esquema de corrupção em obras públicas que envolveu numerosos empresários, políticos e autoridades (Spilimbergo e Srinivasan, 2019; Vannucci, 2009). Em 1994, seis ex-primeiros ministros e cerca de 500 parlamentares tinham sido envolvidos e cinco partidos políticos italianos, incluindo a Democracia Cristã — o partido da maioria —, foram dissolvidos (Spilimbergo e Srinivasan, 2019; Vannucci, 2009).

dez anos. Dez suspeitos cometeram suicídio. Silvio Berlusconi, magnata da mídia e um dos investigados, hoje ocupa o cargo de primeiro-ministro da Itália" (Moro, 2004:57). Há também a questão de serem dúbios os benefícios de longo prazo da Mãos Limpas. Em 2004, apenas um quarto dos eleitores italianos dizia que a corrupção tinha diminuído desde o início da investigação (Fisman e Golden, 2017).

Quanto às polêmicas em torno da Lava Jato, alguns expressaram preocupações com o devido processo legal (*The Economist*, 2015; Tromme, 2016). Particularmente controversa foi a decisão de Moro em março de 2016 de divulgar gravações de uma conversa privada, ao telefone, entre o ex-presidente Luiz Inácio Lula da Silva e a então presidente Dilma Rousseff (Douglas, 2016).[3] Como afirmaram alguns, as gravações "[foram] disponibilizadas às pressas para a imprensa, sem supervisão e sem que fossem consideradas as implicações de grampear a conversa de um presidente" no exercício do cargo (Campello e Zucco, 2016). Em resposta a essa crítica específica, Moro argumenta que a divulgação das gravações era de interesse público (Rocha, 2016).

Há também aqueles que questionam a imparcialidade de Moro como juiz, apontando o aparente foco da investigação no Partido dos Trabalhadores (Cerqueira Leite, 2016). Essa questão em particular se destaca quando se considera a decisão de Moro de entrar para o governo de Jair Bolsonaro como ministro da Justiça (Pearson e Magalhães, 2018) e também levando-se em conta algumas das revelações advindas das reportagens de *The Intercept* (Fishman et al., 2019). Com relação a Moro entrar para a equipe do presidente Bolsonaro, um argumento de defesa para tal decisão é que ele estaria numa posição única para contribuir para o esforço anticorrupção (Winter, 2018). De fato, Moro já tinha expressado anteriormente a necessidade de que outros ramos do governo federal brasileiro fizessem mais para promover a integridade da vida pública (Moro, 2018); assim, assumir um cargo no governo Bolsonaro permitiria que ele pudesse direcionar o Poder Executivo para esse objetivo. Nas próprias palavras de Moro, "a perspectiva de implementar políticas fortes contra a corrupção e contra o crime organizado, no respeito à Constituição, à lei e aos direitos, levou-me a tomar essa decisão [de ser ministro da Justiça]" (Watson e Douglas, 2018).

---

[3] Uma das conversas gravadas sugere que Dilma Rouseff estava se preparando para nomear Lula para o cargo de ministro da Casa Civil a fim de dar-lhe imunidade judicial (Pearson, 2016). Ouve-se Rousseff explicar a Lula que estava enviando um documento para confirmar sua nomeação para o ministério e que ele deveria usar o documento "apenas se necessário" (Pearson, 2016).

Porém, ao aceitar um cargo político, Moro fez com que surgissem sérias dúvidas em relação à atuação como juiz da Lava Jato. Moro foi responsável pela condenação de Lula, que, segundo pesquisas de opinião, teria derrotado Bolsonaro caso tivesse podido disputar a presidência nas eleições de 2018 (Boadle, 2018; Londoño, 2017).[4] Assim, mesmo entre aqueles que aceitariam os méritos da condenação criminal original de Lula (Prengaman e Silva de Sousa, 2018), há alguns que teriam preferido que Moro evitasse enveredar-se na política (Stephenson, 2018). Segundo reportagens de *The Intercept*, até Deltan Dallagnol estava preocupado com o impacto da nomeação de Moro na opinião pública (Greenwald et al., 2019).

Outra preocupação com a decisão de Moro é que ele essencialmente tomou a abundância de boa vontade associada a seu nome e a entregou a um político descrito por alguns comentaristas como alguém que exibia tendências autoritárias (Allen, Picanço e Prado, 2018). Bolsonaro e Moro romperam no 16º mês de governo, quando o ex-juiz pediu demissão alegando interferência política do presidente sobre a Polícia Federal.[5] Em março de 2021, a segunda turma do Supremo Tribunal Federal declarou, por 3 votos a 2, Moro suspeito de parcialidade em relação ao processo que levou o presidente Luiz Inácio Lula da Silva à prisão.

A entrevista aqui compartilhada tem duas partes. A primeira parte aconteceu em 10 de dezembro de 2017 — isto é, muitos meses antes que Bolsonaro tivesse um caminho livre para a presidência. Essa conversa foi presencial e serviu para capturar alguns *insights* a respeito do que Moro pensa sobre a Lava Jato, a começar por aquilo que, segundo ele sugere, possibilitou a investigação. A segunda parte foi feita por e-mail em 16 de setembro de 2019 e é curta, mas captura algo do pensamento mais recente de Moro.[6] Como aconteceu com as outras entrevistas deste livro, Moro teve a oportunidade de examinar o texto antes da publicação da obra, lançada originalmente em inglês.

---

[4] Contrariando aquilo que institutos de pesquisa e a grande mídia poderiam dizer a respeito, numa entrevista Matthew Taylor adverte contra a simplificação excessiva da experiência eleitoral brasileira (American University, 2019). Taylor observa que diversos fatores improváveis contribuíram para a vitória de Bolsonaro, incluindo a economia, a facada em Bolsonaro, que permitiu que ele evitasse os debates políticos, e o papel dos eleitores evangélicos, que o apoiaram avassaladoramente (American Univeristy, 2019). Assim, na verdade, é efetivamente impossível saber se Lula teria derrotado Bolsonaro num embate direto.

[5] Nota dos organizadores: Mais detalhes sobre a saída de Moro do governo Bolsonaro na Introdução deste livro.

[6] Agradeço a Jessy Bullock, Raquel de Mattos e Karla Ganley por sua ajuda em apresentar perguntas relevantes e apropriadas para a Parte II desta entrevista. Não é preciso dizer que sou responsável pela efetiva seleção das perguntas feitas e pela maneira como as perguntas foram formuladas.

Parte I

Paul Lagunes: Então, acho que provavelmente a questão que eu gostaria de entender — porque acho que para mim o que está em jogo não é só o Brasil, para mim o que está em jogo é como usamos o Brasil como exemplo para outros países — e o que eu gostaria de tentar entender é o seguinte: como uma sociedade encontra outro Sergio Moro? Como uma sociedade encontra em si mesma alguém disposto a acabar com o equilíbrio da corrupção, com o *status quo*? No *status quo* anterior, as pessoas não se posicionavam tão abertamente, tão diretamente, tão pessoalmente contra a corrupção. Assim, o que o senhor acha disso? O que fez do senhor a exceção e alguém que estava disposto a romper com o *status quo*?

Sergio Moro: Bem, para ser bem franco, acho [que] o que está acontecendo no Brasil é um produto do desenvolvimento da nossa democracia. E não se trata do trabalho de uma pessoa só — é um trabalho da polícia, da procuradoria, da opinião pública... O povo brasileiro foi às ruas [nos últimos anos] protestar contra a corrupção. Mesmo no judiciário, o trabalho não é só meu — é do tribunal de segunda instância, dos tribunais superiores do Brasil... Talvez por motivos circunstanciais eu tenha me tornado o rosto desse movimento anticorrupção, mas ele é muito maior do que eu. Não há heroísmo individual nem nada assim. Acho que as nossas instituições — as instituições brasileiras — estão ficando mais fortes. Por que isso aconteceu no Brasil? Acho que existem algumas precondições que poderiam explicar isso parcialmente; por exemplo, a recuperação da democracia em 1985. Desde então, gozamos da liberdade de imprensa, da independência do Judiciário, da autonomia da Polícia Federal, da autonomia dos procuradores... E, no caso da Operação Lava Jato, os investigadores conseguiram encontrar provas muito claras de corrupção e isso também ajudou a mobilizar o apoio do público. Por exemplo, quando eles descobriram que alguns grandes executivos da Petrobras tinham milhões de dólares em contas *offshore* no mundo inteiro. Foi um processo. Mas acho que as principais condições foram a independência do Judiciário, a liberdade de imprensa e, com o tempo, o apoio da opinião pública. Foram essas as principais razões por que isso aconteceu aqui e não em outros países que talvez tenham níveis parecidos de corrupção...

Lagunes: Entendo que o senhor diga que não se trata de um esforço pessoal, que a Operação Lava Jato tem sido mais do que um esforço pessoal, que ela não diz respeito apenas a uma pessoa ou a várias pessoas. O senhor está sugerindo que ela é o resultado de uma mudança estrutural maior no Brasil. Porém, imagino que qualquer pessoa na sua posição em outro país se deparasse com desafios pessoais, custos, riscos — em termos de tempo, em termos de vários tipos de pressões. Assim, se o senhor estivesse conversando com outro juiz — no México, digamos, ou em algum outro país — que estivesse numa posição similar, quais seriam alguns dos custos que esse juiz deveria contemplar ou deveria esperar ao ir adiante com uma operação semelhante? Quais são alguns dos custos pessoais que esse juiz deveria esperar enfrentar?

Moro: É preciso manter a fé no estado de direito e na democracia. Desde 1996 trabalho como juiz. Já passei por [vários] casos de corrupção. Trabalhei duro nesses casos [...], mas [em] alguns [desses] casos, não tivemos bons resultados. Vi alguns casos de corrupção virarem pó [...] por causa de complicações processuais: apelações, casos que nunca chegavam ao fim. Porém, como juiz, eu mantinha a fé no estado de direito — de que um dia isso poderia mudar e, apesar [...] desses reveses, eu nunca [deixei] de acreditar nisso. Nunca [deixei] de trabalhar duro nesses casos. De repente, as coisas [começaram] a mudar — [talvez como resultado de] um novo ambiente institucional. É importante mencionar o caso do Supremo Tribunal Federal de 2012, que aqui chamamos de caso do Mensalão. Nesse caso, o Supremo Tribunal Federal condenou altas autoridades do governo anterior. Condenou-as por corrupção, então isso transmitiu uma mensagem forte. Assim, você tem de ser teimoso e manter a fé no estado de direito... Numa democracia, não há obstáculo que você não possa superar.

Lagunes: Então o senhor está dizendo que não há desafio que a democracia não possa [...] superar?

Moro: Exatamente. É difícil — e, claro, como falei, acho que a Operação Lava Jato é um relativo sucesso por causa das nossas instituições, mas há muito esforço pessoal meu, dos procuradores, da polícia, de outros juízes, da sociedade civil. É um trabalho duro. Sofremos vários ataques duros de algumas pessoas que não entendem [plenamente] o nosso trabalho, e, claro, de interesses que se opõem a qualquer tipo de esforço contra a corrupção.

Lagunes: Então, resumindo até agora, juiz Moro, estou ouvindo que um juiz numa posição similar precisa de um clima, de um ambiente que ajude, em que haja uma democracia, apoio popular, imprensa livre, um judiciário independente. É preciso um juiz comprometido com o estado de direito, um juiz teimoso e insistente...

Moro: E um pouco de sorte.

Lagunes: E sorte, ok. Agora, entendo que o senhor reconheça que tudo isso foi possível graças aos esforços de muitas pessoas, mas cada um desses indivíduos precisa estar disposto a enfrentar a corrupção. Assim, volto ao juiz numa posição similar que precisa considerar os custos e os benefícios de empenhar-se na luta contra a corrupção. Quais custos esse juiz deveria esperar? Quais ônus ou desafios pessoais? O que ele deveria esperar?

Moro: Bem, quando há um processo criminal contra políticos, por exemplo, uma defesa comum usada pelos acusados é que o juiz ou os procuradores estão fazendo política e, às vezes, há pessoas que acreditam nisso. Isso é muito triste, porque, como falei, fiz todo o meu trabalho com base na lei e nas provas. Mas isso também aconteceu em outros casos. Por exemplo, nos processos da Mani Pulite [ou Mãos Limpas], os juízes eram chamados de *giudici rossi* — juízes vermelhos — porque eles tinham causas mais fortes contra os políticos da direita e não contra os agentes do Partido Comunista Italiano. E isso não era inteiramente verdade — porque eles também tinham causas contra os líderes do Partido Comunista —, porém, é verdade, eles tinham mais causas contra os outros partidos que estavam no poder. Assim, às vezes os políticos tentam manipular a opinião pública para colocá-la contra o juiz e os procuradores. Isso é muito perturbador. É algo que se deve esperar — aconteceu na Itália, aconteceu aqui —, acho que acontecerá em qualquer lugar onde políticos são acusados de crimes. O que é importante é que você entenda que está fazendo a coisa certa com base na lei e nas provas. É por isso que é tão importante que os processos estejam abertos ao exame do público, para as pessoas poderem olhar um processo e ver o que você está efetivamente fazendo — que não está fazendo política, que está baseando suas decisões na lei e nas provas. Talvez haja riscos pessoais. Acho que, de certo modo, o grande apoio público que a Lava Jato recebeu do povo brasileiro e também da maior parte da nossa imprensa funciona como escudo contra ameaças pessoais. Claro que não é uma proteção absoluta, mas ajuda contra as ameaças físicas. Acho que esses são os maiores custos, os custos individuais para o juiz. Claro que há trabalho duro, tempo que você poderia ter passado com a família, ou você poderia ser um juiz civil trabalhando em casos mais fáceis — não estou dizendo que eles não têm casos difíceis, mas não têm casos dessa magnitude. Assim, tudo tem seu preço.

Lagunes: O senhor estudou a Mani Pulite. O que lhe interessou na Mani Pulite? Por que escolheu estudá-la?
Moro: Sou juiz desde 1996. Em 2002, vim para Curitiba e assumi o cargo de juiz federal de varas criminais e comecei a trabalhar apenas em casos criminais.

Lagunes: Foi escolha sua?
Moro: Sim, escolha minha — bem, uma escolha de carreira. Eu já tinha ouvido falar do grande processo contra a corrupção na Itália — a Operação Mãos Limpas, Operação Mani Pulite — e comecei a procurar mais informações sobre o caso, sobre o que tinha realmente acontecido. Era um interesse natural para um juiz criminal. Não apenas isso, tentei aprender muito sobre a aplicação da lei criminal em outros países. Por exemplo, aqui na América Latina temos um grande caso, envolvendo a ditadura Fujimori-Montesinos no Peru. Também tenho algum interesse por casos nos Estados Unidos.

Lagunes: Qual caso nos Estados Unidos o senhor acha interessante?
Moro: Bem, não é especificamente sobre corrupção, mas, por exemplo, as investigações e os processos contra a máfia de Nova York nas décadas de 1980 e de 1990. Eles são muito impressionantes. Os processos contra os líderes da Cosa Nostra americana em Nova York. O caso John Gotti, por exemplo.[7] Também outros casos na Itália. Há [o] trabalho muito impressionante [de] juízes italianos contra a Cosa Nostra na Sicília na década de 1980, especialmente o dos juízes Giovanni Falcone e Paolo Borsellino.[8] Esses casos têm pontos em comum com a aplicação da lei contra a corrupção. Na Sicília, por

---

[7] John Gotti foi um mafioso da cidade de Nova York que se tornou chefe das operações da família criminosa Gambino em 1985 ("Famous Cases and Criminals: John Gotti", n.d.). Apesar de ser preso e condenado muitas vezes por crimes diversos, ele evitava condenações pesadas interferindo nos julgamentos e intimidando testemunhas (Famous cases and criminals: John Gotti, s.d.; Lubasch, 1992). Após extensiva vigilância, autorizada por um tribunal e cooperação de um membro da família criminosa Gambino, um tribunal condenou Gotti por cinco homicídios em 1992 (Lubasch, 1992). Gotti foi condenado à prisão perpétua sem possibilidade de condicional (Lubasch, 1992).
[8] Cosa Nostra, que significa "coisa nossa", refere-se a máfia siciliana. Giovanna Falcone e Paolo Borsellino eram juízes no Palácio de Justiça em Palermo, na Sicília, que passaram as carreiras inteiras combatendo o poder da Máfia siciliana (Lardera, 2012). Ambos estiveram envolvidos no Maxiprocesso de 1986-87, no qual 360 membros da máfia foram condenados por crimes graves (Lardera, 2012). O processo não teve precedentes em escopo e em sua dependência de testemunhos de membros da máfia que cooperaram (Lardera, 2012). Falcone e Borsellino foram assassinados pela máfia, um dois meses depois do outro, em 1992, com carros-bomba (Lotto Persio, 2017).

exemplo, a impunidade era a regra para os líderes da máfia e isso [mudou graças aos] esforços dos juízes, procuradores e policiais italianos. Houve um famoso processo — o Maxiprocesso — em que foram acusados mais de 400 mafiosos na Itália, com os primeiros fortes indícios contra líderes da máfia, da Cosa Nostra.[9] Isso [demonstra] que é possível acabar com a impunidade. [...]

Lagunes: E se eu tivesse de resumir a principal razão pela qual esses casos — especialmente a Mani Pulite — tinham interesse, era que eles mostravam que era possível fazer algo.
Moro: Sim.

Lagunes: Então combater o crime organizado na forma de corrupção, isso poderia ser feito. O que o surpreendeu? O senhor estudou a Mani Pulite e agora passa pela experiência da Lava Jato. O que o surpreendeu, para o bem ou para o mal?
Moro: A Mani Pulite ensina outras lições. Os juízes, os procuradores, a polícia, todos trabalharam muito bem. Ela foi muito intensa durante dois ou três anos — 1992 a 1994 — e em 1994 começou a perder força e eles sofreram muitos reveses, especialmente por causa dos esforços da classe política para aprovar leis que dificultavam seu trabalho. Assim, a Mani Pulite certamente mostra que o sistema de justiça criminal é necessário para derrubar a corrupção.

Lagunes: Usar o sistema para combater a corrupção?
Moro: Sim, é um passo necessário, ter o sistema judicial funcionando. [As] pessoas que cometem esses tipos de crimes têm de ser punidas. Porém, [os processos] não são uma condição suficiente para vencer a batalha [...] contra a corrupção. Também são necessárias reformas, reformas mais gerais, uma lei, para tornar um país mais limpo — na Itália parece que isso não aconteceu. Assim, apesar dos grandes esforços do sistema de justiça criminal, o sistema político atacou de volta e solapou [as] expectativas criadas pela Mani Pulite de que haveria menos corrupção na Itália.

---

[9] Como descrito na nota anterior, o processo foi um esforço sem precedentes contra a máfia siciliana, em que 400 membros da máfia foram acusados e cerca de 360 foram condenados (Lardera, 2012).

Lagunes: Essa era a sua expectativa? Ou o senhor acha que era essa a expectativa dos italianos?

Moro: Sim, dos italianos e do mundo. Veja o caso. Claro que não estou dizendo que a Mani Pulite foi algo ruim; estou dizendo que não foi o bastante. É preciso um comprometimento maior da classe política para fazer as reformas necessárias.

Lagunes: Mas, outra vez, o que o surpreendeu? Com base no que o senhor aprendeu com a Mani Pulite — então a Mani Pulite ensinou que a classe política responderia, assim talvez isso não o tenha surpreendido... Mas o que o surpreendeu? O que o senhor não esperava, com base no que tinha estudado, que aconteceu aqui? Talvez a duração?

Moro: É difícil fazer esse tipo de avaliação, como falei, as coisas no Brasil — não temos muito apoio da nossa classe política.

Lagunes: Isso o surpreendeu?

Moro: Não, mas até agora posso dizer que não conseguiram aprovar nada muito relevante contra as investigações.

Lagunes: Então o senhor está dizendo que, mesmo que a classe política não tenha dado grande apoio, ela também não aprovou leis que dificultem o esforço anticorrupção. Isso o surpreende?

Moro: Não, sempre tive a expectativa, a esperança, de que eles não conseguiriam. Mas seria ótimo ter mais apoio das nossas lideranças políticas. Talvez isso mude com o tempo, porque vejo aqui no Brasil que a sociedade civil e a opinião pública, em sua maioria, apoiam o trabalho. Acho que isso, um dia, deveria mudar a maneira como se faz política no Brasil. Com o tempo, isso influenciará nossos políticos. Talvez, espero, seja uma questão de tempo.

Lagunes: O senhor foi surpreendido pela quantidade de apoio popular?

Moro: Digamos que o caso todo foi uma surpresa para todos os envolvidos, porque ele começou bem pequeno e aí começou a crescer e nunca imaginamos que chegaríamos tão longe. Assim, de certas maneiras, claro que o apoio público [foi surpreendente]. No começo, nunca pensei que encontraríamos provas de tantos casos envolvendo tantos políticos ou agentes públicos no Brasil. O caso todo foi uma surpresa.

Lagunes: Assim, parece que o tamanho foi surpreendente e depois a quantidade de apoio popular também foi surpreendente.

Moro: Sim, acho que sim. Acho que isso com certeza mostra que o povo brasileiro está cansado da corrupção e o povo sabe que a corrupção prejudica a economia e a democracia no Brasil. [...] Assim, sob certos aspectos, ambos são surpreendentes — o tamanho do caso e a [quantidade de] apoio popular que não poderíamos [ter] previsto no começo. Porém, acho que o apoio público era de certa maneira esperado. Acho que é natural, quando você [vê] todas essas más condutas e esses delitos, que as pessoas não aprovem.

Lagunes: Então houve apoio — acho que a cobertura da imprensa ficou do lado do interesse público, de modo que, acho, houve apoio para os esforços da Lava Jato. Acho, como o senhor disse, que houve uma boa equipe de policiais federais, de procuradores, de tribunais de segunda instância, do Supremo Tribunal Federal e do apoio popular.

Moro: Acho que existem algumas chaves para entender o desenvolvimento do caso. Primeiro, algumas precondições: a independência do Judiciário, a independência dos procuradores, a autonomia da Polícia Federal... E também algumas coisas mais concretas: a criação de uma força-tarefa pela polícia e pelos procuradores foi muito importante, porque esses casos são difíceis e você precisa de recursos para desenvolvê-los. Ter todos os casos e processos abertos ao público foi também muito importante. O povo tem o direito de conhecer acusações que envolvam políticos ou funcionários públicos e ter esses casos abertos ao público ajudou a mostrar que não estávamos fazendo política, estávamos fazendo a coisa certa. Mostrar as provas dos crimes para o público foi muito importante. Ter a cooperação internacional foi muito importante.

Lagunes: Como o senhor viu isso? Como vivenciou ou observou essa cooperação internacional?

Moro: Hoje há muito mais cooperação internacional do que havia 10 anos atrás, por exemplo, e alguns países [que] antigamente não cooperavam, ou cooperavam muito pouco [estão mudando de tática]. Agora eles cooperam mais. Neste caso, por exemplo, tivemos uma cooperação excelente por parte da Suíça. Alguns dos criminosos envolvidos na Lava Jato usavam contas na Suíça e também em outros países para esconder o produto de sua atividade criminosa, os lucros. Assim, a cooperação desses países foi muito importante. Poderia ser melhor, mas é possível dizer que eles ajudaram muito a desenvolver o caso. Também usamos — temos isso na lei brasileira — prisões provisórias. Alguns críticos dizem que isso é excessivo. Acho que não, porque, claro, a prisão deveria vir depois do julgamento, mas em circunstâncias excepcionais a nossa lei — assim como a lei de outros países — autoriza prisões provisórias. Como vimos neste caso, havia corrupção endêmica, ou, como dizemos, corrupção sistêmica, e às vezes era necessário mostrar que não estamos de brincadeira. Estamos sendo muito sérios neste caso e às vezes você precisa desse remédio amargo contra essa corrupção sistêmica.

Lagunes: Em termos de remédio amargo, vejo três formas de remédios que foram usadas: prisões provisórias, delações premiadas e ainda os grampos.
Moro: Bem, os grampos nem tanto. As delações premiadas foram muito importantes.

Lagunes: Pois essa é a minha pergunta. Desses três, será que o caso teria chegado aonde chegou — teria conseguido ser tão bem-sucedido — sem algum deles? E qual deles foi o mais valioso para o sucesso do caso?
Moro: É difícil responder essa pergunta. Acho que os três foram muito importantes, mas não só. A prática de "seguir o dinheiro" na investigação foi também muito importante, a cooperação internacional foi muito importante, a publicidade que foi dada aos processos, às provas, foi também muito importante. Os acordos de delação foram importantes porque, às vezes, você precisa de informações de dentro para desenvolver esses casos. Às vezes, somente criminosos podem ser testemunhas de seus delitos, então você precisa usar um criminoso contra outros. Isso é muito comum nos Estados Unidos, por exemplo. Nesses casos de corrupção, foi muito importante. Sem isso, talvez o caso tivesse parado [nos] primeiros executivos da Petrobras que foram pegos pela investigação. Com a cooperação de alguns desses criminosos, foi possível descobrir que os crimes não eram isolados, mas uma espécie de regra de comportamento, por exemplo, essa prática de corrupção nos contratos da Petrobras e na nossa administração pública.

Lagunes: Então, juiz Moro, minha última pergunta — e agradeço por seu tempo — é esta: o senhor faz o que faz por achar que é sua obrigação, seu dever, mas eu gostaria de entender, pessoalmente, quais são alguns dos desafios pessoais e alguns dos benefícios pessoais que o senhor enxerga. E por que o senhor acha, pessoalmente, que vale a pena continuar?

Moro: Bem, eu acho que o juiz está apenas fazendo o seu trabalho — decidindo com base na lei e nas provas, e, se você decide se tornar juiz, é porque acha isso importante. Se você tem num país um compromisso mais forte com o estado de direito, isso vai beneficiar a todos. Assim, provavelmente esse é o principal motivo para continuar. É um trabalho duro e seria mais fácil se não houvesse corrupção sistêmica — se houvesse apenas a corrupção como crime isolado —, mas mesmo em países menos corruptos esses casos sempre envolvem um certo desafio porque normalmente envolvem os poderosos. Porém, no fim das contas, o que importa é aquilo em que você acredita e você acredita no estado de direito.

Lagunes: Talvez uma última pergunta. Algum livro em especial ajudou-o de algum modo? Algum livro vem à sua mente?

Moro: Um juiz que é um exemplo para todos no mundo é o juiz italiano Giovanni Falcone, por seu trabalho impressionante. Gosto particularmente de ler sobre sua vida e seu trabalho e há um livro escrito por um professor americano chamado Alexander Stille. O título é um pouco perturbador — *Excellent cadavers* [Cadáveres ilustres]. A máfia italiana, chamada de Cosa Nostra, matou muitos políticos, juízes, procuradores e até infelizmente o próprio Giovanni Falcone. Mas o livro é muito interessante. Acho que ele foi responsável — ele e os colegas, como Paolo Borsellino — por acabar com a regra de impunidade para os chefes da máfia na Itália. Claro, [a] máfia ainda existe, mas ela não tem o mesmo poder que tinha antes. O trabalho dele fez muita diferença. E há algo que também ajuda quando você descobre o trabalho deles. O trabalho no Brasil é duro, há dificuldades, mas, quando você fica sabendo da história de Giovanni Falcone, você vê que, puxa, ele teve muito mais dificuldades do que se tem hoje.

Parte II

Lagunes: Havia recomendações ou melhores práticas para o combate à corrupção que você defendia como juiz a respeito das quais o senhor tenha mudado de ideia desde que entrou para o governo Bolsonaro? Em outras palavras, há possíveis soluções ou medidas anticorrupção que sejam diferentes ou mais complicadas do que o senhor pensava antes de ser ministro? Algum exemplo?

Moro: Não mudei de ideia a respeito. Dito isso, o que está se mostrando mais complicado do que eu imaginei é conseguir que novas leis anticorrupção sejam aprovadas pelo Congresso brasileiro.

Lagunes: A mudança do Judiciário para o Ministério da Justiça mudou sua opinião sobre o papel dos tribunais na luta contra a corrupção? E dos legisladores? Da sociedade civil?

Moro: Não, continuo pensando o mesmo a respeito de tribunais, de legisladores e da sociedade civil.

Lagunes: O que o senhor diria que é o sistema ideal de regras para governar as comunicações entre um procurador e um juiz que supervisiona o processo do procurador?

Moro: No Brasil, o juiz que julga é o mesmo juiz que supervisiona a investigação de casos criminais. Assim, o juiz que julga é responsável por autorizar coisas como mandados de busca e de prisão provisória. Por esses motivos, no sistema jurídico brasileiro, não é incomum que o juiz do julgamento esteja em comunicação com procuradores e com advogados. Essas comunicações não afetam a imparcialidade nem a independência judicial.

Referências

ALLEN, A.; PICANÇO, L.; PRADO, M. (2018). *Jair Bolsonaro — candidate bio*. 2018. Disponível em: www.wilsoncenter.org/article/jair-bolsonaro-candidate-bio.

AMERICAN UNIVERSITY. Big world podcast. In; SUMMERS, Kay (Ed.). *Brazil*: does corruption corrode democracy? School of International Service, 2019.

BOADLE, A. Brazil poll shows jailed Lula extending lead for October election. *Reuters*, 20 ago. 2018. Disponível em: https://reut.rs/2BvRncz.

BROWN, D. Brazilian judge Sergio Moro to serve as Notre Dame's 2018 commencement speaker. *Notre Dame News*, 30 out. 2017. Disponível em: https://ntrda.me/2F4xf35.

CAMPELLO, D. e ZUCCO, C. How the release of wiretapped conversation in Brazil threatens its democracy. *The Washington Post*, 26 mar. 2016. Disponível em: www.washingtonpost.com/news/monkey-cage/wp/2016/03/26/how-the-release-of-wiretapped-conversations-in-brazil-threatens-its-democracy/.

CERQUEIRA LEITE, R. C. Desvendando Moro. *Folha de S.Paulo*, 14 out. 2016. Disponível em: www1.folha.uol.com.br/opiniao/2016/10/1821713-desvendando-moro.shtml.

DOUGLAS, B. Release of tapped phone calls between Lula and Rousseff sparks mass protests in Brazil. *The Guardian*, 17 mar. 2016. Disponível em: www.theguardian.com/world/2016/mar/17/release-tapped-phone-calls-lula-rousseff-deepens-brazil-chaos.

FAMOUS cases and criminals: John Gotti. s.d. Disponível em: www.fbi.gov/history/famous-cases/john-gotti.

FISHMAN, A. et al. Secret Brazil archive: part 4. *The Intercept*, 17 jun. 2019. Disponível em: https://theintercept.com/2019/06/17/brazil-sergio-moro-lula-operation-car-wash/.

Fisman, R. e Golden, M. A. *Corruption*: what everyone needs to know. Nova York, NY: Cambridge University Press, 2017.

GREENWALD, G. et al. As mensagens secretas da Lava Jato: Parte 8 — "Moro viola sempre o sistema acusatorio". *The Intercept*, 28 jun. 2019. Disponível em: https://theintercept.com/2019/06/29/chats-violacoes-moro-credibilidade-bolsonaro/.

LARDERA, N. Remebering two fighters against the Mafia: Falcone and Borsellino. *i-Italy*, 3 mai. 2012. Disponível em: www.iitaly.org/magazine/events/reports/article/remembering-two-fighters-against-mafia-falcone-and-borsellino.

LONDOÑO, E. A judge's bid to clean up Brazil from the bench. *The New York Times*, 25 ago. 2017. Disponível em: https://nyti.ms/2wymbps.

LOTTO PERSIO, S. How the Mafia's murder of an Italian prosecutor became a turning point in Italy's fight against the mob. *Newsweek*, 23 mai. 2017. Disponível em: www.newsweek.com/italy-mafia-mob-sicily-murder-prosecutor-giovanni-falcone-613971.

LUBASCH, A. H. Gotti sentenced to life in prison without the possibility of parole. *The New York Times*, 24 jun. 1992. Disponível em: www.nytimes.com/1992/06/24/nyregion/gotti-sentenced-to-life-in-prison-without-the-possibility-of-parole.html.

MORO, S. F. Considerações sobre a operação *Mani Pulite*. R. CEJ, v. 26, p. 56-62, 2004. Disponível em: https://bit.ly/1L8HTCX.

_____. Preventing systemic corruption in Brazil. *Daedalus*: Journal of the American Academy of Arts & Sciences, v. 147, n. 3, p. 156-168, 2018.

PEARSON, S. Protests sweep Brazil after release of Lula-Rousseff phone tap. *Financial Times*, 16 mar. 2016. Disponível em: www.ft.com/content/89e73a72-ebf0-11e5-9fca-fb0f946fd1f0.

PEARSON, S.; MAGALHÃES, L. Brazil's new leader picks anticorruption judge as justice minister. *The Wall Street Journal*, 1º nov. 2018. Disponível em: https://on.wsj.com/2yP8YZm.

PHILLIPS, D. Brazil's new hero is a nerdy judge who is tough on official corruption. *The Washington Post*, 23 dez. 2015. Disponível em: https://wapo.st/2AHENo2.

PRENGAMAN, P.; SILVA DE SOUSA, M. Lula conviction in Brazil spotlight: was it sham or solid? *Associated Press*, 29 ago. 2018. Disponível em: https://apnews.com/bcbbe6a123c0407e9bf67b86e6e0bdb6.

ROCHA, G. Sociedade deve fiscalizar "governantes que agem nas sombras", diz Moro. *Folha de S.Paulo*, 16 mar. 2016. Disponível em: www1.folha.uol.com.br/poder/2016/03/1750813-sociedade-deve-fiscalizar-governantes-que-agem-nas-sombras-diz-moro.shtml?origin=folha.

SPILIMBERGO, A.; SRINIVASAN, K. (Lava Jato, Mani Pulite and the role of institutions. In: BRAZIL: boom, bust and road to recovery. 2019. doi: http://dx.doi.org/10.5089/9781484339749.071.

STEPHENSON, M. "Say it ain't so, Sergio!": judge Moro's appointment to the Bolsonaro cabinet is a setback for Brazil's struggle against corruption. 13 nov. 2018. Disponível em: https://globalanticorruptionblog.com/2018/11/13/say-it-aint-so-sergio-judge-moros-apointment-to-the-bolsonaro-cabinet-is-a-setback-for-brazils-struggle-against-corruption/.

THE BRASILIANS. *Sergio Moro and Michael Bloomberg honored in NY*. 13 mar. 2018. Disponível em: https://bit.ly/2JuY7rD.

THE ECONOMIST. Weird justice. *The Economist*, 10 dez. 2015. Disponível em: www.economist.com/the-americas/2015/12/10/weird-justice.

TROMME, M. Brazil must fight corruption, but preserve the rule of law. 10 mar. 2016. Disponível em: https://bit.ly/2DzZwh9.

VANNUCCI, A. The controversial legacy of "*Mani Pulite*": a critical analysis of Italian corruption and anti-corruption policies. *Bulletin of Italian Politics*, v. 1, n. 2, p. 233-264, 2009. Disponível em: www.gla.ac.uk/media/Media_140182_smxx.pdf.

WATSON, R. T.; DOUGLAS, B. Brazil carwash judge to be Bolsonaro's anti-corruption czar. *Bloomberg*, 1º nov. 2018. Disponível em: https://bloom.bg/2D0SVuc.

WINTER, B. Why Sergio Moro took the job — and changed Car Wash forever. *Americas Quarterly*, 2 nov. 2018. Disponível em: https://bit.ly/2PcjaFz.

PARTE 3
A LAVA JATO ALÉM DO BRASIL

10

Comparando as respostas do Peru e do México ao escândalo de corrupção da Lava Jato

Raquel de Mattos Pimenta
Catherine Greene

Introdução

A construtora Odebrecht firmou um acordo de leniência com autoridades brasileiras, americanas e suíças que o Departamento de Justiça dos Estados Unidos chamou de "o maior caso de suborno transnacional da História" (U.S. Department of Justice, Office of Public Affairs, 2016). Em dezembro de 2016, os executivos da Odebrecht admitiram que, entre 2003 e 2014, a empresa pagou propinas no valor total de 788 milhões de dólares em 10 países da América Latina, mais Angola e Moçambique (United States vs. Odebrecht S.A., 2016).[1] A Odebrecht conspirava com autoridades corruptas para aumentar os valores de contratos de projetos públicos de infraestrutura. A empresa destinava parte desse montante para o hoje notório "Departamento de Operações Estruturadas", que usava esses recursos para pagar subornos e financiar campanhas eleitorais de políticos que favoreciam a Odebrecht (United States vs. Odebrecht S.A., 2016).

Este capítulo joga luz na dinâmica entre poder econômico, arcabouços institucionais e vontade política, examinando o caso da Lava Jato a partir da perspectiva de dois países latino-americanos: Peru e México. Até 2014, o Peru era uma das economias que mais cresciam na região (The World Bank, 2017) e o México é a segunda maior economia da América Latina (The World Bank, 2019). Embora os dois países tenham dado passos para aumentar suas respectivas capacidades institucionais, mecanismos de *accountability* e trans-

---
[1] Para mais detalhes sobre a Lava Jato na América Latina, consultar a Introdução deste livro.

parência (OCDE, 2017b; Meyer e Hinojosa, 2018), ambos ainda enfrentam níveis consideráveis de percepção da corrupção (Transparência Internacional, 2018).[2] No acordo feito com as autoridades internacionais, a Odebrecht admitiu ter feito pagamentos ilícitos ao Peru no valor de 29 milhões de dólares entre 2005 e 2014 e de 10,5 milhões de dólares no México no período entre 2010 e 2014 ("United States vs. Odebrecht S.A., 2016).

Os dois países responderam ao escândalo com abordagens visivelmente distintas. As autoridades peruanas abriram diversas investigações contra a construtora e contra integrantes da elite política e econômica do Peru. Os peruanos também iniciaram reformas institucionais. Em momentos-chave, multidões foram às ruas para apoiar os esforços anticorrupção. Já as respostas das autoridades mexicanas foram menos tempestivas e limitaram-se principalmente à esfera administrativa, não à esfera criminal.

Este trabalho explora dois fatores que podem explicar a diferença nas respostas contra os escândalos que vieram a público por meio da Lava Jato. O primeiro fator é a forma como a Odebrecht operava em cada país, incluindo os tipos de projetos que empreendia e suas conexões com as forças políticas locais. O segundo é o desenho do arcabouço anticorrupção de cada país, considerando o nível de independência das agências anticorrupção, a tempestividade e o alcance das reformas anticorrupção, assim como os tipos de mecanismos empregados para investigações e punições.

Intuitivamente, em um país onde a Odebrecht desfrutasse de maior poder de mercado e maior poder político, seria esperado que a empresa pudesse arrefecer ou criar obstáculos aos esforços anticorrupção despendidos pelas autoridades mais facilmente. Por outro lado, em um país onde a empresa fosse menos poderosa, poderíamos esperar que ações mais incisivas para coibir práticas associadas à corrupção ocorreriam sem vetos. Além disso, em países com instituições jurídicas mais estabelecidas e bem estruturadas voltadas ao controle da corrupção, seriam esperados processos mais ágeis e respostas oficiais mais contundentes. Já em países onde o arcabouço jurídico é insuficiente, as respostas das autoridades poderiam enfrentar todo tipo de desafio, impedindo uma *accountability* efetiva.

---

[2] O Peru e o México têm pontuações similares no "índice de percepção da corrupção 2018" da Transparência Internacional (2018), respectivamente 37 e 29 (sendo 0 altamente corrupto e 100, muito limpo).

Porém, como mostraremos neste capítulo, as reações do Peru e do México aos escândalos desafiam cada um desses pressupostos. No Peru, onde a Odebrecht era um importante *player* de mercado e o arcabouço anticorrupção aparentemente ainda estava em construção (visto que precisou ser parcialmente reformado enquanto o caso se desenrolava), autoridades peruanas iniciaram várias investigações, tanto administrativas quanto criminais, e pressionaram por reformas legislativas enquanto as apurações avançavam. Em momentos cruciais, a sociedade civil pressionou, protestou e participou de um referendo para uma reforma constitucional. Não foi um processo fácil: as investigações e o impulso de reformas aconteceram sob condições de muita tensão entre o Executivo, o Congresso, o Ministério Público e com o povo nas ruas.

Já a experiência do México é distinta. Lá a Odebrecht mantinha operações mais restritas e o sistema anticorrupção havia sido fortalecido por um conjunto de reformas jurídicas robustas poucos anos antes de o caso emergir. No caso da Lava Jato, as autoridades públicas mexicanas optaram por um caminho mais moroso do que aquele adotado pelos peruanos. Elas impuseram sanções administrativas, mas só o fizeram muito após as irregularidades serem reportadas pela primeira vez no México. Como detalharemos a seguir, as investigações criminais oferecidas pelo Ministério Público foram potencialmente tolhidas pelo Poder Executivo à época e o Ministério Público mexicano foi menos bem-sucedido em resistir a essa pressão do que sua contraparte peruana. Até agora, as investigações em andamento no México apresentaram resultados limitados, com impacto relativamente pequeno para as autoridades e para a estrutura de poder do país.

Este capítulo apresenta esses elementos contraintuitivos da seguinte maneira: primeiro, examinamos o escândalo da Lava Jato da perspectiva do Peru e, em seguida, do México. Em cada país, primeiro discutimos como a empresa operava, apresentando alguns dos projetos e os indivíduos supostamente envolvidos no esquema de corrupção. Em seguida, voltamo-nos para seu respectivo arcabouço institucional, explicando como as autoridades o acionaram e detalhando quais foram as consequências. Ao final, os dois casos demonstram que a análise das regras e das instituições de um determinado país deve examinar como o poder econômico e o poder político influenciam casos de corrupção e de investigações contra a corrupção.

Este capítulo está baseado exclusivamente em informações públicas, a maioria publicada entre dezembro de 2016 e julho de 2019. O escândalo da Lava Jato continua produzindo novos desenvolvimentos tanto no Peru quanto no México e, portanto, novos acontecimentos podem vir a alterar nossa descrição e nossas conclusões.³ Ainda assim, acreditamos que documentar e contrastar esses casos dentro dessa periodização é um exercício valioso para o entendimento do que aconteceu no caso Odebrecht na América Latina. Em última instância, o objetivo deste capítulo é buscar entender o escândalo e suas reações para, no limite, impedir que esse tipo de corrupção aconteça de novo.

A Odebrecht no Peru

1. Projetos e operação

A Odebrecht era um *player*-chave no setor de infraestrutura peruano. Depois do Brasil, o Peru foi o segundo país onde a Odebrecht se instalou. Quando estourou o escândalo da Lava Jato, o Peru abrigava alguns dos projetos de construção mais ambiciosos da empresa (Gaspar, 2017).⁴

Reportagens sugerem que os projetos da Odebrecht no Peru envolveram esquemas de corrupção, propinas, lavagem de dinheiro e o financiamento ilegal de campanhas políticas (Mella e Laura, 2018).⁵ Em processos que, em julho de 2019, ainda estavam nos tribunais peruanos, executivos da Odebrecht testemunharam que os esquemas no país envolveram autoridades federais e locais e também empresas peruanas (Mella e Laura, 2018). As conexões da Odebrecht com a elite política peruana baseavam-se em pagamentos de propi-

---

³ Houve troca de presidente nos dois países à medida que a Operação Lava Jato ganhava atenção em outros países da América Latina. Em dezembro de 2018, depois das eleições presidenciais do México, Andrés Manuel Lopes Obrador, integrante da oposição, sucedeu a Enrique Peña Nieto. Em março de 2018, Pedro Pablo Kuczynski, presidente eleito do Peru, renunciou por causa de seu envolvimento no escândalo da Odebrecht e o vice-presidente Martin Vizcarra assumiu. Descrevemos alguns dos passos dados pelos novos governos até julho de 2019, mas as maneiras específicas como eles diferem de governos anteriores e o impacto de suas ações exigirão uma avaliação futura. Mais recentemente, em agosto de 2020, veio a público denúncia de Emilio Lozoya, diretor da petroleira Pemex entre 2012 e 2016, apresentada ao Ministério Público mexicano, na qual 16 políticos, entre eles três ex-presidentes (Peña Nieto, Felipe Calderón e Carlos Salinas de Gortari), são acusados por Lozoya de terem recebido grandes quantias em dinheiro. Para mais detalhes: Garcia (2020). E, no Peru, o Congresso aprovou o *impeachment* de Vizcarra em novembro de 2020.
⁴ Em determinado momento, a Odebrecht detinha contratos que, em termos de valor, equivaliam a 80% dos investimentos de infraestrutura do Peru (Gaspar, 2017).
⁵ Para uma análise da estratégia de propinas da Odebrecht, ver o Capítulo 3 deste volume.

na e em contribuições ilegais a partidos e a líderes de todo o espectro político. A empresa espalhava sua influência para mitigar o risco de ter um político ou grupo político vencedor que se opusesse a seus interesses comerciais.

Todos os quatro presidentes peruanos eleitos desde que Alberto Fujimori foi retirado do cargo no ano 2000 foram envolvidos. Alega-se que Alejandro Toledo (2001-06) teria recebido entre 10 e 20 milhões de dólares da Odebrecht numa conta *offshore*[6] de sua família. Ele, supostamente, teria ajudado a Odebrecht a garantir grandes contratos em 2005 de construção de trechos (*Tramo 2* e *Tramo 3*) de uma estrada de ligação entre Brasil e Peru conhecida como Corredor Viário Interoceânico Sul (Carretera Interoceánica Sur) (Mella e Gorriti, 2017).

Alan García (2006-11), sucessor de Toledo, também estava sendo investigado pelo Ministério Público (Fiscalía de la Nación) por alegações de corrupção em projetos da Odebrecht. A Interoceánica Sur teve sucessivos adendos ao acordo original durante o governo de García, elevando substancialmente o custo do projeto, que chegou a 1,3 bilhão de dólares, mais do que o dobro do valor previsto inicialmente (Gorriti e Mella, 2019a).[7] O nome de García também apareceu na investigação relacionada com a construção do metrô de Lima (Alan García: fiscalía amplía..., 2018). Ele cometeu suicídio em abril de 2019, quando se encontrava na iminência de ser preso.

O sucessor de García, Ollanta Humala, presidente entre 2011 e 2016, teria aceitado 3 milhões de dólares da Odebrecht em apoio a campanhas de seu partido, o Partido Nacionalista. Durante seu governo, em 2014, a empresa venceu o maior projeto de infraestrutura da história do Peru: um gasoduto (Gasoduto Sur), atravessando a Amazônia e a Cordilheira dos Andes, estimado em 4 bilhões de dólares (Odebrecht reconhece pagamentos ilícitos..., 2019). A empresa admitiu que houve corrupção no processo do leilão (Odebrecht reconhece pagamentos ilícitos..., 2019).

O escândalo da Lava Jato no Peru também atingiu Pedro Pablo Kuczynski, o presidente entre 2016 e 2018. Enquanto servia no governo do presidente Toledo, a empresa de consultoria de Kuczynski firmou contratos com a Odebrecht e recebeu pagamentos dela (Peru's president Pedro Pablo..., 2018).

---

[6] Nota dos organizadores: *offshore* é um nome dado às empresas ou contas bancárias abertas em territórios onde há menor tributação, normalmente para fins de elisão, evasão e/ou elusão fiscal.

[7] Os contratos entre a empresa e o Estado peruano foram submetidos a vários procedimentos de arbitragem; posteriormente descobriu-se que a Odebrecht tinha pagado propinas aos árbitros para obter resultados mais favoráveis a si (Gorriti e Mella, 2019b).

Quando esses fatos se tornaram públicos em 2017, durante a presidência de Kuczynski, a oposição política no Congresso tentou seu *impeachment*.

O movimento pró-*impeachment* foi liderado por Keiko Fujimori, filha de Alberto Fujimori, ex-ditador do Peru. Ela foi a segunda colocada na eleição presidencial de 2016 contra Kuczynski (Fowks, 2018). Como estratégia de defesa, Kuczynski aliou-se ao irmão de Keiko, Kenji Fujimori, que rompeu com a própria irmã (Fowks, 2018). Kenji Fujimori convenceu alguns parlamentares a não votar pelo *impeachment* de Kuczynski; em troca, obteve o perdão presidencial para o pai, Alberto Fujimori (Latin America's biggest scandal...", 2017; Taj e Aquino, 2017).[8] O controverso perdão tornou-se um escândalo público e, nove meses depois, a Suprema Corte do Peru derrubou-o e mandou Alberto Fujimori de volta para a prisão (Collyns, 2018a).

A proteção que Kuczynski obtuve com sua aliança com Kenji Fujimori não durou muito. Vídeos secretos vazados para a imprensa mostravam aliados de Kenji oferecendo vantagens e propinas, incluindo contratos de infraestrutura, a parlamentares, em troca de sua oposição ao *impeachment* de Kuczynski (El video que obligó a Pedro..., 2018). Kenji, no entanto, não era a única pessoa da oposição supostamente envolvida em escândalos de corrupção. Sua irmã, Keiko Fujimori, também teria recebido contribuições ilegais da Odebrecht para suas campanhas presidenciais de 2011 e 2016 (Mella e Gorriti, 2018).

Quase toda figura pública politicamente relevante no Peru está sob investigação e muitas cumpriram prisões preventivas.[9] Toledo foi preso nos Estados Unidos e, enquanto escrevíamos este capítulo, permanecia em custódia aguardando sua extradição (Levine, 2019).[10] Como mencionado anteriormente, em abril de 2019, diante de sua prisão preventiva iminente, García cometeu suicídio (Alarcón, 2019). Humala, por sua vez, cumpriu nove meses de prisão provisória ("Peru top court says ex-president...", 2018). Kuczynski, por último, foi obrigado a renunciar em março de 2018 por causa dos escândalos. Os

---

[8] Perto do fim do governo autoritário de Alberto Fujimori em 2000, foram reveladas grandes violações de direitos humanos e surgiram provas documentadas de corrupção (McMillan e Zoido, 2004). Alguns estimam que o governo Fujimori desviou o equivalente a 600 milhões de dólares de verbas públicas (Transparência Internacional, 2004).

[9] Para outras análises da resposta das autoridades peruanas ao escândalo da Lava Jato, ver o capítulo 11 deste volume.

[10] Nota dos organizadores: Em março de 2020, um juiz acatou pedido de defesa para conceder prisão domiciliar a Toledo durante a pandemia de Covid-19 (EUA: juiz autoriza ex-presidente peruano sair de casa..., 2020).

tribunais peruanos decidiram, ainda, que Keiko Fujimori poderia ser detida preventivamente por até três anos (Collyns, 2018b).[11]

Um dos poucos políticos que parecia não ter nenhuma ligação direta com a Odebrecht — ao menos nenhuma conhecida no momento da redação deste texto — era Martín Vizcarra (Martín Vizcarra llegó a Lima..., 2018). Vizcarra assumiu a presidência após a renúncia de Kuczynski em 2018 e deveria permanecer no cargo até abril de 2021, data para a qual convocou nova eleição (Martín Vizcarra tries to end..., 2019). Mas, em novembro de 2020, o Congresso peruano aprovou o *impeachment* de Vizcarra.[12]

Além de abalar o sistema político, a Lava Jato também tumultuou o setor privado peruano, afetando empresas e executivos. As ações da Graña y Montero, uma das mais importantes empresas de construção do Peru e parceira da Odebrecht em vários projetos, perderam 40% do seu valor de mercado entre dezembro de 2016 e janeiro de 2017, à medida que o escândalo ganhou a atenção pública (Vega, 2017). Ao fim de 2017, executivos da Graña y Montero e de outras empresas da construção nacional estavam presos provisoriamente, embora alguns tenham sido libertados no começo de 2018 (Sala Penal Nacional revoca prisión..., 2018).[13]

2. Arcabouço Institucional

As investigações da Lava Jato abalaram as estruturas de poder político e econômico no Peru em um ambiente institucional único. Mesmo antes de o escândalo vir à tona, já havia no país pressão por mais transparência e

---

[11] Nota dos organizadores: Keiko Fujimori também foi detida acusada de envolvimento no escândalo de corrupção da construtora brasileira Odebrecht. Ela ganhou liberdade em maio de 2020 depois que sua defesa alegou risco de contrair o novo coronavírus (Líder da oposição peruana, Keiko Fujimori é libertada..., 2020).

[12] Vizcarra também passou a ser investigado por corrupção após um executivo da empresa peruana Obrainsa alegar que Vizcarra teria solicitado propina para liberar um projeto de irrigação quando era governador de Moquegua entre 2011 e 2014. A primeira reação do então presidente foi negar qualquer irregularidade (Aquino, 2020). Depois de ver o Congresso rejeitar um pedido de *impeachment* contra Vizcarra em setembro de 2020, ele foi destituído do cargo dois meses depois sob a alegação de "incapacidade moral permanente" motivada pelas denúncias de corrupção que pesam contra ele.

[13] Em 2020, a Graña Y Montero e seus executivos encontravam-se perto de firmar colaboração com as autoridades, detalhando atos de corrupção em diversas obras de infraestrutura (Graña y Montero indica que acuerdo final de colaboración eficaz con la fiscalía se firmaría en marzo, 2020).

accountability, mas os esforços anticorrupção permaneciam em construção. As revelações da Lava Jato foram responsáveis por dar início a uma série de reformas jurídicas no Peru, algumas mais relacionadas com especificidades do caso e outras alcançando o sistema político como um todo.

Antes da Lava Jato, ainda em 2010, o Peru tinha criado a Comissão de Alto Nível Anticorrupção (Comisión de Alto Nível Anticorrupción, CAN). A comissão une órgãos governamentais e organizações da sociedade civil que defendem controle e responsabilização de casos de corrupção. A existência desse órgão demonstra que o Peru estava progredindo na construção de um ambiente anticorrupção (OCDE, 2017b).[14] A CAN deveria, por exemplo, apresentar uma estratégia nacional contra a corrupção, mesmo em meio aos escândalos (*Plan Nacional Anticorrupción 2018-2021*). Em abril de 2016, alguns meses antes do acordo internacional de delação da Odebrecht, o Peru aprovou a Lei nº 30.424, que responsabiliza empresas por corrupção, estabelecendo a responsabilidade penal autônoma para pessoas jurídicas em casos de pagamento de subornos no país e no exterior (Decreto de Urgencia 003-2017). As sanções possíveis incluem multas, proibições de firmar contratos com o governo e até a dissolução da pessoa jurídica (fosse uma empresa ou organização não governamental, ONG).

Após o escândalo emergir, as reformas anticorrupção ganharam força. Em fevereiro de 2017, sob pressão pública, o presidente Kuczynski promulgou o Decreto de Urgência 003 (*Decreto de Urgencia 003-2017*), que garantia reparações ao Estado por contratos irregulares de infraestrutura (Decreto de Urgencia 003-2017, 2017). Para projetar imagem de tolerância zero com a corrupção, o governo congelou ativos e anulou contratos da Odebrecht. Porém, devido a falhas do desenho institucional do decreto, sua aplicação prejudicou a operação de inúmeras empresas peruanas que eram fornecedoras dos projetos da construtora brasileira. Esse mesmo decreto também bloqueou propostas de venda de ativos da Odebrecht, impedindo o restabelecimento de projetos de obras públicas e pagamentos a fornecedores (Villalobos, 2018). Assim, o decreto do presidente Kuczynski prejudicou diretamente empresas locais e impediu o desenvolvimento de obras públicas (Chirinos Cané e Miró Quesada, 2018; D.U. 003: "Crece riesgo de crisis…", 2018). Em meio à crise

---

[14] Integrantes com direito a voto da CAN incluem o presidente do Congresso, o ministro da Justiça, o presidente do Tribunal Constitucional, o procurador-geral e representantes dos governos regionais e dos municípios.

crescente e com a iminente renúncia de Kuczynski, em março de 2018, foi aprovada a Lei nº 30.737 para remediar algumas das falhas do decreto original e ao mesmo tempo preservar a capacidade do Estado de recuperar danos decorrentes da corrupção (Castillo, 2018).[15]

À medida que o escândalo progredia, ficou claro que muitas figuras de destaque no sistema político do Peru estavam profundamente envolvidas, alimentando o ímpeto por mais reformas. Ao fim de 2018, o novo governo de Vizcarra aprovou a realização de um referendo constitucional sobre reformas anticorrupção em grande escala, incluindo a criação de um Congresso bicameral, mandato único para legisladores, a regulamentação mais rígida do financiamento dos partidos políticos e a reforma do comitê de seleção do Judiciário (Cespedes, 2018). Todos os itens, exceto o primeiro (a criação de um Senado), foram aprovados pela população. Essas propostas de reformas aprofundaram as tensões entre o presidente Vizcarra e o Congresso que, nos últimos anos, tinha a maioria dos assentos ocupados pela oposição comandada por Keiko Fujimori (Martín Vizcarra tries to end..., 2019). As tensões aumentaram ainda mais em agosto de 2019, quando Vizcarra decidiu pressionar por eleições adiantadas nos dois poderes, buscando um modo de contornar a resistência do Congresso a seu amplo programa de reformas anticorrupção (Martín Vizcarra tries to end..., 2019). As tensões tiveram outro pico logo depois que Vizcarra dissolveu o Congresso (para mais detalhes, ver Vergara, 2019).

Em resumo, o caso da Lava Jato no Peru teve ramificações profundas no sistema político e econômico. O esforço de oferecer respostas veio inicialmente na forma de congelamento de contratos e de ativos da empresa e, em seguida, de múltiplas investigações criminais envolvendo inúmeros projetos e políticos. No caminho, um presidente renunciou e foi negociado um acordo nacional com a Odebrecht. Indivíduos influentes enfrentaram prisões preventivas. Tudo isso aumentou a pressão peruana por reformas que afetavam tanto traços específicos do caso (como o decreto de urgência) quanto o sistema político como um todo (como o referendo constitucional de 2018). As reformas não foram todas plenamente implementadas e causaram intensos embates entre o presidente e o Congresso (Kurmanaev e Zarate, 2019).

---

[15] Por exemplo, a Lei nº 30.737 limitou a extensão da necessidade de aprovação governamental para desinvestimento de ativos por parte de empresas envolvidas em alegações de corrupção, o que poderia levar tempo e interromper a execução de obras públicas.

A história peruana sugere que a ampla participação de mercado de uma empresa num país não necessariamente impede que sejam lançados esforços anticorrupção. Olhando mais de perto, a experiência peruana apresenta uma combinação entre esforços de punição combinados com esforços de reformas mais amplas. As investigações e punições, respeitando o devido processo legal, dão à sociedade peruana a oportunidade de conhecer melhor o esquema da Odebrecht. Elas também podem servir para identificar instituições e mecanismos específicos que contribuíram originalmente para o problema da corrupção. Essas falhas institucionais podem então ser alteradas, seguindo os processos democráticos. Esse elo complexo entre aplicação da lei dentro do estado de direito e reformas democráticas pode, a longo prazo, gerar melhorias duradouras nos níveis de corrupção do país.

A Odebrecht no México

1. Projetos e operação

A Odebrecht também estava presente no México, mas seus projetos foram em menor número e menos diversificados do que no Peru (United States vs. Odebrecht S.A., 2016; Red Anticorrupción Latinoamericana, REAL, s.d.). A atuação da construtora no mercado mexicano estava centrada em projetos ligados à Pemex, ou Petróleos Mexicanos, a petroleira estatal daquele país (Martínez, 2017).

No início de 2010, o principal órgão de auditoria do México, a Auditoria Superior de la Federación (ASF), detectou múltiplas irregularidades em contratos concedidos pela Pemex à Odebrecht (Olmos e Lizárraga, 2017). Segundo o acordo de leniência da Odebrecht, já naquele ano, propinas começaram a ser pagas pela Odebrecht a várias autoridades mexicanas (United States vs. Odebrecht S.A., 2016). Esses primeiros sinais de alerta, porém, não levaram a condenações e as irregularidades nos contratos entre a Pemex e a Odebrecht continuaram por mais seis anos.

Entre as anomalias identificadas pela ASF, havia preços inflacionados para a renovação de uma refinaria localizada na cidade de Minatitlán, no estado de Veracruz ("Auditoría Superior exhibe corrupción en refinerías, 2019). A agência apresentou suas descobertas à Pemex em 2011 e continuou a reportá-las nos três anos seguintes (Olmos e Lizárraga, 2017). Ainda assim, a Pemex levou adiante a execução do contrato com a Odebrecht, sem impor nenhum tipo de sanção, nem à Odebrecht, nem às autoridades envolvidas do lado da empresa estatal. Isso pode ter contribuído para um aumento de 66% no custo do projeto, bem como para seu atraso em cinco anos — a conclusão estava prevista para 2008, mas o projeto só foi concluído em 2013 (Olmos e Lizárraga, 2017; Jiménez, 2019). Segundo os relatórios da ASF, o governo do presidente Felipe Calderón fez pagamentos adicionais de 191 milhões de dólares à Odebrecht entre 2010 e 2012 pela conclusão do projeto Minatitlán, valor muito maior do que o orçamento original (Auditoría Superior de la Federación, 2015; Olmos e Lizárraga, 2017). Durante o mesmo período, a Pemex teria pagado 25 milhões de dólares por 40 contratos públicos adicionais que foram concedidos à Odebrecht sem licitação pública (Olmos e Lizárraga, 2017).

A ASF identificou outras irregularidades relacionadas com a refinaria de Minatitlán, como pagamentos adicionais pelo que pareciam ser "funcionários fantasmas", bem como outros aumentos nos custos do projeto (Jiménez, 2019). Essas irregularidades também foram observadas em outros projetos, como o gasoduto "Los Ramones", uma refinaria em Salamanca, uma represa em Michoacán e o gasoduto internacional "Quetzal", conectando o México e a Guatemala (Todo lo que deberías saber de Odebrecht..., 2017; Descubren en Andorra sobornost..., 2018). Porém, as descobertas da ASF não acarretaram nenhuma ação legal (Auditoría Superior de la Federación, 2015; Castillo, 2019). E, apesar das advertências da ASF, a Pemex não deixou de fazer novos contratos com a Odebrecht. Alguns desses contratos foram concedidos diretamente à Odebrecht e a suas subsidiárias sem leilões competitivos (Olmos e Lizárraga, 2017).[16] Em outras palavras, a Pemex continuou a alocar uma quantia significativa de fundos públicos para uma empresa que já tinha sido sinalizada por suas práticas questionáveis. Entre 2010 e 2014, ela concedeu à Odebrecht mais quatro contratos, no valor de mais de 1,5 bilhão de dólares (Olmos e Lizárraga, 2017).

2. Arcabouço Institucional

Os contratos da Odebrecht no México eram executados ao mesmo tempo em que o país vivenciava um grande esforço de reforma anticorrupção. Desde o começo da década de 1990, o México tomou várias medidas para controlar a

---

[16] Essa prática foi identificada como risco para a transparência nas licitações públicas; sua presença tende a funcionar como sinal de alerta.

corrupção, incluindo reformas eleitorais, jurídicas e institucionais (Meyer e Hinojosa, 2018). Várias dessas reformas aconteceram durante a última década.

Em 2012, quando Enrique Peña Nieto concorria à presidência, um dos principais temas de sua campanha foi a luta contra a corrupção. Ele prometeu criar um novo sistema que incentivaria a coerência institucional e ofereceria instrumentos adequados para investigar e combater a corrupção (Los compromisos que Peña Nieto..., 2012). Porém, o governo de Peña Nieto foi marcado por uma série de escândalos de corrupção.[17] Esses escândalos serviram como catalisador para que a sociedade civil pressionasse por reformas anticorrupção mais eficazes.

Três anos depois, em 2015, o governo Peña Nieto aprovou reformas que almejavam, entre outros objetivos, cumprir as promessas de transparência estabelecendo o Sistema Nacional Anticorrupção (Sistema Nacional Anticorrupción, SNA) (Zepeda, 2015). O SNA foi estabelecido pela Lei Geral do Sistema Nacional Anticorrupção (Ley General del Sistema Anticorrupción); ela criou um órgão independente de procuradoria anticorrupção, um tribunal especial para o julgamento de casos de corrupção e uma infraestrutura institucional voltada para coordenar o trabalho das autoridades com responsabilidades relacionadas com o controle da corrupção (Chavarría Suárez, 2018; Meyer e Hinojosa, 2018).[18] O novo sistema anticorrupção seria implementado por leis específicas para regular seu funcionamento (Secretaría de la Función Pública, 2018b; Ríos García, 2018). A responsabilização de empresas por atos ligados à corrupção foi promulgada (Silveyra, 2017) e os poderes dos procuradores foram ampliados (Diario Oficial de la Federación, 2016).

A reforma constitucional e as novas leis que regulavam o SNA vieram (ao menos parcialmente) como resposta à pressão de grupos da sociedade civil que tinham defendido elementos-chave da reforma anticorrupção, como exigir que autoridades divulgassem seus bens e interesses, aumentar as sanções para casos de corrupção e prever a nomeação de uma procuradoria especializada

---

[17] Entre os escândalos está o suposto desvio em grande escala de fundos públicos conhecido como "La Estafa Maestra", que, graças ao jornalismo investigativo, foi revelado em 2017 (Najar, 2018) e o escândalo "Casa Blanca", que estourou quando a investigação de um jornalista revelou que a "casa branca" comprada pela primeira-dama estava na verdade registrada no nome de uma empresa com íntimos laços de negócios com o governo Peña Nieto (Lizárrraga et al., 2018).

[18] Para um aprofundamento do papel desempenhado pela coordenação no desenvolvimento de uma infraestrutura institucional sólida para o combate à corrupção, ver o capítulo 7 deste livro.

para esses casos (Fiscalía Contra los Delitos de Corrupción). À semelhança da Comissão de Alto Nível Anticorrupção (CAN) do Peru, pretendia-se que o SNA servisse como mecanismo de coordenação para as distintas autoridades de transparência no país. Porém, o sistema não teve muito impacto, em parte porque ainda estão pendentes leis para regulamentação de seus componentes e porque houve atrasos na nomeação do chamado procurador anticorrupção e dos juízes especiais (OCDE, 2019; Meyer e Hinojosa, 2018; Baranda, 2019).

Quando as alegações relacionadas com a Lava Jato chegaram ao México, outros escândalos de corrupção já povoavam o noticiário mexicano, mas o país já tinha seu arcabouço jurídico anticorrupção e o SNA parcialmente estabelecidos. Era esperado que o escândalo de corrupção que envolvia a Odebrecht seria tratado por essa estrutura já estabelecida.

Em dezembro de 2016, o acordo de delação da Odebrecht levou a uma investigação liderada por um dos principais órgãos anticorrupção do México, a Secretaria da Função Pública (Secretaría de la Función Pública, SFP). A investigação estava centrada nas irregularidades na concessão e na execução de contratos de obras públicas entre a Pemex e a Odebrecht (Secretaría de la Función Pública, 2016). Elas se concentraram em alegações de que Emilio Lozoya, ex-coordenador internacional da campanha presidencial de Peña Nieto e ex-diretor da Pemex (2012-16), estava envolvido no desvio de dinheiro da Odebrecht para contribuições ilegais de campanha (Estafa Maestra, 2017; Asman, 2017).[19]

Essas alegações foram negadas pelo gabinete do presidente Peña Nieto e pelo próprio Lozoya (Cisneros, 2017; Peña Nieto admite reunión..., 2017). Porém, a SFP identificou diversas irregularidades nos contratos entre a Odebrecht e a Pemex, as mesmas irregularidades que tinham sido detectadas anteriormente pela ASF, e iniciou procedimentos preliminares com o objetivo de impor penalidades administrativas caso as acusações fossem comprovadas (Ortega, 2017; Morales, 2018). Estas resultaram em quatro investigações contra a Odebrecht e suas subsidiárias por delitos administrativos, duas investigações contra seus representantes legais e duas contra funcionários públicos que trabalhavam para a Pemex (Morales, 2017).

---

[19] As alegações foram apresentadas pela associação civil Mexicanos contra la Corrupción y la Impunidad (Najar, 2018) e em seguida publicadas no jornal *Diario Reforma* (2017). Depois, foram reproduzidas em vários jornais e publicações no México (Exigen a la PGR detener a Lozoya, 2017).

Quase um ano depois, em dezembro de 2017, a SFP vetou formalmente a participação da Odebrecht em contratos futuros com o governo federal do México por quatro anos, a começar da data de publicação da punição (Secretaría de la Función Pública, 2017a). Os contratos já concedidos à Odebrecht e os contratos em execução não foram afetados pela decisão da SFP. Essa foi uma nítida diferença em relação à abordagem retroativa escolhida pelas autoridades peruanas em seu conjunto inicial de punições (relativas ao decreto de urgência). Embora o veto se referisse ao futuro, em junho de 2017 a Pemex notificou a Odebrecht de que, devido aos resultados de sua investigação de "irregularidades administrativas", ela cancelaria um contrato de 2015 relacionado com a refinaria "Miguel Hidalgo", também conhecida como projeto "Tula 1" (Mexican agency finds irregularities..., 2017). Seis meses depois, a SFP sancionou a Odebrecht por "cobrar indevidamente" 6,4 milhões de dólares (119 milhões de pesos mexicanos) em custos indiretos associados com a construção da refinaria Tula 1 (Secretaría de la Función Pública, 2017b).

Em 2018, a SFP impôs outro veto administrativo à Odebrecht, que duraria dois anos e três meses (SFP sanciona al directivo de Odebrecht..., 2018). Gleiber José de Faria, diretor financeiro da Odebrecht, e Alberto de Meneses Weyll, diretor-geral da construtora para o México, foram responsabilizados pessoalmente (SFP sanciona al directivo de Odebrecht..., 2018).[20] Este último tinha confessado anteriormente às autoridades brasileiras ter pagado uma propina de 10 milhões de dólares a Lozoya (El Gobierno de México sanciona..., 2018).[21] As novas sanções aplicadas à empresa incluíram multa de quase 30 milhões de dólares (México cobrará sanción de..., 2018).

Além desses procedimentos administrativos, em 2017 a Procuradoria-Geral do México (Procuraduría General de la República, PGR) iniciou uma investigação criminal (Olmos, 2017). A investigação baseou-se nas alegações

---

[20] A decisão da SFP de responsabilizar pessoalmente Faria e Meneses Weyll, ambos da Odebrecht, os proibiu, como indivíduos, de participar de futuros contratos com o governo federal do México. Essa proibição foi aplicada com uma duração de dois anos, três meses e 12 dias (Circular No. UR-DPTRI-AR-S-003-2018, 2018; Circular No. UR-DPTRI-AR-S-005-2018, 2018).

[21] Alguns questionaram a validade da confissão de Alberto de Meneses Weyll, pois ela foi feita dentro do acordo de delação premiada com as autoridades brasileiras e não dada diretamente a uma autoridade mexicana. Nesse sentido, vale a pena notar que a SFP ressaltou publicamente que seus arquivos não continham nenhum registro formal da confissão de Meneses, pois ele a tinha feito às autoridades brasileiras, e enfatizou que estavam conduzindo as próprias investigações e desenvolvendo as próprias fontes de provas (Secretaria de la Función Pública, 2018a).

de três ex-executivos da Odebrecht que tinham confessado ter pagado propinas entre 2012 e 2016 (El caso Odebrecht sacude a México..., 2017). A investigação criminal, porém, até meados de 2019, não havia levado a condenações e a PGR foi criticada por não ter agido com rapidez e por sofrer influências indevidas do governo. As críticas atingiram o ponto máximo em setembro de 2017, quando Santiago Nieto, procurador encarregado de investigar o caso, foi demitido (La PGR destituye al titular de fiscalía..., 2018). A PGR alegou que ele tinha violado o código de conduta do cargo (La PGR destituye al titular de fiscalía..., 2018). Santiago Nieto afirmou que essas alegações eram falsas e que fora demitido por não ceder à pressão do governo para recuar na investigação de Lozoya e sua suposta conexão com a Odebrecht (Lafuente, 2017b). Um mês depois, o então procurador-geral Raúl Cervantes afirmou, pouco antes de renunciar, que a investigação criminal da Odebrecht tinha sido concluída e que a PGR estava pronta para apresentar as acusações (Webber, 2018).[22]

Em setembro de 2018, a SFP impôs punições administrativas à Odebrecht, as quais incluíam a maior multa já aplicada pelo órgão: 86 milhões de pesos mexicanos, o equivalente a cerca de 23 milhões de reais (Montes, 2018). Ao mesmo tempo, a PGR continuava investigando os bens de 14 representantes da Pemex, mas sem resultados conclusivos (México, el primer país donde se inhabilitó..., 2018).

Durante a presidência de López Obrador, Emilio Lozoya foi punido pela SFP, embora o motivo da sanção não tenham sido as propinas confessadas pelo funcionário da Odebrecht, mas as contas bancárias ocultadas no estrangeiro. Ainda assim, não se conseguiu estabelecer de forma clara um elo entre as contas e os supostos pagamentos de propinas da Odebrecht (Emilio Lozoya vuelve a quedar bajo la lupa..., 2019). A sanção aplicada impede Lozoya de ter cargos públicos por uma década. Ele também foi multado em mais de 30 milhões de dólares (Castillo García, 2019; Camhaji, 2019; Secretaría de la Función Pública, 2019). Em maio de 2019, a PGR iniciou um processo judicial contra Lozoya por acusações de propina. Esse foi o primeiro processo

---

[22] A renúncia de Cervantes veio inesperadamente. Aconteceu em meio a um debate maior sobre a criação de uma procuradoria anticorrupção independente e ele explicou que sua renúncia tinha o objetivo de evitar qualquer impedimento à criação desse órgão (Lafuente, 2017a). Alguns membros da oposição, assim como representantes da sociedade civil, tinham rejeitado suas tentativas de ser nomeado chefe da nova procuradoria anticorrupção. Cervantes explicou que renunciou para evitar gerar ainda mais especulações sobre o assunto (Lafuente, 2017a).

criminal do México a ser aberto contra uma autoridade pública relacionada com a Odebrecht (Semple e Ahmed, 2091).[23]

Desde que o caso da Odebrecht veio a público, as autoridades mexicanas deram passos tímidos, implementando algumas punições administrativas e fazendo investigações com resultados limitados. Em julho de 2019, nove anos depois de a ASF sinalizar pela primeira vez irregularidades nos negócios da Odebrecht com o governo mexicano, poucas acusações foram formalizadas. Isso gera a pergunta: por que, se havia informações potencialmente incriminadoras disponíveis, o caso não avançou?

Parte do motivo parece ser a resistência política (Ahmed, 2018). Em outubro de 2017, por exemplo, enquanto a ASF tentava impor sanções criminais contra autoridades que tomaram parte de um negócio envolvendo uma das subsidiárias da Odebrecht, os parlamentares do Partido Revolucionário Institucional (Partido Revolucionario Institucional, PRI) e seus aliados votaram contra a punição, impedindo sua execução (Webber, 2018). Esse incidente gerou questionamentos relacionados com a independência dos órgãos mexicanos anticorrupção.[24] Ao mesmo tempo, também refletiu o esforço assimétrico de punição: muitos representantes da Odebrecht foram responsabilizados, mas nenhuma autoridade pública.

Pressões políticas e a falta de cooperação dentro do governo federal do México parecem explicar os esforços débeis da Secretaria da Função Pública (SFP) e da Procuradoria-Geral (PGR). Membros de um dos grupos que compõem a SFP, a Comissão Cidadã Especial, afirmaram que a interferência do governo prejudicou o trabalho do órgão (Ahmed, 2017). Os congressistas

---

[23] Em julho de 2019, a PGR mexicana emitiu um mandado de prisão para Lozoya, sua esposa, sua irmã e sua mãe, embora pouco depois da emissão do mandado o juiz federal encarregado de supervisionar o caso tenha congelado a ordem (Juez otorga suspensión a Lozoya…, 2019). No final de 2019, a investigação da PGR dos Lozoya por propina ainda estava em desenvolvimento; a quantia da multa a ser imposta pela SFP não tinha sido determinada. A PGR recentemente passou por certas reformas e seu nome foi alterado para "Fiscalía General de la República" (Camhaji, 2019; México Evalúa, 2019).

[24] Líderes de diferentes organizações da sociedade civil, como o capítulo nacional da Transparência Internacional (Transparencia Mexicana) e México Evalúa, criticaram o funcionamento do sistema e sua falta de resultados. Por exemplo, Edna Jaime, diretora do México Evalúa, disse que as instituições anticorrupção mexicanas eram cooptadas pelo poder político, ou fracas demais para cumprir seus deveres (Romero, 2017). Nas mesmas linhas, Eduardo Bohórquez, presidente do Transparencia Mexicana, afirmou que a ausência de acusações tinha motivação política e que, portanto, isso levantava dúvidas consideráveis a respeito da independência dos promotores (Ahmed, 2017).

não nomearam nem os juízes que lidariam com os casos de corrupção, nem o procurador independente, que supostamente teria, no novo sistema, o poder de investigar esses casos ("¿Y el fiscal anticorrupción..., 2017).

Embora o combate à corrupção tenha sido anunciado como prioridade da política mexicana, os esforços realizados pelas autoridades não foram suficientes e a realidade tem sido bem diferente das promessas das campanhas presidenciais. Desde 2016, quando as primeiras revelações do caso da Lava Jato envolveram autoridades mexicanas, os arcabouços institucionais e jurídicos reformados renderam apenas processos administrativos demorados contra a empresa e contra alguns de seus executivos, mas nenhuma sanção criminal (Pérez de Acha, 2019).[25]

Conclusão

Este capítulo examinou as diferentes respostas no Peru e no México à luz de dois fatores: o escopo das atividades da Odebrecht em cada país e o desenho dos arcabouços anticorrupção peruano e mexicano. Onde a Odebrecht tinha mais mercado e maior poder político, como no Peru, poderíamos esperar uma resposta mais branda das autoridades. Onde as instituições jurídicas e o arcabouço de apoio ao controle da corrupção pareciam mais robustos, como no México, poderíamos ter esperado uma resposta mais forte. Porém, aconteceu o oposto.

Se considerarmos apenas as atividades operacionais da Odebrecht, o tamanho da participação da empresa em cada uma das duas economias não parece ter tido muita influência nas respostas ao escândalo. A Odebrecht teve alguns projetos grandes e importantes no México, mas tinha uma presença de muito mais destaque no Peru e o escândalo apresentava consequências muito mais sérias para a elite política e econômica peruana. Porém, no Peru as respostas política e judicial foram mais abrangentes, em comparação com o México.

Quanto ao desenho do arcabouço anticorrupção dos dois países, os eventos analisados também contradizem os pressupostos iniciais. Eles indicam que não existe uma abordagem única que possa garantir a *accountability*. Ainda que o México já tivesse estabelecido os principais elementos de seu Sistema

---

[25] Durante o governo de Andrés Manuel López Obrador, uma medida foi implementada para incluir a corrupção como delito que pode levar a procedimentos civis e criminais de confisco de bens (Dantón Martínez e Paullada, 2019).

Tabela 10.1
Comparação resumida

	Peru	México
Operação da Odebrecht	A Odebrecht desempenhou um papel-chave no mercado de infraestrutura peruano e foi recipiente de contratos de alguns dos mais ambiciosos projetos do Peru, incluindo estradas, gasodutos e o metrô de Lima. A empresa tinha conexões fortes com políticos poderosos, incluindo vários ex-presidentes, e com os nomes mais importantes da oposição. Ela também tinha diversas parcerias com empresas de construção locais.	Os contratos da Odebrecht eram principalmente com a Pemex, petroleira mexicana. Embora tivesse projetos relevantes, a Odebrecht não era tão dominante no mercado mexicano quanto no do Peru. Durante os governos de Calderón e Peña Nieto, a empresa manteve conexões próximas com o partido do governo e, durante esse tempo, a Odebrecht obteve a maioria de seus contratos relacionados com a Pemex.
Arcabouço jurídico	Partes relevantes do arcabouço anticorrupção já existiam antes do acordo de delação da Odebrecht (firmado com o Departamento de Justiça dos EUA em dezembro de 2016), mas o escândalo trouxe novo ímpeto para reformas, tanto relacionadas com o caso — por exemplo, para obter reparações da Odebrecht ao Estado — e com o sistema político como reformas constitucionais.	Várias medidas destinadas a tratar da corrupção já existiam antes do acordo de delação da Odebrecht (firmado com o Departamento de Justiça dos EUA em dezembro de 2016). Essas medidas incluíam reformas eleitorais, jurídicas e institucionais, das quais a criação do Sistema Nacional Anticorrupção (SNA), em 2015, representou um ponto alto para o arcabouço mexicano no quesito transparência. Porém, o escândalo não provocou, em seus anos iniciais, nenhuma outra reforma significativa.
Impacto da investigação da Odebrecht	O caso Odebrecht envolveu quatro ex-presidentes. Há investigações criminais em andamento. Depois de alguma tensão, a Odebrecht chegou a um acordo com as autoridades peruanas. Em momentos cruciais, protestos públicos barraram a tentativa de resistência das forças políticas. A pressão por reformas expôs as tensões entre o Executivo e o Congresso.	A investigação da Odebrecht segue em um passo mais lento do que no Peru. Punições administrativas foram impostas à empresa e a dois de seus funcionários. As investigações criminais em andamento até agora tiveram resultados modestos. Não houve acordo específico com as autoridades mexicanas.

Nacional Anticorrupção anos antes do acordo de delação da Odebrecht, as reações de suas autoridades foram morosas e renderam resultados parciais e apenas sanções administrativas. O Peru já contava com instituições importantes, como um Ministério Público independente, mas foi só depois que o escândalo da Lava Jato veio à tona que novas reformas foram iniciadas. Em teoria, poderíamos esperar que o México tivesse obtido resultados mais ágeis e abrangentes em suas investigações, considerando seu arcabouço preexistente. Porém, na prática, foi o Peru que, ao aprimorar seu arcabouço anticorrupção enquanto o escândalo abalava as estruturas do país, parece mais próximo de chegar a esses resultados.

O Peru viu sua elite política e econômica abalada pelo escândalo, que envolveu quatro ex-presidentes e obrigou um deles a renunciar. O escândalo foi seguido por investigações criminais, um referendo público sobre várias medidas de reforma e um acordo de delação local com a Odebrecht. Por outro lado, no México os acontecimentos desenrolaram-se mais lentamente. O México impôs à Odebrecht sanções meramente administrativas e algumas punições muito limitadas a autoridades. Alguns desafios de implementação e de aplicação explicam essa diferença: o Peru tinha uma força-tarefa independente e prestigiosa aos olhos da sociedade peruana e um novo presidente disposto a apoiar reformas maiores, ao passo que no México a independência dos procuradores foi travada pelo apoio inadequado do governo e pela falta de coordenação entre as agências anticorrupção pertinentes.

Os esforços para alterar o *status quo* exigem um arcabouço institucional que os sustente, tanto em seu desenho legal quanto em sua operação. Por sua vez, o funcionamento das instituições pode ultrapassar o mero cumprimento da lei e oferecer a possibilidade de identificar gargalos específicos que precisam ser reformados e deste modo também contribui para melhorar o arcabouço institucional existente.

A relação entre investigações e punições e a melhoria do arcabouço institucional só pode acontecer com uma dose de vontade política. As experiências dos dois países mostram que as autoridades relevantes precisam receber recursos suficientes para conduzir investigações e para punir delitos, dentro dos limites do estado de direito, ao mesmo tempo que é necessário haver mecanismos de coordenação que facilitem o trabalho dos órgãos responsáveis. Porém, a existência de instituições e a capacidade de investigar e punir não basta: é preciso que haja apoio das autoridades e da sociedade civil para aperfeiçoar a transparência e integridade, para pressionar por reformas quando forem necessárias e para que o sistema inteiro seja operado coerentemente dentro da realidade do país.

Referências

AHMED, A. El estancamiento del caso Odebrecht en México y las elecciones. *New York Times ES*, 11 jun. 2018. Disponível em: www.nytimes.com/es/2018/06/11/mexico-odebrecht-emilio-lozoya-pri/. Acesso em: 30 nov. 2019.

_____. Mexico's government is blocking its own anti-corruption drive, commissioners say. *New York Times*, 2 dez. 2017. Disponível em: www.nytimes.com/2017/12/02/world/americas/mexicocorruption-Commission.html. Acesso em: 30 nov. 2019.

ALAN García: fiscalía amplía investigación por línea 1 del metro de Lima. *El Comercio*, 11 nov. 2018. Disponível em: https://elcomercio.pe/politica/alan-garcia-fiscalia-amplia-investigacion-linea-1-metro-lima-noticia-577804. Acesso em: 30 nov. 2019.

ALARCÓN, D. ¿Qué llevó al expresidente de Perú a Quitarse la Vida? *The New Yorker*, 8 jul. 2019. Disponível em: www.newyorker.com/magazine/2019/07/08/que-llevo-al-expresidente-de-peru-a-quitarse-la-vida.

ÁLVAREZ, M. I. Odebrecht: 4 claves de los nuevos casos en los que la empresa reconoce sobornos. *El Comercio*, 11 set. 2019. Disponível em: https://elcomercio.pe/politica/odebrecht-claves-nuevos-casos-empresa-reconoce-sobornos-noticia-ecpm-674103-noticia/. Acesso em: 30 nov. 2019.

AQUINO, Marco. Peru's Vizcarra denies new corruption allegations, prosecutors to investigate. *Reuters*, 2020. Disponível em: www.reuters.com/article/us-peru-politics-idUSKBN2742JG. Acesso em: 26 out. 2020.

ARENA CIUDADANA. Las propuestas de EPN: Combate a la corrupción. *Animal Político*, 27 jul. 2012. Disponível em: www.animalpolitico.com/arena-ciudadana/las-propuestas-de-epn-combate-a-la-corrupcion/. Acesso em: 30 nov. 2019.

ASMAN, P. Was Mexico president's 2012 campaign funded by Odebrecht? *InSight Crime*, 27 out. 2017. Disponível em: www.insightcrime.org/news/brief/was-mexico-president-2012-campaign-funded-odebrecht/. Acesso em: 30 nov. 2019.

AUDITORÍA SUPERIOR DE LA FEDERACIÓN. *Pemex-Refinación Tren Energético de la Refinería de Minatitlán, Informe del Resultado de la Fiscalización Superior de la Cuenta Pública 2014*. 2015. Disponível em: www.asf.gob.mx/Trans/Informes/IR2014i/Documentos/Auditorias/2014_0326_a.pdf. Acesso em: 30 nov. 2019.

AUDITORÍA Superior exhibe corrupción en refinerías. *Otro País Noticias*, 18 mar. 2019. Disponível em: https://otropaisnoticias.com/auditoria-superior-exhibe-corrupcion-en-refinerias/. Acesso em: 30 nov. 2019.

BARANDA, A. Ven estancamiento en engranes del SNA. *Diario Reforma*, 11 ago. 2019. Disponível em: www.reforma.com/aplicacioneslibre/preacceso/articulo/default.aspx?id=1743512&opinion=0&urlredirect. Acesso em: 30 nov. 2019.

CAMHAJI, E. (23 mai. 2019). El Gobierno de México inhabilita por 10 años a Emilio Lozoya, director de Pemex con Peña Nieto, El País. Disponível em: https://elpais.com/internacional/2019/05/23/mexico/1558569276_908791.html. Acesso em: 30 nov. 2019.

_____. México aprueba una Fiscalía General sin plena autonomía del presidente. *El País*, 12 dez. 2018. Disponível em: https://elpais.com/internacional/2018/12/11/mexico/1544551932_888333.html. Acesso em: 30 nov. 2019.

CASTILLO, G. FGR indaga anomalías no sancionadas en Pemex. *La Jornada*, 11 mar. 2019. Disponível em: www.jornada.com.mx/2019/03/11/politica/014n1pol. Acesso em: 30 nov. 2019.

CASTILLO, N.¿Cómo se aplicará la Ley 30737 que reemplaza al D.U. 003? *El Comercio*, 11 abr. 2018. Disponível em: tps://elcomercio.pe/economia/aplicara-ley-30737-reemplaza-d-u-003-noticia-511170. Acesso em: 30 nov. 2019.

CASTILLO GARCÍA, G. Ordenan fijar el monto de multa a Lozoya por reparación. *La Jornada*, 21 jul. 2019. Disponível em: www.jornada.com.mx/2019/07/21/politica/007n1pol. Acesso em: 30 nov. 2019.

CESPEDES, T. Peruvian lawmakers approve referendum on anti-corruption reform. *Reuters*, 4 out. 2018. Disponível em: www.reuters.com/article/us-peru-politics/peruvian-lawmakers-approve-referendum-on-anti-corruption-reform-idUSKCN1ME1ZV. Acesso em: 30 nov. 2019.

CHAVARRÍA SUÁREZ, M. C. *El Sistema Nacional Anticorrupción en México*. México DF. Mexico: Ediciones Eón, 2018.

CHIRINOS CANÉ, D.; MIRÓ QUESEDA, J. La larga agonía del Decreto de Urgencia 003. *El Comercio*, 17 fev. 2018. Disponível em: https://elcomercio.pe/politica/larga-agonia-decreto-urgencia-003-noticia-497974. Acesso em: 30 nov. 2019.

CIRCULAR Nº UR-DPTRI-AR-S-005-2018 (12 abr. 2018). *Diario Oficial de la Federación*, 12 abr. 2018. Disponível em: www.dof.gob.mx/nota_detalle.php?codigo=5519743&fecha=17/04/2018. Acesso em: 30 nov. 2019.

CIRCULAR nº UR-DPTRI-AR-S-003-2018 (16 abr. 2018). *Diario Oficial de la Federación*, 16 abr. 2018. Disponível em: www.dof.gob.mx/nota_detalle.php?codigo=5519741&fecha=17/04/2018. Acesso em: 30 nov. 2019.

CISNEROS, J. R. Lozoya niega sobornos de Odebrecht: 9 acusaciones y deslindes. *Obras web*, 18 ago. 2017. Disponível em: https://obrasweb.mx/construccion/2017/08/18/lozoya-niega-sobornos-de-odebrecht-9--acusaciones-y-deslindes. Acesso em: 30 nov. 2019.

COLLYNS, D. Keiko Fujimori, Peru's opposition leader, sent back to jail ahead of corruption trial. *The Guardian*, 31 out. 2018b. Disponível em: www.theguardian.com/world/2018/nov/01/keiko-fujimori-perus-former-first--lady-sent-back-to-jail-ahead-of-bribery-trial. Acesso em: 30 nov. 2019.

_____. Peru's high court overturns pardon of former strongman Fujimori. *The Guardian*, 3 out. 2018a. Disponível em: www.theguardian.com/world/2018/oct/03/peru-high-court-overturns-pardon-alberto-fujimori. Acesso em: 30 nov. 2019.

COMERCIO, R. E. Chávarry: No me arrepiento de la remoción de Rafael Vela y José Domingo Pérez. *El Comercio*, 21 ago. 2019. Disponível em: https://elcomercio.pe/politica/pedro-chavarry-me-arrepiento-remocion-rafael--vela-jose-domingo-perez-noticia-nndc-667550. Acesso em: 30 nov. 2019.

CORRUPTION perception index. Transparency International: The Global Coalition Against Corruption. 2018. Disponível em: www.transparency.org/cpi2018. Acesso em: 30 nov. 2019.

DANTÓN MARTÍNEZ, L.; PAULLADA, J. J. Practice Alert: Mexico expands asset forfeiture to anti-corruption enforcement. *The FCPA*, 16 jul. 2019. Disponível em: www.fcpablog.com/blog/2019/7/16/practice-alert-mexico--expands-asset-forfeiture-to-anti-corru.html. Acesso em: 30 nov. 2019.

DECRETO de Urgencia 003-2017. *Diario Oficial del Bicentenario El Peruano*, 13 fev. 2017. Disponível em: https://busquedas.elperuano.pe/download/url/decreto-de-urgencia-que-asegura-la-continuidad-de-proyectos-decreto--de-urgencia-n-003-2017-1485019-1. Acesso em: 30 nov. 2019.

DESCUBREN en Andorra sobornos pagados por Odebrecht en Michoacán. *Aristegui Noticias*, 22 out. 2018. Disponível em: https://aristeguinoticias.com/2210/lomasdestacado/descubren-en-andorra-sobornos-pagados--por-odebrecht-en-michoacan/. Acesso em: 30 nov. 2019.

DIARIO OFICIAL DE LA FEDERACIÓN. Decreto por el que se reforman y adicionan diversas disposiciones de la Ley Orgánica de la Procuraduría General de la República. *Diario Oficial de la Federación*, 18 jul. 2016.

Disponível em: http://dof.gob.mx/nota_detalle.php?codigo=5445050&fecha=18/07/2016. Acesso em: 30 nov. 2019.

D.U. 003: "Crece riesgo de crisis por demora en Congreso". *El Comercio*, 5 mar. 2018. Disponível em: https://elcomercio.pe/economia/peru/asbanc-crece-riesgo-crisis-demora-aprobar-decreto-urgencia-003-noticia-502036. Acesso em: 30 nov. 2019.

EL caso Odebrecht sacude a México por acusaciones contra el exdirector de la petrolera estatal. *New York Times ES*, 15 ago. 2017. Disponível em: www.nytimes.com/es/2017/08/15/odebrecht-mexico-emilio-lozoya-pemex-corrupcion/. Acesso em: 30 nov. 2019.

EL Gobierno de México sanciona e inhabilita a Odebrecht. *El País*, 20 abr. 2018. Disponível em: https://elpais.com/internacional/2018/04/19/mexico/1524150473_535247.html. Acesso em: 30 nov. 2019.

EL video que obligó a Pedro Pablo Kuczynski a renuncia a la presidencia de Perú." *Perfil*, 21 mar. 2018. Disponível em: www.perfil.com/noticias/internacional/el-video-por-el-que-renuncio-el-presidente-de-peru.phtml. Acesso em: 30 nov. 2019.

EMILIO Lozoya vuelve a quedar bajo la lupa: la SFP lo inhabilita por 10 años. *Expansión Política*, 22 maio 2019. Disponível em: https://politica.expansion.mx/mexico/2019/05/22/emilio-lozoya-vuelve-a-quedar-bajo-la-lupa-la-sfp-lo-inhabilita-por-10-anos. Acesso em: 30 nov. 2019.

ESTAFA maestra: graduados en desaparecer dinero público. *Mexicanos contra la Corrupción y la Impunidad*, 2017. Disponível em: https://contralacorrupcion.mx/web/estafamaestra/. Acesso em: 30 nov. 2019.

EUA: juiz autoriza ex-presidente peruano sair de casa 4 horas por dia. *Internacional EFE*, 2020. Disponível em: https://noticias.r7.com/internacional/eua-juiz-autoriza-ex-presidente-peruano-sair-de-casa-4-horas-por-dia-28082020. Acesso em: 26 out. 2020.

EXIGEN a la PGR detener a Lozoya. *Diario Reforma*, 14 ago. 2017. Disponível em: www.reforma.com/aplicacioneslibre/preacceso/articulo/default.aspx?id=1184997&flow_type=paywall&urlredirect. Acesso em: 30 nov. 2019.

EXIGEN a la PGR detener a Lozoya / Odebrecht dio 10 mdd de soborno a Lozoya. *Sin Embargo Mx*, 14 ago. 2017. Disponível em: www.sinembargo.mx/14-08-2017/3230886. Acesso em: 30 nov. 2019.

FILIAL de Odebrecht acompañó "de tiempo completo" campaña de Peña Nieto. *Mexicanos contra la Corrupción y la Impunidad*, 22 out. 2017. Disponível em: https://contralacorrupcion.mx/odebrechtepn/. Acesso em: 30 nov. 2019.

FOWKS, J. El Congreso peruano suspende al legislador Kenji Fujimori. *El País*, 7 jun. 2018. Disponível em: https://elpais.com/internacional/2018/06/07/america/1528342815_921988.html. Acesso em: 30 nov. 2019.

_____. Suicídio de Alan García abre debate sobre a luta anticorrupção no Peru. *El País*, 20 abr. 2019. Disponível em: https://brasil.elpais.com/brasil/2019/04/18/internacional/1555607298_009527.html. Acesso em: 30 nov. 2019.

FOX, J.; HAIGHT, L. (2010). Transparency reforms: theory and practice. In: SELEE, Andrew; PESCHARD, Jacqueline (Ed.). Mexico's democratic challenges. Palo Alto: Stanford University Press/Woodrow Wilson Center, p. 353-377, 2010.

GARCIA, Jacobo. Operação Lava Jato sacode a política Mexicana. *El País*, 2020. Disponível em: https://brasil.elpais.com/internacional/2020-08-20/operacao-lava-jato-sacode-a-politica-mexicana.html.

GASPAR, M. Uma história do Peru: a ascensão e a queda da Odebrecht na América Latina. *Revista Piauí*, n. 130, jul. 2017. Disponível em: https://piaui.folha.uol.com.br/materia/uma-historia-do-peru/. Acesso em: 30 nov. 2019.

GORRITI, G.; MELLA, R. Cómo se compró árbitros y arbitrajes. *IDL Reporteros*, 5 jul. 2019b. Disponível em: https://idl-reporteros.pe/como-se-compro-arbitros-y-arbitrajes/. Acesso em: 30 nov. 2019.

_____; _____. Los pagos ilegales de Odebrecht a Luis Nava. *IDL Reporteros*, 25 abr. 2019a. Disponível em: https://idl-reporteros.pe/los-pagos-ilegales-de-odebrecht-a-luis-nava/. Acesso em: 30 nov. 2019.

GRAÑA y Montero indica que acuerdo final de colaboración eficaz con la fiscalía se firmaría en marzo. 5 fev. 2020. Disponível em: https://elcomercio.pe/politica/justicia/grana-y-montero-indica-que-acuerdo-final-de-colaboracion-eficaz-con-la-fiscalia-se-firmaria-en-marzo-augusto-baertl-caso-lava-jato-noticia/.

HERNÁNDEZ, R. Odebrecht: cronología sobre el acuerdo de colaboración eficaz validado por el PJ. *El Comercio*, 19 jun. 2019. Disponível em: https://elcomercio.pe/politica/odebrecht-cronologia-acuerdo-colaboracion-firma-brasil-validado-judicial-noticia-607931. Acesso em: 30 nov. 2019.

HOCHSTETLER, K. Odebrecht in the Amazon: comparing responses to corruption in Latin America [post de blog]. 18 maio 2017. Disponível em: https://blogs.lse.ac.uk/latamcaribbean/2017/05/18/odebrecht-in-the-amazon-comparing-responses-to-corruption-in-latin-america/. Acesso em: 30 nov. 2019.

JIMÉNEZ, B. Pegan transas a refinerias. *Diario Reforma*, 18 mar. 2019. Disponível em: www.reforma.com/aplicacioneslibre/preacceso/articulo/default.aspx?id=1633486&flow_type=paywall&urlredirect. Acesso em: 30 nov. 2019.

JUEZ otorga suspensión a Lozoya que frena indefinidamente su detención por el caso Odebrecht. *Animal Político*, 24 jul. 2019. Disponível em: www.animalpolitico.com/2019/07/juez-suspension-lozoya-detencion-odebrecht/. Acesso em: 30 nov. 2019.

KURMANAEV, A.; ZARATE, A. Peru's President dissolves Congress, and lawmakers suspend him. *The New York Times*, 1º out. 2019. Disponível em: www.nytimes.com/2019/09/30/world/americas/peru-vizcarra-congress.html. Acesso em: 30 nov. 2019.

LA PGR destituye al titular de Fiscalía Electoral por violar Código de Conducta. *Expansión México*, 20 out. 2018. Disponível em: https://expansion.mx/nacional/2017/10/20/la-pgr-despide-al-titular-de-la-fepade. Acesso em: 30 nov. 2019.

LAFUENTE, J. Destituido Santiago Nieto, el fiscal que denunció presiones del exdirector de Pemex Emilio Lozoya. *El País*, 21 out. 2017b. Disponível em: https://elpais.com/internacional/2017/10/20/mexico/1508525796_028616.html. Acesso em: 30 nov. 2019.

_____. Raúl Cervantes renuncia al cargo de procurador general de México. *El País*, 17 out. 2017a. Disponível em: https://elpais.com/internacional/2017/10/16/mexico/1508166979_295991.html?rel=mas. Acesso em: 30 nov. 2019.

LATIN America's biggest scandal threatens to snare Peru's president, too. *The Economist*, 19 dez. 2017. Disponível em: https://econ.st/2QswjKp. Acesso em: 30 nov. 2019.

LEVINE, D. Juiz nos EUA determina que ex-presidente peruano continue preso durante processo de extradição. *Reuters*, 19 jul. 2019. Disponível em: https://jp.reuters.com/article/peru-toledo-eua-idBRKCN1UE2KE-OBRWD.

LEY General del Sistema Nacional Anticorrupción. 2016. Disponível em: www.gob.mx/cms/uploads/attachment/file/308579/Ley_General_del_Sistema_Nacional_Anticorrupci_n.pdf. Acesso em: 30 nov. 2019.

LEY que regula la responsabilidad administrativa de las personas jurídicas por el delito de cohecho activo transnacional. *Diario Oficial del Bicentenario El Peruano*, 1º abr. 2016. Disponível em: https://busquedas.elperuano.pe/normaslegales/ley-que-regula-la-responsabilidad-administrativa-de-las--pers-ley-n-30424-1370638-1/. Acesso em: 30 nov. 2019.

LÍDER da oposição peruana, Keiko Fujimori é libertada após três meses de prisão. *O Globo*. Disponível em: https://oglobo.globo.com/mundo/lider-da-oposicao-peruana-keiko-fujimori-libertada-apos-tres-meses-de-prisao-24410033. Acesso em: 30 out. 2020.

LIZARRÁGA, D. et al. *La casa blanca de Peña Nieto*: la historia que cimbró a un gobierno. Mexico DF, México: Grijalbo, 2018.

LOS compromisos que Peña Nieto tendrá que cumplir. *Animal Político*, 2 jul. 2012. Disponível em: www.animalpolitico.com/2012/07/los-compromisos-que-pena-nieto-tendra-que-cumplir/. Acesso em: 30 nov. 2019.

MCMILLAN, John; ZOIDO, Pablo. How to subvert democracy: Montesinos in Peru. *Journal of Economic Perspectives*, v. 18.4, p. 69-92, 2004. Acesso em: 30 nov. 2019.

MARTIN Vizcarra llegó a Lima procedente de Canadá. *El Comercio*, 23 mar. 2018. Disponível em: https://elcomercio.pe/politica/martin-vizcarra-llego-lima-procedente-canada-noticia-506647. Acesso em: 30 nov. 2019.

MARTÍN Vizcarra tries to end his presidency early. *The Economist*, 1º ago. 2019. Disponível em: www.economist.com/the-americas/2019/08/01/martin-vizcarra-tries-to-end-his-presidency-early. Acesso em: 30 nov. 2019.

MARTÍNEZ, L. A. 5 nombres clave en la trama de corrupción de Odebrecht en México. *El Economista*, 15 dez. 2017. Disponível em: www.eleconomista.com.mx/empresas/5-nombres-clave-en-la-trama-de-corrupcion-de-Odebrecht-en-Mexico-20171215-0066.html. Acesso em: 30 nov. 2019.

MELLA, R.; GORRITI, G. Barata Confiesa: como y cuándo se pagaron las coimas a Alejandro Toledo. *IDL Reporteros*, 17 dez. 2017. Disponível em: https://idl-reporteros.pe/barata-confiesa-alejandro-toledo/. Acesso em: 30 nov. 2019.

_____; _____. Los Audios de Jorge Barata — primera entrega. *IDL Reporteros*, 12 mar. 2018. Disponível em: https://idl-reporteros.pe/audio-jorge-barata-confiesa-aportes-a-keiko-fujimori/. Acesso em: 30 nov. 2019.

_____: LAURA, R. Las planillas bambi de Odebrecht. *IDL Reporteros*, 10 jun. 2018. Disponível em: https://idl-reporteros.pe/las-planillas-bambi-de-odebrecht. Acesso em: 30 nov. 2019.

MEXICAN agency finds irregularities in Pemex, Odebrecht contract. *Reuters*, 11 set. 2017. Disponível em: www.reuters.com/article/us-mexico-brazil-corruption/mexican-agency-finds-irregularities-inpemex-odebrecht-contract-idUSKCN1BN08D. Acesso em: 30 nov. 2019.

MÉXICO cobrará sanción de 30 mdd a Odebrecht mediante embargo. *El Universal*, 10 out. 2018. Disponível em: www.eluniversal.com.mx/nacion/politica/mexico-cobrara-sancion-de-30-mdd-odebrecht-mediante-embargo. Acesso em: 30 nov. 2019.

MÉXICO, el primer país donde se inhabilitó a Odebrecht y se le dio la sanción "más alta": SFP. *Proceso*, 24 set. 2018. Disponível em: www.proceso.com.mx/552340/mexico-el-primer-pais-donde-se-inhabilito-a-odebrecht-y-se-le-dio-la-sancion-mas-alta-sfp. Acesso em: 30 nov. 2019.

MEXICO EVALÚA. De PGR a FGR: lineamientos hacia la transición. 2019. Disponível em: www.mexicoevalua.org/wp-content/uploads/2019/03/PGRaFGR.pdf. Acesso em: 30 nov. 2019.

MEYER, M.; HINOJOSA, G. El Sistema Nacional Anticorrupción de México: una oportunidad histórica en la lucha contra la corrupción. mai. 2018. Disponível em: www.wola.org/wp-content/uploads/2018/05/Corruption-Report-SPAN.pdf. Acesso em: 30 nov. 2019.

MIANI MONTEJO, J. Chávarry puede remover a José Domingo Pérez de investigación a Fujimori?. *El Comercio*, 18 nov. 2018. Disponível em: https://elcomercio.pe/politica/pedro-chavarry-remover-jose-domingo-perez-investigacion-keiko-fujimori-noticia-575497. Acesso em: 30 nov. 2019.

MONTES, R. Contra dos filiales de Odebrecht, las multas históricas. *Milenio*, 5 set. 2018. Disponível em: www.milenio.com/negocios/contra-dos-filiales-de-odebrecht-las-multas-historicas. Acesso em: 30 nov. 2019.

MORALES, A. Sanciones a Odebrecht conforme a derecho: SFP. *El Universal*, 23 abr. 2018. Disponível em: www.eluniversal.com.mx/nacion/seguridad/sanciones-odebrecht-conforme-derecho-sfp. Acesso em: 30 nov. 2019.

_____. SFP identifica nuevas irregularidades de Odebrecht por 2.5 mdp en refinería. *El Universal*, 10 out. 2017. Disponível em: www.eluniversal.com.mx/estados/sfp-identifica-nuevas-irregularidades-de-odebrecht-por-25-mdp-en-refineria. Acesso em: 30 nov. 2019.

NAJAR, A. Qué es lo que en México llaman la Estafa Maestra, la investigación que revela la "perdida" de US$450 millones de dinero público. *BBC News Mundo*. 2018. Disponível em: www.bbc.com/mundo/noticias-america-latina-44035664.

OCDE. Estudio de la OCDE sobre integridad en el Perú: Reforzar la integridad del sector público para un crecimiento incluyente. 2017b. Disponível em: www.oecd.org/gov/ethics/peru-estudio-integridad-folleto.pdf. Acesso em: 30 nov. 2019.

_____. Estudio de la OCDE sobre Integridad en México 2017. Aspectos claves. 2017a. Disponível em: www.oecd.org/gov/ethics/estudio-integridad-mexico-aspectos-claves.pdf. Acesso em: 30 nov. 2019.

_____. Informe de Seguimiento del Estudio de la OCDE sobre Integridad en México: Respondiendo a las expectativas de los ciudadanos. 2019. Disponível em: www.oecd.org/gov/ethics/peru-estudio-integridad-folleto.pdf. Acesso em: 30 nov. 2019.

_____. Preventing corruption in public procurement. 2016. Disponível em: www.oecd.org/gov/ethics/Corruption-Public-Procurement-Brochure.pdf. Acesso em: 30 nov. 2019.

ODEBRECHT reconhece pagamentos ilícitos em obra bilionária no Peru. *O Estado de S. Paulo*, 10 jul. 2019. Disponível em: https://internacional.estadao.com.br/noticias/geral,odebrecht-reconhece-pagamentos-ilicitos-em-obra-bilionaria-no-peru,70002914945. Acesso em: 30 nov. 2019.

OLMOS, R. Investigaciones de Lava Jato en 13 países. *Mexicanos contra la Corrupción y la Impunidad*, 26 jul. 2017. Disponível em: https://contralacorrupcion.mx/investigacioneslavajato/. Acesso em: 30 nov. 2019.

_____; LIZÁRRAGA, D. Pemex otorgó contratos a Odebrecht pese a irregularidades como sobrecostos y pagos ilegales. *Animal Político*, 15 fev. 2017. Disponível em: www.animalpolitico.com/2017/02/pemex-contratos-odebrecht/. Acesso em: 30 nov. 2019.

ORTEGA, E. SFP identifica "probables irregularidades" de Odebrecht. *El Financiero*, 14 jun. 2017. Disponível em: www.elfinanciero.com.mx/nacional/sfp-identifica-probables-irregularidades-de-odebrecht. Acesso em: 30 nov. 2019.

PEÑA Nieto admite reunión con Odebrecht. *El Economista*, 24 out. 2017. Disponível em: www.eleconomista.com.mx/politica/Pena-Nieto-admite-reunion-con-Odebrecht-20171024-0071.html. Acesso em: 30 nov. 2019.

PÉREZ DE ACHA, L. ¿Por qué es importante esclarecer el caso Odebrecht en México? *New York Times ES*, 20 mar. 2019. Disponível em: www.nytimes.com/es/2019/03/20/odebrecht-mexico/. Acesso em: 30 nov. 2019.

PERU'S President Pedro Pablo the Brief. *The Economist*, 28 mar. 2018. Disponível em: www.economist.com/the-americas/2018/03/28/perus-president-pedro-pablo-the-brief. Acesso em: 30 nov. 2019.

PERU top court says ex-president Humala must be freed from jail. *Reuters*, 26 abr. 2018. Disponível em: www.reuters.com/article/us-peru-humala/

peru-top-court-says-ex-president-humala-must-be-freed-from-jail-idUSKBN1HX37X. Acesso em: 30 nov. 2019.

PROÉTICA. *Décima encuesta nacional sobre percepciones de corrupción*. Set. 2017 Disponível em: www.proetica.org.pe/wp-content/uploads/2018/08/Pro%C3%A9tica-X-Encuesta-Nacional-sobre-Corrupci%C3%B3n-1-6.pdf. Acesso em: 30 nov. 2019.

RED anticorrupción latinoamericana (REAL). Cómo afecta el caso Odebrecht a los paises de América Latina. s.d. Disponível em: http://redanticorrupcion.com/informes/como-afecta-el-caso-odebrecht-a-los-paises-de-america-latina/. Acesso em: 30 nov. 2019.

RÍOS GARCÍA, O. L. *México y el sistema nacional anticorrupción* [post de blog]. 14 mar. 2018. Disponível em: http://derechoenaccion.cide.edu/mexico-y-el-sistema-nacional-anticorrupcion/. Acesso em: 30 nov. 2019.

ROMERO, M. Caso Odebrecht, sin castigo en México: a diferencia de otros países, reina la impunidad, dicen ONGs. *Ansa Latina*, 29 dez. 2017. Disponível em: www.ansalatina.com/americalatina/noticia/mexico/2017/12/29/caso-odebrecht-sin-castigo-en-mexico_e57c794f-e0b2-41ce-8e93-d0c5fe-835df5.html. Acesso em: 30 nov. 2019.

SALA Penal Nacional revoca prisión preventiva de socios de Odebrecht en la Interoceánica Sur. *La República*, 19 jan. 2018. Disponível em: https://larepublica.pe/politica/1173037-sala-penal-nacional-revoca-prision-preventiva-de-socios-de-odebrecht-en-la-interoceanica-sur. Acesso em: 30 nov. 2019.

SECRETARÍA DE LA FUNCIÓN PÚBLICA. Circular de nº UR-DPTRI-S-001-2017, *Diario Oficial de la Federación*, 11 dez. 2017a. Disponível em: www.dof.gob.mx/nota_detalle.php?codigo=5507419&fecha=11/12/2017. Acesso em: 30 nov. 2019.

_____. Función Pública sanciona a altos mandos de Pemex de la administración de Peña Nieto. 2019. Disponível em: www.gob.mx/sfp/articulos/funcion-publica-sanciona-a-altos-mandos-de-pemex-de-la-administracion-de-pena-nieto?idiom=es. Acesso em: 30 nov. 2019.

_____. Impone SFP inhabilitación a una filial de Odebrecht, Comunicado 230. 11 dez. 2017b. Disponível em: www.gob.mx/sfp/prensa/impone-sfp-inhabilitacion-a-una-filial-de-odebrecht. Acesso em: 30 nov. 2019.

_____. La Secretaría de la Función Pública informa. Comunicado 055. 19 abr. 2018a. Disponível em: www.gob.mx/sfp/prensa/la-secretaria-de-la-funcion-publica-informa. Acesso em: 30 nov. 2019.

_____. Sistema Nacional Anticorrupción (SNA). 30 nov. 2018b. Disponível em: www.gob.mx/sfp/acciones-y-programas/sistema-nacional-anticorrupcion-64289. Acesso em: 30 nov. 2019.

_____. SFP y Pemex se coordinan para atender tema Odebrecht. 22 dez. 2016. Disponível em: www.gob.mx/sfp/articulos/sfp-y-pemex-se-coordinan-para-atender-tema-odebrecht. Acesso em: 30 nov. 2019.

SEMPLE, K.; AHMED, A. El gobierno de México inicia el primer proceso judicial por el caso Odebrecht. *New York Times ES*, 2019. Disponível em: www.nytimes.com/es/2019/05/28/mexico-lozoya-corrupcion-odebrecht/. Acesso em: 30 nov. 2019.

SFP sanciona al directivo de Obredecht que acusó a Lozoya de recibir sobornos. *Otro País Noticias*, 19 abr. 2018. Disponível em: www.animalpolitico.com/2018/04/sfp-sancion-directivo-obredecht-que-acuso-a-lozoya-de-recibir-sobornos/. Acesso em: 30 nov. 2019.

SILVEYRA, V. *Las empresas y el control de la corrupción*. 21 fev. 2017. Disponível em: www.tm.org.mx/las-empresas-control-la-corrupcion/. Acesso em: 30 nov. 2019.

TAJ, M. Peru attorney general reverses decision on graft probe. *Reuters*, 3 jan. 2019. Disponível em: www.reuters.com/article/us-peru-corruption/peru-attorney-general-reverses-decision-on-graft-probe-idUSKCN1OW1T7. Acesso em: 30 nov. 2019.

_____; AQUINO, M. As Peru president faced impeachment, jailed Fujimori worked to save both. *Reuters*, 30 dez. 2017. Disponível em: https://reut.rs/2FSa8ZS. Acesso em: 30 nov. 2019.

THE WORLD BANK. *Mexico overview*. 7 abr. 2019. Disponível em: www.worldbank.org/en/country/mexico/overview. Acesso em: 30 nov. 2019.

_____. *Peru — Systematic Country Diagnostic* (English). Washington, DC: World Bank Group, 2017. Disponível em: http://documents.worldbank.org/curated/en/919181490109288624/Peru-Systematic-Country-Diagnostic.

TODO lo que deberías saber de Odebrecht en México y su cercanía con el poder. 30 out. 2017. Disponível em: www.rindecuentas.org/reportajes/2017/05/30/todo-lo-que-deberias-saber-de-odebrecht-en-mexico-y-su-cercania-con-el-poder/. Acesso em: 30 nov. 2019.

TRANSPARÊNCIA INTERNACIONAL. *Comunicado de prensa*: lanzamiento de la edición en español. 2004. Disponível em: https://www.transparency.org/en/press/comunicado-de-prensa-lanzamiento-de-la-edicion-en-espanol

_____. *Corruption perceptions index 2018*. 2018. Disponível em: www.transparency.org/en/cpi/2018/index/dnk.

UNITED States vs. Odebrecht S.A., 2016, U.S. District Court for the Eastern District of New York (EDNY). No. 1:16-cr-643. Acesso em: 30 nov. 2019.

U.S. DEPARTMENT OF JUSTICE, OFFICE OF PUBLIC AFFAIRS. Odebrecht and Braskem plead guilty and agree to pay at least $3.5 billion in global penalties to resolve largest foreign bribery case in history. 2016. Disponível em: www.justice.gov/opa/pr/odebrecht-and-braskem-plead-guilty-and-agree-pay-least-35-billion-global-penalties-resolve. Acesso em: 30 nov. 2019.

VÁSQUEZ, R. L. R. Barreras burocráticas y carencias afectan al Equipo Especial Lava Jato. *El Comercio*, 8 maio 2019. Disponível em: https://elcomercio.pe/politica/barreras-burocraticas-carencias-afectan-equipo-especial-lava-jato-fiscalia-ecpm-noticia-633218. Acesso em: 30 nov. 2019.

VEGA, E. ¿Cuánto cayeron las acciones de Graña y Montero? *El Comercio*, 16 jan. 2017. Disponível em: https://elcomercio.pe/economia/dia-1/cayeron-acciones-grana-montero-159350. Acesso em: 30 nov. 2019.

VÉGH, C. A. et al. Fiscal Adjustment in Latin America and the Caribbean: short-run pain, long-run gain? *LAC Semiannual Report*, 2018. Disponível em: http://documents.worldbank.org/curated/en/458171524828617033/Fiscal-adjustment-in-Latin-America-and-the-Caribbean-short-run-pain-long-run-gain-semiannual-report. Acesso em: 30 nov. 2019.

VERGARA, Alberto. Anatomía de una derrota. *El Comercio*, 6 out. 2019. Seção "Colaboradores". Disponível em: https://elcomercio.pe/opinion/colaboradores/anatomia-de-una-derrota-por-alberto-vergara-noticia/. Acesso em: 22 dez. 2019.

VILLALOBOS, M. R. Las fallas del D.U.003 a tener en cuenta al reemplazarlo. *El Comercio*, 3 mar. 2018. Disponível em: https://elcomercio.pe/economia/peru/d-u-003-contraloria-presento-balance-norma-noticia-502836. Acesso em: 30 nov. 2019.

WEBBER, J. Mexico: the electoral price of impunity. *Financial Times*, 1º abr. 2018. Disponível em: www.ft.com/content/e9ea0498-2223-11e8-9a70-08f715791301. Acesso em: 30 nov. 2019.

¿Y EL fiscal anticorrupción? El Senado evade su nombramiento por tercer año. *Animal Político*, 28 abr. 2017. Disponível em: www.animalpolitico.com/2017/04/fiscal-anticorrupcion-senado/. Acesso em: 30 nov. 2019.

ZEPEDA, M. La reforma anticorrupción, un paso histórico para poner fin a la impunidad: Peña Nieto. *Animal Político*, 27 mai. 2015. Disponível em: www.animalpolitico.com/2015/05/la-reforma-anticorrupcion-un-paso-historico-para-poner-fin-a-la-impunidad-pena-nieto/. Acesso em: 30 nov. 2019.

11

O combate à corrupção num ambiente hostil: a Equipe Especial de Procuradores da Lava Jato no Peru

Denisse Rodriguez-Olivari

Introdução

Desde o retorno do Peru à democracia em 2001, quase todo grande político do país teria, supostamente, recebido dinheiro da Odebrecht, gigante da construção, como parte do que hoje é conhecido como o escândalo da Lava Jato (Cabral, 2019b; Castro, 2019; Convoca, 2019; Floríndez e Desautez, 2019; Gaspar, 2017). Não é a primeira vez que as elites políticas, econômicas e judiciais do Peru são envolvidas num escândalo de corrupção. Porém, o longo alcance das investigações e acusações no âmbito da Lava Jato apresenta desafios sem precedentes.

Um dos maiores desafios é que até o Judiciário peruano — o principal órgão responsável por tratar diretamente de alegações de grande corrupção — é percebido como corrupto no país (Proética, 2017). Seis entre cada 10 cidadãos acreditam que todos, ou quase todos os juízes peruanos são corruptos (*El Comercio*, 2019a). Além disso, todo o sistema judiciário continua a enfrentar limitações técnicas e financeiras. Foi preciso implementar uma série de reformas legislativas para que a investigação da Lava Jato avançasse, o que levou a procuradora-geral Zoraida Avalos a pedir ao Ministério da Economia um orçamento maior em abril de 2019. Porém, até outubro de 2019, apenas 15% do orçamento previsto para aquele ano tinha sido liberado (Silva, 2019).

Este capítulo discute o trabalho da Equipe Especial de Procuradores (EEP) do Peru para a Lava Jato em meio aos desafios de interesses privados, interferência política e graves carências de pessoal e orçamento. A primeira seção apresenta informações sobre o escândalo de corrupção e trata, especificamente, sobre o *modus operandi* da Odebrecht no Peru. Em seguida, a segunda seção examina os esforços da EEP, em especial em relação a dois processos importantes, contra Keiko Fujimori (líder da oposição, duas vezes segunda colocada nas eleições presidenciais e filha do ex-presidente Alberto Fujimori) e contra Alan García (ex-presidente por dois mandatos).[1] A terceira seção discute as ameaças internas e externas que dificultam a investigação da Lava Jato. O capítulo termina com uma avaliação do progresso das apurações e o que esperar de sua conclusão.

Como a Odebrecht operava no Peru?

O Peru é o país onde começaram as operações internacionais da Odebrecht, ainda em 1979. Segundo Marcelo Odebrecht, ex-presidente da empresa, a empresa usou seu Departamento de Operações Estruturadas para pagar 788 milhões de dólares em propinas a autoridades em 12 países da América Latina e da África (Ferreira, 2017; Gaspar, 2017).[2] Desse total, 29 milhões de dólares foram para políticos peruanos (incluindo três ex-presidentes), empresários, árbitros e autoridades governamentais integrantes do alto escalão entre 2005 e 2014.[3]

A Odebrecht operou tanto um esquema de pagamentos por contratos quanto de financiamento de campanhas eleitorais. Descrever esses dois sistemas é fundamental para entender como a EEP lidou com a investigação e com o indiciamento dos envolvidos. O esquema de pagamento por contratos influenciou a concessão de contratos públicos de infraestrutura durante três governos sucessivos no Peru: os de Alejandro Toledo (2001-06), Alan García (2006-11) e Ollanta Humala (2011-16) (Convoca, 2019; Floríndez e Desautez, 2019; DOJ, 2016). Nesses anos, a Odebrecht, junto com outras empresas brasileiras e peruanas,[4] implementou 48 projetos de infraestrutura no Peru

---

[1] Para uma lista completa dos agentes-chave da Lava Jato peruana mencionados neste capítulo, ver a tabela 11.2 no apêndice.
[2] Para mais discussões das atividades ilegais da Odebrecht na América Latina, ver o capítulo 3 deste livro.
[3] Ver o capítulo 10.
[4] As empresas brasileiras que operavam no Peru eram a OAS, a Camargo Corrêa, a Engevix Engenharia, a Andrade Gutierrez, a Galvão Engenharia e a Queiroz Galvão (Gaspar, 2017). As empresas peruanas eram a Ingenieros Civiles y Contratistas Generales Sociedad Anónima (ICCGSA), a JJC Contratistas Generales Sociedad Anónima (JJC) e a Graña y Montero (Pari, 2017). Todas estão sendo investigadas junto com a Odebrecht.

(Floríndez e Desautez, 2019; Pari, 2017), envolvendo 12 bilhões de dólares em gastos públicos (Redação Jota, 2019). Um desses projetos foi a emblemática Autoestrada Interoceânica, conectando o Brasil e o Peru, que terminou superando quatro vezes o orçamento previsto inicialmente (Casey e Zarate, 2017).

O esquema de financiamento ilegal de campanha foi um modo de driblar a lei eleitoral do Peru, que limita as contribuições financeiras de indivíduos e empresas. É preciso manter registradas todas as doações e cada contribuição que ultrapassa de 1,2 mil dólares deve ser efetuada por transferência bancária ou cheque (Lei nº 28.094, 2016). Doações para campanhas que não seguem essa regra são consideradas ilegais. Segundo Jorge Barata, ex-diretor executivo da Odebrecht no Peru e informante da procuradoria peruana, a empresa financiou as campanhas eleitorais de, entre outros, quatro ex-presidentes (Alejandro Toledo, do partido Peru Posible; Alan García, do Partido Aprista Peruano; e Pedro Pablo Kuczynski, de Peruanos por el Kambio); de Keiko Fujimori, da Fuerza Popular; e a campanha de uma prefeita de Lima, Susana Villarán (Fuerza Social) (América Noticias, 2019b; Cabral, 2019b). Mesmo levando em conta que tanto a aplicação da legislação eleitoral quanto a fiscalização são problemáticas no Peru e o fato de que a maioria dos partidos políticos não cumpre as regulamentações (Rodrigues-Olivari, 2017), as volumosas injeções de dinheiro da Odebrecht nas campanhas eleitorais não têm precedentes. As provas obtidas pela EEP sugerem que o partido de Keiko Fujimori implementou um sistema de lavagem de dinheiro durante a campanha presidencial de 2011: o dinheiro de origem suspeita foi "smurfado", dividido em várias doações pequeninas e depositado por indivíduos privados na conta do partido (Cabral, 2019b).[5] A investigação de Fujimori encontrou provas de que eventos, como coquetéis para arrecadar dinheiro para a campanha, foram forjados, inventados com o objetivo de dar fachada legal às doações ilícitas (Collyns, 2018b; Tegel, 2019). Em outubro de 2019, Jorge Barata, da Odebrecht, afirmou que outras empresas brasileiras eram cúmplices dessas contribuições ilegais (Arcasi Mariño, 2019).

A corrupção também envolveu subornos a políticos que ainda não estavam no governo: a Odebrecht e outras empresas obtiveram promessas de candidatos de que fariam favores uma vez que estivessem nos cargos, em troca de paga-

---

[5] A referência aos "Smurfs" indica o tamanho pequeno dos depósitos feitos. O termo foi usado pela primeira vez no caso Gürtel em 2009 na Espanha, envolvendo membros do Partido Popular (PP), conservador (López-Fonseca, 2018).

mentos em dinheiro por baixo dos panos feitos durante as campanhas eleitorais. Para ilustrar esse ponto, a Odebrecht, tendo doado pelo menos 200 mil dólares para a campanha eleitoral de García, recebeu contratos que chegavam a mais de 1 bilhão de dólares durante o segundo mandato do presidente (2006-11). Isso coincidiu com o período mais lucrativo da empresa no Peru (Cabral et al., s.d.). Esse "toma lá, dá cá" apresenta um desafio para a investigação e sanção de atividades ilegais. Como afirmam Rose-Ackerman e Palifka (2018:97), atividades criminais e política corrupta podem tornar-se tão entremeadas com atividades legítimas que é difícil separá-las. As empresas passam a enxergar fundos ilegais para campanhas e propinas como custos operacionais de rotina que acabarão proporcionando margens maiores de lucro (o fato de a Odebrecht ter mantido um departamento dedicado a esses repasses ilegais, o Departamento de Operações Estruturadas, é um indício do quão rotineiro isso se tornou). Para empresas de construção como a Odebrecht, vencer licitações de obras públicas fraudadas por meio de lances combinados era apenas o começo. Uma série de superfaturamentos e atrasos, aumentando o custo original dos projetos, também gerava lucros a longo prazo (Gorriti e Mella, 2019).

A Equipe Especial de Procuradores para a Lava Jato

A EEP para a Lava Jato foi criada em dezembro de 2016 pelo então advogado-geral Pablo Sánchez, depois que a Odebrecht se declarou culpada de corrupção perante as autoridades norte-americanas (Ministerio Público e Fiscalía de la Nación, 2019). O mandado inicial do EEP era investigar subornos, mas depois foi expandido até incluir a lavagem de dinheiro com o fim de ocultar o financiamento ilícito de campanhas eleitorais (La República, 2018). A equipe foi liderada por Hamilton Castro entre dezembro de 2016 e julho de 2018. Castro começou sua carreira no Judiciário peruano ainda na década de 1990, durante a presidência de Alberto Fujimori. Depois que o Judiciário foi cooptado pelo governo Fujimori,[6] Castro deixou seu cargo e foi para o setor privado. Em 2005, ele foi nomeado procurador-adjunto, formando parte da equipe que recuperou dinheiro roubado por Vladimiro Montesinos, que fora

---

[6] Alfonso Quiroz, historiador que apresenta uma versão envolvente da história da corrupção no Peru desde os tempos coloniais, denominou a presidência de Alberto Fujimori de "a década infame" (Quiroz, 2008, p. 416). Durante esse período, a corrupção envolveu as elites políticas, econômicas e judiciais do país. Alberto Fujimori atualmente cumpre uma pena de 25 anos por crimes contra a humanidade e corrupção.

o principal assessor e diretor de inteligência de Alberto Fujimori (Barboza Quiroz, 2017; González-Ocantos e Baraybar Hidalgo, 2019).

Desde julho de 2018, o sucessor de Castro na chefia da EEP é Rafael Vela, que, no final de 2019, permanecia no cargo (Ministerio Público e Fiscalía de la Nación, 2019). Vela serviu entre 2005 e 2013 como juiz, trabalhando com o combate à corrupção. Saiu do cargo para tornar-se procurador e, depois, procurador especializado em lavagem de dinheiro e na recuperação de ativos (Bazo Reisman, 2018).

A EEP abrange procuradores especializados em lavagem de dinheiro e no combate à corrupção. O coordenador nacional (Rafael Vela) é o diretor e também está encarregado dos recursos (Villasís Rojas, 2018). Há quatro procuradores-chefes (José Domingo Pérez, Germán Juárez, Norma Geovana Mori e Carlos Puma) e 28 procuradores-adjuntos. No final de 2019, os quatro procuradores-chefes supervisionavam 46 investigações. Juntos, esses casos têm até 60 indivíduos investigados por procurador (La Rosa Vásquez, 2019; Vela, 2019). Além da equipe jurídica, há 17 membros designados para tarefas administrativas e outros 17 especialistas e assessores para a área de finanças e contratos públicos (Villasís Rojas, 2018).

Apesar da complexidade da Lava Jato, faltam recursos à EEP. Os escritórios usados pela força-tarefa não dispõem de computadores e impressoras adequados, gerando uma forte dependência de documentos manuscritos (La Rosa Vásquez, 2019). Os procuradores trabalham em condições precárias: os documentos correram riscos (embora nenhum tenha sido perdido) quando, em junho de 2019, um curto circuito levou a um pequeno incêndio um andar abaixo dos escritórios da EEP (América Noticias, 2019c).

Acrescente-se a isso o que Vela classifica de carência de pessoal. É difícil recrutar membros da EEP entre aqueles que trabalham para a Advocacia-Geral (AG), pois a carga da EEP é muito mais substancial, exigindo viagens constantes e trabalho em feriados e nos fins de semana, sem acréscimo de compensação (Vela, 2019). Os membros da EEP também enfrentam riscos relacionados com a segurança pessoal. Por exemplo, o procurador Pérez foi fisicamente atacado por apoiadores de Keiko Fujimori ao sair de uma audiência judicial (*El Comercio*, 2019d). Houve um momento em que Vela e Pérez foram advertidos de que informações delicadas relacionadas com a Lava Jato talvez tivessem sido vazadas para a imprensa (RPP, 2019b). São necessárias medidas adicionais de segurança, pois os escritórios da EEP ficam num prédio que não é usado exclusivamente pela Advocacia-Geral (RPP, 2019b).

A investigação peruana da Lava Jato ameaçada

O sistema judicial peruano está em péssimo estado. Segundo o Índice de Estado de Direito de 2019, o Peru vai mal nos itens "ausência de corrupção" e "justiça criminal", com pontuações abaixo da média registrada tanto na região quanto no mundo. As pontuações mais baixas do Peru estão relacionadas com a justiça criminal: "eficiência das investigações e investigações em tempo oportuno" e "eficácia do sistema de adjudicação criminal" são consideravelmente menores do que as médias dos países latino-americanos e de renda média-alta (World Justice Project, 2019).

Desde que começaram as investigações da Lava Jato, o orçamento anual do Judiciário foi efetivamente reduzido em três pontos percentuais (La Rosa Vásquez, 2019). A carga de trabalho da Lava Jato é desproporcional ao número de procuradores e também à equipe administrativa. Em 2021, estima-se que haverá mais de 4 milhões de casos em processo de adjudicação (Poder Judicial del Perú, 2019). Os procuradores temporários equivalem a quase 90% da equipe de procuradores em algumas regiões (OCDE, 2017:218). A OCDE chamou a atenção para as potenciais vulnerabilidades dos procuradores provisórios ao viés e à influência indevida; ela nota que "alguns casos foram notificados como encerrados devido a sua 'natureza política'" (OCDE, 2017:218). Quando Vela foi questionado sobre os riscos associados à chefia de um caso tão proeminente, ele citou a interferência política como pressão externa (Vela, 2019). Porém, ele também citou a pressão interna da Advocacia-Geral (Vela, 2019).

1. Pressões externas: o Congresso solapa a Lava Jato

O Congresso peruano estabeleceu duas comissões *ad hoc* para investigar a Lava Jato. É comum no Peru estabelecer essas comissões, mas seus relatórios finais não são obrigatórios e não se pretende que elas substituam o trabalho da procuradoria. A primeira comissão (2015-16) foi coordenada por Juan Pari, ex-membro do Partido Nacionalista, do ex-presidente Ollanta Humala. Embora o relatório da comissão comandada por Pari tenha revelado informações hoje confirmadas pelo testemunho de informantes-chave, ele não recebeu muita atenção na época (Pari, 2019).

Uma segunda comissão foi liderada por Rosa Bartra (2018-19), do partido de Fujimori, o grupo majoritário no Congresso. Esse relatório não examinou dois políticos cruciais envolvidos na Lava Jato: Alan García e Keiko Fujimori.[7] Jorge Barata e integrantes do círculo mais próximo de García e Fujimori confirmaram o envolvimento desses dois políticos (Peru21, 2019; RPP, 2019c). Diante de perguntas sobre a comissão Bartra, os jornalistas e os advogados entrevistados para este capítulo concordaram que havia motivações políticas para excluir García e Fujimori da investigação. Os entrevistados também concordaram que o relatório não era rigoroso e que não trazia nada de novo ao caso. A comissão coordenada por Bartra foi vista como uma estratégia deliberada de duplicar ou até de paralisar o trabalho da procuradoria (Cruz, 2019a; Gorriti, 2019; Luna, 2019; Páez, 2019). Suas ações foram percebidas por alguns membros do Congresso como uma tentativa de sabotar o caso (*América Noticias*, 2019a; *El Comercio*, 2019e), com o objetivo primário de isentar García e Fujimori (De Belaunde, 2019; Hidalgo, 2018; Ideele Radio, 2019).

Pedro Pablo Kuczynski (Peruanos por el Kambio) renunciou à Presidência logo antes de um *impeachment* iminente devido a revelações de negócios escusos com a Odebrecht (Collyns, 2018a). O então vice-presidente Martín Vizcarra assumiu. Ele propôs reformas políticas a serem implementadas por referendo em 2018. Porém, o Congresso era controlado pela Fuerza Popular e bloqueou essas reformas (Collyns, 2018a). As reformas teriam incluído mudanças no Conselho Judicial Nacional (a instituição responsável pela nomeação de juízes no Peru), a imposição de mandatos únicos para parlamentares, o restabelecimento de uma segunda câmara e regulamentações mais estritas de financiamento de campanha (Aquino, 2018).

O presidente Vizcarra fez da luta contra a corrupção uma de suas principais prioridades políticas. Ele manifestou preocupações relacionadas com grupos políticos que tentavam paralisar a investigação da Lava Jato (TVPeru, 2019). Numa tentativa de pôr fim a relações desgastadas entre o Executivo e o Legislativo e a uma série de escândalos no Congresso, ele propôs uma lei para realizar eleições gerais antecipadas em 2020 — Vizcarra acabou convocando as eleições para abril de 2021. Essa proposta sofreu a oposição geral dos legisladores, mas teve apoio amplo da população (La República, 2019b). Ao fim de setembro de 2019, o Congresso, controlado pela oposição, pressionou por uma controversa votação que permitisse a nomeação de magistrados por parte dos congressistas para o Tribunal Constitucional, a mais alta corte do Peru.

---

[7] O relatório foi concluído antes do suicídio de García.

Foi uma jogada para encher o tribunal de indicados que fossem associados aos juízes e aos políticos investigados. Foi algo percebido como uma ameaça à ordem institucional e, particularmente, aos esforços anticorrupção, pois os magistrados nomeados seriam em última instância os árbitros das disputas jurídicas da investigação da Lava Jato (Fowks, 2019). Em resposta, Vizcarra dissolveu o Congresso em setembro de 2019, usando uma prerrogativa constitucional para convocar eleições legislativas adiantadas em 2020 (Fowks, 2019). O Congresso reagiu contra, mas Vizcaya tinha o apoio dos militares e, mais importante, da maioria da população.

Em novembro de 2020, contudo, o Congresso peruano decidiu aprovar a destituição do presidente Martín Vizcarra do cargo por "incapacidade moral", após denúncias de que tinha recebido propinas quando era governador em 2014. Foi o segundo julgamento político em menos de dois meses — no primeiro, Vizcacarra escapou do *impeachment*. A decisão de tirar o presidente do cargo poucos meses antes da eleição presidencial marcada para abril de 2021 agravou a crise política no país.

2. Pressões internas: da Lava Jato à Lava Juez

Em julho de 2018, enquanto as revelações da Lava Jato começavam a aparecer no Peru, outro escândalo foi denunciado. Conhecida como Lava Juez, literalmente "Lava Juiz" (e, às vezes, citado como "áudios da CNM"), o caso envolveu uma série de conversas telefônicas que expunham redes de corrupção que envolviam juízes da suprema corte, procuradores, políticos e empresários. O escândalo abalou o sistema judicial do Peru (Congreso de la República, 2018). Como resultado, o Conselho Judicial Nacional foi dissolvido, o ministro da Justiça foi obrigado a renunciar e foi declarado o estado de emergência no Judiciário (Monzón Kcomt, 2018).

Entre os envolvidos, o procurador Víctor Rodríguez foi retirado do caso Fujimori pela EEP e o juiz Aldo Figueroa saiu do cargo devido a seu envolvimento com a Lava Juez (La República, 2019a). Porém, a figura de maior destaque envolvida tanto na Lava Juez quanto na Lava Jato foi o ex-procurador-geral Pedro Chávarry, cujo pedido de favores ilegais foi revelado num dos áudios tornados públicos (IDL-Reporteros, 2018b).

Numa entrevista, Vela declarou que Chávarry tinha inicialmente apoiado o trabalho da EEP. Porém, no primeiro dia de 2018, depois que provas da investigação de Keiko Fujimori foram corroboradas pelo testemunho de informantes da Odebrecht (Vela, 2019), Chávarry retirou Vela e Pérez de seus papéis-chave na investigação de Fujimori (RPP, 2018). Vela e Pérez tomaram o cuidado de proteger seus escritórios, onde estavam os principais documentos da investigação. Porém, vídeos revelaram que pessoas próximas a Chávarry depois entraram nas premissas e removeram dados considerados sensíveis (*El Comercio*, 2019c).

As revelações da Lava Jato e da Lava Juez levaram ao clamor público: milhares de pessoas foram às ruas para um protesto naquela mesma noite de Ano-Novo de 2018 (*El Comercio*, 2019b). Tanto Pérez quanto Vela declararam-se em *desobediencia jerárquica* ("insubordinação").[8] Apelaram da decisão de Chávarry, alegando que a demissão de ambos era parte de uma jogada política para prejudicar as investigações da Lava Jato (Andina, 2019a). Pérez e Vela foram renomeados poucos dias depois, em meio a protestos contínuos da população (Reuters, 2019).

Apesar da crítica e da condenação públicas e de várias investigações em andamento, Chávarry só poderia ser retirado do cargo de advogado-geral pelo Congresso, que estava dissolvido desde setembro de 2019. O quórum parlamentar contra ele nunca foi reunido. Registros de votações sistematizados por Hidalgo (2019) mostram que quase todos os integrantes dos partidos de Fujimori e de García votaram contra dar continuidade às acusações contra Chávarry, dando margem a acusações de que o protegiam ativamente.

Desempenho da Equipe Especial de Procuradores

A EEP para a Lava Jato investiga duas formas de corrupção: propinas e lavagem de dinheiro. A Odebrecht se envolveu em esquemas de pagamento de propina para vencer licitações públicas e de lavagem de dinheiro para disfarçar contribuições de campanha. A tabela 11.1 lista os políticos importantes que estavam sendo investigados ou que já haviam sido condenados no fim de 2019.

O fato que mais chama atenção a respeito do caso da Lava Jato é que todo presidente desde a restauração da democracia no Peru teve o nome mencionado no escândalo. Porém, nenhum ex-presidente ainda foi condenado. Somente Ollanta Humala e sua esposa, Nadine Heredia, foram formalmente denunciados e Alejandro Toledo está preso nos Estados Unidos, aguardando a extradição para o Peru.

---

[8] A expressão espanhola *desobediencia jerárquica* se refere à desobediência de ordens de superiores quando se crê que essas ordens sejam de natureza criminosa (ver: Verhaegen, 2002).

Tabela 11.1
Lista de políticos importantes investigados ou condenados na Lava Jato peruana

Nome	Cargo	Fases das investigações		Acusações	
		Prisão provisória[9]	Situação em meados de 2020	Lavagem de ativos em campanhas eleitorais	Subornos no exercício do cargo
Alejandro Toledo	Presidente (2001-2006)		Aguardando extradição dos EUA para o Peru	X	X
Alan García	Presidente (2006-2011)		Cometeu suicídio antes de ser preso	X	X
Ollanta Humala	Presidente (2011-2016)	Cumprida	Aguardando julgamento, risco de 20 anos de pena	X	
Pedro Pablo Kuczynski	Presidente (2016-2018)	Em cumprimento	Prisão domiciliar	X	
Keiko Fujimori	Candidata Presidencial (2011 e 2016)	Cumprida	Sob investigação	X	
Susana Villarán	Prefeita de Lima (2011-2014)	Em cumprimento	Prisão provisória	X	
Nadine Heredia	Primeira-Dama (2011-2016)	Cumprida	Aguardando julgamento, risco de pena de 26 anos e 6 meses	X	
César Villanueva	Presidente Regional da Província de San Martín (2007-2013)[10]	Em cumprimento	Prisão provisória		X
César Álvarez	Presidente Regional da Província de Áncash (2007-2014)	Em cumprimento[11]	Condenado, cumprindo pena de 8 anos e 3 meses		X
Jorge Acurio Tito	Presidente Regional da Província de Cusco (2011-2013)	Em cumprimento	Prisão provisória		X

Esta tabela foi montada pela autora com informações de *América Noticias* (2019b), Convoca (2019), Cruz (2019a), IDL-Reporteros (2019), OjoPublico (2019), e Paéz (2019).

---

[9] Na lei penal peruana, os suspeitos podem ficar detidos por até 36 meses caso a procuradoria apresente provas de que há risco provável de fuga ou de obstrução da investigação, a menos que permaneçam detidos (Decreto Legislativo nº 1.307, 2016).

[10] Há 25 governos regionais no Peru. Depois do processo de descentralização em 2002, os presidentes regionais receberam maiores recursos e competências, incluindo a promoção do investimento público e privado, e a implementação de projetos de contrução (Ley Orgánica nº 27.867, 2002).

[11] Álvarez já estava preso provisoriamente desde junho de 2014 por assassinato, agressões graves, e outras acusações. A procuradoria, nesse caso, pediu 35 anos. Álvares atualmente está preso até 2027, e foi condenado em três diferentes acusações relacionadas à Lava Jato: desvio de verbas (2 anos), conluio simples (4 anos), e conluio grave (8 anos) (Andina, 2019b). As três penas correm

A única pessoa processada até agora é César Álvarez, ex-presidente regional da Áncash, condenado por um tribunal regional por três acusações de corrupção relacionadas com a concessão à Odebrecht do contrato para a construção da estrada Chacas/San Luís em troca de uma propina de 2,6 milhões de dólares (Estrada, 2019). Álvares agora cumprirá pena até pelo menos 2027. Elmer Chirre, procurador regional, estava investigando o caso desde 2014, desde bem antes de o caso da Lava Jato ampliar-se. Foi só quando a investigação de Chirre foi conectada com o interrogatório de um informante-chave da Lava Jato, Jorge Barata, em abril de 2019, que sua primeira condenação foi garantida.[12]

Outro aspecto chamativo — embora controverso — da Lava Jato peruana é o uso da prisão provisória, que acontece na fase antes do julgamento. Uma nova lei proposta pelo governo Kuczynski para estender o período em que o uso da prisão provisória é permitido foi promulgada com aprovação do Congresso em dezembro de 2016.[13] Quando Humala e Heredia foram para a prisão provisória em julho de 2017 (Cabral, 2017), muitos políticos celebraram, especialmente aqueles de partidos políticos da oposição, como a Fuerza Popular (Correo, 2018) e o Partido Aprista Peruano (América Noticias, 2017). Porém, aquilo que outrora era considerado uma legítima aplicação da lei agora é questionado em relação aos processos contra Kuczynski, Fujimori e vários outros políticos, executivos e funcionários públicos. A duração da prisão provisória pedida pela procuradoria e aprovada pelo juiz depende da força das provas, da probabilidade de condenação, do risco de fuga e do potencial de obstrução da justiça.[14] Considerando-se o nível de influência dos suspeitos da Lava Jato, há um argumento razoável em prol da aplicação de mecanismos tão extremos.

---

ao mesmo tempo, não consecutivamente. Segundo o Código Penal peruano, existem dois tipos de conluio: simples e grave. O conluio simples ocorre quando há um acordo secreto entre uma autoridade pública e outras partes para enganar o Estado. O conluio grave ocorre quando esse acordo acontece, assim fraudando o Estado (Decreto Legislativo nº 635, 2016).

[12] A condenação veio em junho de 2019, depois do testemunho de Barata. Ele argumentou que Dirsse Valverde, conhecida como "Darth Vader" nos registros da Odebrecht, recebeu o dinheiro em nome de César Álvarez. O dinheiro foi depositado na conta da Cirkuit Planet Limited, empresa *offshore* em Hong Kong controlada por Valverde (Tuesta e Salazar, 2019).

[13] O Decreto Legislativo nº 1.307 permitiu que o limite da prisão provisória de indivíduos envolvidos no crime organizado passasse de 18 para 36 meses; a procuradoria pode pedir mais 12 meses de extensão (Decreto Legislativo nº 1.307, 2016).

[14] Para mais informações, ver o Decreto Legislativo nº 1.307 (2016).

Se a prisão provisória está longe do ideal, ela não é incomum num país com processos judiciais tão demorados. Mesmo assim, a proporção de pessoas presas sem condenação diminuiu ao longo do tempo: de 59% da população prisional em 2009 para 39% em 2019 (Instituto Nacional Penitenciario, 2019). Além disso, apenas 5% dos investigados na Lava Jato estão atualmente encarcerados por esse mecanismo (Romero e Cotos, 2019). Ademais, considerando-se as preocupações atuais com o abuso por parte dos procuradores, vale a pena observar que a investigação peruana da Lava Jato investiga políticos, autoridades de alto nível e empresários independentemente de sua afiliação (cobrindo o espectro político), influência política, ou quantias de dinheiro que receberam em propinas ou em financiamentos ilegais (de milhares a milhões de dólares).

A EEP pediu a prisão provisória da maioria dos suspeitos importantes, como mostra a tabela 11.1. Porém, três suspeitos importantes foram soltos antes do tempo.[15] O Tribunal Constitucional decidiu pela libertação de Humala, Heredia e, mais recentemente, Fujimori.[16] Isso não os absolve, mas o ônus da prova continua com a procuradoria. Além disso, Kuczynski agora está em prisão domiciliar e não na prisão provisória, devido à sua saúde cada vez pior (RPP, 2019a). Os termos do confinamento são de discrição do Judiciário.

A Lava Jato também representa um marco porque, desde junho de 2019, ela trouxe o primeiro caso de acordo de delação premiada com uma empresa.[17] Uma nova lei que prevê o pagamento de reparações civis permitiu que a Odebrecht no Peru continuasse operando desde que certos funcionários se tornassem informantes da procuradoria.[18] Isso veio a acontecer porque representantes da empresa recusaram-se a oferecer informações sem que houvesse um acordo de delação. Segundo o advogado de Jorge Barata, a desconfiança do procurador (Castro) em relação à empresa dificultava a colaboração (Cruz, 2019b; Mella, 2018). Desacordos quanto à maneira de proceder desgastaram a relação entre as procuradorias do Brasil e do Peru e foram um fator na remoção de Castro como coordenador em julho de 2018 (Cruz, 2019a, 2019b). Quando Vela assumiu esse papel, assinou um memorando de entendimento restaurando a cooperação entre as autoridades peruanas e

---

[15] Os três suspeitos foram libertados por *habeas corpus* (Tribunal Constitucional, 2018, 2019).
[16] O procurador Pérez pediu a anulação da decisão do Tribunal Constitucional dias depois da libertação de Fujimori (Ministerio Público e Fiscalía de la Nación, 2019).
[17] Os acordos de delação premiada no Peru eram feitos com indivíduos (Carrión, 2019).
[18] Essa lei, promulgada em março de 2018, substituiu o Decreto nº 003 (*El Comercio*, 2018).

brasileiras (González-Ocantos e Baraybar Hidalgo, 2019; Vela, 2019). Com Vela, a procuradoria passou a priorizar a aquisição de provas e de testemunhos por meio do uso de acordos de delação, em vez de insistir em processar informantes da Odebrecht (González-Ocantos e Baraybar Hidalgo, 2019; Gorriti, 2018, 2019; La República, 2018). Essa abordagem mais pragmática garantiu que Barata e outros informantes-chave não seriam processados caso cooperassem com a procuradoria peruana.

Sem a ratificação do acordo de delação com a Odebrecht, a procuradoria não seria capaz de usar os depoimentos e as provas resultantes (Vela, 2019). E um exemplo crucial de como essas provas foram usadas é a condenação de Álvarez, que aconteceu dois meses depois do testemunho de Barata. Além disso, o acordo de delação que a EEP e a AG obtiveram com a Odebrecht permitiu a recuperação de quase 20 milhões de dólares (EFE, 2019), a maior quantia já recuperada por autoridades peruanas (Carrión, 2019).

No geral, o desempenho da EEP e da AG é visto pelos peruanos de forma positiva. O testemunho de Barata e outras provas apresentadas pela Odebrecht levaram à primeira condenação e a uma série de detenções, todas as quais, segundo uma pesquisa feita em 2019, aumentaram a aprovação pública dessas instituições.[19] Outra pesquisa revelou que os peruanos acreditam que todos os políticos importantes suspeitos na Lava Jato são culpados (Datum, 2019).[20] Os cidadãos, porém, são um tanto menos favoráveis ao acordo de delação da Odebrecht. Numa pesquisa feita após a assinatura do acordo, só metade dos entrevistados declarou que aprovava a delação (Instituto de Estudios Peruanos, 2019).[21] Alguns consideram o acordo condescendente demais com a empresa.

---

[19] A amostra que informou essa pesquisa incluiu 1.252 indivíduos no país inteiro, com uma margem de erro de ± 2.8 pontos percentuais e um intervalo de confiança de 95%. A pergunta era "Você aprova ou desaprova o papel da Advocacia-Geral (entre outras instituições)?". A Advocacia-Geral foi aprovada por 38%, a segunda maior taxa de aprovação depois do presidente Vizcarra (Instituto de Estudios Peruanos, 2019).

[20] Perguntou-se aos respondentes se consideravam certos políticos culpados no caso da Lava Jato. As respostas possíveis eram "sim", "não" e "não sei". A amostra incluiu 1.203 indivíduos no país inteiro, com uma margem de erro de ± 2,8 pontos percentuais. Os respondentes disseram em maioria absoluta que acreditavam na culpa de Toledo (93%), García (92%), Heredia (90%), Humala (88%), Fujimori (86%), Kuczynski (85%) e Villarán (85%) (Datum, 2019).

[21] A amostra incluiu 1.252 indivíduos no país inteiro, com margem de erro de ± 2,8 e um intervalo de confiança de 95%. A pergunta era "Você aprova ou desaprova o acordo com a Odebrecht?" (Instituto de Estudios Peruanos, 2019).

Porém, a EEP e os procuradores estaduais para a Lava Jato o consideram um *trade-off* necessário.

Vela afirma que o acordo já tinha sido combinado por seu antecessor e que a nova equipe simplesmente fez o melhor que pôde com a situação. Não existe negociação perfeita para todos os envolvidos, mas Vela ressalta os benefícios mútuos para as partes desse tipo de negócio: informações privilegiadas em troca de benefícios jurídicos — nesse caso, nenhum tempo de cadeia (Vela, 2019).

Observações finais

O escândalo da Lava Jato desnudou um sistema sujo de financiamento eleitoral e de propinas ligadas a obras de infraestrutura. Porém, a Equipe Especial de Procuradores para a Lava Jato no Peru tem conduzido as apurações com limitações orçamentárias e de pessoal e também sob ameaças. Essa situação é exacerbada pelo estado geral de crise que afeta o sistema de justiça peruano. Mesmo assim, o Peru se tornou um campeão regional improvável do combate à corrupção.[22] Foi graças à atuação de uma nova geração de procuradores — sem laços com o antigo *establishment* dentro da Advocacia-Geral e do Judiciário — que a investigação da Lava Jato prosperou. A EEP chamou a atenção da população quando decidiu investigar aqueles que tinham poder político e econômico. O fato de ela ter conseguido fazer isso sob condições tão desafiadoras é notável, considerando-se especialmente que os acusados são empresários e políticos importantes, capazes de pagar por ótimos advogados de defesa.

O fato de que políticos importantes de quase todos os partidos de destaque no Peru foram investigados e estão sendo responsabilizados por seu envolvimento sugere que a investigação não teve motivação política. Além disso, considerando o grande desafio de enfrentar a impunidade, parece ter sido uma estratégia sensata processar primeiro políticos com menos influência, como Humala, e depois, tendo ganhado certo ímpeto, ir atrás de suspeitos com maior alavancagem política como García e Fujimori. Sem essa abordagem, os interesses políticos dentro do Congresso e do Judiciário poderiam ter sido mais bem-sucedidos em seus esforços para conter os avanços das investigações da Lava Jato peruana.

---

[22] Ver o capítulo 10 deste livro.

Porém, avanços no combate à corrupção têm um preço e o acordo de delação premiada pode parecer isentar a Odebrecht de responsabilidade pelos crimes que cometeu. Daí a pergunta: quando devem os procuradores permitir que criminosos confessos evitem sanções em troca de informações? Qual a importância do que alguns podem perceber como condescendência — e talvez até, em certa medida, impunidade — tenha se mostrado necessária para impedir a extinção de contratos que teriam deixado projetos de infraestrutura semiconstruídos? Em última instância, o caso da Lava Jato no Peru constitui uma abordagem pragmática do combate à corrupção.

Ainda assim, a investigação continua a enfrentar desafios e até controvérsias. Recentemente, o procurador Pérez foi multado por dar uma declaração considerada excessivamente política: "Se não condenarmos esses crimes corruptos, nós, os cidadãos, somos afetados. Para mim, estamos num momento decisivo. Se há ataques à evolução [do trabalho da EEP], os cidadãos precisam estar alertas" (*El Comercio*, 2019f).[23] Entre as polêmicas em torno da investigação estão as suspeitas de que procuradores regionais possam ter adulterado o testemunho de um informante do caso Álvarez, segundo áudios vazados (Neves, Cabral e Moro Martins, 2019). Mas o maior desafio à Lava Jato no Peru é outro: não perder esta oportunidade histórica de combater a corrupção.

Apêndice

Tabela 11.2
Lista dos atores-chave na Lava Jato peruana mencionados neste capítulo

Autoridades-Chave Judiciais	
Carlos Puma	Procurador, Equipe Especial de Procuradores (EEP) do Peru para a Lava Jato
Hamilton Castro	Ex-coordenador, Equipe Especial de Procuradores (EEP) do Peru para a Lava Jato
Germán Juárez	Procurador, Equipe Especial de Procuradores (EEP) do Peru para a Lava Jato
José Domingo Pérez	Procurador, Equipe Especial de Procuradores (EEP) do Peru para a Lava Jato
Norma Geovana Mori	Procurador, Equipe Especial de Procuradores (EEP) do Peru para a Lava Jato
Pedro Chávarry	Ex-procurador-geral
Rafael Vela	Coordenador da Equipe Especial de Procuradores (EEP) do Peru para a Lava Jato
Zoraida Ávalos	Atual procurador-geral

---

[23] Essa declaração foi considerada não relacionada ao trabalho de procurador. A sanção de Pérez é uma dedução de 10% de seu salário, segundo a Procuradoria-Geral — Escritório de Controle Interno de Lima.

Políticos importantes investigados ou condenados	
Alan García	Ex-presidente do Peru (1985-90 e 2006-11), ex-líder do *Partido Aprista Peruano* (falecido)
Alejandro Toledo	Ex-presidente do Peru (2001-06), líder de Perú Posible (aguardando extradição)
César Álvarez	Presidente regional da província de Áncash (2007-10 e 2010-14) (condenado)
César Villanueva	Presidente regional da província de San Martín (2007-10 e 2010-13) (em prisão provisória)
Jorge Acurio Tito	Presidente regional da província de Cusco (2011-13) (em prisão provisória)
Keiko Fujimori	Segunda colocada na eleição presidencial (2011 e 2016), líder da Fuerza Popular, e filha de Alberto Fujimori, condenada por corrupção e por violações de direitos humanos
Nadine Heredia	Ex-primeira dama (2011-16), casada com Ollanta Humala (cumpriu prisão provisória, com acusações que podem trazer uma pena de 26 anos)
Ollanta Humala	Ex-presidente do Peru (2011-16), líder do Partido Nacionalista del Perú (cumpriu prisão provisória, com acusações que podem trazer uma pena de 20 anos)
Pedro Pablo Kuczynski	Ex-presidente do Peru (2016-18), líder do Peruanos por el Kambio, renunciou antes do *impeachment* iminente (em prisão domiciliar)
Susana Villarán	Ex-prefeita de Lima (2011-14), líder da Fuerza Social (em prisão provisória)
Representantes da Odebrecht	
Jorge Barata	Ex-diretor executivo da Odebrecht no Peru, e informante da Procuradoria peruana
Marcelo Odebrecht	Presidente da Odebrecht, e neto do fundador da empresa, Norberto Odebrecht. Também informante da Procuradoria peruana
Outro ator-chave político	
Martín Vizcarra	Presidente do Peru entre 2018 e 2020. Foi destituído do cargo em novembro de 2020, quando o Congresso aprovou o *impeachment* alegando "incapacidade moral"

Fonte: Esta tabela foi construída pela autora usando informações contidas neste capítulo e dados disponíveis até novembro de 2020.

Referências

AMÉRICA NOTICIAS. *Cercado de Lima*: se registró amago de incendio en Fiscalía de Lavado de Activos. 16 jun. 2019c. Disponível em: www.americatv.com.pe/noticias/actualidad/cercado-lima-se-registro-amago-
-incendio-fiscalia-lavado-activos-n374955.

_____. *Costa*: proyectos del fujimorismo buscan perturbar acuerdo de colaboración eficaz. 3 abr. 2019a. Disponível em: www.americatv.com.pe/noticias/actualidad/costa-proyectos-fuerza-popular-buscan-perturbar-
-acuerdo-colaboracion-eficaz-n365970.

_____. Humala y Heredia: así reaccionaron los políticos en Twitter tras su arresto. 14 jul. 2017. Disponível em: www.americatv.com.pe/noticias/

redes-sociales/humala-y-heredia-asi-reaccionaron-politicos-twitter-su-arresto-n284137.

_____. Los aportes y sobornos de Odebrecht en Perú, según Jorge Barata. 28 abr. 2019b. Disponível em: www.americatv.com.pe/noticias/actualidad/aportes-y-sobornos-odebrecht-segun-barata-n369025.

ANDINA. *César Álvarez recibe su tercera condena judicial por delitos de corrupción*. 17 set. 2019b. Disponível em: https://andina.pe/agencia/noticia-cesar-alvarez-recibe-su-tercera-condena-judicial-delitos-corrupcion-766821.aspx.

_____. *Fiscales Vela y Pérez impugnarán su retiro del caso Odebrecht*. 1º jan. 2019a. Disponível em: https://andina.pe/agencia/noticia-fiscales-vela-y-Pérez-impugnaran-su-retiro-del-caso-odebrecht-737791.aspx.

ARCASI MARIÑO, W. G. *Barata*: Andrade Gutiérrez, Queiroz Galvão y OAS también aportaron a campaña de Humala. Gestión. 8 out. 2019. Disponível em: https://gestion.pe/peru/odebrecht-jorge-barata-dice-que-oas-queiroz-galvao-y-andrade-gutierrez-tambien-aportaron-a-campana-de-humala-noticia/.

AQUINO, M. Peruvians back anticorruption reforms in referendum: exit poll. *Reuters*, 9 dez. 2018. Disponível em: www.reuters.com/article/us-peru-referendum/peruvians-back-anti-corruption-reforms-in-referendum-exit-poll-idUSKBN1O80KK.

BARBOZA QUIROZ, K. Hamilton Castro, el fiscal que pasó a la historia [Perfil]. *El Comercio*, 26 mai. 2017. Disponível em: https://elcomercio.pe/politica/hamilton-castro-fiscal-paso-historia-426178-noticia/.

BAZO REISMAN, A. Conoce a Rafael Vela, el fiscal que lidera el Equipo Especial enfocado en el caso Lava Jato. *Perú21*, 27 dez. 2018. Disponível em: https://rpp.pe/politica/judiciales/rafael-vela-conoce-al-fiscal-que-lidera-el-equipo-especial-enfocado-en-el-caso-lava-jato-noticia-1171987.

CABRAL, E. Barata confirmo aporte de US$3 millones para la campaña de la exalcaldesa Susana Villarán. *OjoPúblico*, 25 abr. 2019b. Disponível em: https://ojo-publico.com/1170/barata-confirmo-aporte-de-us3-millones-en-la-campana-de-exalcaldesa-susana-villaran.

_____. Justicia ordena prisión para Ollanta Humala y Nadine Heredia. *OjoPúblico*, 14 jul. 2017. Disponível em: https://ojo-publico.com/469/Ollanta-Humala-el-tercer-presidente-del-Peru-camino-a-una-prision-inminente.

_____. Odebrecht pagó US$200 mil para campaña aprista a través de intermediario de Alan García. *OjoPúblico*, 23 abr. 2019a. Disponível em: https://

ojo-publico.com/1164/odebrecht-pago-us200-mil-para-campana-aprista-traves-de-intermediario-de-alan-garcia.

CABRAL, E. et al. *Los contratos de Odebrecht en Perú*. s.d. Disponível em: https://idlreporteros.atavist.com/contratos-odebrecht-peru.

CARRIÓN, S. *Entrevista pessoal*. 11 mai. 2019.

CASEY, N.; ZÁRATE, A. Corruption scandals with Brazilian roots cascade across Latin America. *The New York Times*, 13 fev. 2017. Disponível em: www.nytimes.com/2017/02/13/world/americas/peru-colombia-venezuela-brazil-odebrecht-scandal.html.

CASTRO, J. Jorge Barata compromete a investigados: balance de las declaraciones en Brasil. *El Comercio*, 29 abr. 2019. Disponível em: https://elcomercio.pe/politica/jorge-barata-compromete-investigados-balance-declaraciones-brasil-noticia-ecpm-630554.

CNN. Report: Peru's Fujimori pleads guilty in bribery case. *CNN*, 28 set. 2009. Disponível em: http://edition.cnn.com/2009/WORLD/americas/09/28/peru.fujimori.trial/.

COLLYNS, D. Peru opposition leader Keiko Fujimori detained over "money laundering". *The Guardian*, 10 out. 2018b. Disponível em: www.theguardian.com/world/2018/oct/10/peru-opposition-leader-keiko-fujimori-detained-in-financial-investigation.

_____. Peru president Pedro Pablo Kuczynski resigns amid corruption scandal. *The Guardian*, 22 mar. 2018a. Disponível em: www.theguardian.com/world/2018/mar/21/peru-president-pedro-pablo-kuczynski-resigns-amid-corruption-scandal.

CONGRESO DE LA REPÚBLICA. Comisión Permanente, 4ª sesión vespertina. 28 set. 2018. Disponível em: www2.congreso.gob.pe/sicr/diariodebates/Publicad.nsf/3754926f313430b8052564e50079e8a4/05256d6e0073dfe90525831600783483?OpenDocument.

CONVOCA. Caso Odebrecht: "División de Sobornos" registra pagos de US$ 8.8 millones por 12 obras en Perú. 25 jun. 2019. Disponível em: http://convoca.pe/investigacion/caso-odebrecht-division-de-sobornos-registra-pagos-de-us-88-millones-por-12-obras-en.

CORREO. El día que Keiko y el fujimorismo celebraron detención de Humala y Nadine y no hablaron de persecución. 12 out. 2018. Disponível em: https://diariocorreo.pe/politica/dia-keiko-fujimorismo-celebro-detencion-humala-nadine-no-hablo-persecucion-847128/.

CRUZ, R. *Entrevista pessoal*. 16 jul. 2019b.

_____. La larga lista de investigados por los aportes de Odebrecht a las campañas. *El Comercio*, 13 mai. 2019a. Disponível em: https://elcomercio.pe/politica/larga-lista-investigados-aportes-odebrecht-campanas-noticia-634580.

DATUM. *Encuesta de Opinión Pública a nivel nacional*: enero 2019. 2019. Disponível em: www.datum.com.pe/estudios.

DE BELAUNDE, A. *Entrevista pessoal*. 2 mai. 2019.

DOJ. *Odebrecht and Braskem plead guilty and agree to pay at least $3.5 billion in global penalties to resolve largest foreign bribery case in history* [Boletim de imprensa]. 2016. Disponível em: www.justice.gov/opa/pr/odebrecht-and-braskem-plead-guilty-and-agree-payleast-35-billion-global-penalties-resolve.

EFE. *Odebrecht paga a Perú una indemnización de 19,5 millones de dólares por sobornos*. 24 mai. 2019. Disponível em: www.efe.com/efe/america/economia/odebrecht-paga-a-peru-una-indemnizacion-de-19-5-millones-dolares-por-sobornos/20000011-3983829.

EL COMERCIO. *El 77% cree que Keiko Fujimori es culpable, según encuesta de Datum*. 25 out. 2018. Disponível em: https://elcomercio.pe/politica/77-cree-keiko-fujimori-culpable-encuesta-datum-noticia-571195.

_____. *Fiscal José Domingo Pérez fue agredido por simpatizantes de Keiko Fujimori*. 18 mar. 2019d. Disponível em: https://elcomercio.pe/politica/fiscal-jose-domingo-perez-agredido-simpatizantes-keiko-fujimori-video-noticia-nndc-617765-noticia/.

_____. *Fiscal José Domingo Pérez fue sancionado con multa por dar "declaraciones políticas"*. 8 nov. 2019f. Disponível em: https://elcomercio.pe/politica/jose-domingo-perez-fue-sancionado-con-multa-por-dar-declaraciones-politicas-odebrecht-noticia/.

_____. *Fiscal Vela*: personal de Chávarry violó lacrado de oficinas allanadas en el MP. 8 jan. 2019c. Disponível em: https://elcomercio.pe/politica/fiscal-vela-personal-chavarry-violo-lacrado-oficinas-allanadas-mp-noticia-595184-noticia/.

_____. *Fuerza Popular reitera críticas al acuerdo con Odebrecht tras su homologación*. 19 jun. 2019e. Disponível em: https://elcomercio.pe/politica/odebrecht-fuerza-popular-reitera-criticas-acuerdo-homologacion-noticia-nndc-646944-noticia/.

_____. *Justicia de papel* [vídeo]. 2019a. Disponível em: www.youtube.com/watch?v=7bWceZ1_Y7A.

_____. *Manifestantes marcharon en apoyo a fiscales Rafael Vela y José Domingo Pérez*. 1º jan. 2019b. Disponível em: https://elcomercio.pe/lima/sucesos/caso-chavarry-manifestantes-marchan-apoyo-fiscales-rafael-vela-jose-domingo-perez-noticia-593209-noticia/.

DECRETO Legislativo nº 635. Código Penal 1991 [Arquivo PDF]. 2016. Disponível em: http://spij.minjus.gob.pe/content/publicaciones_oficiales/img/CODIGOPENAL.pdf.

DECRETO Legislativo nº 957. Código Procesal Penal 2004 [Arquivo PDF]. 2016. Disponível em: http://spij.minjus.gob.pe/content/publicaciones_oficiales/img/CODIGOPROCESALPENAL.PDF.

DECRETO Legislativo nº 1307. Decreto Legislativo que modifica el Código Procesal Penal para dotar de medidas de eficacia a la persecución y sanción de los delitos de corrupción de funcionarios y de criminalidad organizada. 2016. Disponível em: https://busquedas.elperuano.pe/normaslegales/decreto-legislativo-que-modifica-el-codigo-procesal-penal-pa-decreto-legislativo-n-1307-1468963-7/.

ESTRADA, Magali. Primera sentencia por el Caso Odebrecht: Dictan 8 años de prisión contra el exgobernador César Álvarez. *Ojo Público*, 10 jun. 2019. Disponível em: https://ojo-publico.com/1237/primera-sentencia-por-caso-odebrecht-dictan-8-anos-de-prision-contra-el-exgobernador-cesar.

FERREIRA, F. Lava Jato attracts attention from prosecutors in 31 countries and four continents. *Folha de S.Paulo*, 2017. Disponível em: www1.folha.uol.com.br/internacional/en/world/2017/11/1935829-car-wash-operation-generates-unprecedented-international-interest.shtml.

FLORÍNDEZ, H. P.; DESAUTEZ, M. Qué revelan los sobrecostos del cartel Lava Jato y sus socios en el Perú. *IDL-Reporteros*, 2019. Disponível em: www.connectas.org/especiales/sobrecostos-lava-jato/.

FOWKS, J. El presidente de Perú disuelve el Parlamento en medio de un choque con la oposición fujimorista. *El País*, 2019. Disponível em: https://elpais.com/internacional/2019/10/01/america/1569885710_959879.html.

GASPAR, M. Uma história do peru: a ascensão e a queda da Odebrecht na América Latina. *Folha de S.Paulo*, 13 jul. 2017. Disponível em: https://piaui.folha.uol.com.br/materia/uma-historia-do-peru/.

GONZÁLEZ-OCANTOS, E.; BARAYBAR HIDALGO, V. Lava Jato beyond borders: the uneven performance of anticorruption judicial efforts in Latin America. *Taiwan Journal of Democracy*, v. 15, n. 1, p. 63-89, 2019.

GORRITI, G. Entre el silencio y la confesión. *IDL-Reporteros*. 2018. Disponível em: https://idl-reporteros.pe/columna-de-reporteros-327/.

_____. *Entrevista pessoal*. 3 mai. 2019.

_____; MELLA, Romina. Los pagos ilegales de Odebrecht a Luis Nava. *IDL-Reporteros*, 25 abr. 2019. Disponível em: https://idl-reporteros.pe/los-pagos-ilegales-de-odebrecht-a-luis-nava/.

HIDALGO, M. *Análisis del informe de la Comisión Lava Jato*: algunas ausencias y poco sustento. 11 nov. 2018. Disponível em: https://elcomercio.pe/politica/analisis-informe-comision-lava-jato-ausencias-sustento-noticia-576393-noticia/. Acesso em: 15 set. 2019.

_____. Los efectos del blindaje a Pedro Chávarry en Fuerza Popular. *El Comercio*, 30 maio 2019. Disponível em: https://elcomercio.pe/politica/efectos-blindaje-pedro-chavarry-noticia-ecpm-639945.

IDEELE RADIO. *Richard Arce*: Rosa Bartra blindó a Alan García en la Comisión Lava Jato. 22 fev. 2019 Disponível em: https://ideeleradio.pe/lo-ultimo/richard-arce-rosa-bartra-blindo-a-alan-García-en-la-comision-lava-jato/.

IDL-REPORTEROS. *Corte y corrupción*. 2018a. Disponível em: https://idl-reporteros.pe/especial-lava-juez/index.html.

_____. *Lava Juez*. 2018b. Disponível em: https://idl-reporteros.pe/especial-lava-juez/.

INSTITUTO DE ESTUDIOS PERUANOS. *Encuesta de opinión* — abril 2019. 28 abr. 2019. Disponível em: https://iep.org.pe/noticias/encuesta-de-opinion-abril-2019/.

INSTITUTO NACIONAL PENINTENCIARIO. *Estadísticas*. 2019. Disponível em: www.inpe.gob.pe/estad%C3%ADstica1.html.

LA REPÚBLICA. *La caída del equipo especial*: lo que se oculta detrás de la salida de Hamilton Castro. 11 ago. 2018. Disponível em: https://larepublica.pe/politica/1296441-caida-equipo-especial-oculta-detras-salida-hamilton-castro/.

_____. *Rodríguez Monteza bloquea al Equipo Especial*. 12 jun. 2019a. Disponível em: https://larepublica.pe/politica/1487245-rodriguez-monteza-bloquea-equipo-especial/.

_____. *Si hay referéndum, 77% de electores votaría por adelantar elecciones*. 5 ago. 2019b. Disponível em: https://larepublica.pe/politica/2019/08/05/si-hay-referendum-77-de-electores-votaria-por-adelantar-elecciones/.

LA ROSA VÁSQUEZ, R. Barreras burocráticas y carencias afectan al Equipo Especial Lava Jato. *El Comercio*, 8 mai. 2019. Disponível em: https://

elcomercio.pe/politica/barreras-burocraticas-carencias-afectan-equipo-
-especial-lava-jato-fiscalia-ecpm-noticia-633218.

LEY nº 28.094 (2016). Ley de Organizaciones Políticas. Disponível em: http://aplicaciones007.jne.gob.pe/srop/Documentos/Reportes/DocLegales/LeyOP28094_.pdf.

LEY Orgánica nº 27.867. Ley Orgánica de Gobiernos Regionales. 2002. Disponível em: www2.congreso.gob.pe › con2_uibd.nsf › Ley_27867.

LÓPEZ-FONSECA, Ó. La corrupción asedia al PP con una treintena de juicios pendientes. *El País*, 26 maio 2018. Disponível em: https://elpais.com/politica/2018/05/25/actualidad/1527250509_078391.html.

LUNA, N. *Entrevista pessoal*. 25 abr. 2019.

MELLA, R. Zona de naufragio. *IDL-Reporteros*, 2 jul. 2018. Disponível em: https://idl-reporteros.pe/zona-de-naufragio/.

MINISTERIO PÚBLICO; FISCALÍA DE LA NACIÓN. *Equipo Especial*. 2019. Disponível em: www.mpfn.gob.pe/equipo_especial/presentacion/.

_____; _____. *Nulidad de STC 02531-2019-PHC/TC*. 2019.

MONZÓN KCOMT, R. CNM audios: ¿qué significa declarar en emergencia al Poder Judicial? *OjoPúblico*, 16 jul. 2018. Disponível em: https://peru21.pe/politica/cnm-audios-significa-declarar-emergencia-judicial-414803-
-noticia/.

NEVES, R.; CABRAL, E.; MORO MARTINS, R. In Peru's Operation Car Wash, prosecutors and witness doctored testimony to avoid contradictions. *The Intercept* e *OjoPúblico*, 4 nov. 2019. Disponível em: https://theintercept.com/2019/11/03/peru-operation-car-wash-prosecutors/.

OCDE. *OECD integrity review of Peru*: enhancing public sector integrity for inclusive growth: OECD. 2017. Disponível em: www.oecd-ilibrary.org › governance › oecd-integrity-review-of-peru.

OJOPÚBLICO. *Lava Jato*. 2019. Disponível em: https://lavajato.ojo-publico.com/.

Páez, Á. (27 abr. 2019). Entrevista pessoal.

PARI, J. *Entrevista pessoal*. 30 abr. 2019.

_____. *Estado corrupto*: los megaproyectos del caso Lava Jato en Perú. Lima: Planeta, 2017.

PERÚ21. *Jorge Yoshiyama reiteró a la Fiscalía que Keiko Fujimori sabía sobre aportes de Odebrecht*. 15 nov. 2019. Disponível em: https://peru21.pe/politica/jorge-yoshiyama-reitero-a-la-fiscalia-que-keiko-fujimori-sabia-
-sobre-aportes-de-odebrecht-noticia/.

PODER JUDICIAL DEL PERÚ. *Centro de Investigaciones Judiciales*. 2019. Disponível em: www.pj.gob.pe/wps/wcm/connect/cij/s_corte_suprema_utilitarios/as_home/as_cij/.

PROÉTICA. *Décima encuesta nacional sobre corrupción*. 2017. Disponível em: www.proetica.org.pe/contenido/encuesta-nacional-sobre-percepciones--de-la-corrupcion-en-el-peru/.

QUIROZ, A. W. *Corrupt circles*: a history of unbound graft in Peru. Baltimore: Woodrow Wilson Center Press, 2008.

REDAÇÃO JOTA. *International cooperation in the Odebrecht case*: Peru. 29 mai. 2019. Disponível em: www.jota.info/especiais/international-cooperation--in-the-odebrecht-case-peru-29052019.

REUTERS. *Peru attorney general reverses decision on graft probe*. 3 jan. 2019. Disponível em: www.reuters.com/article/us-peru-corruption/peru--attorney-general-reverses-decision-on-graft-probe-idUSKCN1OW1T7.

RODRIGUEZ-OLIVARI, D. Partidos pobres, campañas ricas. In: TUESTA SOLDEVILLA, F. (Ed.). *Perú elecciones 2016*: un país dividido y un resultado inesperado. Lima: Fondo Editorial de la Pontificia Universidad Católica del Perú, p. 65-90, 2017.

ROMERO, C.; COTOS, H. Se terminan los plazos de la prisión preventiva. *La República*, 27 ago. 2019. Disponível em: https://larepublica.pe/politica/2019/08/27/lava-jato-se-terminan-los-plazos-de-la-prision-preventiva--odebrecht-richard-concepcion-carhuancho/.

ROSE-ACKERMAN, S.; PALIFKA, B. J. Corruption, organized crime, and money laundering. In: BASU, K.; CORDELLA, T. (Ed.). *Institutions, governance and the control of corruption*. Cham: Palgrave MacMillan, 2018. p. 75-112.

ROTTA, S. *Entrevista pessoal*. 25 abr. 2019.

RPP. *Fiscal Rafael Vela solicitará informe de seguridad tras denuncia de infiltraciones de informantes*. 13 set. 2019b. Disponível em: https://rpp.pe/politica/judiciales/fiscal-rafael-vela-solicitara-informe-de-seguridad-tras--denuncia-de-infiltraciones-de-informantes-noticia-1219503.

_____. *Luis Nava*: "Jorge Barata me dijo que había dinero de un negocio que había hecho con Alan García". 21 out. 2019c. Disponível em: https://rpp.pe/politica/judiciales/alan-García-luis-nava-jorge-barata-me-dijo-que-habia-dinero-de-un-negocio-que-habia-hecho-con-el-expresidente-noticia-1225697.

_____. *Pedro Chávarry remueve a fiscales Rafael Vela y José Domingo Pérez del caso Lava Jato*. 31 dez. 2018. Disponível em: https://rpp.pe/politica/

judiciales/pedro-chavarry-remueve-a-fiscales-rafafel-vela-y-jose-domingo--Pérez-en-el-caso-lava-jato-noticia-1172602.

_____. *Poder Judicial confirma el arresto domiciliario para PPK por el caso Odebrecht*. 11 set. 2019a. Disponível em: https://rpp.pe/politica/judiciales/ppk-poder-judicial-confirma-el-arresto-domiciliario-para-el-expresidente--por-el-caso-odebrecht-noticia-1219138.

SILVA, C. MEF: Incremento presupuestal al Ministerio Público sería insuficiente. *La República*, 12 mai. 2019. Disponível em: https://larepublica.pe/politica/1467457-lava-jato-mef-presupuesto-aumento-ministerio-publico--seria-insuficiente/.

TEGEL, S. *To deal or not to deal, that is the question for prosecutors in Latin America*. 30 abr. 2019. Disponível em: www.americasquarterly.org/content/deal-or-not-deal-question-prosecutors-latin-america.

TRIBUNAL CONSTITUCIONAL. *Sentencia del Tribunal Constitucional EXP. nº 02534-2019-PHC/TC*. p. 1-117, 2019.

_____. *Sentencia del Tribunal Constitucional EXP nº 04780-2017-PHC/TC y EXP Nº 00502-2018-PHC/TC (acumulado)*. p. 1-42, 2018.

TUESTA, P.; SALAZAR, M. Caso Odebrecht: Barata reveló por qué César Álvarez sabía del pago de coimas. *Convoca*, 9 mai. 2019. Disponível em: http://convoca.pe/agenda-propia/caso-odebrecht-barata-revelo-por-que--cesar-alvarez-sabia-del-pago-de-coimas.

TVPERU. *Presidente Vizcarra afirma que combate a la corrupción es una prioridad nacional*. 2019. Disponível em: https://tvperu.gob.pe/noticias/politica/presidente-vizcarra-afirma-que-combate-a-la-corrupcion-es-una--prioridad-nacional.

VELA, R. *Entrevista pessoal*. 9 mai. 2019.

VERHAEGEN, J. Refusal to obey orders of an obviously criminal nature: providing for a procedure available to subordinates. *International Review of the Red Cross*, v. 845, 2002. Disponível em: www.icrc.org/es/doc/resources/documents/misc/5tdqk6.htm.

VILLASÍS ROJAS, G. Equipo del caso Lava Jato tiene 42 investigaciones a su cargo. *Perú 24*, 3 set. 2018. Disponível em: www.peru24.xyz/politica/equipo--del-caso-lava-jato-tiene-42-investigaciones-a-su-cargo/106293-noticias.

WORLD JUSTICE PROJECT. *Rule of law index 2017-2018*. 2019. Disponível em: World Justice Project website: https://worldjusticeproject.org/our--work/wjp-rule-law-index.

PARTE 4
CAMINHOS PARA O COMBATE À CORRUPÇÃO

12

Entrevista com Glenn Greenwald

Karla Y. Ganley
Paul Lagunes

Introdução

Nascido em Lauderdale Lakes, Flórida (EUA), Glenn Greenwald fez a graduação na Universidade George Washington e obteve o grau de *juris doctor* na Faculdade de Direito da Universidade de Nova York (Greenwald, 2010; Herrera, 2013). Começou a carreira no renomado escritório Watchell Lipton antes de abrir o próprio escritório, o Greenwald Christoph (Greenwald, 2010). Ao longo de vários anos, Greenwald ampliou o escritório, chegando a incluir seis advogados e a trabalhar em alguns casos relacionados com a Primeira Emenda à Constituição dos Estados Unidos (Herrera, 2013; Testa, 2013), que assegura liberdade de expressão.

Em 2005, Greenwald se mudou para o Rio de Janeiro (Bernstein, 2011; Testa, 2013). Foi no Rio que Greenwald conheceu David Miranda, hoje seu marido e deputado federal pelo Partido Socialismo e Liberdade (PSOL), à esquerda do espectro político (Londoño, 2019b).[1] Greenwald e Miranda vivem juntos no Rio com dois filhos (Londoño, 2019b).

---

[1] David Miranda foi eleito pela primeira vez em 2016 (Nugent, 2019). Ele e Marielle Franco fizeram história como dois políticos abertamente gays a serem eleitos para a Câmara dos Vereadores do Rio de Janeiro (Nugent, 2019). Franco foi assassinada em 2018 (Phillips, 2018). Dois policiais foram acusados de executar o assassinato (Londoño e Moriconi, 2019). Foi nesse ambiente ameaçador que, em janeiro de 2019, Miranda assumiu a vaga de Jean Wyllys no Congresso (Nugent, 2019). Wyllys, deputado abertamente gay, deixou o Brasil após denunciar múltiplas ameaças de morte (Brazil's sole openly gay congressman leaves country after death threats, 2019).

A vida familiar de Greenwald é uma questão de foro pessoal, mas vale a pena mencioná-la por algumas razões. Primeiro, ela o torna um alvo em potencial num país cujo presidente atual tem um histórico de fazer afirmações homofóbicas e até de agir de maneira que afeta negativamente membros da comunidade LGBTQ+ (Biller, 2018; Martín, 2014; Phillips e Kaiser, 2019; Wiziack e Uribe, 2019).[2] Além disso, de acordo com alguns dos artigos escritos a respeito de Greenwald (por exemplo, Bernstein, 2011; Reitman, 2013; Vargas-Cooper, 2013), a orientação sexual dele pode ter, em parte, moldado seu estilo dissidente de jornalismo. Como ele próprio explica, no processo de sair do armário "decidi entrar em guerra contra esse sistema e essa autoridade institucional [...] que tentaram rejeitar-me e condenar-me [por minha identidade sexual]" (Reitman, 2013).[3]

Num perfil para *The New Yorker*, Ian Parker examina a visão de mundo de Greenwald.[4] "O instinto [de Greenwald]", escreve Parker, "é identificar, em qualquer conflito, o lado que reivindica autoridade e incumbência e então jogar seu peso contra essa reivindicação. [...] Invariavelmente, o corpo com autoridade é maligno e corrupto..." (Parker, 2018). Essa caracterização é excessivamente reducionista e provavelmente não de todo exata; porém, Greenwald obtuve o reconhecimento de que goza hoje manifestando suas preocupações com o que percebe como abusos cometidos pelo governo dos Estados Unidos. Greenwald está há muito tempo especialmente preocupado com o fato de os cidadãos serem vigiados sem mandado judicial.

Greenwald discutiu essas preocupações pela primeira vez num blog jurídico e político intitulado *Unclaimed Territory* (Cohen e Kaufman, 2013). Seu blog acabou sendo incorporado ao veículo americano de notícias *Salon* em 2007 e em 2012 ele passou a escrever para o jornal britânico *The Guardian* (Byers, 2012; Cohen e Kaufman, 2013). De 2013 a 2014, Greenwald escreveu artigos em *The Guardian* sobre documentos de vigilância vazados da National

---

[2] Como observado em *The Economist*, "os grupos de direitos humanos acusam um aumento nos crimes de ódio contra mulheres e pessoas gays, as quais foram muitas vezes publicamente denegridas pelo sr. Bolsonaro" (*The Economist*, 2019).

[3] Talvez um dos muitos outros fatores a moldar a visão de mundo de Greewald tenha sido seu relacionamento próximo com seu avô paterno, Louis "L.L." Greenwald (Vargas-Cooper, 2013). Como vereador na Flórida, "L.L." teria defendido a causa de residentes vulneráveis contra poderosos interesses imobiliários (Reitman, 2013).

[4] Num tuíte de março de 2019, Greenwald descreveu o artigo de Parker a seu respeito como "um gigantesco ataque" (Greenwald, 2019).

Security Agency (NSA) por Edward Snowden, ex-contratado da agência de segurança dos Estados Unidos (Pilkington, 2014). Greenwald e seus colegas do *Guardian*, junto com a equipe de reportagem do jornal americano *Washington Post*, que também divulgou os vazamentos, receberam o prêmio Pulitzer de Serviço Público em nome dos respectivos veículos de comunicação (Chappell, 2014; Pilkington, 2014). Autor de cinco livros, Greenwald foi também citado na lista de 2013 da *Foreign Policy* dos 100 Principais Pensadores Globais (The leading global thinkers of 2013, 2013).

Em 2014, Greenwald e seus colegas Laura Poitras e Jeremy Scahill atuaram como editores cofundadores da publicação on-line *The Intercept*,[5] que recebeu financiamento de Pierre Omidyar, fundador do eBay (Cosman, 2014; Greenwald, s.d.). Em 9 de julho de 2019, Greenwald e seus colegas do *Intercept Brasil* começaram a publicar uma série de reportagens baseada em documentos anteriormente não revelados, incluído mensagens de texto, gravações de áudio e documentos processuais, obtidos por uma fonte anônima (Fishman et al., 2019).[6] No Brasil, a série de reportagens sobre esses documentos ficou conhecida pela imprensa e pelo público como "Vaza Jato".

A Vaza Jato levantou questões a respeito das condutas do então juiz federal Sergio Moro, responsável pela maioria dos casos da Lava Jato e dos procuradores da força-tarefa. Além disso, as reportagens sobre as informações vazadas tiveram grandes repercussões políticas, incluindo pedidos para que Moro se retirasse do cargo e para que muitas decisões de Moro fossem anuladas (Brito, 2019).

Se as reportagens de Greenwald sobre os documentos vazados da Lava Jato foram elogiadas por alguns (Brazilians show support for American journalist Greenwald, 2019), o presidente brasileiro Jair Bolsonaro ameaçou prendê-lo *Greenwald* pela divulgação dos vazamentos e tomou medidas para tentar impedir a publicação das reportagens de *The Intercept* (Bevins, 2019; Brazil's president threatens to jail U.S. journalist Glenn Greenwald, 2019; Vincent, 2019). Alguns parlamentares do Congresso brasileiro chegaram até mesmo a pedir a deportação de Greenwald e o acusaram de ter cometido um crime ao publicar as reportagens (McCoy, 2019).

---

[5] Nota dos organizadores: Em outubro de 2020, Glenn Greenwald anunciou que pediu demissão do *Intercept* porque, segundo ele, editores do site norte-americano teriam negado publicação de texto crítico a Joe Biden às vésperas das eleições presidenciais dos EUA (Glenn Greenwald acusa Intercept..., 2020).

[6] Para mais discussões das reportagens de *The Intercept* sobre os documentos vazados, ver a conclusão de Ganley e Lagunes neste livro.

Nossa própria posição é que, apesar de endossarmos a maneira como os documentos vazados foram extraídos de sua fonte ou de suas fontes originais, há um claro argumento de interesse público em favor de reportagens sobre esse material. Ao exercer o direito de livre expressão, o trabalho de Greenwald para *The Intercept* questiona a ideia de que a Lava Jato foi executada de maneira imparcial. Preocupa-nos que, mesmo que *The Intercept* tenha compartilhado grandes porções das informações extraídas com outros veículos da mídia,[7] em última instância, Greenwald e sua equipe parecem ter controle dessas informações. Isso garante poder para determinar grande parte da narrativa em torno da Vaza Jato.[8] Porém, mesmo levando em conta essa preocupação em particular, temos noção dos riscos que Greenwald assumiu ao "vigiar os vigias". Por isso, o procuramos para entrevistá-lo e falar da Vaza Jato. A entrevista compartilhada a seguir aconteceu em 25 de outubro de 2019 por videoconferência. Victor Pougy, colega de Greenwald em *The Intercept*, examinou e aprovou a transcrição da entrevista feita em inglês.

Karla Ganley: Começando com a primeira pergunta. Depois de receber esse arquivo de documentos, fico curiosa: quais fatores a sua equipe considerou ao decidir o que publicar e como publicar e o que publicar primeiro e o que publicar depois...

Glenn Greenwald: Bom, quero dizer, é claro que eu já tinha passado por algo um pouco parecido — não em relação ao conteúdo, mas ao método — com os arquivos Snowden.[9] Quando você tem esse gigantesco [...] banco de dados, de informações, que é tão imenso, que você sabe [...] que vai levar meses, ou até mais, para publicar todas as matérias, a questão passa a ser: "Como gerenciar [a informação]? Como decidir, em última instância, a ordem, a sequência da publicação? E o que decidimos, então, foi que começaríamos pesquisando o material. E encontramos histórias que achamos que tinham justificativa jornalística para serem publicadas, isto é, eram de interesse público. E tínhamos certeza que eram precisas... Foi simples assim. A única ressalva a

---

[7] Por exemplo, a revista *Veja* recebeu acesso a cerca de 650 mil mensagens (Phillips, 2019).

[8] Com toda justiça, Greenwald parece ter uma postura baseada em princípios — e não tática — contra a publicação de dados no varejo (King, 2014). Ele prefere que as informações passem por curadoria e edição, em grande parte, para proteger a privacidade dos envolvidos (Parker, 2018).

[9] Como mencionado na introdução deste capítulo, Glenn Greenwald era parte da equipe de reportagem de *The Guardian* que publicou os primeiros artigos sobre os documentos vazados por Edward Snowden relacionados com a vigilância da NSA.

esse cálculo foi que estávamos muito preocupados no começo que, se Sergio Moro ou a força-tarefa [da Lava Jato] descobrissem que tínhamos esse material e pretendíamos publicá-lo, ou, mesmo depois que tivéssemos começado [a publicar o material], eles conseguiriam obter uma ordem judicial [para impedir a] publicação e foi por isso que publicamos três matérias de uma só vez.[10] Escolhemos três matérias que achamos serem cruciais para definir todo o contexto do que pensávamos ser mais importante e fizemos isso de um jeito que normalmente não teríamos feito, que foi não procurar [Sergio Moro e os membros da força-tarefa] para ouvi-los. Porém, foi somente por causa do medo de uma censura prévia à publicação, e, logo depois de termos publicado as reportagens, nós entramos em contato com eles. Foi esse o nosso método.

Paul Lagunes: Sabemos que publicar documentos como esses traz certos custos pessoais — e também certos ganhos pessoais, talvez. Assim, eu me pergunto se um repórter, se outro jornalista como você, te procurasse e dissesse: "Glenn, me ajude. Eu queria entender, antes de decidir fazer uma reportagem sobre um monte de documentos secretos, quais são alguns dos custos e dos ganhos pessoais que posso esperar dessa reportagem?" Que conselhos você daria a esse repórter?

Greenwald: Bem, sabe, isso obviamente depende dos tipos de documentos secretos que você quer publicar... Mas vamos presumir que são documentos secretos que vêm de algum centro de poder, certo? O que é provavelmente o motivo do interesse de algum jornalista [em fazer reportagens sobre o material]. E [vamos presumir também que] a publicação desses documentos desagradaria ou irritaria algum tipo de centro de poder. E aí a pergunta a ser feita, obviamente, para o jornalista é: quais são os riscos? E o mais importante a fazer é entender, em primeiro lugar, qual é o cenário jurídico. Eu tinha muita confiança no meu conhecimento do que os jornalistas podem e não podem fazer nos EUA, no Reino Unido e na Europa ocidental, onde fiz muitas reportagens. Eu não tinha a mesma familiaridade com esses princípios jurídicos aqui [no Brasil]. Mas, no fim das contas, a verdade é que eles eram bem parecidos. Aliás, as proteções para jornalistas são mais robustas aqui [do

---

[10] Embora nem Sergio Moro nem a força-tarefa da Lava Jato tenham tentado impedir as reportagens de *The Intercept*, membros de certos partidos políticos tentaram (Lubianco, 2019). Gilmar Mendes, ministro do Supremo Tribunal Federal brasileiro, concedeu uma liminar para garantir que Greenwald não fosse investigado por suas reportagens sobre os documentos vazados (Lubianco, 2019).

que nos Estados Unidos]. O linguajar da Constituição [brasileira] é mais forte e mais amplo, mas obviamente [aconselho] consultar advogados. Verifique qual é seu risco legal. Quais são os perigos? Quais são as maneiras potenciais de você tropeçar e dizer coisas para a sua fonte que tornam você cúmplice de um crime ao invés de um mero recebedor passivo de informação? Garanta que você não está de maneira nenhuma dando diretrizes nem incentivando novos crimes. Assim, essa é obviamente uma importante consideração jurídica... E a segunda [coisa] são os riscos para a sua segurança física ao irritar pessoas que detêm muito poder. No caso Snowden, essa foi uma grande consideração, porque sabíamos que estávamos sendo vigiados. Aqui, no Brasil, há muita violência política. Há um novo governo que deixou bem claro que não acredita nos conceitos convencionais de liberdades civis ou na imprensa livre.[11] E eu vi no material que Sergio Moro tem uma mentalidade bem autoritária e estava disposto a usar o poder para atingir seus fins. Então, eu também diria a essa pessoa que as considerações jurídicas são necessárias, mas não são, de jeito nenhum, suficientes para fazer uma avaliação completa de quais são os riscos. Porque, às vezes, as pessoas não respeitam as proteções da lei. Assim, você precisa decidir [se] pode confiar que as instituições judiciais têm a capacidade e a vontade de fazer valer esses direitos. E não presumir que será seguro para você irritar pessoas que têm poder ao divulgar seus segredos.

Lagunes: Dando seguimento à questão, o que motiva você a assumir esses riscos?

Greenwald: Em geral, minha perspectiva é que não é possível fazer nenhum grande bem sem estar disposto a assumir riscos. Desse modo, uma vida que se resuma a minimizar ou a evitar os riscos será uma vida que, ao menos no meu ponto de vista — não necessariamente um padrão universal —, não é uma vida muito bem vivida. Acho que, se eu fosse confrontado com uma escolha em que eu achasse que poderia cumprir alguma obrigação, seja ética, política, ou social e optasse por não cumpri-la por medo ou pelos riscos, isso me doeria na consciência — provavelmente o resto da minha vida. E é simplesmente minha motivação pessoal de evitar pensar em mim mesmo

---

[11] O novo governo mencionado por Greenwald aqui se refere às eleições de 2018, em que o Jair Bolsonaro, deputado do Partido Social Liberal (PSL), venceu a eleição presidencial. Antes da vitória de Bolsonaro, candidatos do Partido dos Trabalhadores (PT) tinham vencido todas as eleições presidenciais desde 2002.

desse jeito, de associar esse tipo coisa ao que eu acho que sou. E também fui inspirado por muitas outras pessoas que assumiram riscos maiores. [...] Trabalhei com Edward Snowden, que — com 29 anos — todos tínhamos certeza de que ficaria na prisão pelos próximos 60 anos. Uma das nossas melhores amigas [...] foi assassinada 18 ou 16 meses atrás porque seu trabalho era muito provocador...[12] E tantas outras pessoas — pessoas que você admira. Meu herói de infância era Daniel Ellsberg, que quase passou o resto da vida na cadeia.[13] Assim, penso que é igualmente importante que você tenha uma ideia de qual é sua estrutura de valores, [da] hierarquia que usa para medir a vida. E, para mim, isso significa fazer coisas que, com frequência, são arriscadas, porque o tipo de contribuição que eu quero dar à sociedade é aquele que geralmente leva ao confronto com pessoas que eu acho que estão abusando do poder que têm. Eu simplesmente acho que é aí que está o meu talento, a minha capacidade e simplesmente há um risco intrínseco em fazer isso, e, se eu vou evitar todos os riscos, não vou conseguir fazer esse trabalho.

Lagunes: Obrigado, Glenn. Uma outra pergunta: na sua opinião, qual seria o resultado ideal de ter publicado reportagens sobre esses documentos secretos? Em outras palavras, o que você gostaria que acontecesse para realmente sentir que o esforço e os custos pessoais envolvidos em sua publicação foram recompensados?

Greenwald: Meu objetivo não é que todos concordem com minha avaliação pessoal em relação ao que todos esses indícios demonstram, mas é fazer com que as pessoas fiquem mais informadas do que antes, de forma que o juízo que elas fazem da Lava Jato, das condenações e prisões, de Sergio Moro como juiz e agora como autoridade política muito poderosa sejam baseados não em propaganda, nem em informações incompletas ou em desinformação,

---

[12] Provavelmente a amiga mencionada por Greenwald é Marielle Franco. Franco, que mencionamos brevemente numa nota anterior, era uma feminista, ativista e vereadora do Rio de Janeiro, do Partido Socialismo e Liberdade (PSOL) (Londoño, 2019a; Phillips, 2019; Ramalho, 2019). Foi morta a tiros em março de 2018 (Phillips, 2019; Ramalho, 2019). Como mencionado anteriormente, dois ex-policiais foram acusados pelo assassinato (Londoño, 2019a; Phillips, 2019; Ramalho, 2019).

[13] Daniel Ellsberg é um ex-analista militar americano que, enquanto trabalhava na Rand Corporation, entregou os Pentagon Papers, documentos ultraconfidenciais do departamento de defesa do governo norte-americano sobre a guerra do Vietnã, a *The New York Times* e *The Washington Post* (Gladwell, 2016; Heuvel, 2019). Foi acusado no âmbito da Lei de Espionagem, mas acontecimentos subsequentes levaram à rejeição das acusações (Gladwell, 2016; Heuvel, 2019).

mas seja um juízo fundamentado e informado. É assim que vejo meu papel como jornalista e não considero que o sucesso do meu trabalho seja Lula sair da cadeia, ou Sergio Moro ser demitido, ou Deltan punido, ou condenações específicas anuladas. Posso achar que essas coisas deveriam ou não acontecer. Mas a métrica do sucesso para o meu trabalho é se as pessoas estão ou não estão efetivamente mais informadas sobre questões a respeito das quais deveriam estar informadas...

Ganley: Uma coisa relacionada ao que você acaba de mencionar: você poderia falar de forma mais geral sobre como enxerga os papéis e as responsabilidades dos jornalistas em fazer com que as autoridades incumbentes prestem contas de seus atos?

Greenwald: É sempre difícil falar do que queremos dizer por "jornalistas independentes". Porque eu me considero um jornalista independente, mas ao mesmo tempo faço parte de uma organização de mídia que já tem seis anos,[14] que é financiada pela 98ª pessoa mais rica do planeta,[15] que tem um escritório enorme de dois andares numa das áreas mais caras de Manhattan, com escritórios em Washington, São Francisco, Rio e São Paulo... Portanto, há uma estrutura corporativa da qual faço parte, mas ainda me considero um jornalista independente. Porque, para mim, o que importa é mais a mentalidade e menos a estrutura de onde você trabalha. E a mentalidade é que você não está tentando fazer parte dos centros de poder, nem estar integrado a eles — você busca ser adversário deles. Para mim, o que a independência significa é ser independente de agentes políticos poderosos ou de agentes financeiros poderosos. Assim, em vez de disseminar suas mensagens e de servir sua propaganda, vejo que meu papel é questionar, contestar, investigar, submeter essas mensagens a exames críticos, denunciá-las quando acho que são falsas ou enganosas. Vejo uma relação antagonista. Para mim, é isso que é o jornalismo independente.

---

[14] Aqui Greenwald se refere a *The Intercept*, que é parte da organização midiática americana First Look Media, fundada em 2013.

[15] A pessoa a quem Greenwald se refere aqui é Pierre Omidyar, mais conhecido como o empreendedor bilionário americano que fundou o eBay (Davis, 2009). Em 2013, Omidyar fundou e apoiou financeiramente o grupo de mídia independente First Look Media, que inclui a publicação on-line *The Intercept* (Davis, 2009).

Ganley: Assim, em geral, na sua opinião, você acha que a mídia brasileira esteve à altura da responsabilidade de fazer reportagens cuidadosas e imparciais sobre a Lava Jato?

Greenwald: Não, não. Não acho. Vamos falar do mundo meio que antes da Lava Jato e do mundo depois da Lava Jato... Acho muito interessante que tenhamos enfim feito parcerias com muitos dos veículos que foram mais agressivos na construção dessa imagem meio que de super-herói de Sergio Moro, ou que retrataram a Lava Jato como uma espécie de modelo supremo de probidade e ética. A *Folha* e a *Veja*, e particularmente a *Veja*, o primeiro artigo que eles publicaram na capa foi acompanhado [de uma] carta aos leitores que essencialmente pedia desculpas pelo fato de que eles não foram suficientemente céticos em relação ao trabalho feito por Sergio Moro e pela Lava Jato. E isso foi muito similar ao pedido de desculpas que *The New York Times* fez aos leitores por sua cobertura insuficientemente cética das armas de destruição em massa do Iraque em 2002 e em 2003. [Estou me referindo] à infame nota do editor de 2004, em que eles [essencialmente] disseram: "Olha, nós até trabalhamos bem, mas provavelmente deveríamos ter sido muitos mais céticos a respeito de declarações anônimas que podíamos verificar que estávamos mesmo assim honrando sua verdade."[16] A *Veja* mostrou cinco ou seis capas glorificando Sergio Moro e disse [algo mais ou menos assim]: "Olhe só o que fizemos, e, agora que tivemos a oportunidade de enxergar a verdade, percebemos que essencialmente cometemos um grande erro ao apresentar uma imagem muito unilateral de quem ele era e do que era seu trabalho. Deveríamos ter sido muito mais críticos; era esse o nosso dever de jornalistas."[17] O *Estadão*, provavelmente o outro veículo que, [além da] Globo, mais celebrava Sergio Moro... Eles não chegaram a fazer parceria conosco, mas nos telefonaram e expressaram o interesse na parceria. Mas publicaram um editorial depois da primeira semana dizendo que as revelações eram tão graves que Sergio Moro deveria renunciar ao cargo de ministro da Justiça.[18] [...] Acho que esse tipo de hagiografia de Sergio Moro era óbvio e acho que basicamente todo mundo na mídia brasileira vai admitir esse erro. Acho que a falha complexa e provavelmente mais insidiosa está em [que] muitas vezes

---

[16] A "Carta dos editores" de 2004 de *The New York Times* citada por Greenwald é a seguinte: From the editors (2004).

[17] O artigo da revista *Veja* mencionado por Greenwald é: Carta ao leitor (2019).

[18] O editorial do *Estadão* pedindo a renúncia de Moro é: Muito a esclarecer (2019).

grande parte das reportagens consistia em receber acusações, não confirmadas por prova nenhuma e sem serem testadas no tribunal, fornecidas por réus aos quais se dizia que, se eles assinassem essas acusações, podiam sair da prisão. Assim, eles tinham grandes incentivos para acusar. Se as acusações eram verdadeiras ou não eram, que é uma das minhas principais críticas à Lava Jato, que ela era muito coercitiva e colocava as pessoas na cadeia sem acusações, sem nenhuma espécie de condenação e meio que coagindo essas acusações, mas o erro da mídia foi pegar essas acusações e trombeteá-las nas manchetes. A Globo [...] simplesmente pegava um vazamento ilegal, era criminoso vazar as acusações que eram parte da investigação. E então eles simplesmente diziam [algo do tipo] "[E]sse político foi acusado de receber essa propina [...] ou o que quer que fosse a acusação". E muitas vezes essas acusações nunca iam parar no tribunal porque não havia provas que fossem permitir sequer um indiciamento, muito menos uma condenação. Assim, houve um grande número de pessoas cujas reputações foram destruídas, ou no mínimo dos mínimos maculadas, sem a oportunidade de se defenderem porque aqueles eram vazamentos da Lava Jato — e o gabinete do juiz Moro foi arquitetado para fazer exatamente aquilo. E nós fizemos algumas reportagens sobre isso, sobre como eles soltavam vazamentos calculados, projetados para coagir as pessoas, para pressioná-las a cooperar ou a colaborar, ou para que tivessem a sensação de que estavam prestes a ser indiciadas, mesmo quando não estavam.[19] Assim, foi algo muito manipulativo e eles usaram a mídia meio que como suas armas, ou meio que como seus instrumentos. E a *Folha* publicou uma espécie de pedido de desculpas muito interessante por isso. Foi parecido com o da *Veja*, foi escrito pelo *ombudsman* deles, mas o texto citava o editor-chefe Sérgio Dávila dizendo nós cometemos um grande erro ao não sermos mais céticos. E, muitas vezes, o que eles faziam era dizer, "Sabe, o político X é acusado de receber essa propina". E aí, quando ficava claro que não havia provas disso, ou que a pessoa retirava a acusação, não havia uma manchete subsequente limpando o nome [do acusado]... Assim, acho que, de muitas maneiras, a mídia brasileira acabou sendo parceira da Lava Jato em vez de cobrir a Lava Jato de maneira jornalística — e acho que essa é a falha fundamental.

---

[19] A reportagem de *The Intercept* aqui mencionada é: Neves e Greenwald (2019).

Lagunes: Estávamos nos perguntando se há algum detalhe em especial que você reportou sobre a Lava Jato que gostaria de destacar por ser particularmente problemático desde o seu ponto de vista. Há algo em particular nessa cobertura que você acha que merece uma atenção especial dos leitores?

Greenwald: Obviamente, a revelação — a revelação geral que recebeu mais atenção e acho que justificadamente, é a colaboração secreta entre o juiz Moro e os procuradores que estavam processando os réus em sua vara [a 13ª vara federal em Curitiba]. Sabe, você pode discutir se é comum que isso aconteça na cultura jurídica brasileira, ou o quanto isso corrompe o processo. Porém, há duas coisas que acho que são particularmente notáveis aí. Uma é que, por anos, houve uma suspeita de que Sergio Moro estava atuando mais como chefe da Lava Jato [e não como um] juiz neutro com igual distância entre as duas partes, como exigido pelo código de conduta dos magistrados... Foi a primeira vez que foi apresentada uma prova que confirmasse que eram verdadeiras [as acusações de colaboração]. Porém, eles [Deltan Dallagnol e Sergio Moro] foram indagados a esse respeito em muitas ocasiões e não disseram, "Claro, colaboramos o tempo todo, porque esse é o costume da cultura tradicional brasileira". Eles negaram veementemente que colaboravam. Deltan, numa entrevista de 2017 à BBC, negou que jamais fizera um vazamento[20] e publicamos múltiplas conversas de 2015 e de 2016, nas quais eles falavam das estratégias por trás dos vazamentos. Assim, mesmo que você queira dizer que não vê nada problemático, a questão que surge é: se não havia nada de errado com o que eles estavam fazendo, então por que estavam negando que estavam fazendo isso? Assim, acho que isso é muito incriminador e errado em si mesmo, não? Quer dizer, mesmo que você considere que a colaboração [entre juízes e procuradores] seja apenas benigna ou comum, sua negação pública é muito perturbadora para um juiz e procuradores... [É perturbador que eles tenham dado] declarações falsas a respeito de sua conduta em conexão com processos que estão levando pessoas à cadeia por tantos anos. A outra parte é um componente mais sutil ou impressionista, que é como eles falaram das pessoas que estão processando. Assim, para mim, quando Sergio Moro zomba da defesa dos advogados de Lula, chamando-a de *showzinho* e dizendo a Deltan: "Ok, eles fizeram o *showzinho* deles. É hora de você soltar o seu boletim de imprensa", destruindo [a defesa], usando apenas um linguajar

---

[20] Para um resumo da entrevista da BBC Brasil com Deltan Dallagnol, ver: Senra (2017).

de escárnio pelas costas dos advogados de Lula[21]... Isso simplesmente mostra um espírito vingativo... [I]magine se você fosse condenado a uma década de cadeia por um juiz que, pelas suas costas, zombava de você, dos seus advogados e do que você estava fazendo, rindo com os procuradores de um jeito como que [...] vingativo. Quer dizer, claro que você se sentiria perseguido. [O]s procuradores estavam tão obcecados [...] que chegaram até a gozar da morte de Marisa Letícia, esposa de Lula por 45 anos, e da morte de seu neto de oito anos.[22] [U]m dos [procuradores] pediu desculpas [por seu comportamento de escárnio] depois da nossa publicação, mas o resto apenas ficou calado. Sabe, é meio [...] desumanizante, é um jeito quase sociopata de falar das tragédias pessoais de alguém e eu acho que isso indica um nível de desprezo. E mesmo os procuradores, que estão lá para processar as pessoas, ainda têm de mostrar equanimidade — eles têm de apresentar evidências para livrá-las [das acusações] se [essas provas] estiverem disponíveis. Você realmente fica com sérias dúvidas se eles têm qualquer coisa que se pareça com uma postura profissional e como eles conduziram os processos. Acho que virou realmente um tipo de fanatismo, o que eu acho muito perturbador.

Ganley: Acho que cobrimos praticamente tudo o que eu tinha para perguntar...

Lagunes: Bem, quem sabe um dia teremos a oportunidade de conversar mais...

Greenwald: Sim, seria ótimo. O seu trabalho parece realmente interessante. Vocês estão obviamente indo bem fundo e estão trabalhando nisso há muito tempo. Assim, se estiverem trabalhando ainda mais e quiserem conversar de novo [...], ficarei contente. E vocês vão publicar um livro?

Lagunes: Estamos trabalhando num volume organizado com Jan Svejnar, colega meu aqui em Columbia, há dois anos. E estamos tentando fazer mais do que a imprensa estava fazendo quanto à Lava Jato. Acreditamos que ela é um rompimento com a impunidade, não só no Brasil, mas também no Peru e na Colômbia...

Greenwald: Sim, é ótimo. É ótimo. Quero dizer duas coisas a esse respeito. A primeira é que, como vocês talvez saibam, eu na verdade fui por bastante tempo

---

[21] Ver a seguinte fonte para reportagens de *The Intercept* sobre o escárnio com a defesa de Lula: Fishman (2019).

[22] Ver as fontes a seguir para mais informações sobre as piadas com a morte da esposa e do neto do presidente Lula: (1) Greenwald (2019); (2) Mello (2019).

um defensor da Lava Jato. Cheguei até a fazer um discurso no Canadá quando Deltan recebeu um prêmio, porque eu tinha aceitado dar a palestra principal desse evento, que é muito bem financiado — eles dão um prêmio de 100 mil dólares para quem quer que seja indicado como o mais corajoso combatente da corrupção no mundo inteiro.[23] E quando aceitei a oferta para dar a palestra, os três finalistas ainda não tinham sido anunciados. E então anunciaram os três finalistas, um dos quais era a força-tarefa da Lava Jato. Assim, eu fui, Deltan foi e vários outros dos principais procuradores foram também. Eles estavam muito nervosos com o que eu ia dizer. E eu elogiei o trabalho deles. [...] Era inspirador ver bilionários e políticos poderosos de muitos partidos sendo presos por uma corrupção que fora tolerada por muito tempo. E traduziram minha fala. E então eu li as conversas que eles tiveram a respeito dela. Estavam muito empolgados. Achavam que era importante ganhar credibilidade com a esquerda e puseram minha fala na internet. Assim, não foi como se eu tivesse abordado esse trabalho como inimigo ou como adversário, eu briguei com meus amigos da esquerda por anos, dizendo que suas críticas eram exageradas ou hiperbólicas. [...] Sim, quer dizer, eu acho que as pessoas realmente pensam que eu virei um extremista que simplesmente condena a operação inteira por ser intrinsecamente corrupta desde o começo e, portanto, sem nenhum valor e até mesmo tóxica e nociva e na verdade eu a vejo de maneira muito mais nuançada. Talvez meu papel seja ser o crítico, o crítico que não houve. Mas eu acho que nosso trabalho em última instância fortalece a Lava Jato em vez de enfraquecê-la na luta contra a corrupção, porque, realmente, ela precisa de credibilidade e de integridade e não é possível combater a corrupção usando métodos corruptos. Era essa sempre a crítica ao PT, certo? Os fins não justificam os meios... Você não ganha licença para dar propinas a partidos políticos só por dizer que está fazendo isso para tirar milhões de pessoas da pobreza, [...] porque ainda assim é corrupto fazer isso. E é meio assim que eu vejo a Lava Jato. E, obviamente, ela fez um grande bem e foi um modelo que pode inspirar ações anticorrupção em muitos outros países, incluindo alguns que se consideram mais avançados do que o Brasil, como os Estados Unidos. Porém, acho que, para fazer isso, você tem de garantir que está colocando os pingos nos is, cruzando todos os ts e muitas vezes eles não fizeram isso...

---

[23] O evento mencionado por Greenwald é a cerimônia de entrega do prêmio Allard de Integridade Internacional de 2017, que aconteceu na Universidade da Colúmbia Britânica, em Vancouver, no Canadá (Recipients and honourable mentions, s.d.).

Lagunes: Assim, com os seus esforços, com os esforços dos seus colegas, pode ser que você esteja tirando a ênfase do papel dos indivíduos na Lava Jato. E, ao fazer isso, acaba ajudando a promover um sistema de *accountability* no Brasil — um sistema que não depende apenas de procuradores e de juízes... A mídia, o pensamento crítico dos cidadãos individuais, também devem desempenhar um papel crucial. Seria algo bom de se ver resultando disso...

Greenwald: A parte difícil, é claro, é a política brasileira. Como em muitos outros países, ela é muito polarizada e, quando Moro entrou para o governo Bolsonaro, não como juiz, mas num cargo político, foi algo que deixou praticamente todo mundo, não só no Ministério Público, mas até na Lava Jato, furioso, porque eles achavam que era algo que ia destruir o legado do trabalho deles. Isso fez com que ficasse quase impossível despersonalizar o trabalho, porque agora Moro não é apenas mais um juiz em Curitiba, é uma mola mestra do governo Bolsonaro. Alguém [que] o defende politicamente o tempo todo e isso dificulta muito separar as opiniões sobre Bolsonaro e sobre o governo Bolsonaro e sobre Moro como ministro da Justiça do processo mesmo, mas tentamos fazer isso, porque de outro modo você acaba se afundando nessas guerras sem fim.

Lagunes: Muito obrigado por suas contribuições.

Ganley: Sim, muito obrigada.

Greenwald: Boa sorte. Boa sorte com o seu trabalho. E, se vocês quiserem conversar de novo, é só avisar.

Referências

BERNSTEIN, F. *Glenn Greenwald*: life beyond borders. 18 abr. 2011. Disponível em: www.out.com/news-commentary/2011/04/18/glenn-greenwald-life-beyond-borders.

BEVINS, V. The dirty problems with Operation Car Wash. *The Atlantic*, 21 ago. 2019. Disponível em: www.theatlantic.com/international/archive/2019/08/anti-corruption-crusades-paved-way-bolsonaro/596449/.

BILLER, D. Here are some of Brazil front-runner Jair Bolsonaro's most incendiary statements. *Bloomberg*, 8 out. 2018. Disponível em: www.bloomberg.com/news/articles/2018-10-08/jair-bolsonaro-on-gays-women-rape-torture-and-ex-slaves.

BRAZILIANS show support for american journalist Greenwald. *AP News*, 30 jul. 2019. Disponível em: https://apnews.com/cd8c55f4a9ec49cc83724cda-81d32be7.

BRAZIL'S president threatens to jail U.S. journalist Glenn Greenwald. *The Washington Times*, 28 jul. 2019. Disponível em: www.washingtontimes.com/news/2019/jul/28/jair-bolsonaro-brazil-president-threatens-glenn-gr/.

BRAZIL'S sole openly gay congressman leaves country after death threats. *The Guardian*, 24 jan. 2019. Disponível em: www.theguardian.com/world/2019/jan/24/jean-wyllys-brazils-openly-gay-congressman-leaves-job-country-amid-death-threats.

BRITO, R. Embattled Brazil justice minister decries leaked texts in corruption probe. *Reuters*, 19 jun. 2019. Disponível em: www.reuters.com/article/us-brazil-politics-moro-idUSKCN1TK1RB.

BYERS, D. *Glenn Greenwald to move to* The Guardian. 9 jul. 2019. Disponível em: www.politico.com/blogs/media/2012/07/glenn-greenwald-to-move-to-the-guardian-129447.html. Acesso em: 1º dez. 2019.

CARTA ao leitor: sobre princípios e valores. 12 jul. 2019. Disponível em: https://veja.abril.com.br/politica/carta-ao-leitor-sobre-principios-e-valores/. Acesso em: 2 dez. 2019.

CHAPPELL, B. *Pulitzer Prizes are out: "Washington Post", "The Guardian" win for NSA stories*. 14 abr. 2014. Disponível em: www.npr.org/sections/thetwo-way/2014/04/14/303002434/pulitzer-prizes-are-out-washington-post-the-guardian-win-for-nsa-stories. Acesso em: 2 dez. 2019.

COHEN, N.; KAUFMAN, L. Blogger, with focus on surveillance, is at center of a debate. *The New York Times*, 6 jun. 2013. Disponível em: www.nytimes.com/2013/06/07/business/media/anti-surveillance-activist-is-at-center-of-new-leak.html.

COSMAN, B. Meet "The Intercept": Glenn Greenwald's news site has arrived. *The Atlantic*, 10 fev. 2014. Disponível em: www.theatlantic.com/national/archive/2014/02/meet-intercept-glenn-greenwalds-news-site-has-arrived/357899/.

DAVIS, C. The Intercept, a billionaire-funded public charity, cuts back. *Columbia Journalism Review*, 2009. Disponível em: www.cjr.org/business_of_news/layoffs-the-intercept.php.

FISHMAN, A. et al. *Brazilian judge in Car Wash corruption case mocked Lula's defence and secretly directed prosecutors' media strategy during trial*. 17 jul.

2019. Disponível em: https://theintercept.com/2019/06/09/brazil-lula-operation-car-wash-sergio-moro/. Acesso em: 2 dez. 2019.

_____ et al. *How and why* The Intercept *is reporting on a vast trove of materials about Brazil's Operation Car Wash and Justice minister Sergio Moro*. 9 jun. 2019. Disponível em: https://theintercept.com/2019/06/09/brazil-lula-operation-car-wash-sergio-moro/. Acesso em: 2 dez. 2019.

FROM the editors; The Times and Iraq. *The New York Times*, 26 mai. 2004. Disponível em: www.nytimes.com/2004/05/26/world/from-the-editors-the-times-and-iraq.html.

GLADWELL, M. Daniel Ellsberg, Edward Snowden, and the modern whistle-blower. *Yorker*, 12 dez. 2016. Disponível em: www.newyorker.com/magazine/2016/12/19/daniel-ellsberg-edward-snowden-and-the-modern-whistle-blower.

GLENN Greenwald acusa Intercept de censura e anuncia saída do site. *Folha de S.Paulo*, 29 out. 2020. Disponível em: www1.folha.uol.com.br/mundo/2020/10/glenn-greenwald-acusa-the-intercept-de-censura-e-anuncia-saida-do-site.shtml.

GREENWALD, G. *Fearful of Lula's exoneration, his once-fanatical prosecutors request his release from prison. But Lula refuses*. 4 out. 2019. Disponível em: https://theintercept.com/2019/10/04/fearful-of-lulas-exoneration-his-once-fanatical-prosecutors-request-his-release-from-prison-but-lula-refuses/. Acesso em: 3 dez. 2019.

_____. 15 fev. 2010. Disponível em: https://web.archive.org/web/20100215205031/www.salon.com/news/opinion/glenn_greenwald/profile/index.html. Acesso em: 1º dez. 2019.

_____. [s.d.] Disponível em: https://theintercept.com/staff/glenn-greenwald/. Acesso em: 2 dez. 2019.

HERRERA, C. Columnist who broke NSA leaks story grew up in Lauderdale Lakes. *Miami Herald*, 4 jul. 2013. Disponível em: www.miamiherald.com/news/local/community/broward/article1953011.html.

HEUVEL, K. vanden. What the godfather of modern whistleblowing can teach us now. *The Washington Post*, 1º out. 2019. Disponível em: www.washingtonpost.com/opinions/2019/10/01/what-godfather-modern-whistleblowing-can-teach-us-now/.

KING, M. Greenwald on politics, privacy, journalism. *The Austin Chronicle*, 10 mar. 2014. Disponível em: www.austinchronicle.com/daily/news/2014-03-10/greenwald-on-politics-privacy-journalism/.

LONDOÑO, E. A year after her killing, Marielle Franco has become a rallying cry in a polarized Brazil. *The New York Times*, 14 mar. 2019a. Disponível em: www.nytimes.com/2019/03/14/world/americas/marielle-year-death.html.

Londoño, E. "The antithesis of Bolsonaro": a gay couple roils Brazil's far right. *The New York Times*, 20 jul. 2019b. Disponível em: www.nytimes.com/2019/07/20/world/americas/brazil-bolsonaro-greenwald.html.

_____; Moriconi, L. Ex-officers arrested in killing of Marielle Franco, brazilian politician and activist. *The New York Times*, 12 mar. 2019. Disponível em: www.nytimes.com/2019/03/12/world/americas/marielle-arrest-rio.html.

LUBIANCO, J. Supreme Court minister prohibits investigation of journalist and guarantees source confidentiality in Brazil. 8 ago. 2019. Disponível em: https://knightcenter.utexas.edu/blog/00-21121-supreme-court-minister-prohibits-investigation-journalist-and-guarantees-source-confid. Acesso em: 2 dez. 2019.

MARTÍN, M. Os gays não são semideuses. A maioria é fruto do consumo de drogas. *El País*, 14 fev. 2014. Disponível em: https://brasil.elpais.com/brasil/2014/02/14/politica/1392402426_093148.html.

MCCOY, T. Glenn Greenwald has faced pushback for his reporting before. But not like this. *Washington Post*, 13 jul. 2019. Disponível em: www.washingtonpost.com/world/the_americas/glenn-greenwald-has-faced-pushback-for-his-reporting-before-but-not-like-this/2019/07/11/9a7f3590-a1b1-11e9-bd56-eac6bb02d01d_story.html.

MELLO, I. et al. *Procuradores da Lava Jato ironizam morte de Marisa Letícia e luto de Lula*. 2019. Disponível em: https://noticias.uol.com.br/politica/ultimas-noticias/2019/08/27/lava-jato-morte-marisa-leticia-lula.htm. Acesso em: 3 dez. 2019.

MUITO a esclarecer. 11 jun. 2019. Disponível em: https://opiniao.estadao.com.br/noticias/notas-e-informacoes,muito-a-esclarecer,70002864526. Acesso em: 2 dez. 2019.

NEVES, R.; GREENWALD, G. *Brazil's chief prosecutor, Deltan Dallagnol, lied when he denied leaking to the press, secret chats reveal*. 29 ago. 2019. Disponível em: https://theintercept.com/2019/06/09/brazil-lula-operation-car-wash-sergio-moro/. Acesso em: 2 dez. 2019.

NUGENT, C. How this black gay politician is standing up to the far-right government in Brazil. *Time*, 16 mai. 2019. Disponível em: https://time.com/collection-post/5584910/david-miranda-next-generation-leaders/.

PARKER, I. Glenn Greenwald, the bane of their resistance. *The New Yorker*, 27 ago. 2018. Disponível em: www.newyorker.com/magazine/2018/09/03/glenn-greenwald-the-bane-of-their-resistance.

PHILLIPS, D. Brazil: two ex-police officers arrested over murder of Marielle Franco. *The Guardian*, 12 mar. 2019. Disponível em: www.theguardian.com/world/2019/mar/12/police-officers-arrested-murder-brazilian-politician-marielle-franco.

_____. Marielle Franco: Brazil's favelas mourn the death of a champion. *The Guardian*, 18 mar. 2018. Disponível em: www.theguardian.com/world/2018/mar/18/marielle-franco-brazil-favelas-mourn-death-champion.

PHILLIPS, Tom. Brazil: Calls Grow for Bolsonaro ally to quit after "devastating" report on leaks. *The Guardian*, 5 jul. 2019. Seção "Brazil". Disponível em: www.theguardian.com/world/2019/jul/05/brazil-sergio-moro-jair-bolsonaro-justice-minister.

_____; KAISER, A. J. Brazil must not become a "gay tourism paradise", says Bolsonaro. *The Guardian*, 25 abr. 2019. Disponível em: www.theguardian.com/world/2019/apr/26/bolsonaro-accused-of-inciting-hatred-with-gay-paradise-comment.

PILKINGTON, E. Guardian and Washington Post win pulitzer prize for NSA revelations. *The Guardian*, 14 abr. 2014. Disponível em: www.theguardian.com/media/2014/apr/14/guardian-washington-post-pulitzer-nsa-revelations.

RAMALHO, S. Who killed Marielle Franco? An ex-Rio de Janeiro cop with ties to organized crime, say six witnesses in police report. 18 jan. 2019. Disponível em: https://theintercept.com/2019/01/17/marielle-franco-brazil-assassination-suspect/. Acesso em: 2 dez. 2019.

RECIPIENTS and honourable mentions. s.d. Disponível em: www.allardprize.org/recipients-and-honourable-mentions. Acesso em: 2 dez. 2019.

REITMAN, J. Snowden and Greenwald: the men who leaked the secrets. 4 dez. 2013. Website da *Rolling Stone*: www.rollingstone.com/culture/culture-news/snowden-and-greenwald-the-men-who-leaked-the-secrets-104970/. Acesso em: 17 dez. 2019.

SENRA, R. Lava Jato: "Não temos instrumento eficiente para identificar vazamentos", diz Dallagnol. *BBC News Brasil*, 11 abr. 2017. Disponível em: www.bbc.com/portuguese/brasil-39563794.

TESTA, J. *How Glenn Greenwald became Glenn Greenwald*. 26 jun. 2013. Disponível em: www.buzzfeednews.com/article/jtes/how-glenn-greenwald-became-glenn-greenwald.

THE ECONOMIST. Brazil's most famous graft-buster, Sergio Moro, is now Justice minister. *The Economist*, fev. 2019. Seção "The Americas". Disponível em: www.economist.com/the-americas/2019/02/16/brazils-most-famous-graft-buster-sergio-moro-is-now-justice-minister.

THE leading global thinkers of 2013. 2013. Disponível em: http://2013-global-thinkers.foreignpolicy.com/. Acesso em: 2 dez. 2019.

VARGAS-COOPER, N. Enemy of the State. *The Advocate*, 12 nov. 2013. Disponível em: www.advocate.com/print-issue/current-issue/2013/11/12/enemy-state.

VINCENT, M. Brazilian president threatens to jail US journalist Glenn Greenwald. *Daily Mail Online*, 28 jul. 2019. Disponível em: www.dailymail.co.uk/news/article-7294779/Brazilian-president-Jair-Bolsonaro-threatens-journalist-Glenn-Greenwald-jail-reporting.html.

WIZIACK, J.; URIBE, G. Presidente do BB atende Bolsonaro, demite diretor e tira do ar comercial com jovens "descolados". *Folha de S.Paulo*, 25 abr. 2019. Disponível em: www1.folha.uol.com.br/mercado/2019/04/presidente-do-bb-atende-bolsonaro-demite-diretor-e-tira-do-ar-comercial-com-jovens-descolados.shtml.

13

A corrupção no Brasil: além do direito penal

Susan Rose-Ackerman
Raquel de Mattos Pimenta

Introdução

Com a eleição de Jair Messias Bolsonaro para a presidência em 2018, o Brasil passou a enfrentar diversos desafios relacionados com seus valores democráticos. Assim como Donald Trump nos Estados Unidos, Bolsonaro desfruta de popularidade junto a certo segmento da população, ao mesmo tempo que é considerado uma pessoa extremamente problemática por outra parcela dos brasileiros. Suas inclinações autoritárias e falta de compromisso com os direitos humanos foram agravadas pela dependência tanto de quadros militares quanto de ideólogos de direita (Uribe, Fernandes e Gielow, 2019). As ações do presidente geraram receio, especialmente entre aqueles que se opuseram ao regime militar — um sistema autoritário que se afastou do poder somente em 1988.

Os primeiros 200 dias de Bolsonaro como presidente foram marcados por uma série de crises autogeradas, com potencial para danificar instituições democráticas. As ações do presidente abrangem tentativas de flexibilizar a regulamentação de controle de armas (Pinho, 2019), ataques deliberados contra órgãos federais (Novaes, 2019) e universidades, tuítes inflamatórios e mentiras nas mídias sociais (Aos Fatos, 2019). Ele demonstrou desprezo por políticas ambientais longevas, que contavam com apoio internacional (Barrucho, 2019). Enfrentou alegações de nepotismo por considerar um dos filhos, que é deputado federal, para o cargo de embaixador brasileiro nos Estados Unidos e um escândalo de corrupção envolvendo o filho mais velho, ex-deputado estadual no Rio de Janeiro e hoje senador (Gonzales e Leme, 2019).

Também foi preocupante a nomeação de Sergio Moro como ministro da Justiça e Segurança Pública. Moro obteve um *status* de quase super-herói como juiz responsável pelos processos de corrupção da Lava Jato. Muitos acreditavam que ele julgava com comedimento e respeito pelo estado de direito, mas, recentemente, a divulgação de suas comunicações privadas com os procuradores encarregados da investigação macularam sua imagem de juiz imparcial.[1] As conversas entre o juiz Moro e os procuradores não enfraquecem as descobertas da Lava Jato relacionadas com a corrupção endêmica nas relações entre empresas e governos; porém, as mensagens levantam questões a respeito de violações, potencialmente ilegais, da separação necessária entre julgar e processar.[2] Elas também sugerem possíveis conflitos de interesse entre agentes da lei, que têm deveres para com a investigação, e seus respectivos ganhos privados, econômicos e políticos.[3] Algumas das mensagens divulgadas também fundamentam acusações de viés político contra o Partido dos Traba-

---

[1] *The Intercept* publicou uma série de reportagens baseadas naquilo que o veículo diz ser "um gigantesco arquivo" que contém textos, e-mails e mensagens de áudio das autoridades envolvidas na investigação Lava Jato (Greenwald, Demori e Reed, 2019). Vale destacar que, em março de 2021, a segunda turma do Supremo Tribunal Federal concluiu, por 3 votos a 2, que houve parcialidade na forma com a qual o ex-presidente Luiz Inácio Lula da Silva foi julgado pelo juiz Sergio Moro (Silva de Sousa, 2021).

[2] No sistema criminal brasileiro, juízes podem desempenhar um papel bastante ativo no estabelecimento dos fatos (o que é chamado de "princípio de busca da verdade real"). Porém, exige-se que eles sejam imparciais e independentes em relação às partes do processo. O art. 254 do Código de Processo Penal estabelece uma "regra de suspeição": qualquer uma das partes pode exigir a recusa de um juiz que estabeleceu conexões com as partes. Segundo a definição do mesmo artigo, inclusive se o juiz "aconselhou" qualquer uma das partes (art. 254, item IV). Além disso, segundo o Código de Ética da Magistratura, juízes devem manter posição equidistante em relação às partes, evitando condutas que possam ser consideradas favoritismo, predisposição, ou preconceito. Para uma discussão, em inglês, de visões opostas a respeito de as mensagens divulgadas serem ilegais ou antiéticas, ver Stephenson, Borges e Timm (2019).

[3] As mensagens divulgadas também contêm indícios de que Deltan Dallagnol, o procurador-chefe da força-tarefa entre 2014 e 2020, pode ter dado palestras pagas, a portas fechadas, relacionadas com o caso (Fishman e Demori, 2019; Audi e Demori, 2019). Segundo as mensagens, ele e os colegas até consideraram criar uma empresa para lucrar com esses eventos, embora em última instância não tenham feito isso (Audi, Demori e Martins, 2019). A Constituição Brasileira proíbe os procuradores de ter outros cargos, à exceção de cargos acadêmicos e de ensino (art. 128, item 2). Mesmo que essas ações sejam interpretadas amplamente como em conformidade com o art. 128 e também com as funções institucionais do Ministério Público (isto é, a proteção do patrimônio público), como estabelecido no art. 129, elas podem dar a aparência de acesso indevido aos investigadores por aqueles que podem pagar.

lhadores (PT), especialmente contra Lula, ex-presidente petista.[4] Em pesquisa feita depois que as conversas foram tornadas públicas, 58% dos brasileiros acreditavam que a conduta de Moro era repreensível, mas, no entanto, 54% ainda acreditam que a prisão de Lula foi justa (Gielow, 2019). Moro nega qualquer má conduta, mas os danos e o alcance das revelações são sérios e suas consequências permanecem incertas.

Olhando para além da Lava Jato, vemos, no Brasil, os integrantes do Ministério Público como parte de um corpo independente e altamente qualificado, com poderes para controlar eventuais abusos e ilicitudes de governos, integrantes do Legislativo e, ainda, para monitorar a relação do setor privado com o setor público. Apesar de acreditarmos que indivíduos devem responder legalmente por seus atos, concentrar-se apenas em reformas relacionadas com o direito penal para aumentar as chances de punir alguém e, assim, combater fraquezas estruturais da democracia brasileira nos parece insuficiente. É verdade que algumas pessoas não vão pagar ou aceitar propinas se as chances de serem flagradas e punidas forem altas o bastante, mas, se o problema for endêmico, os órgãos de controle não serão capazes de deter completamente a corrupção. As medidas propostas inicialmente por procuradores — conhecidas como "As 10 Medidas Contra a Corrupção", que acabaram alteradas no Congresso e não foram votadas conforme os projetos originais — concentravam-se primordialmente em otimizar o sistema de justiça criminal e não em produzir mudanças institucionais.[5] Moro, como ministro da Justiça, propôs leis para enfrentar o crime, incluindo a corrupção. Reformas estruturais também não estavam entre suas prioridades.

Reformas mais profundas precisam confrontar falhas na estrutura da democracia brasileira. A Constituição Federal estabelece uma democracia repre-

---

[4] Antes da divulgação dessas mensagens, os sucessos da Lava Jato coexistiam com o uso controverso de instrumentos técnicos, como o uso intensivo de prisão preventiva, embora os procuradores afirmassem que esse instrumento em particular fosse necessário para impedir a fuga de réus ricos. Os procuradores também buscaram a opinião pública e a mídia para gerar apoio para os casos. Algumas das interações divulgadas pelo site *The Intercept*, no momento da redação deste texto, levantaram sérias questões a respeito da controversa condenação de Lula, assim alimentando a crítica do PT ao caso e a Sergio Moro.

[5] As "10 Medidas contra a Corrupção" foram apresentadas ao Congresso como um pacote de vários projetos de lei que contava com assinaturas de apoio de quase 2 milhões de pessoas. Em novembro de 2020, as medidas seguiam tramitando, depois de terem sido significativamente modificadas pelos congressistas. O pacote incluía algumas provisões em termos amplos que exigiam que o governo criasse um programa de *marketing* contra a corrupção, treinasse funcionários públicos para combater a corrupção e garantisse a confidencialidade dos denunciantes (Ministério Público Federal, 2015).

sentativa, mas suas instituições criam incentivos para a corrupção. O sistema eleitoral sustentou a fragmentação dos partidos e a falta de *accountability* dos eleitos. O financiamento público e os pagamentos ilegais sustentam vários partidos que formam coalizões não por motivos ideológicos, mas por acesso a recursos. Empresas privadas em busca de contratos com o governo, de benefícios regulatórios e de incentivos fiscais fazem pagamentos ilegais a autoridades do Poder Executivo em troca de negócios lucrativos. Esses pagamentos ajudam a manter coalizões legislativas, a encher os cofres dos partidos, e, potencialmente, a enriquecer indivíduos tanto no Executivo quanto no Legislativo.

O presidencialismo de coalizão como característica definidora

No Brasil, o partido político do presidente raramente controla a maioria legislativa e, por isso, o Poder Executivo deve construir coalizões para aprovar leis e faz isso atraindo partidos e indivíduos por meio, por exemplo, da distribuição de recursos federais, muitas vezes destinados a estados e municípios. O "presidencialismo de coalizão"[6] é visto por alguns cientistas políticos como a raiz do dilema institucional brasileiro (por exemplo, Abranches, 1988).

O problema mais óbvio é o número de partidos políticos nas legislaturas: 30 na Câmara dos Deputados e 21 no Senado depois da eleição geral de 2018 (Gonzales e Harper, 2018). O partido com que Bolsonaro se elegeu, o Partido Social Liberal (PSL), tem 52 das 513 cadeiras na Câmara dos Deputados; o PT tem o maior número, 56 (Gonzalez e Harper, 2018). Dos 81 assentos do Senado, partido nenhum tem mais do que 12; o PSL tem 4 (Gonzalez e Harper, 2018).

A proliferação de legendas políticas está relacionada com o desencantamento da sociedade com os partidos tradicionais e também com um desenho institucional que incentiva a fragmentação. Os resultados das eleições proporcionais brasileiras dependem do acesso dos partidos políticos a recursos públicos e de instituições eleitorais que favoreçam partidos menores com pouco capital político.

No país, são realizadas eleições proporcionais para a Câmara dos Deputados e também para as legislaturas estaduais e municipais usando uma variante da

---

[6] Power (2010:25-26) enfatiza os usos diferentes dessa expressão: "Ela não é apenas um jeito fácil de nomear a política brasileira realmente existente, mas um protoparadigma para analisá-la. [...] [E]la enfatiza o poder presidencial e a política de coalizão como as variáveis-chave da governabilidade brasileira."

representação proporcional de lista aberta.[7] No caso do Legislativo, eleitores podem escolher entre votar em um candidato individual ou em um partido. Para a Câmara dos Deputados, por exemplo, o número total de votos válidos apurados em cada estado é dividido pelo número de vagas a preencher para aquele estado — como resultado dessa conta, temos o chamado "quociente eleitoral".[8] É o quociente eleitoral que vai determinar o número de votos necessário para conquistar uma vaga na Câmara dos Deputados e ele difere entre os estados. Para saber quantos deputados federais um partido terá em cada estado, a soma dos votos em um determinado partido e em seus candidatos individuais é dividida pelo quociente eleitoral. Em conformidade com a reforma de 2015, que será descrita brevemente a seguir, as vagas são ocupadas a partir de uma lista ordenada pelo número de votos recebidos por cada um dos candidatos a deputado federal.

Por muito tempo, partidos puderam se unir em coligações que, na prática, contavam como um único partido.[9] Entre 1994 e 2010, 74% dos candidatos a cadeiras no Congresso brasileiro foram eleitos por coligações partidárias (Calvo, Guarniei e Limongi, 2015). Muitas delas não se baseavam em políticas públicas nem em ideologias; eram estabelecidas puramente por benefícios eleitorais. As coligações nas eleições proporcionais permitiam que partidos

---

[7] O presidente, os governadores e os prefeitos do Brasil são eleitos diretamente por meio de um sistema majoritário, com segundo turno dos dois primeiros colocados caso nenhum deles obtenha 50% dos votos válidos no primeiro turno — no caso das eleições para prefeito, há possibilidade de segundo turno somente em municípios com mais de 200 mil habitantes. A legislatura federal é um sistema bicameral: Câmara dos Deputados e Senado. Cada estado da federação tem três senadores, também eleitos por um sistema de maioria, sem segundo turno. Estados têm assembleias legislativas e municípios contam com a Câmara de Vereadores — no caso do Distrito Federal, há apenas a Câmara Legislativa.

[8] A Constituição Federal estabelece que nenhum estado pode ter menos de oito representantes e não mais do que 70. Atualmente, o total é limitado a 513 representantes. Essas regras para o mínimo e para o máximo, junto o quociente eleitoral, criam assimetrias entre o número de votos necessários em estados mais e menos populosos. Segundo Jairo Nicolau, se o número de cadeiras em cada estado fosse realmente proporcional à população, o estado de São Paulo (o mais populoso do país) teria 58% mais cadeiras do que tem hoje e o estado de Roraima (muito menor), teria apenas 17% das cadeiras atuais (Nicolau, 2017:172).

[9] Nota dos organizadores: Nas eleições municipais de 2020, candidatos ao cargo de vereador já não podem mais concorrer por meio de coligações. A partir de 2022, essa regra também vai valer para os candidatos a deputado federal e estadual. O fim das coligações na eleição proporcional foi aprovado pelo Congresso Nacional por meio da reforma constitucional em 2017 (PEC 33/2017) (TSE, 2020).

menores e candidatos com poucos votos fossem puxados pelos votos dos partidos maiores ou dos nomes mais populares. Assim, candidatos que às vezes obtinham um número duas ou três vezes maior do que o necessário para conquistar a vaga ajudavam a eleger nomes menos conhecidos da lista da coalizão. Isso poderia significar representação no Congresso de nomes essencialmente desconhecidos dos eleitores e de legendas que ganharam proporcionalmente poucos votos, permitindo, ao mesmo tempo, que os partidos obtenham recursos públicos nas eleições seguintes. Uma reforma de 2015 tentou abordar esse problema, mas, como demonstra a eleição de 2018, ela parece não ter surtido grande efeito.[10]

Os partidos políticos no Brasil têm acesso a dois recursos importantes. Primeiro, subsídios públicos de tempo de propaganda no rádio e na TV têm sido uma ferramenta-chave na comunicação entre candidatos e eleitores.[11] Segundo, o Estado oferece recursos públicos para o financiamento de campanhas.[12] Tanto o tempo de propaganda de rádio e televisão quanto

---

[10] Desde 2015 (Lei nº 4.737, de 15 de julho de 1965, emendada pela Lei nº 13.165, de 2015), mesmo que um partido tenha votos suficientes para receber mais do que uma cadeira, só obterá os assentos a mais caso os candidatos listados recebam pelo menos 10% do quociente eleitoral. Essa regra almeja impedir candidatos individuais extremamente populares de trazer para a legislatura candidatos que de outro modo não seriam eleitos. Porém, essa porcentagem não resolve o problema da proliferação dos partidos. Por exemplo, na última eleição, o quociente eleitoral em São Paulo foi 301 mil votos (de 30 milhões de eleitores registrados). Se um determinado candidato recebe, digamos, 602 mil votos, potencialmente obteria duas cadeiras para a lista de sua coalizão. Segundo a nova regra, o candidato que ocupa a cadeira extra precisa obter pelo menos 31 mil votos por conta própria para ser eleito. Assim, ainda é provável que o Congresso vá incluir parlamentares desconhecidos da maioria dos eleitores (Shalders, 2018).

[11] Nas eleições de 2018, o tempo de rádio e TV para as campanhas presidenciais era dividido assim: 90% em proporção ao número de representantes que cada partido tem na Câmara dos Deputados e 10% divididos igualmente entre todos os candidatos, em conformidade com a Lei nº 9.096, de 19 de setembro de 1995 (Furlan, 2018). Embora o tempo de rádio e TV seja subsidiado, a criação e a produção da propaganda não é — um custo considerável para os partidos políticos.

[12] O STF proibiu doações corporativas em 2015, deixando o Brasil com duas fontes de financiamento público: uma para financiar os partidos e outra para financiar campanhas (Moraes, 2018). A primeira fonte de financiamento público é majoritariamente (95%) distribuída proporcionalmente, com base no número de representantes de cada partido na Câmara dos Deputados na última eleição. Uma pequena parte (5%) é distribuída igualmente para todos os partidos. A segunda fonte de financiamento público (isto é, aquela destinada às campanhas) tem um esquema de distribuição mais complexo, com os fundos sendo alocados parcialmente com base no número de representantes na Câmara dos Deputados (48%) e no Senado (15%) na eleição anterior. Porém, ela também oferece recursos (2%) a todos os partidos registrados e a todos os que têm ao menos um representante na

os subsídios de financiamento de campanha baseiam-se principalmente na representação de cada partido na Câmara dos Deputados. Portanto, recursos substanciais em uma eleição futura dependem do nível de sucesso do partido no pleito anterior. Porém, para inibir a proliferação de partidos, o Brasil começou a limitar o acesso a esses recursos para partidos menores. A reforma constitucional de 2017 proibiu coligações em eleições proporcionais a partir de 2020. As novas regras servem como desincentivo para a existência de partidos menores e os estimula a fundir com outros para concorrerem em listas únicas. Para acessar recursos públicos, os partidos precisam obter ao menos 1,5% dos votos nacionais ou eleger nove representantes (de 513) em pelo menos nove estados (de 27). O limite aumenta a cada eleição, chegando a 3% do voto nacional em 2030.

Mesmo assim, embora essas reformas sejam uma resposta à proliferação de partidos, a natureza das campanhas eleitorais está mudando e a mídia convencional pode ter perdido importância. A campanha de Bolsonaro alcançou os eleitores usando mídias sociais e aplicativos de mensagens que estão fora do sistema subsidiado com recursos públicos.[13] Essas plataformas provavelmente se tornarão mais importantes com o tempo e poderiam tornar partidos menos dependentes de apoio público.

Assim, embora as reformas sejam um bom começo, elas têm alcance limitado. Mesmo que as reformas obtenham resultados substanciais — digamos, diminuindo pela metade o número de partidos políticos —, o Brasil ainda teria um número estimado de 15 partidos.[14] A existência de múltiplos partidos continuaria a apresentar um desafio de governança para qualquer presidente, que teria de formar grandes coalizões heterogêneas para governar. Muitos partidos são feudos de políticos individuais, com pouca base ideológica ou projetos de políticas públicas. Dessa forma, contar com o apoio dos líderes

---

Câmara dos Deputados (35%). Essas porcentagens garantem que partidos com pouca representação tenham acesso considerável a recursos (Lei nº 9.504, de 30 de setembro de 1997, emendada pela Lei nº 13.487 e pela Lei nº 13.488, ambas de 2017).

[13] O jornal *Folha de S.Paulo* revelou que empresários ligados a Bolsonaro supostamente financiaram a disseminação de mensagens — incluindo ditas *fake news* — pelo WhatsApp para beneficiar sua candidatura. Trata-se de doações potencialmente ilegais tanto por não terem sido declaradas quanto por poderem contar como doações corporativas, proibidas pela lei eleitoral brasileira (Campos Mello, 2018).

[14] A estimativa foi feita listando-se o número de representantes que o partido tem atualmente e examinando se eles atendem aos critérios da cláusula de barreira (Fellet, 2017).

dessas legendas pode ser um instrumento de barganha na hora em que presidentes precisam montar coalizões vencedoras.

Além disso, a fragmentação partidária é apenas parte do desafio. A estrutura federal brasileira incentiva a manutenção dos chamados currais eleitorais. Ela motiva os legisladores nacionais a garantir fundos para suas bases eleitorais porque o sistema concentra os recursos no topo, ao passo que as competências recaem pesadamente sobre os níveis estadual e municipal.[15] O presidente, por sua vez, tem discrição considerável sobre o orçamento; ele pode buscar apoio distribuindo ou contingenciando verbas para localidades e projetos específicos.

Essa dinâmica pode assumir muitas formas. Por exemplo, os legisladores todo ano aprovam "emendas orçamentárias" que fornecem financiamentos para projetos e serviços locais. É um atalho que permite que os legisladores promovam o gasto governamental em suas bases eleitorais, incluindo o desenvolvimento de infraestrutura. Porém, o Executivo controla as datas de liberação das verbas. A interação entre a fragmentação partidária e o federalismo leva a barganhas entre os Poderes. Por exemplo, em 2015, a presidente Dilma Rousseff prometeu liberar 100 milhões de dólares (400 milhões de reais, à época) para emendas caso o Congresso votasse um projeto favorecido pelo Executivo (Lupion, 2017). Em 2016, essas emendas ao orçamento nacional representaram aproximadamente 2,25 bilhões de dólares (9 bilhões de reais, com o câmbio daquele período) (Lupion, 2017). Enquanto o presidente Michel Temer estava sendo investigado por corrupção, liberou 500 milhões de dólares (2 bilhões de reais na ocasião) para obter no Congresso o apoio que o ajudaria a evitar ser julgado por obstrução da justiça e corrupção (Estadão Conteúdo, 2018).

---

[15] Esse arranjo institucional foi incluído na Constituição Federal de 1998 a fim de incorporar demandas por voz e autonomia locais. Os estados e os municípios têm, ou sozinhos ou em conjunção com o nível federal, grandes responsabilidades de prestação de serviços públicos, incluindo educação e saúde. Porém, as capacidades fiscais do nível federal são muito mais fortes do que as dos estados e municípios. Por exemplo, em 2012, o governo federal foi responsável por 69% dos tributos recolhidos no país e dispôs de 57% da arrecadação disponível. Isso significa que a União transfere uma fração da arrecadação aos estados e municípios (Mendes, 2016). Embora as transferências não sejam particularmente altas (12%) e não remedeiem as disparidades entre responsabilidades e arrecadação, elas são cruciais para os estados e municípios. Por exemplo, em 2010, 68% de todas as arrecadações municipais vieram desses tipos de transferências, indicando sua dependência do nível federal (Mendes, 2016).

As coalizões são estáveis, mas a que custo? Alguns cenários

Segundo as pesquisas sobre o presidencialismo de coalizão no Brasil, o sistema não é necessariamente instável. Tanto Fernando Henrique Cardoso, do Partido da Social Democracia Brasileira (PSDB), quanto Lula, do PT, conseguiram apresentar e aprovar seus programas legislativos graças às coalizões montadas no Congresso.[16] Segundo Limongi e O'Neill (2017), disciplina e previsibilidade foram em grande parte a norma no Congresso.[17] As coalizões com frequência são bastante estáveis, mas, se o sistema político obtém essa estabilidade por meio da corrupção e da oferta de cargos e emendas, o valor democrático dessa estabilidade é questionável.[18]

Mesmo que nenhuma propina seja paga, o *quid pro quo* que permite acordos políticos estáveis pode não atender aos interesses da maioria dos eleitores. As alianças eleitorais do presidente podem não refletir a convergência ideológica, mas sim o acesso a recursos. A coalizão partidária que apoiou a campanha do presidente não é necessariamente aquela que o apoiará quando ele estiver no poder. As coligações eleitorais podem ser bem-sucedidas nas eleições, mas a coalizão de governo precisará ser maior para assegurar maioria no Congresso. Os eleitores, sabendo que os legisladores formarão coalizões *ad hoc* para aprovar leis, podem não ter um modo razoável de julgar se as plataformas partidárias dos candidatos serão traduzidas em ações políticas no Congresso.

A estabilidade de uma coalizão pode ser mantida pela compra direta de votos, como ilustrado pelo escândalo do Mensalão, que veio a público em

---

[16] A taxa de aprovação de projetos de lei de Cardoso foi de 85% e a de Lula, no primeiro mandato, de 90% (Limongi e O'Neil, 2007).

[17] Limongi e O'Neill (2007) mediram a disciplina partidária como a proporção de legisladores que são membros de partidos com cargos ministeriais que votam alinhados com a posição explícita do líder do governo no Congresso. A disciplina foi a regra para 90,7% dos parlamentares durante o governo de Cardoso e para 89,1% durante o de Lula. Aliás, Cheibub, Przeworski e Saiegh (2004) estudaram um grande conjunto de democracias entre 1946 e 1999 e afirmam que coalizões governamentais ocorrem em mais de metade das situações em que o presidente não tem maioria na legislatura e que elas são bem-sucedidas legislativamente em mais de 50% das situações, uma porcentagem menor do que a do parlamentarismo, mas, ainda assim, impressionante.

[18] Power (2010:29) explica que por algum tempo o foco do Presidencialismo de Coalizão esteve em resolver "a equação de governabilidade" sem muita ênfase em como o Presidencialismo de Coalizão gera outros problemas para a democracia, como o incrementalismo excessivo de políticas, a diluição dos programas pré-eleitorais, a erosão da *accountability* vertical e horizontal devido a práticas orçamentárias, ou um empoderamento excessivo da Presidência. Palermo (2016) acrescenta algumas ressalvas, mostrando que parte da literatura aborda questões além da governabilidade.

2005, durante o governo de Lula. O Mensalão é tradicionalmente descrito como uma estratégia ampla e organizada de compra de votos que oferecia ajuda financeira a aliados parlamentares em troca de seu apoio ao programa legislativo do Poder Executivo.[19] Figuras de destaque do PT foram condenadas por corrupção e lavagem de dinheiro no âmbito do Mensalão,[20] mas o então presidente Lula não foi acusado formalmente e conseguiu reerguer-se politicamente. Foi reeleito em 2006 e terminou o mandato em 2010 com uma das maiores taxas de aprovação na história da democracia brasileira.

Se pagamentos ilegais feitos a mando do Poder Executivo aos partidos integrantes da coalizão e a seus representantes eleitos desfrutam de estabilidade, autoridades do Executivo, por sua vez, podem exigir propina de fornecedores do governo e dos que buscam regulamentação ou obtenção de licenças para gerar os fundos para executar os pagamentos ilegais. Os fornecedores então aumentam os preços cobrados do governo. Autoridades e fornecedores podem desenhar projetos excessivamente complexos e especializados, nos quais seja mais fácil esconder os pagamentos adicionais, porque não há termos de comparação do setor privado. Os custos dessa corrupção em última instância recaem sobre os cidadãos brasileiros na forma de impostos mais altos e de um gasto público ineficiente.[21] A Lava Jato jogou luz nessa dinâmica.

O sistema pode ser mutuamente vantajoso para presidentes, legisladores, líderes partidários e empresários, mas pode ser custoso para os cidadãos, na forma de contratos inflacionados que pesam no tesouro público e na forma de projetos de infraestrutura mal concebidos. Alguns governos estaduais e

---

[19] No Mensalão, a acusação era de que o partido do governo fazia repasses aos aliados por meio de contratos falsos de publicidade com empresas estatais. Para mais informações sobre o escândalo, ver a introdução e o capítulo 2 deste livro.

[20] Há muita controvérsia em torno dos critérios jurídicos usados pelo STF para condenar réus (Grillo e Menchen, 2012; Burgel, 2017). O STF usava a doutrina da Cegueira Voluntária (ou Cegueira Deliberada), que enfatiza a responsabilidade de agentes políticos de estar cientes de crimes cometidos por inferiores hierárquicos, para além e acima das ações do próprio réu. Essa expansão da responsabilidade criminal foi vista na época do Mensalão como uma grande mudança na doutrina jurídica.

[21] O Tribunal de Contas da União estima que os contratos da Petrobras investigados na Lava Jato foram aproximadamente 17% mais caros do que teriam sido num ambiente competitivo e sem corrupção. As propinas pagas a funcionários da Petrobras garantiram que as empresas de construção no cartel manteriam acesso estável a esses contratos. Embora se possa discutir a porcentagem exata, o fato do caso da petroleira exemplifica como a sociedade arca com os custos da corrupção (Pimenta, 2019).

municipais podem beneficiar-se das conexões com políticos nacionais enquanto outros perdem mesmo quando carentes de recursos e infraestrutura. Claro que pagamentos ilegais em contratos ou em políticas públicas podem ocorrer sem o elo extra dos parlamentares que buscam recursos privados e públicos. Mas a presença de deputados e senadores, encarregados de aprovar ou barrar medidas de interesse do governo, dificulta sobremaneira reformas mais estruturantes. Ela impede que o presidente promova reformas dos contratos do governo e da entrega de serviços porque isso dificultaria suas relações com a legislatura.

Outro modo de obter apoio não envolveria pagamentos diretos a partidos ou a políticos. Como o presidente controla uma grande fatia do orçamento da União, ele pode alocar os recursos estrategicamente e também pode fazer nomeações para ministérios, órgãos especiais, empresas estatais etc. Claro que essas prerrogativas não são por essência problemáticas. Elas permitem que o presidente cumpra promessas de campanha e muitas pessoas que assumem esses cargos estão realmente dispostas a servir o país. Seria um equívoco presumir que elas são automaticamente suscetíveis à corrupção. Porém, se a coalizão do presidente não se baseia em afinidades ideológicas nem numa interseção de preferências políticas, fica mais difícil, por parte da sociedade, o controle da coalizão e da burocracia e da execução das promessas de campanha. O sistema pode até ser estável, mas não é eficiente, nem representa valores e necessidades dos cidadãos.

Reformas possíveis para o futuro

Como ir adiante? Em junho de 2018, a Fundação Getulio Vargas (FGV) e a Transparência Internacional Brasil (TI) publicaram um amplo documento propondo 70 medidas contra a corrupção. Essa iniciativa se baseia na primeira tentativa de reforma elaborada pelos procuradores da Lava Jato, ampliando-a por meio da consulta a centenas de especialistas de instituições públicas e privadas e indo além do direito penal.[22] Para os partidos políticos, o documento sugere aumentar a transparência das operações internas e da

---

[22] As novas reformas dividem-se em 12 blocos: sistemas contra a corrupção, participação e controle social, prevenção, medidas eleitorais contra a corrupção, responsabilidades dos agentes públicos, independência dos agentes públicos, melhorias do controle externo e interno, medidas contra a corrupção no setor privado, investigações, respostas criminais e processuais, respostas civis e recuperação de bens (Mohallem et al., 2018).

situação financeira de cada legenda, com responsabilização dos partidos pelo uso de fundos ilegais por parte dos filiados e representantes e criação de comitês de ética obrigatórios (Mohallem et al., 2018:177-185). O documento sugere ainda a abolição de um dos fundos especiais para o financiamento de campanhas, uma vez que sua alocação entre candidatos não é transparente e está submetida à discricionariedade dos líderes partidários (ver a nota de rodapé 12 deste capítulo). Os proponentes afirmam que, em vez de um fundo público, as contribuições de indivíduos privados aos candidatos, caso sejam devidamente regulamentadas, poderiam refletir melhor as preferências do eleitorado e limitar o poder dos líderes partidários, incentivando assim uma dinâmica mais horizontal dentro de cada partido (Mohallem et al., 2018:186-187). Porém, se um objetivo é fortalecer o sistema partidário, reduzir o poder das organizações partidárias e de seus líderes seria contraproducente. Maior transparência e maior envolvimento com as fileiras de um partido podem parecer desejáveis como caminho para a maior *accountability* política, mas os partidos também precisam ter uma base institucional para ajudar a consolidar a democracia. Embora muitas das medidas propostas pareçam valiosas, não há garantia de que sejam suficientes para transformar o intricado equilíbrio das instituições eleitorais brasileiras — fato reconhecido pelos organizadores da iniciativa.

Outra fonte de ideias é o relatório de um Grupo Consultivo Especializado ao presidente do Banco Interamericano de Desenvolvimento, que apresenta uma visão geral de estratégias contra a corrupção (Engel et al., 2018). Esse documento defende aumentar a autoridade, a independência e a base de recursos das instituições de monitoramento eleitoral, de procuradores e de tribunais. Algumas das reformas recomendadas já estão sendo executadas no Brasil, como restringir as contribuições eleitorais de pessoas jurídicas e reforçar a independência dos investigadores. Porém, o Brasil poderia adotar as recomendações do relatório quanto ao monitoramento eficaz, ao limite de doações de pessoas físicas, à redução do custo das eleições, ao fortalecimento das proteções a denunciantes e à melhoria do acesso on-line a dados sobre contribuições.[23]

A reforma estrutural mais profunda consistiria numa mudança constitucional para a adoção de um regime parlamentar, que exigiria que uma coali-

---

[23] Susan Rose-Ackerman, coautora deste capítulo, fez parte do Comitê Consultivo do Banco Interamericano de Desenvolvimento que produziu o relatório.

zão de governo fosse formada depois de cada eleição. Essa opção é debatida há muito tempo no Brasil. Em um referendo de 1993, porém, os brasileiros rejeitaram por ampla margem o parlamentarismo.[24] Durante o processo de *impeachment* de Dilma Rousseff em 2016, as discussões sobre o parlamentarismo e o semipresidencialismo voltaram aos debates públicos, mas, em meio à turbulência política da época, logo foram descartadas.[25] A crise provocada pelo Brexit no Reino Unidos ilustra os limites dos governos de coalizão, mas coalizões que trabalham junto ao longo do tempo oferecem mais estabilidade e menos incentivos à corrupção.[26] Kunicová e Rose-Ackerman (2005), usando dados de regras eleitorais, corrupção e estruturas constitucionais em 94 países, encontraram uma forte associação entre o presidencialismo e o Índice de Percepções da Corrupção da Transparência Internacional. Os sistemas presidenciais com legislaturas eleitas pela representação proporcional (RP) são especialmente vulneráveis à corrupção em comparação com todos os outros tipos. As explicações oferecidas pelos autores relacionam-se tanto com a maior *accountability* perante os eleitores em sistema com distritos de parlamentar único quanto com a alegação de que líderes partidários têm mais controle entre políticos menores na RP do que no escrutínio majoritário uninominal. Assim, com a RP, um chefe executivo corrupto precisa negociar apenas com os líderes partidários para atingir seus objetivos.

Porém, no Brasil, a mudança para o parlamentarismo não bastaria para resolver o problema da corrupção política. É preciso que haja um consenso público quanto a medidas fundamentais para fortalecer a democracia brasileira. A reforma precisa incluir um exame profundo da estrutura federal, a diminuição do custo sempre crescente das eleições e o aumento da confiança do público no sistema eleitoral.

---

[24] No referendo de 1993, 55,6% votaram para manter o presidencialismo; 24,9% votaram contra manter o presidencialismo (Ramalho, 2016).

[25] Elas foram em grande parte apresentadas como alternativas ao *impeachment*, tendo em vista a diminuição do poder da presidência na época. Quando o *impeachment* foi confirmado, essas propostas perderam força (Ramalho, 2016).

[26] A saída do Reino Unido da União Europeia (UE), decidida por meio de um plebiscito realizado em 2016, foi chamada de Brexit, que significa a junção, na língua inglesa, das palavras *British* (britânicos) e *exit* (saída). O plebiscito foi uma promessa de campanha feita pelo primeiro-ministro David Cameron dois anos antes das eleições gerais de 2015, quando ele governava com uma coalizão com os liberais-democratas e almejava recuperar a maioria dos assentos do parlamento para o Partido Conservador britânico.

Independentemente de as mudanças propostas serem dramáticas ou graduais, dificuldades políticas práticas podem atualmente impedir a aprovação de qualquer reforma. Moro, que aceitou o cargo de ministro da Justiça e Segurança Pública com o pacote de reformas proposto pela FGV e pela TI debaixo do braço, não conseguiu juntar apoio do Congresso para transformar em leis todas as medidas propostas. Nem mesmo o pacote anticrime elaborado por Moro, mencionado anteriormente, foi aprovado na íntegra.[27]

O Congresso atual, eleito junto com Bolsonaro em 2018, é o mais fragmentado desde o restabelecimento da democracia sob a Constituição de 1988. Os partidos maiores perderam cadeiras, especialmente na Câmara dos Deputados (Maltchik, 2018), tornando as alianças entre partidos ainda mais necessárias. Porém, declarando que não tomaria parte na "velha política", Bolsonaro começou o mandato criando alianças temáticas, fora do arcabouço dos partidos políticos (principalmente com evangélicos, militares e alguns grupos de extrema-direita). No início, ele também não seguiu a antiga prática política de entregar cargos-chave dos ministérios a partidos políticos. Assim, ele mantinha uma relação difícil com o Congresso (Damasceno, 2019).[28] Claro que, se o regime tivesse um número pequeno de partidos estabelecidos, coopta-los arriscaria enfraquecer a oposição organizada ao governo incumbente, mas não é essa a situação atual do Brasil. As coligações são necessárias, mas construir uma coalizão estável mostra-se uma tarefa árdua para o governo, considerando-se especialmente o discurso divisivo do presidente. Porém, a realidade do presidente tem desafiado sua retórica.

Durante a discussão da reforma constitucional proposta pelo governo para a Previdência Social, que alteraria grandes provisões relacionadas com

---

[27] O pacote anticrime almejava endurecer as provisões para corrupção, crime organizado e crime violento. Porém, uma das ideias mais importantes de Moro para o combate à corrupção, a criminalização do financiamento ilícito de campanhas, ficou de fora de projeto. A lei proposta controversamente afrouxa os controles para o uso de força letal por policiais. Organizações de direitos humanos enfatizaram que a maior parte das regras se voltaria para pequenos delitos relacionados com o tráfico de drogas e poderia agravar o problema do encarceramento excessivo no Brasil. Ou como gesto para Moro, o ex-juiz que investigou muitos parlamentares, ou por não aprovar suas ideias, os líderes do Congresso não fizeram muito esforço para aprovar as reformas. Após a divulgação dos chats de Moro por *The Intercept*, o declínio de seu prestígio também contribuiu para a inação em relação ao pacote anticrime. Moro deixou o governo Bolsonaro em abril de 2020.

[28] Já no segundo ano do governo, Jair Bolsonaro se aproximou do chamado "Centrão", montando uma coalizão *ad hoc* que aparentemente atribui estabilidade ao seu governo (Lagunes et al., 2020).

pensões e pensionistas,[29] o diálogo do presidente com os partidos aliados no Congresso foi, na melhor das hipóteses, errático e às vezes abertamente belicoso. A proposta acabou sendo alterada significativamente em resposta a críticas e foi aprovada na Câmara dos Deputados com ampla margem. A proposta passou na Câmara graças, em parte, à liderança de parlamentares pró-mercado (Iglesias e Adghirni, 2019).[30] Porém, apesar da oposição declarada do presidente ao chamado "toma lá, dá cá" com o Congresso, o governo ofereceu benefícios aos apoiadores da lei, liberando uma quantia estimada em 625 milhões de dólares (2,5 bilhões de reais à época) em emendas orçamentárias (Shalders e Schreiber, 2019). Como afirmamos anteriormente, esses esforços *ad hoc*, ainda que talvez facilitem a aprovação de estatutos particulares, não são um caminho de longo prazo para um governo estável e podem alimentar incentivos à corrupção.

Por fim, não está claro qual é o programa de reforma política de Bolsonaro. Ele disse que "o povo não precisa de intermediários" (*Folha de S.Paulo*, 2018). Antes do fim do primeiro ano de mandato, ele saiu do PSL, seu partido durante a eleição, e prometeu criar o próprio partido. Em mais de uma ocasião, Bolsonaro expressou sua desconfiança em relação aos partidos políticos, que devem ser intermediários de destaque em toda democracia. E aqui se encontra o quebra-cabeças que a sociedade brasileira precisa enfrentar. Muitos partidos políticos de fato não são porta-estandartes de plataformas políticas específicas; no entanto, o Brasil precisa de alguns partidos fortes para realizar reformas há muito buscadas que resultariam em maior compromisso com a democracia e com a prosperidade e que não produzam soluções divisivas que joguem as pessoas umas contra as outras. Isso só pode acontecer por meio da política democrática — isto é, por meio de políticos e de partidos políticos que trabalhem por uma reforma sistêmica construtiva.

Referências

AOS FATOS. *Em 317 dias como presidente, Bolsonaro deu 467 declarações falsas ou distorcidas*. 14 nov. 2017. Disponível em: https://aosfatos.org/todas-as--declara%C3%A7%C3%B5es-de-bolsonaro/. Acesso em: 15 nov. 2019.

---

[29] Para maiores informações sobre a reforma da Previdência, ver Trevisani e Lewis (2019).
[30] O Senado aprovou a reforma da Previdência como emenda constitucional em outubro de 2019 e ela foi promulgada pela Câmara dos Deputados em novembro de 2019 (Trevisani e Lewis, 2019).

ABRANCHES, S. O Presidencialismo de Coalizão: o dilema institucional brasileiro. *Dados*, v. 31, n. 1, p. 5-33, 1988.

AUDI, A.; DEMORI, L. *400K, parte 10 — as mensagens secretas da Lava Jato*. 14 jul. 2019. Disponível em: https://theintercept.com/2019/07/14/dallagnol-lavajato-palestras. Acesso em: 3 dez. 2019.

_____; _____; MARTINS, R. M. Isso é um pepino para mim, parte 12 — as mensagens secretas da Lava Jato. 26 jul. 2019. Disponível em *The Intercept Brasil*, em colaboração com a *Folha de S.Paulo*: https://theintercept.com/2019/07/26/deltan-dallagnol-palestra-empresa-investigada-lava-jato. Acesso em: 3 dez. 2019.

BARRUCHO, Luis. *Demissão de chefe do Inpe é alarmante, diz diretor de centro da Nasa*. 7 ago. 2019. Disponível em: www.bbc.com/portuguese/brasil-49256294. Acesso em: 15 nov. 2019.

BURGEL, L. A Teoria da Cegueira Deliberada na Ação Penal 470. *Revista IBCCRIM*, v. 129, p. 479-505, 2017.

CALVO, E.; GUARNIERI, F.; LIMONGI, F. Why coalitions? Party system fragmentation, small party bias, and preferential vote in Brazil. *Electoral Studies*, v. 39, p. 219-229, 2015. Disponível em: https://doi.org/10.1016/j.electstud.2015.03.012.

CAMPOS MELLO, P. *Empresários bancam campanha contra o PT pelo WhatsApp*. 18 out. 2018. Disponível em: www1.folha.uol.com.br/poder/2018/10/empresarios-bancam-campanha-contra-o-pt-pelo-whatsapp.shtml. Acesso em: 26 jul. 2019.

CHEIBUB, J. A.; PRZEWORSKI, A.; SAIEGH, S. M. Government coalitions and legislative success under presidentialism and parliamentarism. *British Journal of Political Science*, v. 34, n. 4, p. 565-587, 2004. DOI: 10.1017/S0007123404000195.

DAMASCENO, V. *Nepotismo, emendas e MPs: 6 vezes que Bolsonaro praticou a "velha política"*. 17 ago. 2019. Disponível em: https://noticias.uol.com.br/politica/ultimas-noticias/2019/08/17/nepotismo-emendas-e-mp-5-vezes--em-que-bolsonaro-praticou-a-velha-politica.htm. Acesso em: 12 nov. 2019.

ENGEL, E. et al. *Report of the Expert Advisory Group on Anti-Corruption, Transparency, and Integrity in Latin America and the Caribbean*. 2018. Disponível em: https://doi.org/10.18235/00001419.

ESTADÃO CONTEÚDO. *Governo Temer paga R$ 2 bi em emendas parlamentares antes da eleição*. 3 mai. 2018. Disponível em: https://exame.abril.

com.br/brasil/governo-temer-paga-r-2-bi-em-emendas-parlamentares-antes-da-eleicao. Acesso em: 26 jul. 2019.

FELLET, J. *Cláusula de barreira: entenda os prós e contras de mudança eleitoral que complica vida de nanicos*. 7 set. 2017. Disponível em: www.bbc.com/portuguese/brasil-41180849. Acesso em: 26 jul. 2019.

FISHMAN, A.; DEMORI, L. *O risco está bem pago, parte 13 — as mensagens secretas da Lava Jato*. 26 jul. 2019. Disponível em: https://theintercept.com/2019/07/26/deltan-encontro-secreto-bancos-xp. Acesso em: 3 dez. 2019.

FOLHA DE S.PAULO. *The people needs no intermediaries, says Bolsonaro*. 11 dez. 2018. Disponível em: www1.folha.uol.com.br/internacional/en/brazil/2018/12/the-people-needs-no-intermediaries-says-bolsonaro.shtml. Acesso em: 26 jul. 2019.

FURLAN, F. *PT, MDB e PSDB terão 34% do tempo de TV e rádio na campanha eleitoral*. 12 jun. 2018. Disponível em: https://abr.ai/2Tg8inl. Acesso em: 26 jul. 2019.

GIELOW, I. *Maioria reprova conduta de Moro, mas vê como justa prisão de Lula, diz Datafolha*. 7 jul. 2019. Disponível em: www1.folha.uol.com.br/poder/2019/07/maioria-reprova-conduta-de-moro-mas-ve-como-justa-prisao-de-lula-diz-datafolha.shtml.

GONZALEZ, E.; HARPER, B. *Four charts on Brazil's first-round election*. 12 out. 2018. Disponível em: www.as-coa.org/articles/four-charts-brazils-first-round-election. Acesso em: 26 jul. 2019.

_____; LEME, L. *Tracking the first 100 days of Brazilian president Jair Bolsonaro*. 11 abr. 2019. Disponível em: www.as-coa.org/articles/tracking-first-100-days-brazilian-president-jair-bolsonaro. Acesso em: 9 out. 2019.

GREENWALD, G.; DEMORI, L.; REED, B. *How and why* The Intercept *is reporting on a vast trove of materials about Brazil's Operation Car Wash and Justice minister Sergio Moro*. 9 jun. 2019. Disponível em: https://theintercept.com/2019/06/09/brazil-archive-operation-car-wash/. Acesso em: 26 jul. 2019.

GRILLO, C.; MENCHEN, D. *Participação no comando do esquema tem de ser provada — entrevista Claus Roxin*. 11 nov. 2012. Disponível em: www1.folha.uol.com.br/fsp/poder/77459-participacao-no-comando-de-esquema-tem-de-ser-provada.shtml. Acesso em: 26 jul. 2019.

IGLESIAS, S. P.; ADGHIRNI, S. *The man holding Brazil together is not Jair Bolsonaro*. 15 jul. 2019. Disponível em: www.bloomberg.com/news/articles/2019-07-17/the-man-holding-brazil-together-is-not-jair-bolsonaro. Acesso em: 23 ago. 2019.

KUNICOVÁ, J.; ROSE-ACKERMAN, S. Electoral rules and constitutional structures as constraints on corruption. *British Journal of Political Science*, v. 35, n. 4, p. 573-606, 2005. Disponível em: https://doi.org/10.1017/S0007123405000311.

LAGUNES, Paul et al. Unkept promises? Taking stock of president Jair Bolsonaro's actions on corruption control. *Working paper*, 2020.

LEME, L. *Approval tracker: Brazil's president Jair Bolsonaro*. 8 jul. 2019. Disponível em: www.as-coa.org/articles/approval-tracker-brazils-president-jair-bolsonaro. Acesso em: 26 jul. 2019.

LIMONGI, F.; FIGUEIREDO, A. C. A crise atual e o debate institucional. *Novos Estudos — Cebrap*, v. 36, n. 3, p. 79-97, 2017. Disponível em: https://doi.org/10.25091/s0101-3300201700030008.

_____; O'NEIL, E. P. Democracy in Brazil: presidentialism, party coalitions and the decision-making process. *Novos Estudos — Cebrap*, v. 3, 2007.

LONDOÑO, E. Brazil's president may appoint son, friend to the Trumps, as ambassador to U.S. 12 jul. 2019. Disponível em: www.nytimes.com/2019/07/12/world/americas/jair-bolsonaro-son-ambassador.html. Acesso em: 8 out. 2019.

LUPION, B. *Para que servem as emendas parlamentares e quais os prós e contras de sua existência*. 13 fev. 2017. Disponível em: www.nexojornal.com.br/expresso/2017/02/13/Para-que-servem-as-emendas-parlamentares-e-quais-os-prós-e-contras-de-sua-existência. Acesso em: 26 jul. 2019.

MALTCHIK, R. "O próximo governo não terá coalizão programática", diz Sérgio Abranches. 16 set. 2018. Disponível em: https://oglobo.globo.com/brasil/o-proximo-governo-nao-tera-coalizao-programatica-diz-sergio-abranches-23073315. Acesso em: 26 jul. 2019.

MENDES, C. C. Federalism in Brazil: governance and fiscal reforms. *Ipea*, 2016. Disponível emwww.ipea.gov.br/portal/images/federalism-in-brazil_workshop_sept_2016.pdf. Acesso em: 26 jul. 2019.

MINISTÉRIO PÚBLICO FEDERAL. *10 medidas contra corrupção*. 2015. Disponível em: http://combateacorrupcao.mpf.mp.br/10-medidas/docs/medidas-anticorrupcao_versao-2015-06-25.pdf. Acesso em: 12 nov. 2019.

MOHALLEM, M. F. et al. Novas medidas contra a corrupção. *FGV Direito Rio*, 2018. Disponível em: http://hdl.handle.net/10438/23949. Acesso em: 25 jul. 2019.

MORAES, I. Entenda o que são e quais as diferenças entre o fundo eleitoral e o fundo partidário. 3 jul. 2018. Disponível em: https://politica.estadao.com.br/noticias/eleicoes,entenda-o-que-sao-e-quais-as-diferencas-entre-o-fundo-eleitoral-e-o-fundo-partidario,70002362544. Acesso em: 26 jul. 2019.

NICOLAU, J. Representantes de quem?: os (des)caminhos do seu voto da urna à Câmara dos Deputados. Rio de Janeiro: Zahar, 2017.

NOVAES, M. *Constrangimento com Bolsonaro por dados de desmatamento derruba diretor do Inpe*. 2 ago. 2019. Disponível em: https://brasil.elpais.com/brasil/2019/08/02/politica/1564759880_243772.html. Acesso em: 12 nov. 2019.

PALERMO, V. Brazilian political institutions: an inconclusive debate. *Brazilian Political Science Review*, v. 10, n. 2, 2016. Disponível em: https://doi.org/10.1590/1981-38212016000200003.

PALHARES, I. Após confronto com universidades federais, Weintraub fala em fortalecer setor privado. 6 jul. 2019. Disponível em: https://educacao.estadao.com.br/noticias/geral,apos-confronto-com-universidades-federais-weintraub-fala-em-fortalecer-setor-privado,70002859710. Acesso em: 15 nov. 2019.

PIMENTA, R. M. *Reformas anticorrupção e arranjos institucionais*: o caso dos acordos de leniência. Tese (doutorado) — Faculdade de Direito, Universidade de São Paulo, São Paulo, 2019.

PINHO, A. *Plano de Bolsonaro para porte de arma é reprovado por 70% da população*. 11 jul. 2019. Disponível em: www1.folha.uol.com.br/cotidiano/2019/07/plano-de-bolsonaro-para-porte-de-arma-e-reprovado-por-70-da-populacao.shtml. Acesso em: 11 nov. 2019.

POWER, T. J. Optimism, pessimism, and coalitional presidentialism: debating the institutional design of Brazilian democracy. *Bulletin of Latin American Research*, v. 29, n. 1, p. 18-33, 2010. Disponível em: https://doi.org/10.1111/j.1470-9856.2009.00304.x.

RAMALHO, R. *STF deve discutir mudança para parlamentarismo semana que vem*. 11 mar. 2016. Disponível em: http://g1.globo.com/politica/noticia/2016/03/apos-impeachment-stf-vai-discutir-mudanca-para-parlamentarismo.html. Acesso em: 26 jul. 2019.

SHALDERS, A. *Eleições 2018*: como regra criada por Eduardo Cunha impediu PSL de Bolsonaro de ter a maior bancada da Câmara. 8 out. 2018. Disponível em: www.bbc.com/portuguese/brasil-45793142. Acesso em: 26 jul. 2019.

_____; SCHREIBER, M. *Reforma da Previdência:* governo prioriza "Centrão" ao liberar R$ 2,5 bi em emendas antes de votação. 10 jul. 2019. Disponível em: www.bbc.com/portuguese/brasil-48931732. Acesso em: 9 out. 2019.

SILVA DE SOUSA, Marcelo. Brazil Court Rules Car Wash Judge Was Biased in Lula Cases. *The Washington Post*, 23 mar. 2021. The Americas.

STEPHENSON, M.; BORGES, A.; TIMM, L. *Do the Lava Jato leaks show illegal or unethical behavior?* A debate between Brazilian legal experts. 2 jul. 2019. Disponível em: https://globalanticorruptionblog.com/2019/07/02/do-the-lava-jato-leaks-show-illegal-or-unethical-behavior-a-debate-between-brazilian-legal-experts/. Acesso em: 9 out. 2019.

THE ECONOMIST. *Brazil's authoritarian without an army.* 11 out. 2018. Disponível em: https://econ.st/2AgGFDy. Acesso em: 26 jul. 2019.

_____. Brazil's congress starts to reform itself. 14 out. 2017. Disponível em www.economist.com/the-americas/2017/10/14/brazils-congress-starts-to-reform-itself. Acesso em: 26 jul. 2019.

_____. *What is Brazil's "mensalão"?* 18 nov. 2013. Disponível em: www.economist.com/the-economist-explains/2013/11/18/what-is-brazils-mensalao. Acesso em: 26 jul. 2019.

TREVISANI, P.; LEWIS, J. T. *Brazil senators approve pension system overhaul.* 22 out. 2019. Disponível em: www.wsj.com/articles/brazil-senators-approve-pension-system-overhaul-11571786238. Acesso em: 15 nov. 2019.

TSE. *Eleições 2020:* pela primeira vez, vereadores não poderão concorrer por coligações. 2020. Disponível em www.tse.jus.br/imprensa/noticias-tse/2020/Agosto/eleicoes-2020-pela-primeira-vez-vereadores-nao-poderao-concorrer-por-coligacoes. Acesso em: 27 out. 2020.

URIBE, G.; FERNANDES, T.; GIELOW, I. *Military reacts and gives message to Bolsonaro in crisis with ideological wing.* 7 mai. 2019. Disponível em: www1.folha.uol.com.br/internacional/en/brazil/2019/05/military-reacts-and-gives-message-to-bolsonaro-in-crisis-with-ideological-wing.shtml. Acesso em: 23 jul. 2019.

14

Como a Lava Jato deveria terminar?

Jessie W. Bullock
Matthew C. Stephenson

Introdução

Nada dura para sempre. A Operação Lava Jato, que virou do avesso a política brasileira e dominou o noticiário brasileiro por mais de cinco anos, um dia chegará ao fim. O que acontecerá quando a Operação Lava Jato terminar? E o que deveria acontecer durante o período de transição à medida que a Lava Jato perde força, e depois, nos meses e anos que se seguem à conclusão da operação?

Talvez possamos formular essas perguntas de maneira ligeiramente distinta. Como vários de nossos interlocutores brasileiros nos disseram quando lhes perguntamos sobre esse tópico, "Lava Jato", no Brasil, significa mais do que apenas as investigações da força-tarefa criada para apurar e processar possíveis atividades criminais de envolvidos num esquema específico de corrupção. "Lava Jato", para muitos, também representa uma atitude ou mentalidade — que se recusa a aceitar a impunidade dos ricos e poderosos como fato imutável da vida.

A Operação Lava Jato teve sua porção de controvérsias e de críticas, algumas das quais discutiremos neste capítulo. Mas, na melhor das hipóteses, o "Espírito da Lava Jato" — a crença de que a corrupção sistêmica não é inevitável e não precisa ser tolerada — representa uma mudança cultural potencialmente transformadora no Brasil. Assim, talvez possamos formular a questão que queremos explorar da seguinte maneira: o que pode ser feito, à medida que a Operação Lava Jato se aproxima de sua conclusão inevitável, para ajudar a garantir que o Espírito da Lava Jato, em seu melhor sentido, continue vivo? Como pode a Lava Jato evitar o mesmo destino da investigação do escândalo da compra de votos do Mensalão em 2005,[1] investigação essa que foi bem-sucedida na medida em que levou à condenação de vários políticos de alto nível e à expulsão do Congresso de vários outros, mas que não pareceu ter um impacto significativo de longo prazo na política, nas instituições jurídicas, ou nas atitudes culturais brasileiras (Rodrigues, 2015; Sotero, 2016)? Essa pergunta — como preservar e estender os melhores elementos do Espírito da Lava Jato, mesmo quando ela se aproxima da sua conclusão inevitável — tornou-se ainda mais urgente à medida que controvérsias em torno da operação foram amplificadas por uma série de reportagens inicialmente publicadas pelo site *The Intercept*. Conhecidas por alguns como "Vaza Jato", as reportagens divulgaram mensagens de texto trocadas entre os procuradores da Lava Jato e entre os procuradores e Sergio Moro, então um dos principais juízes responsáveis pelo caso (Greenwald, Reed e Demori, 2019).

Neste capítulo, nosso objetivo é tentar chamar atenção para o fim da Lava Jato, um tema importante e, na nossa opinião, um tanto negligenciado, explorando três tópicos relacionados com o desafio de passar da fase ativa para o momento pós-operação de modo a garantir *accountability* e a integridade dos negócios e da política brasileira. São eles:

1. O que pode ser feito para que sejam preservadas e transmitidas as lições da Operação Lava Jato (tanto positivas quanto negativas), e também o conhecimento que a força-tarefa e outras instituições envolvidas no caso desenvolveram? Como os especialistas de hoje podem disseminar o conhecimento e a experiência que acumularam de modo que futuros agentes de controle e outras autoridades possam valer-se dessas lições ao enfrentar novos escândalos de corrupção no futuro?

2. O que deveria ser feito, durante os estágios finais da Operação Lava Jato, para promover reformas legais mais amplas que abordem as causas primárias da corrupção sistêmica e das persistentes fraquezas do arcabouço institucional do Brasil para melhor responder a essa corrupção sistêmica?

3. E, de maneira ainda mais ampla, o que pode ser feito, durante os poucos anos finais da Operação Lava Jato e no período pós-Operação, para estimular um diálogo público construtivo no Brasil a respeito do futuro da política anticorrupção? Ou, em outras palavras: o que pode ser feito para moldar uma narrativa relacionada com a Lava Jato que seja sincera e crítica a respeito

---

[1] Ver o primeiro capítulo deste volume, e também o capítulo 2, de Fishlow, para maiores informações sobre o caso do Mensalão.

dos equívocos e limitações da operação, mas que também preserve o tipo de "Espírito da Lava Jato" que vários de nossos colegas brasileiros celebraram como o mais importante legado?

Diremos algumas palavras a respeito de cada um desses pontos e, em seguida, ofereceremos alguns de nossos pensamentos como conclusão.

A preservação e a transmissão do conhecimento

Ao longo dos últimos anos, as instituições que estiveram envolvidas em investigar e processar os casos da Lava Jato — especialmente, mas não exclusivamente, a força-tarefa comandada pelo Ministério Público Federal — adquiriram um profundo conhecimento para investigar corrupção e ilícitos associados, como o crime do colarinho branco. Os procuradores da Lava Jato, por exemplo, aprenderam a conduzir investigações complexas e fizeram um uso muito maior de mecanismos relativamente novos, como acordos de leniência e de delação premiada, para debelar as empreitadas de organizações criminosas (Farah Rodriguez, 2017; Transparency International Helpdesk, 2019).[2] A força-tarefa também experimentou — às vezes com sucesso, às vezes nem tanto — várias técnicas para comunicar-se com o público e para operar num ambiente politicamente contencioso e praticamente desconhecido por muitos procuradores de carreira (Dallagnol, 2017; Pavaneli e Kirsche, 2017). A força-tarefa e outras instituições envolvidas enfrentaram diversos problemas e reveses, e estes também foram experiências cruciais de aprendizado. No momento em que a Operação Lava Jato entra em suas fases finais, um importante desafio será garantir que esse conhecimento acumulado seja preservado e transmitido.

Uma abordagem possível seria converter a força-tarefa da Lava Jato num órgão permanente com um mandado mais amplo para coordenar investigações de corrupção, ou criar outra entidade centralizada de coordenação para casos anticorrupção.[3] Essa é uma possibilidade que vale a pena ser

---

[2] Para maiores informações sobre o uso de acordos de leniência pela força-tarefa da Lava Jato, ver o capítulo 7 de Ana Luiza Aranha.
[3] Nota dos organizadores: Em fevereiro de 2021, a Procuradoria-Geral da República decidiu extinguir o modelo de força-tarefa para a Lava Jato no Paraná e no Rio de Janeiro. As investigações e processos da Lava Jato passariam a ser conduzidos no âmbito do Ministério Público Federal por um número menor de procuradores dentro do Gaeco, o Grupo de Atuação Especial de Combate ao Crime Organizado.

considerada, mas não nos inclinamos a apoiá-la. Isso em parte por causa do histórico internacional das agências especializadas contra a corrupção (Heilbrunn, 2004) e em parte pela necessidade de preservar aquilo que alguns analistas brasileiros denominam "multiplicidade institucional", a qual, apesar de ocasionais ineficiências e atritos, pode tornar o sistema anticorrupção mais flexível e adaptável (Carson e Prado, 2016; Marques, 2018). Além disso, embora uma agência central de coordenação possa ajudar a organizar e a administrar operações complexas, se esse órgão for capturado de algum modo, ou se tornar ineficaz, ele também poderia terminar aniquilando operações promissoras antes mesmo que elas comecem. Assim, somos céticos quanto a essa abordagem, embora admitamos que a criação de algum tipo de órgão dedicado permanentemente ao combate à corrupção, dentro ou fora do Ministério Público, pode ter certas vantagens não apenas no que diz respeito à preservação do conhecimento, mas também simbolicamente, e, por isso, não queremos descartar de vez essa ideia.

Uma segunda abordagem, mais promissora em nossa opinião, para preservar e transmitir o conhecimento e as lições duramente conquistados da Operação Lava Jato seria focar a disseminação descentralizada por meio de uma combinação de treinamento formal, redes informais e mimetismo organizacional. Esse tipo de difusão descentralizada já está ocorrendo. Por exemplo, a Operação Lava Jato federal deu origem a investigações em diferentes estados apoiadas pela força-tarefa original. A "Operação Lava Jato do Rio de Janeiro" é um exemplo (Ministério Público Federal, 2019). De forma mais geral, procuradores da força-tarefa da Lava Jato e outros envolvidos na operação participaram e organizaram palestras, seminários e programas de treinamento para outros agentes de controle, não apenas no nível federal, mas nos níveis estadual e municipal também (Farah Rodriguez, 2017; Transparency Internacional, 2016). À medida que a Operação Lava Jato se aproxima do fim, contudo, há um risco de que essa difusão de conhecimento vá esmorecer rapidamente, o que seria uma infelicidade. Parte dos preparativos para o fim da Lava Jato deveria incluir o planejamento para a continuação da transmissão das lições práticas das investigações para gerações futuras de agentes de responsabilização e controle.

Além disso, uma melhor coordenação entre os principais atores do combate à corrupção (a Controladoria-Geral da União, o Advocacia-Geral da União, a Polícia Federal, e o Ministério da Justiça, o Tribunal de Contas, o Ministério Público e o Supremo Tribunal Federal) é essencial para preservar as lições aprendidas com a Operação Lava Jato.[4] Cada organização precisa entender claramente suas capacidades e seu papel para garantir uma coordenação eficiente. Essa coordenação não deve parar no nível federal. Canais de comunicação mais abertos e um maior entendimento dos papéis e das capacidades também podem ajudar o governo federal a transmitir o conhecimento a órgãos estaduais e municipais.

Usar a Lava Jato como trampolim para uma reforma jurídica mais sistemática

A Operação Lava Jato obteve um sucesso sem precedentes se levarmos em conta as condenações de indivíduos e de empresas há muito tempo considerados intocáveis (Felter e Labrador, 2018; Transparency International Helpdesk, 2019). Nesse sentido, a operação contabiliza grandes conquistas. E, como observado anteriormente, muitas das lições aprendidas durante a operação podem e devem ser transmitidas a outros procuradores e a outros órgãos de aplicação da lei, de modo a aumentar a capacidade do Brasil de conduzir investigações eficazes e processar quadrilhas de colarinho branco. Porém, muitos concordam que, se os sucessos da Lava Jato ficarem limitados a processos e a punições criminais, a Lava Jato não terá estado à altura de seu potencial transformador (Kadanus, 2017; Londoño, 2017).[5] Para que a Operação Lava Jato tenha um impacto sustentado — um impacto mais duradouro do que, por exemplo, o do Mensalão —, ela precisa atuar como catalisadora de um programa mais amplo de reformas, que inclua medidas de prevenção e maior eficiência para as instituições existentes.

Os próprios procuradores da Lava Jato parecem ter reconhecido isso, talvez antes da maioria das pessoas. Em 2015, procuradores pressionaram pelas "10 Medidas contra a Corrupção", um pacote de reformas que, segundo eles, abordaria os problemas políticos e jurídicos de base que contribuíram para o escândalo da Lava Jato (Ministério Público Federal, 2015). Apesar de atrair considerável apoio popular, as "10 Medidas" morreram no Congresso. Mais recentemente, organizações da sociedade civil brasileira e universidades desen-

---

[4] Para uma discussão dos esforços de coordenação entre esses órgãos, ver o capítulo de Aranha neste volume.

[5] Ver o capítulo de Rose-Ackerman e Pimenta para maiores explorações de possíveis medidas de prevenção da corrupção.

volveram em conjunto um pacote de reformas sucessor mais ambicioso — as "Novas Medidas contra a Corrupção" (70 ao todo) — e estão pressionando ativamente por sua adoção (Mohallem et al., 2018). Sergio Moro, enquanto ocupava o cargo de ministro da Justiça, propôs uma nova legislação anticrime que adotava algumas dessas propostas, mas não todas (Poder Executivo, 2019). O pacote anticrime de Moro provocou uma reação mista da comunidade anticorrupção do Brasil, com alguns elogios por ser um passo bem-vindo na direção certa, mas também atraiu críticas de pessoas que consideram as propostas tímidas e limitadas demais (Bullock, 2019; Macedo, 2019; Szabó de Carvalho, 2019).

Não temos nem o espaço nem o conhecimento para, neste breve capítulo, oferecer uma ampla avaliação das Novas Medidas nem do pacote anticrime.[6] Porém, queremos enfatizar que, quanto à esperança de que a Operação Lava Jato vá estimular reformas mais abrangentes e sistemáticas, é hora de agir. A cobertura da Operação Lava Jato na imprensa — inclusive a cobertura crítica — manteve a atenção do público voltada para a questão da corrupção e ajudou a manter a ampla reforma legislativa entre as prioridades políticas, mas não está claro o quanto isso ainda vai durar (Mendonça, 2018). Depois que a Lava Jato terminar, e não dominar mais as manchetes, vai ser mais difícil para quem defende reformas valer da combinação de raiva e otimismo que a Lava Jato ajudou a cultivar, e que provavelmente é essencial para gerar a pressão política necessária para garantir mudanças significativas. Por esse motivo, parte da resposta da pergunta do nosso título — "Como a Lava Jato deveria terminar?" — é: "Acompanhada por uma pressão renovada por reformas abrangentes".

Que tipos de reformas deveriam ser prioridade? Outra vez, não vamos tentar nada parecido com um levantamento abrangente aqui.[7] Porém, vamos sugerir duas áreas em que a necessidade de algum tipo de reforma legislativa é especialmente importante quando a Operação Lava Jato se aproxima do fim: o processo penal, e o dinheiro na política.

---

[6] Nota dos organizadores: O pacote anticrime foi aprovado com modificações pelo Congresso e sancionado pelo presidente Jair Bolsonaro em dezembro de 2019. A nova legislação que entrou em vigor em janeiro de 2020 altera dispositivos do Código Penal, do Código de Processo Penal e da Lei de Execuções Penais, introduzindo novas regras para acordos de delação premiada, novo critério para definir a legítima defesa e a previsão de prisão imediata após condenação pelo tribunal do júri. Quatro itens aprovados, contudo, estão suspensos por tempo indeterminado (Vivas, 2020).

[7] Ver o capítulo 13 para uma discussão mais aprofundada de reformas políticas e institucionais desejáveis que poderiam ajudar a reduzir a corrupção.

Em primeiro lugar, a Operação Lava Jato ressaltou a necessidade de reformas abrangentes no processo penal do Brasil. De fato, tanto os apoiadores quanto os críticos da Lava Jato enfatizaram problemas com o sistema de justiça criminal brasileiro, que vão muito além da Lava Jato especificamente. Da perspectiva de procuradores e de defensores do combate à corrupção, o sistema atual cria oportunidades demais para que réus ricos prolonguem processos com numerosos recursos e outras estratégias para retardar e obstruir, mesmo que os indícios de culpa sejam fortes (Dallagnol, 2017; Pavaneli e Kirsche, 2017; Ribeiro de Alencar e Gico Jr., 2011). Os críticos mais cínicos podem ficar tentados a afirmar que o sistema de justiça penal do Brasil parece ter sido projetado para garantir que somente os mais pobres sejam presos. A Operação Lava Jato superou esse obstáculo ao mandar à prisão ricos e poderosos, talvez por usar com eficiência uma decisão de 2016 do Supremo Tribunal Federal que estabelecia que réus devem começar a cumprir pena após perder o recurso em segunda instância em vez de permanecer livres até que todas as possíveis tentativas de apelação tenham sido exauridas. Porém, no final de 2019, o STF inverteu a decisão de 2016 quanto a esse ponto, resultando na libertação de vários réus da Lava Jato. Além de enfrentar esse problema, novas mudanças institucionais são necessárias para reforçar a aplicação equitativa da Justiça. Muitos apoiadores da Lava Jato, incluindo o ex-juiz e ex-ministro Moro, ressaltaram a necessidade de mais reformas que reduzam as oportunidades que, na prática, servem para retardar processos e evitar a punição (Barbiéri e Calgaro, 2019; Marques, 2018; Ministério da Justiça e Segurança Pública, 2019).

Por outro lado, os críticos da Lava Jato — agora armados com as revelações associadas aos vazamentos da Vaza Jato — atacaram vigorosamente a imparcialidade do juiz Moro, ressaltando a proximidade de suas comunicações com os procuradores da Lava Jato (Greenwald et al., 2019). Se Moro agiu ilegalmente ou sem ética, e, se foi esse o caso, se sua conduta como juiz exigiria a anulação das condenações de qualquer um dos réus da Lava Jato, são questões controversas que não abordaremos aqui (Borges de Sousa Filho, 2019; Timm, 2019).[8] Porém, mesmo que deixemos de lado questionamentos sobre a conduta de Moro em casos específicos, as revelações da Vaza Jato ressaltaram problemas sistêmicos que não são específicos de Moro, nem da

---

[8] Nota dos organizadores: Em março de 2021, a segunda turma do Supremo Tribunal Federal concluiu, por 3 votos a 2, que houve parcialidade na forma com a qual o ex-presidente Luiz Inácio Lula da Silva foi julgado pelo juiz Sergio Moro (Silva de Sousa, 2021).

Lava Jato. Um desses problemas é o contato próximo, durante investigações criminais complexas, com o juiz, que não apenas supervisiona as investigações, mas que também preside o julgamento (Stephenson, 2019). Esse contato próximo é especialmente problemático considerando-se que o Brasil não tem um sistema de júri, exceto para casos de homicídio, o que significa que o juiz que acompanha a investigação desde seu nascedouro é também quem determina a culpa ou a inocência dos réus. De maneira mais geral, o sistema jurídico brasileiro parece exibir em todos os contextos uma atitude excessivamente frouxa em relação a contatos privados informais de juízes com advogados, promotores e procuradores.

Assim, um legado da Lava Jato poderia e deveria ser uma ampla reavaliação do sistema de processo penal do Brasil, particularmente no contexto de crimes mais complexos de colarinho branco. O fato de que os dois lados têm reclamações — a acusação (no caso, o Ministério Público) quanto a adiamentos e apelações sem fim por parte da defesa e a defesa a respeito do contato inapropriadamente próximo entre procuradores (ou promotores, se na esfera estadual) e o juiz que preside as investigações — pode sugerir a possibilidade de alguma espécie de "grande barganha", embora não ofereçamos previsões quanto à probabilidade de essa barganha acontecer nas atuais circunstâncias. A Lava Jato jogou uma luz mais intensa nesses problemas, mas, à medida que a operação vai esmorecendo, essa luz vai se esvair. Isso significa que a pressão por reformas se torna ainda mais urgente durante a fase final da Lava Jato. Espera-se que, à medida que a Operação Lava Jato vá terminando, seja possível usá-la como um modo de diagnosticar mais claramente alguns dos problemas gerais mais significativos do processo penal brasileiro, e mapear um caminho mais claro à frente, no sentido das reformas necessárias.

Em segundo lugar, a Operação Lava Jato ressaltou a necessidade de reformas políticas mais significativas, talvez, em especial, as reformas que abordam a regulamentação do uso de dinheiro na política — por exemplo, no caso do financiamento de campanhas eleitorais e de outras atividades político-partidárias. Afinal, enquanto histórias sórdidas do consumismo das autoridades corruptas (os carros de luxo, as obras de arte, as casas suntuosas) compreensivelmente atraem mais atenção da mídia e escândalo público, boa parte da renda ilícita gerada pelos esquemas da Lava Jato foi usada para encher os cofres de partidos para eleições e para outras atividades (Corrêa, 2018). Os analistas enfatizaram as várias maneiras como o sistema político brasileiro — incluindo *lobby*, financiamento de campanhas e gastos eleitorais — cria fortes incentivos para a corrupção e também para a fraude e para crimes similares (Farah Rodriguez, 2017; Transparency International Helpdesk, 2019).

Embora o Brasil tenha reformado suas leis de financiamento de campanha em 2015, pode-se e deve-se fazer mais. Por exemplo, a lei ainda é indevidamente vaga quanto à questão do que pode ser considerado uma contribuição ilegal de campanha, e as sanções pelas violações não são nem claras o bastante, nem severas o bastante (Leitão, 2017). Também são muito necessárias mudanças jurídicas para abordar os abusos do "caixa dois", dos recursos que não são declarados como contribuição oficial de campanha. Os fundos do caixa dois são um meio ilegal, mas bastante institucionalizado, com que os políticos levantam dinheiro, tipicamente fazendo promessas implícitas do tipo "você me ajuda agora e eu te ajudo depois" para aqueles que contribuem com esse tipo de contribuição (Batini, 2019; Bullock, 2019; Cople, 2019). Porém, tecnicamente, o uso do caixa dois para financiar campanhas não é classificado como "corrupção" no Brasil; é um delito "eleitoral" — que, no Brasil, é tratado por um sistema distinto de tribunais, liderado pelo Tribunal Superior Eleitoral (TSE), e não pelos tribunais ordinários. A sub-regulação tanto de doações ilícitas quanto do caixa dois trabalha a favor da manutenção de dinastias políticas existentes e dificulta mais mudanças nos resultados das eleições proporcionais e diretas.

As Novas Medidas contra a Corrupção incluem recomendações específicas que cobrem esses temas e outros relacionados (Mohallem et al., 2018). Porém, enquanto a versão original do pacote anticrime do então ministro Moro incluía provisões baseadas nessas recomendações (praticamente *ipsis litteris*), essas provisões foram posteriormente tiradas do projeto de lei (Barbiéri e Calgaro, 2019; Bullock, 2019; Poder Executivo, 2019). Quando ocupava o cargo de ministro, Moro e outros representantes do governo insistiram para que essas provisões fossem incluídas numa lei separada, mas os céticos, compreensivelmente, interpretaram a remoção dessas provisões do pacote anticrime, mais proeminente, como um esforço para tirar da mesa a reforma do financiamento da política (Estadão Conteúdo, 2019).

Ainda mais preocupante foi o comentário do ministro Moro defendendo a decisão de cortar provisões sobre o caixa dois do pacote anticrime, dizendo que "caixa dois não é corrupção, e corrupção não é caixa dois" (Estadão Conteúdo, 2019). Embora essa afirmação possa ser verdadeira em sentido literal, ela minimiza o tanto que essas duas questões estão inextricavelmente amarradas. Além disso, ao separar retoricamente o combate à corrupção da necessidade urgente de reforma do financiamento da política, essa formulação prejudica a capacidade de alavancar a primeira para buscar a segunda. No momento da redação deste texto, um projeto de lei distinto para criminalizar a prática de caixa dois tinha sido apresentado e seguido do Senado para a Câmara dos Deputados. Apesar de incluir algumas reformas importantes (como tratar o uso dos fundos ilícitos do caixa dois como delito criminal, e não apenas como delito eleitoral), essa proposta era incompleta sob diversos aspectos, e seu destino permanecia incerto (Barbiéri e Calgaro, 2019; Bullock, 2019; Poder Executivo, 2019).

O principal argumento a esclarecer aqui é que, como enfatizamos anteriormente, é importante aproveitar a urgência política e o ímpeto associados à Lava Jato para pressionar por essas reformas e por outros tipos de reformas antes que a operação acabe e os problemas que ela expôs desapareçam das manchetes e da consciência do público. Políticos e os líderes partidários que se elegeram e se beneficiaram no sistema existente tendem a relutar para mudar significativamente esse sistema, o que torna ainda mais importante associar intimamente o programa de reformas políticas ao movimento popular contra a corrupção.

Moldando a narrativa

A última fase da Lava Jato e o seu período imediatamente posterior podem ter um profundo impacto no legado de longo prazo da operação — em como o povo brasileiro vai se lembrar dela, e na narrativa ou narrativas que surgem a respeito do que ela era realmente, do que defendia e de quais são suas lições. Essa narrativa, ou mais provavelmente essa cacofonia de narrativas concorrentes, moldará a opinião pública do diálogo público brasileiro a respeito da corrupção e do combate à corrupção por anos, talvez por décadas (Farah Rodriguez, 2015).

As principais narrativas concorrentes já estão claras. A Operação Lava Jato, embora ainda desfrute de popularidade, também se demonstrou polarizadora. De um lado, muitos brasileiros veem a Lava Jato como farol da justiça, sinalizando o fim da cultura da impunidade para os poderosos, ricos e bem-relacionados (Andreazza, 2019; Bächtold, 2019). Esse é o "Espírito da Lava Jato" que mencionamos antes. Por outro lado, muitos à esquerda no espectro da política brasileira afirmaram que a Lava Jato é uma caça às bruxas de motivação ideológica, que mirou deliberada e desproporcionalmente membros do Partido dos Trabalhadores (PT), especialmente o ex-presidente Luiz Inácio Lula da Silva. Os proponentes dessa narrativa costumam se referir a Lula (condenado num processo apresentado pela força-tarefa da Lava Jato em Curitiba) como "prisioneiro político", e descrevem o *impeachment* de sua sucessora, Dilma Rousseff, como "golpe" (Burdo, 2017; Chomsky, 2018; Kaiser, 2018). A controversa decisão do juiz Moro de aceitar um cargo no gabinete do presidente Jair Bolsonaro, político à direita, alimentou essa narrativa (Felter e Labrador, 2018; Stephenson, 2018), assim como as histórias da Vaza Jato, muitas das quais afirmaram que as mensagens de texto vazadas mostram que a Operação Lava Jato tinha um viés contra a esquerda e contra Lula em particular (Greenwald et al., 2019).

Os críticos da Lava Jato apresentaram preocupações legítimas com vários aspectos da Operação, e muitas dessas preocupações merecem ser levadas a sério. Até os apoiadores da Operação Lava Jato devem resistir ao impulso de defender por reflexo tudo que a Operação fez. Porém, a caricatura da Operação como caça às bruxas ideológica, voltada exclusivamente contra a esquerda, é tanto imprecisa quanto destrutiva (Stephenson, 2019). A Operação Lava Jato processou e condenou políticos, incluindo figuras bastante experientes, em todo o espectro político. Porém, a caracterização imprecisa da Lava Jato como conspiração contra a esquerda aumenta substancialmente o risco de que a opinião pública, tanto a respeito da Lava Jato especificamente quanto do combate à corrupção em geral, acabará levando a uma polarização ainda maior segundo linhas ideológicas. (Para sermos justos, não foram apenas os apoiadores do PT que contribuíram para essa polarização; o juiz Moro ter aceitado um cargo no ministério do governo Bolsonaro certamente não ajudou.)

O que é necessário, depois que a Lava Jato chegar à sua conclusão, é alguma espécie de balanço honesto, que preserve o que há de melhor no Espírito da Lava Jato — e que reconheça o notável sucesso da operação ao romper com a tradição de impunidade que normalmente protege a elite brasileira *de serem alvos de mecanismos eficientes de controle e responsabilização* —, ao mesmo tempo que reconheça os erros da operação e aprenda com eles. Não somos ingênuos a ponto de imaginar que algum dia haverá consenso quanto a esses pontos, nem deveria haver, numa sociedade aberta e diversa. Porém, um diálogo público sério a respeito dessas questões — que não se limite a partidários gritando *slogans* ou recitando seus discursos repetidamente — é essencial para guiar a narrativa pós-Lava Jato numa direção mais saudável e mais produtiva. Sendo ainda mais francos: se a narrativa da Lava Jato que surge à esquerda equivaler a "a Operação foi uma conspiração da direita contra Lula e o PT", e a narrativa que surgir à direita for algo do tipo "os esquerdistas são todos corruptos, e a Operação Lava Jato provou isso", então, a longo prazo, em vez de incentivar aquilo que, com otimismo, denominamos Espírito da Lava Jato, o legado da operação será mais polarização e raiva.

Também nos preocupamos com a maneira como a Lava Jato será (e já tem sido) representada e entendida. Parece haver uma tendência a formular a Operação Lava Jato em termos de personalidades individuais, como uma história de heróis e vilões. Tanto os apoiadores quanto os críticos pessoalizam a operação dessa maneira, embora discordem a respeito de quem são os heróis e quem são os vilões. Grosseiramente falando, um lado vê a Lava Jato como a história do heroico juiz Moro vencendo o vilão Lula, ao passo que outro lado a vê como a história do heroico Lula sendo perseguido pelo vilão Moro. Essa personalização da narrativa da Lava Jato é compreensível, e não é inteiramente indesejável. Os indivíduos são importantes — assim como é a *accountability* individual — e histórias dramáticas a respeito de seres humanos de carne e osso são mais envolventes e inspiradoras do que áridas análises acadêmicas de incentivos, sistemas e instituições (Chalk, 2017). Ao mesmo tempo, há os riscos da personalização excessiva. Concentrar-se demais no agente corrupto individual como vilão pode exagerar o papel da imoralidade pessoal como causa da corrupção, ao mesmo tempo que obscurece fatores estruturais que tornam a corrupção mais provável (Jiang, 2018). E concentrar-se demais no procurador e no juiz heroicos pode alimentar um tipo de complexo improdutivo de salvador que afasta a atenção necessária para o fortalecimento das instituições e para a responsabilidade coletiva dos cidadãos na continuidade da pressão por mudança sistêmica. Como nos disse Ana Luiza Aranha, que também contribuiu para este livro: "Não podemos esperar que heróis nos salvem."

Juntando esses vários fios, temos o receio de que a memória coletiva pós--Lava Jato será dominada por narrativas altamente polarizadas e personalizadas — uma narrativa de esquerda em que a operação foi uma cínica conspiração de direita orquestrada por Moro e pelos procuradores, todos ambiciosos e inescrupulosos, e uma narrativa concorrente de direita em que a heroica equipe da Lava Jato, com torcida (principalmente *ex post facto*) do presidente Bolsonaro e de seus apoiadores até o início do mandato, enfim derrubou Lula, o chefão da máfia, junto com sua rede criminosa. Aquilo que gostaríamos de ver no lugar disso é uma narrativa na qual a Lava Jato represente o início do fim de uma era de impunidade desenfreada, mas que seja reconhecida também como uma operação que salientou fraquezas das instituições jurídicas e políticas brasileiras, incluindo fraquezas que afetaram a própria operação. Nessa narrativa, a Operação Lava Jato foi apenas o primeiro passo de uma campanha mais ampla para abordar essas fraquezas fortalecendo e reformando as instituições, campanha essa que deve transcender, ou ao menos perpassar, as divisões ideológicas habituais.

Será isso excessivamente idealista? Talvez. Não é possível tornar uma narrativa obrigatória, ao menos não numa democracia. Sempre haverá múltiplas narrativas concorrentes e é assim que deve ser. Além disso, a esperança de que o diálogo público *mainstream* seja nuançado, respeitoso e tenha em vista o futuro é loucamente otimista, mesmo nas melhores circunstâncias, e o ambiente político do Brasil hoje — tanto em geral quanto em relação à Lava Jato especificamente — está polarizado e tóxico. Porém, achamos que há coisas que poderiam ser feitas, no momento em que a Lava Jato se aproxima do fim, para aumentar as chances de que a memória coletiva da operação conduza não apenas ao florescimento do Espírito da Lava Jato, mas também ao progresso no sentido de uma fase nova e melhor da luta contra a corrupção no Brasil.

Afinal, há muitas oportunidades para que membros responsáveis da mídia e da sociedade civil, como os líderes do movimento das "Novas Medidas" ou outros já envolvidos no combate à corrupção, incentivem o público a concentrar-se no objetivo final de um Brasil menos corrupto, e não na política partidária e em heróis e vilões individuais. Também deve haver meios de atrair, ou de amplificar, novas vozes na conversa, vozes que muitas vezes são abafadas pelos suspeitos de sempre, gritando os *slogans* de sempre. Outra vez, a mídia e a sociedade civil têm um papel crucial a desempenhar aqui. E, uma vez que a Lava Jato termine, aqueles que trabalharam na operação talvez possam contribuir também — desde que possam falar da Lava Jato num ambiente que convida a uma autorreflexão e a uma autocrítica sinceras, e não num ambiente em que são ou endeusados, ou demonizados. Porém, também pensamos que os principais personagens da operação provavelmente não deveriam ser as vozes mais proeminentes na conversa pós-Lava Jato. Isso em parte por causa do nosso desejo de evitar o foco excessivo nos indivíduos, em parte porque esses indivíduos já são polarizadores demais, e em parte porque uma nova geração precisa carregar o bastão anticorrupção pós-Lava Jato.

Políticos e partidos políticos, embora muitas vezes sejam parte do problema, também podem ter um papel positivo a desempenhar na formulação da narrativa da Lava Jato. De fato, os estágios finais da Operação Lava Jato poderiam representar uma oportunidade para que políticos ambiciosos e com espírito público — da esquerda, da direita e do centro do espectro político — assumam um papel de liderança na articulação de uma perspectiva de combate à corrupção com vistas ao futuro em vez de deter-se nos rancores do passado. Num ambiente em que a maioria dos cidadãos ainda se importa muito com o combate à corrupção e à impunidade, firmar uma posição como essa poderia ser vantajoso politicamente, ou ao menos esperamos que seja.

Para os políticos à esquerda, isso significaria tomar o remédio amargo de superar as injustiças que eles julgam terem sido feitas contra Lula e articular uma visão distintiva de um programa de combate à corrupção para o Brasil que enfatiza a igualdade, e equidade e a inclusão. Para os políticos associados com os partidos de centro — muitos dos quais também perderam muita credibilidade durante a Operação Lava Jato —, articular uma visão do combate à corrupção que se concentre na reforma institucional e sistêmica deveria ser algo pelo menos um tanto afim, pois políticos de centro podem enfatizar a necessidade de ultrapassar as tediosas e retrógradas acusações e recriminações ao estilo esquerda-contra-direita. E se os políticos de direita, neste momento, chamam para si o compromisso com combate à corrupção, ao menos alguns na centro-direita do espectro político — aqueles que são sinceros em seu desejo de limpar a política brasileira e que não estão apenas usando a retórica do combate à corrupção como instrumento conveniente para bater na esquerda — podem reconhecer que, num prazo mais longo, limitar a luta contra a corrupção como ponto contra a esquerda se tornará contraproducente. Primeiro, a ideia de que os partidos de direita são limpos perderá credibilidade quando aqueles afiliados com o governo Bolsonaro forem envolvidos em graves escândalos de corrupção (o que parece inevitável e de fato já começou). Segundo, e talvez mais importante, os tipos de reforma sistêmica de combate à corrupção que são necessários provavelmente exigirão a construção de coalizões com partidos de centro e de centro-esquerda. Por isso, formular a corrupção exclusivamente como ponto contra a esquerda vai dificultar que políticos de direita bem-intencionados no combate à corrupção consigam aprovar reformas significativas (Guimarães e Soares, 2019).

Outra vez, reconhecemos que esperar que os políticos assumam a liderança da formulação de uma narrativa mais saudável e mais produtiva da Lava Jato e de seu legado pode ser ingênuo, e não somos otimistas quanto a isso acontecer. Porém, é possível que ao menos alguns políticos mais empreendedores possam levar a conversa rumo a uma direção mais frutífera. No geral, porém, colocamos mais esperanças na sociedade civil brasileira, que já desempenhou um papel vital na Operação Lava Jato e na pressão por reformas jurídicas concretas, e que também pode ajudar a moldar tanto o entendimento do público da Lava Jato quanto um programa anticorrupção com vistas ao futuro.

Conclusão

Os brasileiros que se preocupam com o combate à corrupção precisam começar a preparar-se desde já para o fim da Operação Lava Jato. A Lava Jato foi um ponto decisivo, tanto pelo número de atores ricos e poderosos responsabilizados criminalmente quanto pela atenção que brasileiros de todas as esferas deram à operação. De fato, a Lava Jato tornou o combate à corrupção central para a discussão política no Brasil ao longo dos últimos anos. Porém, seria equivocado presumir que a corrupção sempre estará nos holofotes da nação do modo como esteve durante o período em que a Lava Jato mobilizou o debate.

Além disso, seria perder uma oportunidade não mobilizar a energia política e pública em torno da Operação Lava Jato na forma de ações tangíveis — coisas como a melhora da transmissão institucionalizada do conhecimento de combate à corrupção entre profissionais da lei, e reformas legislativas do processo penal e do dinheiro na política — enquanto essa janela de oportunidade ainda está aberta. Mais. A energia pública que levou as pessoas às ruas para protestar e (alguns) às urnas para votar contra o *status quo* em 2018 tem de continuar viva dentro dos próprios cidadãos. A complacência dos cidadãos a esta altura também seria um erro. É importante para aqueles que se importam com o combate à corrupção no Brasil reconhecer que a Operação Lava Jato não vai durar para sempre. É preciso pensar em como intermediar uma transição para o período pós-Lava Jato de modo que, mesmo depois que a operação termine, o Espírito da Lava Jato continue a viver.

Referências

ANDREAZZA, C. *O espírito do tempo lavajatista*. 25 jun. 2019. Disponível em: https://oglobo.globo.com/opiniao/o-espirito-do-tempo-lavajatista-23761182. Acesso em: 29 jul. 2019.

BÄCHTOLD, F. 61% consideram trabalho da Lava Jato ótimo ou bom, mostra Datafolha. *Folha de S.Paulo*, 14 abr. 2019. Disponível em: www1.folha.uol.com.br/poder/2019/04/61-consideram-trabalho-da-lava-jato-otimo-ou--bom-mostra-datafolha.shtml.

BARBIÉRI, L. F.; Calgaro, F. Moro apresenta projeto anticorrupção e antiviolência com alterações em 14 leis. *G1*, 4 fev. 2019. Disponível em: https://g1.globo.com/politica/noticia/2019/02/04/moro-apresenta-a-governadores--projeto-anticrime-com-14-alteracoes-em-leis.ghtml.

BATINI, S. *Corrupção e caixa 2*: Justiça Eleitoral ou comum? 8 mar. 2019. Disponível em: www.jota.info/stf/supra/corrupcao-e-caixa-2-justica--eleitoral-ou-comum-08032019. Acesso em: 29 jul. 2019.

BORGES DE SOUSA FILHO, A. Point: the Lava Jato leaks demonstrate that former judge Sergio moro lacked impartiality, meaning that Lula's conviction must be vacated. 2 jul. 2019. Disponível em: https://globalanticorruptionblog.com/2019/07/02/do-the-lava-jato-leaks-show-illegal-or--unethical-behavior-a-debate-between-brazilian-legal-experts/. Acesso em: 29 jul. 2019.

BULLOCK, J. Proposed changes in Brazil's anticorruption legislation: a summary and critique. 18 mar. 2019. Disponível em: https://globalanticorruptionblog.com/2019/03/18/proposed-changes-in-brazils-anticorruption--legislation-a-summary-and-critique/. Acesso em: 29 jul. 2019.

BURDO, A. The coup that overthrew Dilma. 10 mai. 2017. Disponível em: www.brownpoliticalreview.org/2017/05/coup-overthrew-dilma/. Acesso em: 29 jul. 2019.

CARSON, L. D.; PRADO, M. M. Using institutional multiplicity to address corruption as a collective action problem: lessons. The Brazilian case. *SSRN Scholarly Paper No. ID 2885949*, 2016. Disponível em: https://papers.ssrn.com/abstract=2885949.

CHALK, J. *Telling corruption's story, or why is corruption so boring? (part 1)*. 31 jul. 2017. Disponível em: https://globalanticorruptionblog.com/2017/07/31/telling-corruptions-story-or-why-is-corruption-so-boring-part-1/. Acesso em: 29 jul. 2019.

CHOMSKY, N. I just visited Lula, the world's most prominent political prisoner. A "soft coup" in Brazil's election will have global consequences. 2 out. 2018. Disponível em: https://theintercept.com/2018/10/02/lula-brazil--election-noam-chomsky/. Acesso em: 29 jul. 2019.

COPLE, J. *Entenda o projeto aprovado pelo Senado que torna crime o "caixa dois eleitoral"*. 10 jul. 2019. Disponível em: https://oglobo.globo.com/brasil/entenda-projeto-aprovado-pelo-senado-que-torna-crime-caixa--dois-eleitoral-23796833. Acesso em: 29 jul. 2019.

CORRÊA, H. (*Sérgio Cabral: o homem que queria ser rei*: a sede de poder e a vida de luxo e mentiras do político condenado a mais de 180 anos de prisão. Rio de Janeiro: Primeira Pessoa, 2018.

DALLAGNOL, D. M. *A luta contra a corrupção*: A Lava Jato e o futuro de um país marcado pela impunidade. Rio de Janeiro: Primeira Pessoa, 2017.

ESTADÃO CONTEÚDO. *"Caixa 2 não é corrupção", diz Moro sobre fatiamento de projeto anticrime*. 19 fev. 2019. Disponível em: https://exame.abril.com.br/brasil/caixa-2-nao-e-corrupcao-diz-moro-sobre-fatiamento-de-projeto-anticrime/. Acesso em: 29 jul. 2019.

FARAH RODRIGUEZ, C. *Além de enfrentar a corrupção, Lava Jato impõe capitalismo a empresários*. 2 jul. 2017. Disponível em: www1.folha.uol.com.br/ilustrissima/2017/07/1897570-choque-de-legalidade-e-adequacao-do-capitalismo-sao-herancas-da-lava-jato.shtml. Acesso em: 29 jul. 2019.

_____. *Moralidade pública versus moralização social*. 10 jun. 2015. Disponível em: www.jota.info/opiniao-e-analise/artigos/moralidade-publica-versus-moralizacao-social-10062015. Acesso em: 29 jul. 2019.

FELTER, C.; LABRADOR, R. C. *Brazil's corruption fallout*. 2018. Disponível em Council on Foreign Relations: www.cfr.org/backgrounder/brazils-corruption-fallout. Acesso em: 29 jul. 2019.

GREENWALD, G.; REED, B.; DEMORI, L. *As mensagens secretas da Lava Jato*. 9 jun. 2019. Disponível em: https://theintercept.com/series/mensagens-lava-jato/.

GUIMARÃES, A.; SOARES, P. R. *Senador Flávio Bolsonaro é investigado pelo núcleo de combate à corrupção do MPF no Rio de Janeiro*. 7 fev. 2019. Disponível em: https://g1.globo.com/rj/rio-de-janeiro/noticia/2019/02/07/senador-flavio-bolsonaro-e-investigado-pelo-nucleo-de-combate-a-corrupcao-do-mpf-no-rio-de-janeiro.ghtml.

HEILBRUNN, J. R. *Anti-corruption commissions*: panacea or real medicine to fight corruption? Washington, DC: The World Bank 2004.

JIANG, H. *How "scandalizing" corruption can backfire*. 9 jul. 2018. Disponível em: https://globalanticorruptionblog.com/2018/07/09/how-scandalizing-corruption-can-backfire/. Acesso em: 29 jul. 2019.

KADANUS, K. Dallagnol: Lava Jato é "a grande chance de transformação" do Brasil. *Gazeta do Povo*, 17 mar. 2017. Disponível em: www.gazetadopovo.com.br/vida-e-cidadania/para-dallagnol-lava-jato-e-a-grande-chance-de-transformacao-do-brasil-0u3qg1g4njptz8mf9jk3dkyp7/.

KAISER, A. J. Protest and celebration in Brazil on Lula prison anniversary. *The Associated Press*, 7 abr. 2018. Disponível em: www.apnews.com/64d0d6081c9e4764bb4278bec12bfc9d.

LEITÃO, M. Caixa dois e corrupção são crimes, mas de gravidades diferentes. *O Globo*, 26 jun. 2017. Disponível em: https://blogs.oglobo.globo.com/

miriam-leitao/post/caixa-dois-e-corrupcao-sao-crimes-mas-de-gravidades--diferentes.html.

LONDOÑO, E. Brazil shuts down successful corruption-fighting task force. *The New York Times*, 7 jul. 2017. Disponível em: www.nytimes.com/2017/07/07/world/americas/brazil-corruption-lava-jato.html.

MACEDO, F. Especialistas avaliam o pacote anticrime de Moro. *Estadão*, 5 fev. 2019. Disponível em: https://politica.estadao.com.br/blogs/fausto-macedo/especialistas-avaliam-o-pacote-anticrime-de-moro/.

MARQUES, J. *Burocracia, muitos juízes e falta de digitalização dificultam Lava Jato em SP*. 23 abr. 2018. Disponível em: www1.folha.uol.com.br/poder/2018/04/burocracia-muitos-juizes-e-falta-de-digitalizacao-dificultam--lava-jato-em-sp.shtml. Acesso em: 29 jul. 2019.

MENDONÇA, R. *Ipsos mostra desgaste lento da Lava-Jato*. 3 set. 2018. Disponível em: www.valor.com.br/politica/5795961/ipsos-mostra-desgaste--lento-da-lava-jato. Acesso em: 29 jul. 2019.

MINISTÉRIO DA JUSTIÇA E SEGURANÇA PÚBLICA. *Conheça as iniciativas do Projeto de Lei Anticrime para atacar a corrupção*. 19 fev. 2019. Disponível em Ministério da Justiça e Segurança Pública: www.justica.gov.br/news/collective-nitf-content-1550596565.5. Acesso em: 29 jul. 2019.

MINISTÉRIO PÚBLICO FEDERAL. *10 medidas contra a corrupção*. 2015. Disponível em: www.dezmedidas.mpf.mp.br/.

_____. *Rio de Janeiro-Caso Lava Jato* [Página]. 2019. Disponível em: www.mpf.mp.br/grandes-casos/caso-lava-jato/desmembramentos/rio-de-janeiro. Acesso em: 29 jul. 2019.

MOHALLEM, M. F. et al. *Novas medidas contra a corrupcão*. 2018. Disponível em: https://s3-sa-east-1.amazonaws.com/tibr-downloads/pdf/Novas_Medidas_pacote_completo.pdf.

PAVANELI, A.; KIRSCHE, Wi. *"É preciso ir além da Lava Jato", diz Deltan Dallagnol sobre combate à corrupção e à impunidade*. 29 abr. 2017. Disponível em: https://g1.globo.com/pr/parana/noticia/e-preciso-ir-alem-da-lava--jato-diz-deltan-dallagnol-sobre-combate-a-corrupcao-e-a-impunidade.ghtml. Acesso em: 29 jul. 2019.

PODER EXECUTIVO *Projeto de Lei Anticrime*. República Federativa do Brasil. 2019.

RIBEIRO DE ALENCAR, C. H.; GICO JR., I. Corrupção e judiciário: a (in)eficácia do sistema judicial no combate à corrupção. *Revista Direito GV*, v. 7, n. 1, p. 75-98, 2011. Disponível em: https://doi.org/10.1590/S1808-24322011000100005.

RODRIGUES, A. *Mensalão*: dez anos depois. 31 mai. 2015. Disponível em: https://oglobo.globo.com/brasil/mensalao-dez-anos-depois-16312903.

SILVA DE SOUSA, Marcelo. Brazil Court Rules Car Wash Judge Was Biased in Lula Cases. *The Washington Post*, 23 mar. 2021. The Americas.

SOTERO, P. Brazilians rise against corruption. 10 mai. 2016. Disponível em: www.wilsoncenter.org/article/brazilians-rise-against-corruption. Acesso em: 29 jul. 2019.

STEPHENSON, M. *"Say it ain't so, Sergio!"*: Judge Moro's appointment to the Bolsonaro cabinet is a setback for Brazil's struggle against corruption. 13 nov. 2018. Disponível em: https://globalanticorruptionblog.com/2018/11/13/say-it-aint-so-sergio-judge-moros-apointment-to-the-bolsonaro-cabinet-is-a-setback-for-brazils-struggle-against-corruption/. Acesso em: 29 jul. 2019.

_____. The incredible shrinking scandal? Further reflections on the Lava Jato leaks. *GAB | The Global Anticorruption Blog*, 17 jun. 2019. Disponível em: https://globalanticorruptionblog.com/2019/06/17/the-incredible-shrinking-scandal-further-reflections-on-the-lava-jato-leaks/. Acesso em: 29 jul. 2019.

SZABÓ DE CARVALHO, I. *Reduzir crimes não depende só de leis.* 13 fev. 2019. Disponível em: www1.folha.uol.com.br/colunas/ilona-szabo/2019/02/reduzir-crimes-nao-depende-so-de-leis.shtml. Acesso em: 29 jul. 2019.

TIMM, L. *Counterpoint: the Lava Jato leaks do not demonstrate partiality, illegality, or impropriety, and do not justify vacating any of the Lava Jato convictions.* 2 jul. 2019. Disponível em: https://globalanticorruptionblog.com/2019/07/02/do-the-lava-jato-leaks-show-illegal-or-unethical-behavior-a-debate-between-brazilian-legal-experts/. Acesso em: 29 jul. 2019.

TRANSPARENCY INTERNATIONAL. Brazil's Carwash task force wins Transparency International Anti-Corruption Award. 3 dez. 2016. Disponível em www.transparency.org/news/pressrelease/brazils_carwash_task_force_wins_transparency_international_anti_corruption. Acesso em: 30 jul. 2019.

TRANSPARENCY INTERNATIONAL HELPDESK. *Brazil: overview of corruption and anti-corruption.* 2019. Disponível em: https://knowledgehub.transparency.org/helpdesk/brazil-overview-of-corruption-and-anti-corruption-1.

VIVAS, Fernanda. Pacote anticrime entra em vigor nesta quinta; veja ponto a ponto o que passa a valer. *G1*, 2020. Disponível em: https://g1.globo.com/politica/noticia/2020/01/23/pacote-anticrime-entra-em-vigor-nesta-quinta-veja-ponto-a-ponto-o-que-passa-a-valer.ghtml.

15

Conclusão: as lições, vazamentos e impactos duradouros da Lava Jato

Karla Y. Ganley
Paul Lagunes

Introdução

Em 2014, não havia uma única pessoa que pudesse prever que a Lava Jato teria tantos desdobramentos. Nem o procurador que liderava a operação, nem o juiz que supervisionou a maioria dos processos nas fases iniciais poderiam ter previsto o impacto da Lava Jato no Brasil, na América Latina e na comunidade global. Esforços para "seguir o caminho do dinheiro" revelaram um complexo esquema de propinas que chegava a centenas de milhões de dólares. Estavam envolvidas autoridades do primeiro-escalão, incluindo ex-presidentes de vários países. Centenas de pessoas foram condenadas. Uma das maiores empresas da América Latina, o conglomerado da construtora Odebrecht, foi obrigada a pagar uma multa de bilhões de dólares. Manchetes atrás de manchetes foram impressas a respeito dessa investigação que por anos tem atraído a atenção da imprensa.

Muitos celebram a Lava Jato por perturbar a impunidade há muito desfrutada por parte da elite política e econômica do mundo. Aquilo que começou no Paraná, um estado relativamente tranquilo do Brasil, teve profundas implicações em vários países, em especial da América Latina e até da África. A Lava Jato hoje ocupa um espaço ao lado da Mani Pulite italiana[1] como

---

[1] A Mani Pulite começou em 1992 e foi uma investigação nacional de um amplo esquema de corrupção em obras públicas que abrangia vários empresários, políticos e autoridades públicas (Spilimbergo e Srinivasan, 2019; Vannucci, 2009). Em 1994, seis ex-primeiros-ministros e 500 parlamentares tinham sido envolvidos e cinco partidos políticos italianos — incluindo os Democratas Cristãos, partido majoritário — tinham sido dissolvidos (Spilimbergo e Srinivasan, 2019; Vannucci, 2009).

escândalo de corrupção de proporções históricas. Porém, ainda não se sabe se a Lava Jato acabará por ser lembrada como um passo doloroso, ainda que necessário, no caminho rumo a mais integridade pública e corporativa.

A questão em torno do legado da Lava Jato é particularmente relevante se considerarmos toda a controvérsia que cercou a operação desde que ela veio a público. Neste capítulo de conclusão revisitamos algumas das fontes da controvérsia. Porém, usamos este espaço principalmente para destacar elementos-chave contidos neste livro. São avaliações e percepções que, mesmo sem ser a última palavra sobre o tema, podem contribuir para formar e informar nosso entendimento coletivo sobre a Lava Jato.

A Lava Jato como rompimento com a impunidade

Tendo em mente a importância da *accountability*, uma das principais lições deste livro pode ser o que Bullock e Stephenson descrevem no capítulo 14 como a necessidade de manter vivo o "Espírito da Lava Jato" no momento em que a operação esmorece.[2] Com esse conceito, os autores defendem que a corrupção sistêmica não é inevitável — ter mais *accountability* é tanto necessário quanto possível. Algumas pessoas podem reagir com ceticismo a uma ideia tão esperançosa. Na verdade, os brasileiros com quem interagimos muitas vezes surpreendem-se ao ficar sabendo que estão apenas em quarto lugar na lista dos países menos corruptos da América Latina (TI, 2018). Poucos parecem considerar que os outros três países à frente do Brasil na lista — Uruguai, Chile e Costa Rica — costumavam estar presos numa armadilha da corrupção bem similar à do Brasil (Buquet Corleto e Piñeiro, 2017; Navia, Mungiu-Pippidi e Martini, 2017; Wilson e Villarreal, 2017).[3] Porém, com o tempo e como resultado de reformas institucionais, esses três países conseguiram fazer a transição para um nível mais alto de integridade governamental (Lagunes, Yang e Castro, 2019). O Brasil tem a chance de fazer essa mesma transição.

É compreensível que seja difícil para muitos brasileiros imaginar uma melhora após a descoberta de ilicitudes tão substanciais e tão disseminadas.[4]

---

[2] O jornal *Folha* traduz "Spirit of Lava Jato" como "Espírito da Lava Jato" (Albuquerque, 2019).

[3] A expressão "armadilha de corrupção" é usada para referir países ou regiões presos num equilíbrio de alta corrupção (Klašnja, Little e Tucker, 2016).

[4] No momento da redação deste capítulo, a Operação Lava Jato, no Brasil, está em sua 70ª fase (MPF, 2019).

Porém, o grande volume de investigações de caso de corrupção, muitas delas bem-sucedidas, indica que os elementos do sistema de *accountability* do país existem e funcionam. Antes da Lava Jato, o fato de processos de corrupção se arrastarem por anos era uma preocupação constante no Brasil, com poucas pessoas enfrentando punições efetivas (Taylor e Buranelli, 2007). O eufemismo "acabar em pizza" costumava ser usado em referência a investigações de corrupção que não levavam a lugar nenhum; acusações criminais podiam aparentemente ser resolvidas do mesmo jeito que diferenças interpessoais são resolvidas numa refeição, com uma pizza sobre a mesa (*The Economist*, 2012).[5] Porém, a Lava Jato deu sinais de que poderia mudar esse cenário. Para fazer eco a uma das afirmações feitas pelo ex-chefe da força-tarefa da Lava Jato Deltan Dallagnol no capítulo 8, o nível de impunidade no Brasil não está mais onde estava antes do começo da operação (Leahy e Schipani, 2018; O'Shaughnessy, s.d.).

Porém, alguns dos autores que contribuíram para este volume estão menos otimistas a respeito do atual estado das coisas. Isso é compreensível, considerando que o sentimento público contra a corrupção pode ter contribuído para a ascensão política de Jair Bolsonaro, militar reformado com discurso populista e conservador que, em determinado momento, chegou até mesmo a ameaçar prender adversários (Boadle e Stargardter, 2018; Leahy e Schipani, 2018; Phillips, 2018). Assim, ao mesmo tempo que destacamos o valor do "Espírito da Lava Jato" de Bullock e Stephenson, também vemos mérito no que Aranha chamou de "espírito madisoniano" no capítulo 7.

O "espírito madisoniano", princípio-guia invocado décadas atrás por Guillermo O'Donnell (1999), nos convida a questionar as intenções democráticas daqueles que afirmam promover a *accountability*. Talvez sejam compatíveis com esse pedido por mais cautela as duas recomendações que apresentamos seguir — ambas estão intimamente relacionadas entre si e não são novas:

— Que os integrantes da rede de *accountability* de um país, entre eles procuradores e juízes, evitem o viés e a interferência política. O motivo para tal é óbvio: o sistema judicial de um país depende do princípio da equidade, ou seja, a igualdade de todos perante a lei.

— Que os integrantes da rede de *accountability* de um país sejam extraordinariamente cuidadosos na maneira como se portam. Isso é especialmente

---

[5] Uma busca histórica pelo uso de "acabar em pizza" confirma que a expressão é menos popular hoje do que era alguns anos atrás (Google Trends, 2019).

verdadeiro se considerarmos que afirmações e atos — incluindo declarações e ações referentes à vida privada — podem ser examinados e, em algum momento, usados para minar e desqualificar esforços, por mais nobres que sejam.

No capítulo 7, Aranha salienta que nem todos os tipos de coordenação entre atores da rede de *accountability* devem ser permitidos em nome do combate à corrupção. Se ampliarmos a reflexão sobre a importância da cautela no combate à corrupção, vale questionar se a Lava Jato pode ter aberto a porta para medidas autoritárias não apenas na esfera judicial, mas também na esfera política.[6] Se a resposta for sim, então a seguinte pergunta ganha uma urgência considerável: se o combate à corrupção representar a suspensão de direitos democráticos, a democracia deve então ficar em segundo lugar?

A democracia ameaçada?

A ideia de que o rompimento com a democracia poderia servir para promover o controle da corrupção pode soar um tanto estranha a muita gente. Afinal, há pesquisas que sugerem que o contrário é verdade: corrupção e democracia muitas vezes têm uma relação tensionada (Treisman, 2007). Autoridades corruptas, por definição, abusam da confiança que o público deposita nelas (Nye, 1967). Pesquisas de opinião constantemente verificam que a maioria dos cidadãos do mundo inteiro diz ser contra a corrupção (Dong, Dulleck e Torgler, 2012; Gatti, Paternostro e Jamele, 2003; Simpser, 2015; Torgler e Valev, 2010). Uma análise de vários países revela que altos níveis de corrupção estão associados em geral a níveis menores de investimento estrangeiro direto e de crescimento econômico (Lagunes et al., 2019:5). É possível observar ainda que revelações de corrupção com frequência prejudicam a confiança dos cidadãos em seus sistemas políticos democráticos (Anderson e Tverdova, 2003; Seligson, 2002). Porém, será que essa degradação da confiança na democracia por parte dos cidadãos pode encorajar os que flertam com a ditadura? Essa é uma questão extremamente complicada, que não pretendemos discutir aqui — nem, ao menos, abordar com profundidade neste espaço. Contudo, para não deixar a pergunta sem resposta, diríamos que a história resumida do Brasil entre 1951 e 1964 sugere que a resposta é "talvez".

---

[6] Há preocupações presentes com o destino da ordem política do Brasil depois da Lava Jato, como mostra o inquietante documentário *Democracia em vertigem*, de Petra Costa. Para uma resenha do documentário, sugerimos a seguinte leitura: Scott (2019).

Durante a presidência de Getúlio Vargas (1951-54), a corrupção tornou-se uma preocupação generalizada (Power e Taylor, 2011:250; Skidmore, 1988:5-6; Skidmore e Smith, 2001:164; Soares, 1979:106-108). Ciente do problema, Jânio Quadros fez campanha pela presidência em 1961 com uma plataforma anticorrupção. A vassoura, seu símbolo de campanha, indicava sua intenção de "fazer faxina" (Fried, 2011:13; Skidmore, 1988:8; Soares, 1979:105). Porém, em 25 de agosto de 1961, com meros sete meses de governo, Quadros renunciou por motivos que ainda não foram plenamente esclarecidos (Skidmore e Smith, 2001:166). Seguiu-se uma crise política de três anos. Uma pesquisa de opinião feita nesse intervalo de tempo mostrou que uma parcela significativa da população era a favor de extinguir o sistema de representação do país (Soares, 1979:106). Como que em resposta a essa preferência — mas também incitada por um conjunto de fatores sociais, políticos e econômicos —, a crise terminou com um golpe militar (Fleischer, 1997:298; Skidmore e Smith, 2001:168). Em outras palavras, embora se pense que as principais razões para a tomada do poder pelos militares tenham sido o medo do comunismo e o desejo de executar reformas econômicas agressivas, havia também a missão de eliminar a corrupção do sistema político (Fleischer, 1982:307; Skidmore, 1988:18; Stepan, 1971:217, 220). Vale lembrar ainda que, entre 1930 e 1945, o país também viu um presidente — Getúlio Vargas em seu primeiro mandato — assumir provisoriamente o cargo prometendo com veemência combater a corrupção e ficar 15 anos no poder, depois de fechar o Congresso e inaugurar o autoritário e populista Estado Novo (Codato, 2015, 2013).

Se olharmos para 2016, provavelmente o ápice do escândalo da Lava Jato, dezenas de manifestantes invadiram o Congresso para denunciar a corrupção e pedir a volta do governo militar (BBC News, 2016). Neste ponto, é preciso fazer uma nota de esclarecimento. Não estamos dizendo que o Brasil está revivendo momentos prévios ao de um golpe militar. Seria algo represensível — e que deve ser absolutamente evitado. Tendo deixada clara nossa posição quanto a esse tema, fazemos coro com Rose-Ackerman e Pimenta que, no capítulo 13, reconhecem que Bolsonaro foi eleito presidente de maneira legítima e democrática.[7] Aqueles que defendem abertamente o retorno da

---

[7] Em 28 de outubro de 2018, Jair Bolsonaro, do Partido Social Liberal (PSL) derrotou Fernando Haddad, do Partido dos Trabalhadores (PT) no segundo turno das eleições presidenciais por 10,2 pontos percentuais (Bloomberg, 2018). Os resultados finais foram 55,1% para Bolsonaro; 44.9% para Haddad (Bloomberg, 2018).

ditadura militar foram descritos como nada além de "grupos marginais de extrema-direita, pequenos mas com visibilidade" (Hunter e Power, 2019:72). A isso acrescentamos que o governo de Bolsonaro — no momento em que estamos escrevendo este texto, em dezembro de 2019 — parece estar operando dentro dos limites estabelecidos pela Constituição de 1988.

Ao mesmo tempo, porém, observamos que o atual governo conta com mais oficiais militares, ativos ou reformados, do que qualquer outro governo civil anterior (Margolis, 2019).[8] Também notamos que quase 60% dos brasileiros não estão satisfeitos com seu sistema democrático e que aproximadamente 30% admitem ser a favor de uma tomada do poder pelos militares caso haja corrupção excessiva (Faria, 2019). Assim, com tudo isso em mente, nosso receio pode ser formulado nos seguintes termos: ao expor a corrupção do sistema democrático brasileiro, a Lava Jato contribuiu para uma cadeia de acontecimentos que torna a ameaça de autoritarismo maior hoje do que era antes de 2014.[9]

Com isso não pretendemos sugerir que, considerando a importância do que estava em jogo politicamente, a força-tarefa da Lava Jato deveria ter evitado investigar a corrupção. Na medida em que a Lava Jato conduz suas investigações com base na existência de evidências e provas dignas de credibilidade e nada mais, seu trabalho tem méritos inegáveis.[10] Ao mesmo tempo, é necessário reconhecer que o trabalho da força-tarefa nunca teve a intenção de resolver por completo o que é essencialmente um problema institucional arraigado.

---

[8] Porém, vale a pena notar que, majoritariamente, pode-se dizer que as pessoas com experiência militar no ministério de Bolsonaro estão atuando como força moderadora (Winter, 2019).

[9] Numa nota relacionada, num estudo que contribui para explicar a ascensão política de Jair Bolsonaro, Wendy Hunter e Timothy Power escrevem (itálicos adicionados para ênfase): "[V]isto no contexto de múltiplas crises que afligem o Brasil desde 2013, dores pelas quais os brasileiros culpam amplamente os partidos do *establishment*, a revolta Bolsonaro começa a fazer sentido. O PT, outrora formidável, vencedor de quatro eleições presidenciais consecutivas, foi culpado pela grande queda na economia depois de 2013; *o maciço esquema de corrupção revelado desde 2015 pela investigação Lava Jato*; e os níveis sem precedentes de criminalidade nas ruas do Brasil" (Hunter e Power, 2019:69).

[10] A título de atualização, um ano depois que escrevemos essas linhas, achamos relevante destacar um novo e importante desdobramento: em março de 2021, a segunda turma do Supremo Tribunal Federal concluiu, por 3 votos a 2, que houve parcialidade na forma com a qual o ex-presidente Luiz Inácio Lula da Silva foi julgado pelo juiz Sergio Moro (Silva de Sousa, 2021).

O papel das instituições e da mídia

O controle da corrupção não deve depender apenas de processos criminais e de uma aplicação melhor das leis existentes. Pioneiros na luta anticorrupção, como aqueles descritos no capítulo 11, de Rodriguez-Olivari, contribuem para romper com a impunidade e trazer mudanças. Muitas vezes motivados por ideais como o amor pela nação e pelo estado de direito, essas pessoas assumem riscos em ambientes onde prevalece um *status quo* corrupto. Porém, em toda a América Latina, são necessárias reformas estruturais para obter aquilo que medidas reativas não conseguem alcançar. Demonstrar que a corrupção não ficará sem punição é algo que transmite um sinal, digno de credibilidade, que pode inibir a criminalidade futura. Porém, enquanto existirem fortes incentivos institucionais que favoreçam a corrupção, integrantes da comunidade responsável por aplicar a lei não podem fazer muito mais que isso.

Na mesma linha, o capítulo de Rose-Ackerman e Pimenta concentrou-se em maneiras como o sistema eleitoral brasileiro — especificamente, regras das eleições proporcionais que levam a uma fragmentação partidária excessiva — em conjunto com as regras de financiamento público incentivam a corrupção. Analogamente, Bullock e Stephenson descreveram como o caixa dois tornou-se bastante institucionalizado, apesar de ser ilegal. Os autores dos dois capítulos recomendaram reformas no financiamento da política, com Rose-Ackerman e Pimenta sugerindo, audaciosamente, que o Brasil passe de um sistema de presidencialismo de coalizão para o parlamentarismo — ou algum sistema alternativo que incentive igualmente a formação de coalizões estáveis no Congresso.

Outra lição deste livro tem a ver com a cobertura da Lava Jato feita pela mídia. Vários autores observaram que a cobertura da Lava Jato não foi perfeita. Enquanto Bulla e Newell, no capítulo 6, enfatizaram o papel sem precedentes desempenhado pela mídia ao manter o público informado e cobrar as autoridades, ao examinar vastas quantidades de dados públicos e fazer reportagens a respeito deles, outros capítulos deste livro abordaram com preocupação os indícios de possíveis falhas por parte das organizações de notícias. No capítulo 5, Campello, Schiffrin, Belarmino e Thome questionaram se a mídia foi isenta e fizeram uma reflexão sobre o viés contra políticos à esquerda no espectro político, especialmente os do Partido dos Trabalhadores (PT), na cobertura jornalística da Lava Jato.

No capítulo 12, Glenn Greenwald, cofundador da publicação on-line *The Intercept*, também afirma que a mídia no Brasil não esteve à altura da responsabilidade de fazer reportagens precisas e imparciais sobre a Lava Jato nem de fiscalizar as autoridades responsáveis pelas investigações. Essa é uma preocupação que Bulla e Newell examinam em certo detalhe; porém, como observam as autoras, *The Intercept* é também parte do ambiente midiático brasileiro e, de certa forma, desempenhou o importante papel de "vigiar os vigias". Bulla e Newell ainda se aprofundam na discussão da cobertura da Lava Jato feita pela imprensa ao ressaltar que vários veículos reconhecerem seus erros, entre eles uma cobertura pouco crítica em relação ao trabalho das instituições de *accountability*, e tentaram compensá-los. Por exemplo, a *Folha de S.Paulo* e a *Veja*, dois dos maiores veículos de comunicação do Brasil, fizeram parcerias com *The Intercept* para noticiar informações que, antes de 2019, não estavam disponíveis. Informações que, como discutiremos posteriormente neste capítulo, levantam algumas dúvidas a respeito da conduta dos procuradores e do principal juiz da Lava Jato.

A Lava Jato em perspectiva comparada

Ao explorar como outros países estão reagindo às revelações trazidas à tona pela Lava Jato, este livro concentrou-se no Peru e no México. Rodriguez-Olivari detalhou como, apesar de vários obstáculos, a Equipe Especial de Procuradores progrediu nos processos criminais, usando especialmente instrumentos jurídicos como a prisão provisória e acordos de delação premiada no Peru. Em nossa avaliação, o capítulo 11 ajuda a compensar a pouca atenção que a mídia internacional deu ao trabalho dos procuradores peruanos envolvidos nas investigações da Lava Jato. Porém, para medir plenamente o progresso do Peru em meio à Lava Jato, é necessário um ponto de comparação. Pimenta e Greene ofereceram elementos que permitem esse contraste.

No capítulo 10, as autoras observaram que a Odebrecht, a empresa no centro do escândalo, tinha maior poder de mercado — e, portanto, maior poder político — em comparação com o México. Pimenta e Greene também observaram que o arcabouço jurídico que favorecia o controle da corrupção parecia mais forte no México do que no Peru. Assim, qual dos dois países mais avançou em resposta à Lava Jato? Ao contrário do que se teria previsto, no momento da redação deste capítulo, a resposta é o Peru. As investigações no México tramitam lentamente e, por ora, tiveram resultados limitados. Enquanto isso, no Peru, indivíduos influentes estão enfrentando prisões provisórias, autoridades do país chegaram a um acordo com a Odebrecht e há esforços para aprovar reformas jurídicas e políticas relevantes.

Por meio de análises estatísticas, Wahrman, no capítulo 2, aprofundou a comparação entre países onde a Odebrecht operava, onde a empresa admitiu ter feito pagamentos ilegais para atuar e onde ela não mantinha negócios ativos na América Latina. O que motiva essa análise é a possibilidade de que a Odebrecht pode ter escolhido países para fazer negócios com base no critério de corruptibilidade dos governos, medidos com base no Relatório de Competitividade Global, um índice de classificação de países anual publicado pelo Fórum Econômico Mundial. No fim das contas, o autor encontrou indícios de que a Odebrecht atuava com maior presença em países mais sensíveis à propina quando o escândalo veio à tona. Abraçando a transparência em sua pesquisa, Wahrman concluiu seu capítulo com informações que permitirão que outras pessoas repliquem e estendam a análise dos dados.[11]

Outro capítulo que traz análise de dados é o capítulo 4, de Sanzovo e Ganley. As autoras examinaram a ausência de controle e fiscalização dos projetos de desenvolvimento urbano realizados como preparação para a Olimpíada do Rio de 2016. Ganley e Sanzovo examinaram o orçamento inicial de 9,3 bilhões de dólares e, usando dados abertos e informações disponíveis ao público, tentaram conferir se o governo fez o que tinha prometido. As autoras verificaram que o acesso ao transporte público de alta qualidade aumentou e que o tempo de deslocamento em algumas das principais vias do Rio diminuiu. Ao mesmo tempo, porém, as autoras destacaram a decepção com a falta de dados disponíveis para o público a respeito de investimentos relevantes de infraestrutura e o fato de que menos da metade dos projetos foi totalmente concluída no momento da redação do texto.

Sanzovo e Ganley também produziram um cuidadoso relatório das alegações de propinas e de superfaturamento em torno da Olimpíada do Rio de 2016. E vale a pena ressaltar isso por um motivo particularmente importante. Como será discutido na seção seguinte, há questões a respeito de alguns agentes que lideraram a Operação Lava Jato. Apesar disso e dos outros pontos de controvérsia em torno da Lava Jato, o fato persistente é que a América Latina é uma região que tem dificuldades com *accountability* — e a operação é uma confirmação disso.

---

[11] Concretamente, aqueles que lerem o capítulo de Connor Warhman verão que ele disponibiliza on-line o banco de dados e o código em R usado na análise.

Vaza Jato

Este livro tem como principal objeto de análise a Lava Jato, mas é preciso falar também sobre as reportagens do *The Intercept*, que ficaram conhecidas por muitos como "Vaza Jato". Como mencionado brevemente em capítulos anteriores, as reportagens do *The Intercept* — baseadas primariamente em mensagens de texto privadas trocadas entre procuradores e o então juiz Sergio Moro — foram publicadas on-line pela primeira vez em 9 de junho de 2019 (Greenwald, Demori e Reed, 2019). As reportagens levantaram questões sobre a conduta de Moro e dos procuradores.

Até este momento, os esforços de reportagem do *The Intercept* foram liderados por Glenn Greenwald, advogado e jornalista americano que mora no Brasil e que talvez seja mais conhecido por suas reportagens publicadas no jornal inglês *The Guardian* a respeito de Edward Snowden e dos vazamentos de documentos e informações produzidas pela National Security Agency (NSA), a agência de segurança nacional norte-americana (Pilkington, 2014; Reitman, 2013). Como abordado em mais detalhes em nossa introdução e, em especial, no capítulo 12, Greenwald é muitas vezes reconhecido como um jornalista que questiona e fiscaliza o sistema (Reitman, 2013). E foi a partir dessa posição de inconformismo que ele ajudou a criar *The Intercept* (Cosman, 2014; Glenn Greenwald em entrevista neste livro).

Greewnwald e seus colaboradores deram acesso parcial ao arquivo de materiais do *The Intercept* a veículos como *Veja, Folha de S.Paulo* e *Universo Online* (UOL), estes dois últimos do Grupo Folha. Esses veículos, por sua vez, começaram a publicar as próprias descobertas. Da perspectiva do *The Intercept*, as mensagens demonstram uma colaboração excessivamente próxima entre Sergio Moro, então principal juiz da Lava Jato, e os procurados da operação e indicam também viés contra o presidente Lula durante seu julgamento (Fishman et al., 2019c; Fishman et al, 2019c). Quanto à primeira questão, as mensagens de texto mostram que o juiz Moro e Deltan Dallagnol, procurador-chefe da força-tarefa da Lava Jato por cerca de seis anos, discutiram detalhes e desdobramentos da investigação e estratégias para envolver a mídia. Se essas conversas demonstram viés, uma conduta não ética ou violações do direito, é algo que cabe a especialistas jurídicos do direito brasileiro determinar. Se esses tipos de conversas são comuns entre juízes e procuradores no Brasil, também é algo que não estamos em posição de avaliar com precisão. Aquilo que podemos comentar, por outro lado, são as reformas institucionais que ajudariam a abordar e a prevenir esse tipo de questão.

No Brasil, o juiz responsável por supervisionar uma investigação criminal é o mesmo juiz que será responsável pelos processos criminais resultantes, inclusive a sentença (Moro, 2016).[12] Esse arranjo institucional incentiva a colaboração próxima entre o juiz e os procuradores antes mesmo do começo do julgamento. Considerando-se esse arranjo, é difícil imaginar como o juiz poderia manter perfeita neutralidade. A fim de abordar isso, recomendamos reformas que incluam a designação de dois juízes separados para as fases investigava e processual de um caso e um maior esclarecimento das regras que governam as comunicações entre juiz e procurador.

O segundo aspecto preocupante das mensagens de texto é quando Moro classifica os atos da defesa de Lula como "showzinho" (Fishman et al., 2019b; Moro Martins et al., 2019). O uso da palavra pejorativa "showzinho" por parte de um juiz é inegavelmente problemático. Independentemente do que tenha motivado o então juiz a usar essa frase, é difícil, ao ficar sabendo dessa conversa, não a perceber como exemplo de viés contra Lula. Como diz Greenwald no capítulo 12: "[I]magine se você fosse condenado a uma década de cadeia por um juiz que, pelas suas costas, zombava de você…". Assim, uma proposta de reforma que ajudaria a mitigar esse tipo de questão seria usar com mais frequência o júri para julgar. No Brasil, excetuando-se os processos por homicídio, é o juiz do processo quem decide sozinho o veredito (Borges de Mendonça, s.d.).

Um último ponto de preocupação é a revelação de que Dallagnol deu palestras em eventos privados em troca de compensação monetária (Fishman et al., 2019a). Como mencionado no capítulo 8, as palestras pagas foram consideradas dentro da lei e boa parte do dinheiro que Dallagnol ganhou com elas aparentemente foi doado. Porém, considerando que essas palestras pagas podem ser percebidas como violação ética, recomendamos que compromissos desse tipo exijam aprovação prévia das autoridades públicas relevantes. Além disso, palestras pagas feitas por procuradores e juízes devem ser imediatamente divulgadas ao público.

Essas questões, levantadas pela Vaza Jato, provocaram reações fortes. Acadêmicos, advogados, juristas, ex-ministros da Justiça e juízes dos supre-

---

[12] Como Deltan Dallagnol ressalta ao fim do capítulo 8, existem propostas para modificar o sistema de modo que "Depois da investigação, outro juiz que não estava envolvido na fase investigativa julgaria o caso". As notícias sobre essa proposta de incluir um "juiz de garantias" estavam sendo geradas enquanto este capítulo de conclusão estava sendo escrito (Mori, 2019).

mos tribunais de diversos países assinaram uma carta aberta afirmando que o presidente Lula era "vítima de perseguição política" e pediram a anulação de suas condenações (Bergamo, 2019). A Ordem dos Advogados do Brasil (OAB) chegou a pedir que Moro renunciasse ao cargo de ministro da Justiça (Jean Kaiser e Jeantet, 2019; Pearson e Magalhães, 2019). Por outro lado, alguns estudiosos do direito perguntaram-se se os vazamentos realmente demonstram alguma conduta gravemente errada (Borges de Sousa Filho e Benetti Timm, 2019; Stephenson, 2019).

Como referido anteriormente, evitaremos quaisquer julgamentos sobre a Vaza Jato — tema ainda excessivamente novo e pouco desenvolvido para ser avaliado com precisão. Porém, consideramos que as revelações feitas por meio dos vazamentos das mensagens são importantes e geram preocupações suficientes para recomendar novos estudos. Para esse fim, defendemos novas e contínuas reportagens com os dados oriundos dos vazamentos e nos opomos a esforços de censurar quaisquer pessoas que façam reportagens sobre o tema. Dizemos isso considerando que o presidente Bolsonaro falou que "[Greenwald] pode pegar uma cana aqui no Brasil", insinuando que Greenwald poderia ser preso (CPJ, 2019). Alguns políticos no Congresso Nacional também pediram a deportação de Greenwald (McCoy, 2019).

Uma crítica inicial e parcial das reportagens da "Vaza Jato" de *The Intercept*

Tendo deixado clara nossa posição sobre a censura, temos algumas preocupações com as reportagens do *The Intercept*. Nem todas as afirmações feitas por *The Intercept* com base nas informações vazadas encontram necessariamente fundamento no conteúdo das mensagens. Por exemplo, a parte 2 da Reportagem da Vaza Jato de *The Intercept* propõe a seguinte tese:

> Um extenso lote de arquivos secretos revela que os procuradores da Lava Jato, que passaram anos insistindo que são apolíticos, tramaram para impedir que o Partido dos Trabalhadores, o PT, ganhasse a eleição presidencial de 2018, bloqueando ou enfraquecendo uma entrevista pré-eleitoral com Lula com o objetivo explícito de afetar o resultado da eleição.

Os leitores hão de notar que essa tese é composta de muitas asseverações juntas. A primeira delas (Afirmação 1) é que os membros da força-tarefa da

Lava Jato apresentavam-se como independentes e acima da política. Para embasar essa afirmação em particular, a versão em português da reportagem do *The Intercept* reproduz uma imagem de uma mensagem de Deltan Dallagnol publicada nas mídias sociais na qual ele se refere ao próprio trabalho e ao dos colegas como apolítico. Nesse ponto específico, verificamos que a Afirmação 1 do *The Intercept* tem fundamento e se sustenta em provas.

A outra afirmação embutida na tese de *The Intercept* (Afirmação 2) é que os membros da força-tarefa da Lava Jato estavam interessados em "bloquear ou enfraquecer" uma entrevista com o ex-presidente Luiz Inácio Lula da Silva. Para embasar essa afirmação, *The Intercept* cita mensagens de texto de dois procuradores da força-tarefa: Athayde Ribeiro Costa e Januário Paludo. Essas mensagens de texto claramente mencionam estratégias para impedir e limitar o impacto de uma entrevista de Lula. Porém, prova nenhuma é oferecida de que Dallagnol, que liderava a força-tarefa, tenha ordenado explicitamente as estratégias propostas. Aquilo que mais se aproxima de uma evidência que sugere isso é o "Rsrsrs" (indicando risadas) que Dallagnol escreve quando aparentemente fica sabendo que a autorização para entrevistar Lula acabou sendo suspensa pelo tribunal.

Assim, quanto à Afirmação 2, consideramos haver evidências suficientes para concluir que, no mínimo, dois membros da força-tarefa estavam interessados em impedir a entrevista de Lula. Dito isso, afirmações de dois membros de um grupo de cerca de 10 não refletem necessariamente as opiniões de todos os integrantes daquele grupo. Quanto a Dallagnol, ele parece ter preferido que Lula não fosse entrevistado; porém, outra vez, a reportagem não apresenta provas de que ele estava disposto a agir para bloquear ou enfraquecer a entrevista. Isso é importante considerando-se que nenhum dos dois procuradores citados por *The Intercept* provavelmente teria agido para bloquear ou enfraquecer a entrevista de Lula sem o consentimento explícito de Dallagnol.

A terceira e última afirmação que queremos examinar (Afirmação 3) baseia-se na anterior. Essa terceira afirmação diz que membros da força-tarefa da Lava Jato tinham interesse em bloquear ou enfraquecer uma entrevista pré-eleitoral com o ex-presidente Luiz Inácio Lula da Silva com o fim explícito de afetar o resultado da eleição presidencial de 2018. Para embasar essa afirmação, *The Intercept* cita Laura Tessler, integrante da força-tarefa. Podemos ler o que Tessler escreveu sobre a possível entrevista de Lula:

— Que piada!!! Revoltante!!! Lá vai o cara fazer palanque na cadeia. Um verdadeiro circo. E depois de Mônica Bergamo, pela isonomia, devem vir tantos outros jornalistas... e a gente aqui fica só fazendo papel de palhaço com um Supremo desse...
— Sei lá... mas uma coletiva antes do segundo turno pode eleger o Haddad.

Porém, mais uma vez, entendemos que declarações de uma procuradora não necessariamente refletem as opiniões de todos os membros da força-tarefa. Além disso, considerando a visão parcial das mensagens de texto, é difícil dizer se a segunda das duas afirmações foi feita com grande certeza ou se foi um exemplo de alguém pensando em voz alta.

Para que fique absolutamente claro, não estamos tentando justificar nenhuma das declarações vazadas e aqui mencionadas. Tendo em vista duas das recomendações apresentadas no começo deste capítulo, os integrantes da rede de instituições de *accountability* do país devem evitar interferir na política e precisam ter um cuidado a mais com o que dizem e com o que fazem, incluindo como falam e agem em arenas privadas. Porém, ainda que desaprovemos aquilo que é citado como sendo as palavras de três dos membros da força-tarefa, as provas apresentadas não nos convencem de que a força-tarefa como um todo tramou para impedir que o PT vencesse a eleição presidencial de 2018. Contudo, a principal questão relacionada com a Vaza Jato é que ela exige um exame mais minucioso antes que qualquer conclusão definitiva seja tirada. A seção seguinte ressalta outros tópicos relevantes para futuras pesquisas, ao mesmo tempo que se dirige para a conclusão.

Conclusão

A Lava Jato oferece múltiplos objetos e oportunidades de pesquisa que os 15 capítulos deste volume não podem abranger completamente. Há temas adicionais que consideramos particularmente dignos de atenção acadêmica no futuro. Por exemplo, a sociedade civil organizada desempenhou um papel nada banal no apoio às investigações da Lava Jato em diversos países, incluindo o Brasil e o Peru. Essas organizações da sociedade civil (OSCs) podem desempenhar um papel importante na defesa de procuradores contra esforços para limitar sua independência e impedir seu trabalho. As OSCs também podem insistir na adoção de políticas anticorrupção novas e bem calibradas. Assim, as contribuições efetivas e potenciais das OSCs merecem ser analisadas mais de perto. A contribuição de agentes internacionais também merece ser avaliada de forma mais profunda. Por exemplo, valeria a pena entender em que medida as autoridades de países com instituições mais robustas desempenharam um papel construtivo assessorando as autoridades brasileiras envolvidas na Lava Jato. Nosso interesse particular nesse tema é motivado pelo fato de que a colaboração entre as autoridades americanas e brasileiras é o que, em última instância, permitiu que a Petrobras, a petroleira estatal brasileira, recuperasse uma parcela considerável daquilo que foi perdido por causa do esquema de corrupção no centro da Lava Jato (DOJ, 2016).

Além disso, um estudo apolítico dedicado a entender o suposto papel de Luiz Inácio Lula da Silva na corrupção poderia ajudar a trazer clareza para um tema particularmente delicado. Em seus muitos anos como líder fundamental — e até inspirador — da esquerda brasileira, Lula falava com frequência contra a corrupção. Então, em 2005, dois anos após o começo do seu primeiro mandato presidencial, o PT, que Lula ajudou a formar no começo da década de 1980, enredou-se no escândalo do Mensalão, discutido na introdução e por Albert Fishlow no capítulo 2. Como mencionado na introdução deste livro, políticos próximos de Lula foram considerados culpados no caso do Mensalão. O próprio Lula hoje enfrenta acusações de corrupção por propinas recebidas como parte do esquema revelado pela Operação Lava Jato (Darlington, 2019). Diante das alegações apresentadas, há pessoas convencidas de que Lula é inocente, assim como há pessoas convencidas do contrário.[13] Dessa forma, uma análise detalhada e objetiva dos indícios disponíveis a respeito do caso parece valer a pena.

Este livro buscou oferecer uma coletânea de artigos sobre a Lava Jato que abordaram alguns desses temas e outros que consideramos essenciais. Muitos deles ajudam a preencher lacunas que estavam abertas. Talvez essas lacunas existissem porque a mídia inexplicavelmente gravitava mais em direção às alegações de corrupção na Copa do Mundo da Fifa de 2014 e não para aquelas relacionadas com a Olimpíada do Rio de 2016. Ou, talvez, algumas dessas lacunas possam ser explicadas pelo maior interesse de grupos internacionais de *advocacy* no trabalho da força-tarefa da Lava Jato no Brasil em comparação com, digamos, a Equipe Especial de Procuradores da Lava Jato do Peru.

Os ensaios que compõem esta obra também alimentam o debate continuado sobre a Lava Jato. Porém, tomamos o cuidado de alimentar o debate com

---

[13] Uma amostra do debate está disponível em *The Global Anticorruption Blog*. O debate está nos seguintes dois posts: (1) Silvestrin Guedes et al. (2019); (2) Martins e Zanin (2019).

substância. Isso é importante, considerando-se a carga emocional adquirida pelo assunto. Os sentimentos de resignação compartilhada que se seguiram ao escândalo e a suas revelações de corrupção aparentemente sem fim levaram algumas pessoas a sentir-se verdadeiramente desalentadas. Nossa esperança e nosso objetivo é que, ao estudar o problema, esse sentimento de perda possa ser substituído por mais conhecimento e com um novo sentido de propósito e direção. Os cidadãos da América Latina merecem governos democráticos que mantenham a corrupção sob controle.

Referências

ALBUQUERQUE, A. L. A Lava Jato não é só a operação, mas um estado de espírito, diz professor de Harvard. *Folha de S.Paulo*, 21 out. 2019. Disponível em: www1.folha.uol.com.br/poder/2019/10/a-lava-jato-nao-e-so-a--operacao-mas-um-estado-de-espirito-diz-professor-de-harvard.shtml.

ANDERSON, C. J.; TVERDOVA, Y. V. Corruption, political allegiances, and attitudes toward government in contemporary democracies. *American Journal of Political Science*, v. 47, n. 1, 2003.

BBC NEWS. Brazil: Protesters storm Congress seeking military rule. *BBC News*, 17 nov. 2016. Disponível em: www.bbc.com/news/world-latin--america-38010060.

BERGAMO, M. Juristas estrangeiros se dizem chocados e defendem libertação de Lula. *Folha de S.Paulo*, 2019. Disponível em: www1.folha.uol.com.br/poder/2019/08/juristas-estrangeiros-se-dizem-chocados-e-defendem--libertacao-de-lula.shtml.

BLOOMBERG. Brazil election results. *Bloomberg*, 29 out. 2018. Disponível em: www.bloomberg.com/graphics/2018-brazil-election/.

BOADLE, A.; STARGARDTER, G. Far-right Bolsonaro rides anti-corruption rage to Brazil presidency. *Reuters*, 28 out. 2018. Disponível em: www.reuters.com/article/us-brazil-election/far-right-bolsonaro-rides-anti-corruption--rage-to-brazil-presidency-idUSKCN1N203K.

BORGES DE MENDONÇA, A. The criminal justice system in Brazil: a brief account. s.d. Disponível em: www.mpf.mp.br/atuacao-tematica/sci/dados-da-atuacao/links-tematicos/the-criminal-justice-system-in-brazil--a-brief-account.

BORGES DE SOUSA FILHO, A.; BENETTI TIMM, L. *Do the Lava Jato leaks show illegal or unethical behavior?* A debate between Brazilian legal experts. 2 jul. 2019. Disponível em: https://globalanticorruptionblog.com/2019/07/02/do-the-lava-jato-leaks-show-illegal-or-unethical-behavior-a-debate-between-brazilian-legal-experts/.

BUQUET CORLETO, D.; PIÑEIRO, R. The Uruguayan way from particularism to universalism. In: MUNGIU-PIPPIDI, A.; JOHNSTON, M. (Ed.). *Transitions to good governance*: creating virtuous circles of anticorruption. Edward Elgar Publishing Limited, p. 57-101, 2017.

CODATO, A. Estado Novo no Brasil: um estudo da dinâmica das elites políticas regionais em contexto autoritário. *Dados* [on-line], v. 58, n. 2, 2015.

_____. Os mecanismos institucionais da ditadura de 1937: uma análise das contradições do regime de Interventorias Federais nos estados. *História*, São Paulo, v. 32, n. 2, p. 189-208, jul./dez. 2013.

COSMAN, B. Meet "The Intercept": Glenn Greenwald's news site has arrived. *The Atlantic*, 2014. Disponível em: www.theatlantic.com/national/archive/2014/02/meet-intercept-glenn-greenwalds-news-site-has-arrived/357899/.

CPJ. Brazilian president Bolsonaro says Glenn Greenwald may "do jail time". *Committee to Protect Journalists*, 29 jul. 2019. Disponível em: https://cpj.org/2019/07/brazilian-president-bolsonaro-says-glenn-greenwald.php.

DARLINGTON, S. Brazil's "Lula" convicted again of corruption, clouding his political future. *The New York Times*, 6 fev. 2019. Disponível em: www.nytimes.com/2019/02/06/world/americas/brazil-lula-convict-corruption.html.

DOJ. Odebrecht and Braskem plead guilty and agree to pay at least $3.5 billion in global penalties to resolve largest foreign bribery case in history [Boletim de imprensa]. 2016. Disponível em: www.justice.gov/opa/pr/odebrecht-and-braskem-plead-guilty-and-agree-pay-least-35-billion-global-penalties-resolve.

DONG, B.; DULLECK, U.; TORGLER, B. Conditional corruption. *Journal of Economic Psychology*, v. 33, n. 3, p. 609-627, 2012.

FARIA, F. 6 in 10 people unsatisfied with state of democracy in Brazil. *Folha de S.Paulo*, 4 jun. 2019. Disponível em: www1.folha.uol.com.br/internacional/en/brazil/2019/06/6-in-10-people-unsatisfied-with-state-of-democracy-in-brazil.shtml.

FISHMAN, A. et al. Brazilian anti-corruption prosecutor gave secret talk to bankers and took money from a company he was investigating. *The Intercept*, 2019a. Disponível em: https://theintercept.com/2019/07/26/brazil-car-wash-deltan-dallagnol-paid-speaking/.

_____ et al. Brazilian judge in Car Wash corruption case mocked Lula's defense and secretly directed prosecutors' media strategy during trial. *The Intercept*, 2019b. Disponível em: https://theintercept.com/2019/06/17/brazil-sergio-moro-lula-operation-car-wash/.

_____ et al. Leaked chats between Brazilian judge and prosecutor who imprisoned Lula reveal prohibited collaboration and doubts over evidence. *The Intercept*, 2019c. Disponível em: https://theintercept.com/2019/06/09/brazil-lula-operation-car-wash-sergio-moro/.

FLEISCHER, D. Political corruption in Brazil: the delicate connection with campaign finance. *Crime, Law & Social Change*, v. 25, p. 297-321, 1997.

_____. Political party reform in Brazil: within the context of "Abertura". *Il Politico*, v. 47, n. 2, p. 281-316, 1982.

FRIED, B. *Unpublished dissertation manuscript*. Political science. Yale University. New Haven, CT, 2011.

GATTI, R.; PATERNOSTRO, S.; JAMELE, R. Individual attitudes towards corruption: do social effects matter? *World Bank Policy Research Working Paper*. Washington, DC: Banco Mundial, 2003.

GOOGLE TRENDS. Termo de busca: "acabar em pizza" (foco geográfico: Brasil; período: 1/1/04-12/29/19). 2019. Disponível em trends.google.com: https://trends.google.com/trends/explore?date=2004-01-01%202019-12-29&geo=BR&q=acabar%20em%20pizza.

GREENWALD, Glenn. *The Intercept*. Disponível em: https://theintercept.com/staff/glenn-greenwald/.

_____; DEMORI, L.; REED, B. How and why The Intercept is reporting on a vast trove of materials about Brazil's Car Was and Justice minister Sergio Moro. *The Intercept*, 9 jun. 2019. Disponível em: https://theintercept.com/2019/06/09/brazil-archive-operation-car-wash/.

HOCHSTETLER, K. Odebrecht in the Amazon: comparing responses to corruption in Latin America. In: *International Development LSE Blog*, v. 2017. Online: London School of Economics.

HUNTER, W.; POWER, T. J. Bolsonaro and Brazil's illiberal backlash. *Journal of Democracy*, v. 30, n. 1, p. 68-82, 2019.

JEAN KAISER, A.; JEANTET, D. Brazil law group wants justice minister, prosecutors removed. *AP News*, 10 jun. 2019. Disponível em: https://apnews.com/f75a6131b9744fbea35908d3deb70df5.

KLAŠNJA, M.; LITTLE, A. T.; TUCKER, J. A. *Political corruption traps*. Political science Research and Methods. 2016. doi:10.1017/psrm.2016.45

LAGUNES, P.; YANG, X.; CASTRO, A. *The state of corruption in Latin America*. 2019. Houston, TX. Disponível em: www.bakerinstitute.org/media/files/files/09570f2e/bi-report-070819-latam-corruption.pdf.

LEAHY, J.; SCHIPANI, A. Jair Bolsonaro draws in Brazil populists despite contradictions. *The Financial Times*, 17 set. 2018. Disponível em: www.ft.com/content/d7df60cc-b7c4-11e8-bbc3-ccd7de085ffe.

MARGOLIS, M. Bolsonaro is a risky bet for Brazil's military. *Bloomberg*, 9 mai. 2019. Disponível em: www.bloomberg.com/opinion/articles/2019-05-09/bolsonaro-is-a-risky-bet-for-brazil-s-military.

MARTINS, Valeska T. Z.; ZANIN, Cristiano. Lula's lawyers respond to the Lava Jato prosecutors' letter. *Global Anticorruption Blog*, 2019. Disponível em: https://globalanticorruptionblog.com/2019/09/20/lulas-lawyers-respond-to-the-lava-jato-prosecutors-letter/.

MCCOY, T. Glenn Greenwald has faced pushback for his reporting before. But not like this. *The Washington Post*, 13 jul. 2019. Disponível em: www.washingtonpost.com/world/the_americas/glenn-greenwald-has-faced-pushback-for-his-reporting-before-but-not-like-this/2019/07/11/9a7f3590-a1b1-11e9-bd56-eac6bb02d01d_story.html.

MORI, Letícia. O que é o juiz de garantias e por que a criação desse cargo divide Moro e Bolsonaro. *BBC News*, 26 dez. 2019. Seção "Brasil". Disponível em: www.bbc.com/portuguese/brasil-50918694.

MORO, S. *A conversation with Judge Sérgio Fernando Moro*: handling systemic corruption in Brazil. Washington, DC, 14 jul. 2016.

MORO MARTINS, R. et al. Sergio Moro, enquanto julgava Lula, sugeriu à Lava Jato emitir uma nota oficial contra a defesa. Eles acataram e pautaram a imprensa. *The Intercept Brasil*, 2019. Disponível em: https://theintercept.com/2019/06/14/sergio-moro-enquanto-julgava-lula-sugeriu-a-lava-jato-emitir-uma-nota-oficial-contra-a-defesa-eles-acataram-e-pautaram-a-imprensa/.

MPF. *Lava Jato*: 70a fase mira corrupção em contratos de afretamento da Petrobras em benefício de grandes companhias do setor marítimo. 2019. Disponível em: www.mpf.mp.br/pr/sala-de-imprensa/noticias-pr/lava-jato-70a-fase-mira-corrupcao-em-contratos-de-afretamento-da-petrobras-em-beneficio-de-grandes-companhias-do-setor-maritimo.

NAVIA, P.; MUNGIU-PIPPIDI, A.; MARTINI, M. Chile: human agency against the odds. In: MUNGIU-PIPPIDI, A.; JOHNSTON, M. (Ed.).

Transitions to good governance: creating virtuous circles of anti-corruption. Northampton, MA: Edward Elgar Publishing Limited, p. 213-233, 2017.

NYE, J. S. Corruption and political development: a cost-benefit analysis. *The American Political Science Review*, v. 61, n. 2, p. 417-427, 1967.

O'DONNELL, G. Horizontal accountability in new democracies. In: SCHEDLER, A.; DIAMOND, L.; PLATTNER, M. F. (Ed.). *The self-restraining state*: power and accountability in new democracies. Boulder, Colorado: Lynne Rienner Publishers, Inc, p. 29-51, 1999.

O'SHAUGHNESSY, B. *Jailing the untouchables*: Brazil's Sergio Moro crusades against corruption. [s.d.] Disponível em: www.nd.edu/stories/jailing-the--untouchables/.

PEARSON, S.; MAGALHÃES, L. Sergio Moro, Brazil's graft-fighting judge, is tarnished by scandal. *The Wall Street Journal*, 18 jul. 2019. Disponível em: www.wsj.com/articles/brazil-scandal-tarnishes-nations-graft-fighting--judge-11563442204.

PHILLIPS, T. Brazil's Jair Bolsonaro threatens purge of leftwing "outlaws". *The Guardian*, 22 out. 2018. Disponível em: www.theguardian.com/world/2018/oct/22/brazils-jair-bolsonaro-says-he-would-put-army-on-streets-to-fight.

PILKINGTON, E. Guardian and Washington Post win Pulitzer Prize for NSA revelations. *The Guardian*, 2014. Disponível em: www.theguardian.com/media/2014/apr/14/guardian-washington-post-pulitzer-nsa-revelations.

POWER, T. J.; TAYLOR, M. M. Conclusion: the web of accountability institutions in Brazil. In: _____; _____ (Ed.). *Corruption and democracy in Brazil*: the struggle for accountability (p. 250-275). Notre Dame, Indiana: University of Notre Dame Press, 2011.

REITMAN, J. Snowden and Greenwald: the men who leaked the secrets. *Rolling Stone*, 19 dez. 2013. Disponível em: www.rollingstone.com/culture/culture--news/snowden-and-greenwald-the-men-who-leaked-the-secrets-104970/.

ROTHSTEIN, B. Anti-corruption: the indirect "big bang" approach. *Review of International Political Economy*, v. 18, n. 2, p. 228-250, 2011.

SCOTT, A. O. Review: "Edge of democracy" looks at Brazil with outrage and heartbreak. *The New York Times*, 18 jun. 2019. Seção "Critic's Pick".

SELIGSON, M. A. The impact of corruption on regime legitimacy: a comparative study of four Latin American countries. *The Journal of Politics*, v. 64, n. 2, 2002.

SILVA DE SOUSA, Marcelo. Brazil Court Rules Car Wash Judge Was Biased in Lula Cases. *The Washington Post*, 23 mar. 2021. The Americas.

SILVESTRIN GUEDES, Adriano Augusto et al. A group of international jurists and scholars condemns the conviction of former Brazilian president Lula as unfair and politically motivated. A group of Brazilian prosecutors defend their conduct, and the conviction. Read their dueling open letters here!. *Global Anticorruption Blog*, 2019. Disponível em: https://globalanticorruptionblog.com/2019/09/12/a-group-of-international-jurists-and-scholars-condemns-the-conviction-of-former-brazilian-president-lula-as-unfair-and-politically-motivated-a-group-of-brazilian-prosecutors-defend-their-conduct-and/.

SIMPSER, A. *The intergenerational persistence of attitudes toward corruption*. Cidade do México: Itam, 2015.

SKIDMORE, Thomas E. *The politics of military rule in Brazil, 1964-1985*. Nova York: Oxford University Press, 1988.

_____; SMITH, P. H. *Modern Latin America*. 5. ed. Nova York: Oxford University Press, 2001.

SOARES, G. A. D. Military authoritarianism and executive absolutism in Brazil. *Studies in Comparative International Development*, v. 14, n. 3/4, 1979.

SPILIMBERGO, A.; SRINIVASAN, K. Lava Jato, Mani Pulite and the role of institutions. In: _____; _____. *Brazil*: boom, bust and road to recovery. 2019. doi:http://dx.doi.org/10.5089/9781484339749.071.

STEPAN, Alfred C. *The military in politics*: changing patterns in Brazil. Princeton, NJ: Princeton University Press, 1971.

STEPHENSON, M. *The incredible shrinking scandal?* Further reflections on the Lava Jato leaks. 17 jun. 2019. Disponível em: https://globalanticorruptionblog.com/2019/06/17/the-incredible-shrinking-scandal-further-reflections-on-the-lava-jato-leaks/comment-page-1/.

TAYLOR, M. M.; BURANELLI, V. C. (Ending up in pizza: accountability as a problem of institutional arrangement in Brazil. *Latin American Politics and Society*, v. 49, n. 1, p. 59-87, 2007.

THE ECONOMIST. Corruption in Brazil: a healthier menu. *The Economist*, 19 dez. 2012. Disponível em: www.economist.com/news/americas/21568722-historic-trial-those-guilty-legislative-votes-cash-scheme-draws-close.

TI. *Corruption perceptions index 2018*. Berlim, 2018. Disponível em: www.transparency.org/cpi2018.

TORGLER, B.; VALEV, N. Gender and public attitudes toward corruption and tax evasion. *Contemporary Economic Policy*, 28(4), p. 554-568, 2010.

TREISMAN, D. What have we larned about the causes of corruption from ten years of cross-national empirical research? *Annual Review of Political Science*, 10, 2007.

VANNUCCI, A. The controversial legacy of "Mani Pulite": a critical analysis of Italian corruption and anti-corruption policies. *Bulletin of Italian Politics*, v. 1, n. 2, p. 233-264, 2009. Disponível em: www.gla.ac.uk/media/Media_140182_smxx.pdf.

WILSON, B. M.; VILLARREAL, E. Costa Rica: tipping points and an incomplete journey. In: MUNGIU-PIPPIDI, A.; JOHNSTON, M. (Ed.). *Transitions to good governance*: creating virtuous circles of anticorruption. Edward Elgar Publishing Limited, 2017.

WINTER, B. "It's complicated": inside Bolsonaro's relationship with Brazil's military. *Americas Quarterly*, 17 dez. 2019. Disponível em: www.americasquarterly.org/its-complicated-bolsonaro-military.

Agradecimentos

Considerando que nosso projeto surgiu, essencialmente, de uma série de eventos organizados em grande parte pelo Columbia Global Centers | Rio de Janeiro, começamos agradecendo a Thomas J. Trebat. Em seus anos como diretor executivo do Rio Center, Thomas tem contribuído de forma genuína para construir pontes entre o Brasil e os Estados Unidos. Nós nos beneficiamos muito de seu incentivo constante, orientação intelectual e apoio logístico. Integrantes atuais e anteriores de sua equipe, entre eles Maria Luiza Paranhos, Daniella Diniz e Laura Nóra, também nos ajudaram em momentos importantes ao longo do caminho.

A base e plataforma de gestação deste livro foi o Centro de Governança Econômica Global (CGEG, na sigla em inglês), da School of International & Public Affairs, da Universidade Columbia (Nova York, EUA). No CGEG, David Caughlin nos deu assistência administrativa vital. Da mesma forma, Theresa Murphy coordenou uma série de tarefas relevantes e também leu os primeiros rascunhos que acabaram se tornando capítulos elaborados. Entre outras coisas, Joseph Chartier garantiu que a tradução cuidadosa e profissional de Pedro Sette-Câmara fosse compensada em tempo hábil. Cortney Newell e Joshua Son transcreveram as entrevistas apresentadas no livro. João Pompeu Melhado auxiliou na investigação e em outras tarefas importantes, como dar opiniões francas e informadas sobre temas atuais.

Da mesma maneira, estamos imensamente gratos a todos aqueles que compartilharam seu tempo e perspectiva conosco. Por exemplo, Marcos Troyjo — agora trabalhando no Ministério da Economia brasileiro — provou ser persuasivo ao apresentar os meios pelos quais o controle da corrupção poderia, em última instância, promover o desenvolvimento. O ministro Wagner Rosário e sua equipe da Controladoria-Geral da União (CGU) nos forneceram uma riqueza de informações sobre o arcabouço institucional no qual a corrupção é combatida no Brasil. Outros que se sentaram para conversar conosco foram Gustavo Azenha, Guilherme Donega, Ilona Szabó de Carvalho, André Oliveira, Maria Barcellos-Raible, Daniel Guanaes, Paulo Galvão de Carvalho, Paulo Vasconi Speroni e Tiago Amaral Ciarallo. Victor Pougy articulou a entrevista com Glenn Greenwald. Erika de la Garza contribuiu para organizar um evento que ajudou a cristalizar nosso pensamento sobre uma série de questões relevantes. No entanto, seríamos omissos se não destacássemos também as contribuições especiais de Raquel de Mattos Pimenta, Luciano Da Ros, Jessie Bullock e Karla Y. Ganley.

Raquel, Luciano e Jessie revisaram altruisticamente partes importantes do livro. Quanto a Karla, todos os capítulos desta obra se beneficiaram de sua contribuição intelectual. Sua inspiradora ética de trabalho e paixão pela pesquisa a tornam a colaboradora ideal. Somos igualmente gratos aos outros autores dos capítulos que, a partir de março de 2018, concordaram em nos ajudar a refletir sobre um tema em constante evolução que é a Lava Jato. É difícil prever como os eventos descritos neste livro acabarão se desdobrando. No entanto, todas as pessoas mencionadas contribuíram para produzir uma obra que, esperamos, os leitores considerem ponderada e equilibrada. Quaisquer erros são de nossa responsabilidade como organizadores.

Sobre os autores

Albert Fishlow é professor emérito da Universidade da Califórnia em Berkeley e da Escola de Assuntos Internacionais e Públicos na Universidade Columbia. É também ex-diretor do Instituto de Estudos Latino-Americanos (Ilas) e do Centro para o Estudo do Brasil da Universidade Columbia, em Nova York (EUA). Em 1999, recebeu a Ordem Nacional do Cruzeiro do Sul do governo do Brasil. Entre suas numerosas publicações, Fishlow escreveu *Starting over: Brazil since 1985* (Brookings, 2011), livro que conta a história política e econômica do Brasil desde a década de 1980.

Ana Luiza Aranha é doutora em ciência política pela Universidade Federal de Minas Gerais (UFMG). Atualmente é assessora Anticorrupção para o Programa das Nações Unidas para o Desenvolvimento (PNUD). Também colabora como pesquisadora e professora na Fundação Getulio Vargas (FGV) em São Paulo (Brasil). Anteriormente, trabalhou no Centro de Conhecimento Anticorrupção do capítulo brasileiro da Transparência Internacional.

Anya Schiffrin é diretora do curso de especialização em tecnologia, mídia e comunicações da Escola de Assuntos Internacionais e Públicos da Universidade Columbia (EUA). Entre outros temas, ela escreve a respeito de jornalismo e desenvolvimento e também sobre a mídia na África e no setor extrativista. Schiffrin faz parte do Conselho Global da Open Society Foundations e do conselho consultivo do Natural Resource Governance Institute. Seus livros mais recentes são *African muckraking: 75 Years of African investigative journalism* (Jacana, 2017) e *Global muckraking: 100 years of investigative reporting from around the world* (New Press, 2014).

Beatriz Bulla é uma repórter brasileira. Atualmente, é a correspondente em Washington, DC (EUA) do jornal *O Estado de S. Paulo*, onde trabalha desde 2012. Foi repórter de economia, política e justiça em São Paulo e em Brasília, onde assumiu a cobertura do Supremo Tribunal Federal (STF). Recebeu um prêmio do jornal por sua cobertura da Lava Jato em 2017. Foi pesquisadora visitante da School of International and Public Affairs da Universidade Columbia (EUA) durante o primeiro semestre de 2018.

Catherine Greene é consultora financeira da divisão de Prática Global de Finanças e Mercados do Banco Mundial. Obteve um LL.B. na Universidade de San Andrés (Buenos Aires) e um LL.M. da Faculdade de Direito de Yale (EUA). É especializada em mecanismos antilavagem de dinheiro e em regimes de declaração de bens e interesses privados de agentes públicos para prevenção de conflitos de interesses. Greene atualmente é gerente de Publicações do U4 Anti-Corruption Resource Centre.

Connor Wahrman concluiu o mestrado no programa de Métodos Quantitativos em Ciências Sociais da Universidade Columbia (EUA). Foi nesse programa que Wahrman escreveu uma tese sobre a dinâmica da corrupção em licitações públicas. Atualmente, ele faz pesquisas sobre consumo e comunicação para The Collage Group, uma das principais empresas americanas de pesquisas de mercado multiculturais.

Cortney Newell é consultora especializada em auxílio humanitário e trabalha atualmente em Cúcuta (Colômbia), onde é coordenadora de um programa de assistência de renda para migrantes venezuelanos em situação vulnerável. Depois de começar sua carreira como jornalista no Tennessee (EUA), ela trabalhou em iniciativas de desenvolvimento de comunidades internacionais e assistência humanitária em três continentes. Participou de pesquisas que abordavam corrupção na América Latina, programação humanitária sensível ao gênero no Oriente Médio e desenvolvimento de tecnologia móvel para o desenvolvimento na África. Newell obteve seu MPA em prática de desenvolvimento na Escola de Assuntos Internacionais e Públicos da Universidade Columbia (EUA).

Daniela Campello é professora associada de política na Escola Brasileira de Administração Pública e de Empresas (Ebape) na Fundação Getulio Vargas (FGV). Em 2018, foi pesquisadora-visitante CAF-Oxford no Latin American Centre da Universidade de Oxford. Campello é engenheira, concluiu o doutorado em ciência política na Universidade da Califórnia em Los Angeles (Ucla) e foi professora assistente na Universidade Princeton. Sua pesquisa está na fronteira entre economia política internacional e comparada. É autora de *The politics of market discipline in Latin America* (Cambridge University Press, 2015) e coautora de *The volatility curse* (Cambridge University Press, 2020) e publicou artigos nos principais periódicos da área. Antes de iniciar sua carreira acadêmica, Campello trabalhou no mercado financeiro e no governo do estado do Rio de Janeiro.

Débora Thomé é doutora em ciência política pela Universidade Federal Fluminense (UFF). Sua pesquisa está concentrada no viés de gênero do Estado e das instituições, bem como nos estudos de mulher e poder. Foi pesquisadora visitante na Universidade Columbia, em Nova York, em 2018. Antes de iniciar sua carreira acadêmica, trabalhou como jornalista para a TV Globo e o jornal *O Globo*. Pela FGV Editora, publicou *O Bolsa Família e a social democracia* (2013) e *Mulheres e poder* (2018).

Denisse Rodriguez-Olivari é doutoranda em ciência política na Universidade Humboldt (Alemanha), com estudos no King's College London no departamento de Desenvolvimento Internacional. Sua dissertação examina os efeitos da judicialização da grande corrupção no escândalo da Lava Jato no Peru e no Brasil. Ela obteve um certificado de pós-graduação na London School of Economics (LSE) como *scholar* da Hansard Society. Também tem mestrado em desenvolvimento internacional, com especialização em política e governança, do Instituto de Desenvolvimento Global da Universidade de Manchester (Reino Unido).

Fernanda Odilla é doutora em ciências sociais e políticas públicas pelo Brazil Institute do King's College London. Tem mestrado em criminologia pela faculdade de Direito do King's College London e especialização em criminalidade e segurança pública pela Universidade Federal de Minas Gerais (UFMG). Atualmente, é pesquisadora no departamento de Ciências Políticas e Sociais da Universidade de Bolonha, na Itália. Tem se dedicado a estudar corrupção, integridade e controle. Jornalista de formação, trabalhou como repórter em diferentes veículos de comunicação em Belo Horizonte, Brasília e Londres. É autora do livro *Pizzolato — não existe plano infalível* (Leya, 2014).

Jan Svejnar é professor da cátedra James T. Shotwell de Economia Política Global e diretor do Centro de Governança Econômica Global na Universidade Columbia (EUA). Sua pesquisa concentra-se nos efeitos das políticas governamentais sobre governos, trabalho e mercados de capital; governança e desempenho corporativo nacional e global; e empreendedorismo, inovação e investimento. Em 2012, Svejnar recebeu um prêmio Neuron pelo conjunto de sua obra do Karel Janeček for Research and Science, e, em 2015, recebeu o Prêmio IZA 2015 em Economia do Trabalho do Instituto para o Estudo do Trabalho. Entre suas numerosas publicações, Svejnar coeditou o volume *Labor markets and economic development* (Routledge, 2013).

Jessie W. Bullock é doutoranda no Departamento de Governo da Universidade de Harvard (EUA). Ela estuda política comparada e economia política, com interesses de pesquisa em violência política, corrupção e máquinas políticas e conflito. Seu projeto de tese trata das causas e consequências do envolvimento do crime organizado na política do Rio de Janeiro. Sua pesquisa é apoiada pela Corporação Andina de Fomento, David Rockefeller Center for Latin American Studies e Foundation for Human Behavior Initiative. Antes de se juntar ao Departamento de Governo de Harvard, Bullock trabalhou com diplomacia internacional no Departamento de Estado do governo dos Estados Unidos tanto em Washington, DC, quanto na Cidade da Guatemala.

Karine Belarmino é doutoranda em ciência política na Universidade de Minnesota. Fez mestrado em ciência política no Instituto de Estudos Sociais e Políticos (Iesp) da Universidade Estadual do Rio de Janeiro (Uerj), Brasil. Sua pesquisa concentra-se em clientelismo, corrupção e mídia.

Karla Y. Ganley é mestre em administração pública pela Escola de Assuntos Internacionais e Públicos da Universidade Columbia (EUA) e também mestre em saúde pública pela Escola Mailman de Saúde Pública da Universidade Columbia. Uma de suas áreas de especialização é desenvolvimento político e econômico. Ela também é especialista em sistemas de saúde e em saúde de populações.

Márcia R. G. Sanzovo está no terceiro ano da pós-graduação na Universidade Columbia, fazendo o mestrado em administração pública na Escola de Assuntos Internacionais e Públicos e um MBA na Escola de Negócios da Universidade Columbia. Suas duas áreas de especialização são política urbana e social e empreendedorismo social. Sanzovo teve experiência prévia em consultoria de gestão na América Latina e em organizações sem fins lucrativos no Brasil, onde liderou um projeto de escopo nacional que almejava melhorar o fluxo de trabalho nas secretarias de educação municipais.

Matthew C. Stephenson é professor da cátedra Eli Goldston na Faculdade de Direito de Harvard (EUA). Sua pesquisa concentra-se em direito público, legislação, direito administrativo e anticorrupção. Além de sua pesquisa acadêmica, Stephenson atuou como consultor em projetos de controle de corrupção, governança e reforma judicial para o Banco Mundial, Fundo Monetário Internacional, ONU, Transparência Internacional e para outras ONGs e governos. É o fundador e editor-chefe do influente blog *Global Anticorruption*.

Paul Lagunes é professor associado da Escola de Assuntos Internacionais e Públicos da Universidade Columbia, em Nova York (EUA). Sua pesquisa tem como foco economia política do desenvolvimento e explora questões relacionadas com a corrupção. Por meio de estudos randomizados e controlados em contextos diversos, como Peru, México e Nova York, Lagunes oferece *insights* sobre as condições nas quais o monitoramento anticorrupção é mais eficiente. Autor de artigos diversos, é também coeditor, com Susan Rose-Ackerman, do livro *Greed, corruption, and the modern State: essays in political economy* (Edward Elgar Publishing, 2015). Concluiu o doutorado na Universidade Yale (EUA).

Raquel de Mattos Pimenta é pesquisadora de pós-doutorado Global Fellow na FGV Direito SP. É mestre e doutora em direito econômico pela Faculdade de Direito da Universidade de São Paulo (USP). Pimenta foi pesquisadora visitante Fulbright na Faculdade de Direito da Universidade de Yale (EUA). Sua pesquisa concentra-se em reformas anticorrupção e análise institucional.

Susan Rose-Ackerman é professora emérita da cátedra Henry R. Luce de Direito e Ciência Política na Universidade Yale (EUA). Seus interesses de pesquisa incluem a economia política da corrupção e direito administrativo comparado. É autora de vários livros e, entre suas numerosas publicações, estão *Corruption and government: causes, consequences and reform* (1999; 2. edição com Bonnie Palifka, Cambridge University Press, 2016); *From elections to democracy: building accountable government in Hungary and Poland* (Cambridge University Press, 2005); *Rethinking the progressive agenda: the reform of the American regulatory State* (The Free Press, 1992); e *Corruption: a study in political economy* (Academic Press, 1978).